爱默生思想小品

[美] 拉尔夫·沃尔多·爱默生 /著
脱剑鸣 /编　蒲隆 /译

上海社会科学院出版社
SHANGHAI ACADEMY OF SOCIAL SCIENCES PRESS

目 录

谈爱 1
谈友谊 12
谈性格 26
谈礼貌 35
谈真诚 54
谈礼物 60
谈谨慎 64
谈经验 75
谈自助 99
谈习俗 124
谈财富 131
谈英雄 140
谈伟人 151
谈诗人 169
谈大学 190
谈学者 198
谈文学 216
谈艺术 231
谈自然 241
谈政治 255
谈种族 267
谈历史 282
谈宗教 303
谈超灵 312

谈　爱

灵魂的每一项许诺①都有无数的履行手段；它的每一种欢乐都成熟为一种新的需求。无法抑制、随意流动、永向前看的天性，在最初的善意中已经提前表现出一种在其普遍的光照中必将失去特殊关注的仁慈。这种幸福的引进存在于人与人的一种隐秘而温柔的关系中。这种关系正是人生的魅力；它像一种神圣的狂热，一个时期突然把人抓住，在他的身心中掀起一场革命；把他和他的同类联合在一起，使他维护家庭和社会关系，怀着新的同情心把他领进自然，增强官能，开拓想象，给他的性格增添英勇、神圣的品质，缔结婚姻，使人类社会永世长存。

缱绻的柔情与太旺的欲火②的自然结合似乎提出了这样的要求：为了用每个少男少女都承认的忠实于他们回肠荡气的经历的绚丽色彩把这一结合描绘出来，一个人不可年事过高。青春的美妙遐想容不得半点老气横秋的哲学气，因为它用苍老的迂腐冻结他们的红嫣嫣的鲜花。因此，我深知我会招人非议，组成"爱的法庭和议会"的人们说我未免过于冷酷、淡泊，真是多此一举。然而，我要避开这些令人生畏的吹毛求疵者，求助于比我年尊辈长的人。因为应当认为：我们所论述的这种激情，虽然始发于少年，并不舍

---

① 1841年的原文这样开头："每个灵魂对于另一个灵魂来说，都是一个神圣的维纳斯。心灵有它自己的安息日与喜庆日。在这吉日良辰，世界就像是一次结婚喜宴，一切天籁和四季循环都成了情歌与恋舞。爱是动机，爱是报酬。它是自然界中无处不在的东西。爱是我们最崇高的字眼，是'上帝'的同义语。灵魂的每一项许诺……"

② 参见《哈姆雷特》第3幕每4场，68—70行："你不能说这是情爱，你这样年纪，欲火该不是太旺了……"

弃老年，或者说绝不让对它忠心耿耿的仆人变得老态龙钟，而是让老年人也来分享，并不亚于妙龄少女，只不过方式有所不同，境界更加高超。因为它是一种火，刚把一个胸臆深处的最初的余烬点燃，又被另一个心坎里迸发出来的游离的火星烧着，于是烈焰熊熊，愈燃愈旺，到了后来，它用自己的剧烈火焰温暖、照亮了千千万万的男女，温暖、照亮了全人类共同的心，因此也照亮了全世界和整个大自然。所以，无论我们设法描述20岁时、30岁时，抑或80岁时的激情，都无关紧要。描绘它的初期就会失去它的后期，描绘它的末期必定丧失早期的某些特色。因此唯一的希望就是，靠耐心和缪斯的协助，我们可以洞悉规律的内情，它定会把一种青春常在、韶光永存的真理描绘得如此集中，以至于不论从哪一个角度看，都一目了然。

而首要的条件是：我们不可过分拘泥于事实，而必须研究出现在希望中而不是在历史中的感情。因为每个人看见自己的生活面目全非，形容残破，而人生在他想象的心目中并非如此。每个人在自己的经历中看见了某种瑕疵，而别人的瑕疵也显得美丽绝伦。一些融洽的关系使人生变得美好，给人最诚挚的启迪与滋养，现在如果让一个人重温那些关系，他一定会退缩、哀叹。唉！我也不知道为什么，反正人生进入不惑之年后无限的悔恨苦害了对青春时欢乐的回忆，湮没了每一个可爱的名字。每一种事物如果从理智的角度看，或者被视为真理，都是美丽的。然而如果被视为经历，则全是苦涩的。细节总是郁郁寡欢；计划则显得宏伟壮丽。在现实世界——时间与地点的痛苦王国——里，忧患重重，疮痍满目，恐惧无穷。对于思想，对于理想则有永恒的狂喜、如花的快乐。所有的缪斯都围着它欢唱。然而悲痛总是对一个个名字，一个个人，以及今天与昨天的局部利益恋恋不舍。

私人关系这一话题在社交谈话中占有相当的比例，天性的强烈爱好由此可见一斑。关于一个名人，有什么能像他在情史中的表现那样引人关注呢？巡回图书馆里流通的是什么书呢？如果讲故事时闪烁出真情与天性的火花，我们读这些爱情小说是怎样喜形于色啊！在生活交际中，什么能像流露两情缱绻的段落那样引人入胜呢？也许我们和他们素昧平生，将来也无缘相见。然而我们看见他们互送秋波或者流露出一往情深，于是我们就不再是陌生人。我们理解他们，对这段恋爱的情节发展倾注了最大的热情。世人皆爱有情人。踌躇满志和仁慈宽厚的最初显现是天性的最迷人的画面。这是粗鄙之辈身上斯文的曙光。村里的那个野小子总是在校门附近耍笑女孩子们——然而他今天跑进了校门，遇见一个可爱的女孩子在整理书包；他便捧起她的书本，帮她整理，于是他顿时觉得他跟她有咫尺天涯之感，仿佛她就是一块圣地。他尽可以在那群女孩子中间横冲直撞，唯独一人跟他保持距离；这两个小邻居刚才还是亲密无间，现在却学会了尊重彼此的人格。女学生们走进那几家乡村商店要买一绞丝线或一张纸，可是却同那个圆脸盘、好脾气的小店员闲聊了半个小时，她们那种半狡黠、半天真的迷人模样，谁能掉过头去不想多看两眼？在村子里，他们完全平等，那正是爱所喜欢的。不用搔首弄姿，女人的快乐、多情的天性就在这种闲谈中流露出来。这些女孩子也许并不漂亮，然而，显而易见，她们和那个好小伙子建立了最惬意、最推心置腹的关系，她们半开玩笑半认真地谈到埃德加，谈到乔纳斯，谈到阿尔迈拉，谁应邀参加那次聚会了，谁在舞蹈学校跳舞了，什么时候歌唱学校要开学呀，还有别的各方面窃窃私语的无聊事儿。过了不久，那小伙子就想要一个媳妇儿，他一定会知道在哪儿找一个忠诚可爱的伴侣，而不用冒着任何弥尔顿所悲叹的学者和伟人们容易遇到的那种风险。

有人告诉我，在我的一些公开讲演中，由于我崇尚理智，所以就对私人关系表现出不应有的冷淡。然而现在我一回想起那种诋毁，几乎都有些畏缩。因为人就是爱的世界，年轻的灵魂在这里的自然中彷徨无主，后来投入爱的怀抱，最冷静的哲学家每当描述这种恩惠时，也不由得要收回一些有损社会本能的话，因为那是拂逆天性的。因为，虽然那种从天而降的狂喜只落到妙龄青年身上，虽然那不容分析，无法比较，使我们神魂颠倒的花容玉貌在人过中年时难得一见,然而,对这种情景的回忆比其他的一切回忆都要持久,而且是一顶戴在白发苍苍的额头上的花冠。然而,这里有一件奇怪的事实:很多人在重温自己的经历时,似乎都觉得:在他们一生的书本中,最美好的一页莫过于对一些段落的甜蜜的回忆,在那里,爱情设法对一些偶然、琐碎的事件赋予一种魅力,竟然超过了爱情本身的真理所具有的深沉的吸引力。在回首往事时,他们可以发现:几件并非魔力的事情对求索的记忆来说,比把这几件事铭刻于心的魔力本身更加真切。然而,无论我们的具体经历如何,谁也不可能忘怀那种力量对他的心智的探访,因为正是这种力量使万象更新;这种力量是一个人身上音乐、诗歌与艺术的曙光;它使大自然红光满面,使昼与夜魅力无穷,那时候,一个声音的一点响动就使心怦怦直跳,与一个身影有关的最琐碎的小事也要紧紧地裹在记忆的琥珀里;那时候,一个人一露面,他就目不转睛,一个人一离去,他就思念不已;那时候,那少年对着一扇扇窗户终日凝望,见了一只手套,一方面纱,一条丝带,或一辆马车的轮子也心驰神往;对他来说,没有一个人太偏僻,没有一个人太沉默,因为他的新思想里有了更加丰富的友情,更加甜蜜的谈话,那是任何老朋友所不能给他的,尽管他们都是最好、最纯洁的人;因为这个钟情的对象的形容、举止、言谈都不像用水写下的其他的形象,而是像普鲁塔克所说的那样,是"用火烧了瓷釉"的形象,成了夜半切磋琢磨的对象。

  你虽已离去,但实未离去,不论你在何方,
  你把你那凝望的双眸、多情的心留在了他的身上。①

到了人生的中年和晚年,一回想起往昔就不禁怦然心动,因为那时候幸福还不够幸福,而且一定是被痛苦与恐惧的滋味麻醉了;这样评说爱情的人可算深得个中三味:

  其他的一切欢乐都比不上它的痛苦。

那时候白昼显得太短,黑夜也必须消磨在痛切的回忆之中;那时

---

① 见约翰·多恩《新婚颂》,第 202—203 行。

候,脑海因为它决定采取的慷慨行动整夜在枕头上沸腾;那时候,月光是一种令人愉快的狂热,星星是文字,鲜花是密码,微风被谱成了歌曲;那时候,一切事务仿佛都是一种唐突,街道上奔忙的所有男女只不过是图画而已。

激情为青年把世界重建。它使万物生机盎然,意味深长。自然变得有了意识。现在,树枝上的每只飞鸟都对着他的心和灵魂歌唱。音符几乎都明白如话。他抬头仰望,云彩也长出了一副副面孔。林中的树木,摇曳的野草,窥视的花朵,都变得有了灵性;所以他几乎都害怕把它们似乎求告的秘密倾吐给它们。然而大自然总是善于抚慰,富于同情。在这个绿色的幽静去处,他找到了一个比与人相处更可爱的家。

> 冷清的源泉,无径的树林,
> 淡淡的激情喜爱的佳境,
> 月光下的幽径,这时所有的飞禽
> 安全进窝,仅剩下蝙蝠和猫头鹰,
> 一声夜半的钟鸣,转瞬即逝的呻吟——
> 这些才是我们向往的声音。①

请看看林中那位可爱的狂人吧!他是一座充满了甜美的声音和华丽的景象的宫殿;他在扩大;他有两个人的个头;他走起路来双手叉腰;他自言自语;他与花草树木攀谈;他感到自己的血管里流着紫罗兰、三叶草、百合花的血液;他跟浸湿他的脚的溪流絮语。

那使他感受到自然美的热情促使他喜爱音乐和诗歌。人们在激情的驱使下写出了好诗,在别的情况下却不可能,这是一种屡见不鲜的事实。

同样的力量还使激情控制了他的整个天性。它扩展感情;它使粗人变文雅,给懦夫以勇气。只要它有所钟爱的对象的支持,它就向最可怜、卑贱的人注入睥睨世界的雄心和勇气。尽管它把他交给了另一个人,更重要的是把他交给了他自己。他是一个新人,

---

① 引自约翰·弗莱彻《慎重的英勇,又名热情的狂人》,第3幕。

具有新的知觉,新的更加急切的意向,以及一种宗教般庄严的性格和目标。他不再隶属于他的家庭和社会,他有了一定的分量;他是一个人;他是一个灵魂。

可见这种影响对那个青年非常巨大,在这里,让我把影响的性质作更进一步的探讨。我们现在正在赞颂美对人的启示,太阳在它愿意照耀的地方都受人欢迎,美正如太阳,它使每个人对它满意,也使每个人对自己满意,所以美似乎也感到自满自足。那位情郎不可能随心所欲地把他的姑娘描绘得可怜而孤单。正像一棵繁花盛开的树,社会替自身也提供了那么多含苞欲放、充满信息的温柔可爱之处,那姑娘教导他的眼睛,为什么描绘美时总要同时画上伴随着她的脚步的"爱"与"雅"。她的存在就使世界丰富多彩。尽管她认为别的一切人都太卑贱,不值得,便统统驱逐到他的视线之外,然而,她对他作出了补偿,办法是把她自己的存在化为某种非人格的、巨大的、尘世的东西,这样,这位姑娘在他眼里就成了世间一切美好事物和德行的化身。正因为如此,那位情郎在他的恋人身上看不出她跟她的亲属和其他人有什么外貌上的相似之处。他的朋友则发现她像她的母亲,像她的姊妹或者像跟她不是一个血统的人。那位情郎仅仅看到她像夏日的黄昏和璀璨的黎明,像彩虹和飞鸟的歌声。

古人把美叫作"德行开花"。谁能够分析那从某一个面庞和体形上闪现出的不可名状的魅力呢?我们觉得柔情缱绻、豪情满怀,然而我们却发现不了这种微妙的感情,这种飘忽的闪光为何而发?如果试图把它归结于生理结构,对于想象而言,就等于毁了它。它指的不是社会上熟知、描述的任何友谊或爱情关系,在我看来,指的却是另外某个不可企及的领域,指的是超群的微妙与甜蜜的关系,指的是玫瑰和紫罗兰暗示和预示的事物。我们无法接近美。它的性质就像乳白色鸽子颈项上的光泽,闪烁不定,转瞬即逝。在这点上,它与那些最精彩的事物相似,都具有彩虹的这一特点,占有和利用都不能得逞。让·保罗·里希特尔对音乐说道:"去吧!去吧!你对我说了些我一生一世还没有找到,而且永远也不会找到的事。"难道他还另有所指吗？同样的流畅在每一件造型艺术作品中也可以观察到。一座雕像开始不可理解，逐渐无人批评，不再受规矩标尺的限制，只要求纵横驰骋的想象与它并进，并在所做的这种行为中说明它是什么，只在这个时候，这座雕像才成为美的。雕刻家的神或英雄总是表现在从可以诉之于感官到不可诉之于感官的一种过渡中。只有到那时，那雕像才不再是一块石头。这种说法也适用于绘画。至于诗歌，它的成功的取得不在于它使人平静和满足，而在于它使我们惊愕并激发我们重新努力去追求那不可企及的事物。关于这一点，兰多询问道："它是不是涉及某种更纯的感觉和存在的状态呢？"

同样，人体的美只有在下列情况下才会魅力无穷，才会成为真正的美：那时候，它使我们对任何目标都感到不满；那时候，它变成了一个没有结尾的故事；那时候，它暗示出光辉和幻想，而不是尘世的满足；那时候，它使观望者感到自己的渺小；那时候，观望者觉得他无权占有它，哪怕他是恺撒也罢，就像他觉得无权占有天空和落日的光辉一样。

因此，就有这样的说法："如果我爱你，那对你来说是什么呢？"我们这么说，是因为我们感到我们所爱的东西不在你的意志之中，而是在你的意志之上。它不是你，而是你的光辉。它在你的身上，可是你不知道，而且永远也不会知道。

在这跟古代作家所津津乐道的那种高级美学不谋而合；因为他们说：人的灵魂，尽管体现了人间，却在上下求索着它自己的来世，因为它正是从那里来到人世间的，然而不久就被太阳的光辉照懵了，除了今世的事物，别的什么都看不到，其实它们只不过是真实事物的影子。因此，神把青春的光辉送到灵魂前，这样它就可以利用美丽的肉体，把它们作为它回忆天上美好事物的依傍；于是，在女性身上看见了那样一个人的男子就向她跑来，在观照这个人的形体、动作和智慧时发现了最大的欢乐，因为它向他暗示了真正寓于美之中的事物的存在，和美的起因。

然而，如果灵魂与物质事物交流过多，灵魂变粗俗了，把它的满足错误地寄托在肉体内,那它获得的只有悲哀了,因为肉体履行不了美作出的许诺;然而,如果接受了这些景象的暗示和美对他的心灵所作过的提示,灵魂就穿过肉体,落下来欣赏性格的种种表现,而恋人们就在他们的言谈和行动中彼此观照,然后他们就进入美的真正殿堂,爱美的火焰越燃越旺,而且用这种爱熄灭了卑劣的感情,就像太阳照耀着火炉,把炉火扑灭了一样,于是他们变得纯洁、神圣了。通过跟那种本身就是优越的、高尚的、谦逊的、正义的事物交流,情郎就更加热爱这些高贵的事物,更加容易理解它们。于是他从爱一个人身上的这类事物推广到爱一切人身上的这类事物,所以那一个美丽的灵魂仅仅是一扇门,他从中穿行过,进入那所有的纯真的灵魂构成的社会。在他的伴侣所在的那个社会里,他对任何斑点、任何污迹看得更加清晰,因为那都是她的美从这个世界沾染来的,而且他也能把任何一个污斑指出来,他们共同感到高兴的是现在他们俩都能指出彼此的缺点和妨碍,并不见怪,并且能够在克服同一种缺点时互相帮助,互相安慰。由于在许多灵魂中看见了这种神圣美的特色,由于在每个灵魂里把神圣的东西与它从世界上沾染来的污迹分开,那情郎便踩着经过创新的灵魂们的这架梯子攀登上至高无上的美,攀登上对神性的爱与知。

  各个时代真正的有识之士给我们讲的爱与此大致相仿。这种理论既不老,也不新。如果柏拉图、普鲁塔克、阿普列乌斯讲过,那么彼特拉克、米开朗琪罗和弥尔顿也讲过。一种地下的谨慎用控制地上世界的语言主持着婚礼,而一只眼睛却在地窖里搜索,因而它最严肃的讲话也带有一种火腿和碾槽的气味。那种关于爱的理论则期待在反对和指责这种地下谨慎的行动中出现一种更真实的表露。这种享乐主义闯入青年妇女的教育阵地,枯萎了人性的希望和感情,宣扬什么婚姻的意义不外乎家庭主妇的节俭,此外,妇女的生活没有别的目标,到了这种时候,情况就不堪设想了。

  然而,这种爱的梦,尽管美丽,只不过是我们戏剧中的一幕而已。在自内向外的进程中,灵魂不断扩大自己的圈子,正像石块扔进水池、光芒从天体上发出那样。灵魂的光辉首先照到最近的事物上,照到每一个用具和玩具上,照到保姆和佣人身上,照到房子、院落和过往的行人上,照到家庭相识的圈子上,照到政治上、地理上、历史上。然而事物在不断按照更高级、更内在的规律把自己加以组合。邻里,大小,数目,习惯,人,逐渐失去左右我们的力量。因果,真正的近似,对灵魂和环境之间的和谐的渴望,进步的、理想化的本能,而后则占了上风,不可能从高层关系倒退到低层关系。这样一来,甚至爱,尽管被人奉若神明,也必须一天天变得非人格化。关于这一点,起初是不露痕迹的。一对青年男女通过相邻的房间暗送秋波,眼睛里充满了相互理解,充满了今后要从这种新的、十分外在的刺激中产生的宝贵成果,但他们想得很少。草木的活动首先从茎皮和叶芽的骚动开始。那一对男女从暗送秋波开始,进一步就互献殷勤,然后便激情似火,海誓山盟,最后结为夫妻。激情把它的对象看成浑然一体。灵魂完全体现为肉体,肉体完全被赋予灵魂。

> 她的纯洁、雄辩的血气
> 用她的双颊说话,而且活动得如此显豁,
> 人们简直要说她的肉体在思索。①

罗密欧如果死了,就应当被切成一个个小小的星星去美化天空。人生有了这样一对典范,除了追求朱丽叶——追求罗密欧,就没有别的目标。黑夜、白昼、学问、才华、王国、宗教,都容纳在这个充满了灵魂的形体里,包含在这个采用一切形体的灵魂里,恋人们喜欢耳鬓厮磨,喜欢海誓山盟,喜欢比较他们的体贴。独自一个人时,他们就追忆对方的影像,聊以自慰。对方是不是看见了现在正使我销魂的同一颗星、同一朵正在消逝的云,读着使我欣喜的同一本书,感受着同样一种感情?他们掂量他们的爱情,对诸多利益、好友、良机、巨财加以估计,才欣然发现他们乐意交出一切去赎回那种美,那可爱的头脑,只要它毫发无损。然而人类的命运却落在这些孩子身上。危险、悲哀、痛苦向他们袭来,如同向大家袭来一样。

---

① 见约翰·多恩《两周年纪念》,第244—248行。

爱在祈求。它为了这个亲爱的伴侣跟"永恒的力量"订约。这样便缔结了姻缘。它对自然界的点点滴滴都增加了一种新的价值,因为它把整个关系网中的每一条线都变成一缕金辉,将灵魂沉浸在一种新的更甜美的环境里,然而这种结合依然是一种暂时状态。鲜花、珍珠、诗歌、矢言,甚至另一颗心里的家并非总能满足那居留在肉体里的令人敬畏的灵魂。它最终把自己唤起,抛开那些耳鬓厮磨的做法,仿佛抛开玩具似的,然后穿上铠甲,去追求一些远大而普遍的目标。在每个人灵魂中的灵魂,由于渴望至福,便在别人的行为中发现了龃龉、缺陷和失调。于是就引起了惊讶、抗议和痛苦。然而,把他们彼此吸引到一起的东西就是美好的征兆,德行的征兆;而这些德行就在那儿,不管它们多么暗淡无光。它们层出不穷,吸引力继续存在;然而体贴改变了,离开了征兆,依附于实体。这就补救了被伤害的感情。与此同时,生命在慢慢延续,事实证明它是一场把各个方面一切可能的地位变换组合的游戏,利用了每一方的所有智谋,使每一方认识到别人的强弱。因为他们在彼此的心目中应当代表人类,这正是这种关系的性质和目的。世界上存在的一切,实际知道的或应当知道的一切,统统被巧妙地编织到男人和女人的机体里。

　　爱配我们的那个人身,

　　像吗哪一样滋味充分。①

　　天旋地转;情况时时在变。住在肉体这座庙宇里的天使出现在窗口,妖魔和邪恶也是这样。所有的德行把它们联为一体。如果有了德行,一切邪恶本身也就为人所知;他们坦白后便逃之夭夭。恋人们一度如火如荼的体贴被时间冷静在各自的胸怀里,激烈有所减,但范围有所增,所以它就变成了一种彻底真诚的理解。他们毫无怨言,彼此心甘情愿地去担任男男女女最终单独被指派去执行的有益职务,并且用一度不能忘怀其对象的那种激情交换

---

① 引自亚伯拉罕·考利《决心获得爱》,第23—24页。吗哪,《圣经》中记载为古代以色列人穿越荒野时获得的神赐食物。

一种对彼此的计划所作的快乐而自由的推动,不管它存在还是不存在。最后,他们发现:最初把他们吸引到一起的一切——那些曾经还是神圣的相貌,那种魔力的神奇表演——都是暂时的,却具有一种预期的目标,就像建房用的脚手架一样;而年复一年智与心的净化却是真正的婚姻,这是从一开始就预见到并准备好的,但却是他们绝对意识不到的。一男一女两个人,天赋相异而又相关,就用这些目标关在一座房子里,在婚姻交往中度过四五十个春秋,一看这些目标,我就毫不奇怪心从幼年就预言这一决定时刻时为什么如此强调,我也毫不奇怪本能用来装饰洞房的美为什么那么丰富,原来天性、智力和艺术在礼物和它们配给新婚贺词的乐曲方面在竞赛。

这样,我们被安排接受培训,以便能胜任一种爱,它不分性别,不论人格,不厚此薄彼,而只是到处寻求德行和智慧,以增加美德和智慧为目的。我们是天生的观察者,因而也是学习者。这就是我们永恒的状况。然而。我们却身不由己地感到我们的爱情只不过是留宿一个夜晚的帐篷。尽管缓慢而痛苦,爱情的对象还是在变化,就像思想的对象在变化一样。有的时候爱情统治、吸引着人,并使他的幸福依赖一个人或一些人。然而人们很快又看见心灵生机盎然——它的穹隆被万盏长明灯火照得金光闪亮,而像乌云一样掠过我们心头的热烈的爱情和恐惧一定失去它的明确特性,跟上帝融为一体,以取得它们自身的完善。然而,我们不必害怕由于灵魂的进步我们就会失去什么。灵魂永远可以信赖。像这些关系那样美丽、诱人的东西只有被更加美丽的东西所接替,所取代,如此这般,以至永远。

谈友谊

我们所具有的友爱要比人们说及的多得多。虽然仍有像寒风一样使世界骤然变冷的自私,整个人类的大家庭还是沐浴在一种像纯净的以太那样的爱的元素里。有多少人我们在房屋里邂逅相逢,虽然我们很少跟他们说话,但是我们尊敬他们,他们也尊敬我们!有多少人我们在大街上看见,有多少人我们在教堂里坐在一起,我们虽然沉默寡言,却因能跟他们相处而深感欣喜!读一读那些游移的目光讲的语言吧。心是明白的。

放纵这种人间情谊,结果就造成一种由衷的快乐。在诗歌里,在普通的讲话里,人们感受到的对别人仁慈和满足的感情被比拟成火的物质效果;这些微妙的内心的光照就是那样迅速或者还要迅速得多,活跃得多,令人舒畅得多。从程度最高的炽热的爱情,到程度最低的善意,它们都把生活变得美满甜蜜。

我们的智力与活力随我们的情感增长。学者坐下来写作,多少年的冥思苦想没有给他提供一点精辟的见解或一种满意的表达;这就有必要给朋友写封信了——顿时就浮想联翩,信笔写来,绝妙好词自动涌现。注意,在每一个讲究德行和自尊的家里,一位生客的到来引起了一番慌乱。一位受人推荐的陌生人被期待着,然后宣告他的到来,于是介乎欢乐和痛苦之间的一种不安侵入一家人的心田。他的来临几乎给要欢迎他的一颗颗心带来了忧虑。房子打扫了,一切东西各归其位,脱去旧衣换上新装,如有能力,他们还必须设宴接风。关于一个受推荐的生客,只有别人讲的好话,只有我们听到的好消息、新消息。对我们来说,他代表的是人性。他就是我们一心向往的东西。把他想象、揣摩过后,我们便产生了这样的疑问:我们在谈话和行动上应当怎样投那样一个人的所好,并且感到忧虑重重,坐卧不宁。同一种考虑升华了跟他的谈话。我们的谈吐比通常要高雅。我们的思路非常敏捷,记忆更加丰富,我们的无言的恶鬼一时便悄然离去。我们能把一系列真诚、文雅、丰富的交流继续很长时间,这都是从最老、最秘密的经验中汲取来的,所以我们的家人和相识中有人坐在一旁,一定对我们不同寻常的能力大为惊讶。一旦这位生客在谈话中冒出他的癖好,他的界说,他的缺陷,一切就算过去了。他已经把他将要从我们这儿听到的最初的、最后的、最好的话都听到了。现在他不再是个生人了。庸俗、愚昧、误解都成了家常便饭。这样,当他来时,他仍然会受到礼遇,会设宴为他接风——然而,心的悸动、灵魂的交流却不复存在了。

这些感情的喷射又替我缔造了一个年轻的世界,什么能这样令人惬意呢?什么能像两个人用一种思想,用一种感情,正当、稳固的邂逅这样美妙呢?才华出众、心地坦诚的人的脚步和身影走近了这颗狂跳的心,那是多美的事啊!每当我们放纵我们的感情时,地球也为之变形;没有冬天,没有黑夜;一切悲剧,一切厌倦,荡然无存——甚至一切义务;除了亲爱的人的喜气洋洋的身影,什么也填不满这不断进展的永恒。让灵魂确信在宇宙的某个地方,它应当与它的朋友重逢,它会独自满足、快乐一千年。

今日早上,我一觉醒来,对我的朋友,不论老的,还是新的,感到由衷的感谢。我可以把上帝叫作美吗?因为他每天用他的赠品向我显示了他的美?我非难交际,我信奉独居,然而我还不至于如此不知趣,竟然不去看看不时从我的门口经过的聪明的人、可爱的人、心地高尚的人。谁听我的话,谁理解我,谁就变成我的人——一笔永恒的财产。大自然还不至于穷得不给我几次这样的欢乐,这样,我们在编织我们自己交际的线,一个新的关系网;而且由于许多新思想连续证明自己有根有据,不久以后,我们将屹立在一个我们自己创造的新世界里,不再是一个传统的星球上的陌生人和漂泊者。未经寻访,我的朋友已经自己找上门来。伟大的上帝把他们交给了我。根据最古老的权利,根据德行跟它的神圣亲缘,我找到了他们,或者确切地说,不是我,而是我和他们身上的神嘲弄并勾销了个人性格、关系、年龄、性别、环境的厚墙,凡此种种他通常表示默许,现在却化多为一了。出类拔萃的恋人们,我对你们感激涕零,因为你们替我把这个世界引向新的高贵的深度,扩大了我的所有思想的意义,这些人就是万代诗宗的新诗——永不停止的诗——圣诗、颂诗、史诗,仍然流动不止的诗,阿波罗和缪斯们仍然吟唱的诗。这些人也会再次跟我分离,还是其中一些会跟我分离?我不知道,不过我并不害怕;因为我跟他们的关系是如此纯洁,所以我们是由单纯的亲和力维系在一起的,我的生命的天才由于这样喜欢交际,同一种亲和力将会在任何跟这些男男女女一样高贵的人身上产生力量,无论我在何处。

在这一点上,我承认天性极其脆弱。对我来说,把感情中"误喝下的酒里的甜毒挤出来"①简直是危险的。对我来说,一个新人是一件大事,使我睡不着觉。我往往特别喜爱给了我美好的时光的人,然而这种欢乐白天就结束了;它没有产生任何结果。它也没有产生思想,我的行动也很少更改。我必须对朋友的成就感到骄傲,仿佛它们就是我的成就似的——而且好像是他的德行中的一种特性似的。他受到赞扬时我心里就热乎乎的,就像情郎听见有人赞扬他的未婚妻一样。我们把我们朋友的良心估价过高。他的善良似乎胜过我们的善良,他的天性似乎更好,他的诱惑好像较少。属于他的一切——他的名字,他的形体,他的穿戴、书籍和工具——幻想都美化了。我们自己的思想出自他的口就显得新鲜博大。

然而心脏的收缩与扩张跟爱的消长不无相似。友谊就像灵魂的不朽,好得令人难以相信。情郎看见了他的意中人,只是略有所知她并不是他所崇拜的真正对象;而在友谊的黄金时刻里,哪怕些微的怀疑和不信我们都感到惊讶。我们疑心是否给了我们的英雄他赖以发光的美德,而后又去崇拜我们认为圣灵赖以栖身的那个形体。严格地讲,灵魂尊敬人不如尊敬它自己。从严格的科学意

---

① 参见弥尔顿《科马斯》,第47行。

义上讲,所有的人都处于同一种无限遥远的状态之下。难道我们怕挖掘寻找这座天国圣殿的形而上的基础会冷却我们的爱?难道我将不会像我所看见的事物那样真实?如果我是这样,我就不害怕了解他们的真相。他们的本质跟他们的外表一样美,尽管要理解它还需要更加灵敏的器官。对科学来说,植物的根并不难看,尽管要做花冠、花球我们还是把茎剪短。而我必须冒险在这些宜人的遐想中提供这一赤裸裸的事实,尽管事实证明它可能是我们宴会上的一具埃及骷髅。一个与自己的思想保持一致的人就会自命不凡。他意识到的是一种普遍的成功,即便它是通过一贯的特殊失败而取得的。任何优点,任何能力,黄金和力量,都无法与他匹敌。我只好依赖自己的贫困,而不是你的财富。我无法使你的意识和我的等同。只有恒星光彩夺目;行星仅有一种月亮似的微光。我听见了你对你所赞扬的那一方的令人钦佩的才华和受过磨炼的气质所说的话,然而,我明白尽管他身穿紫袍,我还是不会喜欢他,除非他最终就是一个像我这样的穷光蛋。朋友啊,我无法否认"现象"的巨大阴影也把你包括在它斑驳陆离的无限之中,跟你相比,别的一切也都是影子。你不是"存在",而"真理"、"正义"却是——你不是我的灵魂,而是灵魂的一幅肖像。你最近才来到我这里,而你已经拿起你的帽子和外衣准备走了。灵魂生出朋友就像树木长出树叶一样,很快就生出新芽,逼走旧叶,难道不是这样吗?自然法则就是永恒的交替。每一种令人震惊的状态都会引起相反的效果。灵魂由朋友包围着,这样它就可以进入一种更高贵的自我认识或孤独境地;它单独活动一段时间,这样它可以升华它的谈话和社交。这种方法随着我们个人关系的全部历史把自己表露出来。感情的本能复活了同我们的伴侣结合的希望,回归的孤立感又把我们从追求中召回。这样,每个人在寻求友谊中度过了他的一生,如果他把自己的真情实意记录下来,他可以对每一个他要钟爱的对象写下这样的一封信。

亲爱的朋友:

如果我相信你,相信你的能力,一定要使我的心情与你的一致,我就再也不会想到与你的来往有关的琐事了。我并非十分聪明;我的心情完全可以企及;我敬仰你的天才;对我来说,它至今还是高深莫测;然而我不敢妄加推测你对我就十分了解,因此你对我只是一种惬意的苦恼。永远属于你的,或永不属于你的。

然而这些局促不安的欢乐和细微尖锐的痛苦是为了好奇,不是为了生活。不能叫它们放任自流。这等于结网,不是织布。我们的友谊匆匆忙忙得出一些浅薄可怜的结论,因为我们已经把它们变成一种酒和梦的组织,而不是人心的坚韧结构。友谊的法则是严厉的,永恒的,与自然法则和道德法则属于同一个网。然而我们瞄准的是急功近利,吮吸一种突然的甜蜜。我们攫取上帝的整个花园里的最迟的果子,许多冬夏才能使它成熟。我们寻友并不是抱着神圣目的,而是怀着一种要把他据为己有的淫邪的激情,徒劳无益。我们全身用阴险的对抗武装起来,我们一见面,它就开始发挥作用,把一切诗歌变成了陈腐的散文。几乎所有的人都屈尊相见。一切交往必定是一种妥协,最糟糕不过的是,当他们相互接近的时候,每一个美好的天性之花的精华和芳香便立即消失。实际的社交是一种多么永久的失望,甚至德才兼备之辈的社交也在所难免!会见以远见卓识完成以后,过了不久,正当友谊和思想的鼎盛时期,我们便必须受屡遭挫折的打击的折磨,受突如其来、没有道理的冷漠的折磨,受机智和血气的癫痫的折磨。我们的才能欺骗了我们,双方都由孤独来解救。

我应当能够应付每一种关系。我有多少朋友,我在跟每一位交往中能得到什么满足,即便其中有一位我应付不了,这都没有任何关系。如果我无法应付局面退出了一场比赛,那么我在其余的所有对抗中发现的乐趣就变得卑鄙懦弱。我应当恨我自己,如果那时我把别的朋友都当成我的避难所的话。

> 转战沙场的名将不管多功高,
> 百战百胜后只要有一次失手,
> 便从功名册上被人一笔勾销,

毕生的勋劳只落得无声无臭。①

这样,我们的急躁便被痛斥。腼腆和冷漠倒是一层硬壳,一种细嫩的组织在里面受到保护,以免提前成熟。如果任何最优秀的灵魂尚未成熟到知道并拥有这一组织的地步,而它先知道自己,那它就会丧失。尊重那 naturlangsamkeit②,它用 100 万年把红宝石变硬,并持之以恒地工作着,阿尔卑斯山和安第斯山在这种进程中像彩虹一样出现,消失,消失了又出现。我们生命的良好精神没有和鲁莽的价值相当的天堂。爱是上帝的本质,因此它不代表轻浮,而代表人的整个价值。让我们不要在我们的体贴中具有这种幼稚的奢华,而要有最简朴的价值;让我们接近我们的朋友,大胆信任他的真心,大胆信任他宽广的基础,那是不可能被推翻的。

这个论题的吸引力是不可抗拒的,所以我暂时先丢开对次要的社交效益的一切论述,专门讲讲那种卓越、神圣的关系,因为它有一点绝对,甚至使爱的语言都显得可疑,都成了老生常谈。这种关系要纯洁得多,什么也没有这样神圣。

我不想把友谊精雕细刻,只想大刀阔斧地加以处理。如果友谊真诚,它就不是玻璃丝,不是窗户上的霜花,而是我们所知道的最结实的东西。积累了多少世代的经验,到了现在,我们对自然界,对我们自己有些什么了解呢?人对自己命运问题的解决还没有迈出一步。人类众口一词谴责愚蠢。然而我从我的兄弟的灵魂的这种联合中汲取来的那种甜蜜、诚挚的欢乐与和平就是果仁本身,而一切性格,一切思想只不过是外壳。庇护一位朋友的房子有福了! 不妨把它建成喜庆的园亭或拱门,款待他一天。如果他知道那种关系的庄严,并尊敬它的规律,那它的福气就更大! 谁主动提出订那种盟约,谁就像一名奥林帕斯神一样前来参加重大比赛,在那里,世界上最年长的人都是赛手。他主动提出参加各种竞赛。"时间"、"匮乏"、"危险"都列在那里的名册上,只有性格里有足够

---

① 莎士比亚《十四行诗》,第 XXV 首。
② 意为"缓慢的自然进程"。

的真,能保护他娇艳的美不受这一切损伤的人才是优胜者。运气的天赋或许有,或许没有,然而那种比赛中的一切速度都取决于固有的高贵和对琐事的轻蔑。有两种元素组成了友谊,每一种都至高无上,我竟分不出孰优孰劣,提名时也没有理由区分先后。一种就是"真"。朋友是一个我可以与之推心置腹的人。在他面前我想什么就说什么。我终于来到一个人的面前,他是那样真诚,那样平等,我竟然可以扔掉掩饰、礼貌和深思熟虑这些贴身内衣,那是人们从来不脱的东西,而且可以跟他以一个化学原子同另一个化学原子相遇的单纯和完整打交道。诚挚就像王冠和权威,是最高级别才获许享受的奢华,只有那种人才得到允许说真话,因为在此之上再没有什么好企求,好遵循的。每个人独自一个的时候是诚挚的。第二个人一插足,伪善就开始了。我们用问候,用闲话,用娱乐,用挑逗来回避、抵挡我们的同类的到来。我们把自己的思想千层百叠地掩盖,不让他知道。我认识一个人,他出于某种宗教狂热,扔掉了这层虚饰,省去了一切恭维和客套,对他遇见的每一个人的良心说话,而且还带着洞见和美说话。起初,他遭到抵制,人人都说他是个疯子。可是他坚持这样做,因为他实在由不得自己,久而久之,他尝到了甜头,他引导他所认识的每一个人跟他建立了一种真正的关系。谁也想不到跟他说假话,或者跟他闲聊什么市场和阅览室之类的事而把他搪塞过去。然而这么多的诚挚迫使每个人有了类似的坦白直率的举动,他怎样热爱自然,他有什么诗情画意,他有什么真理的象征,他自然要表现给每个人。然而对我们大多数人来说,社交叫人看的不是它的脸和眼,而是它的侧身和后背。在一个虚伪时代里,跟人们维持一种真诚的关系就等于发狂,难道不是吗?我们很难挺直腰杆子走路。我们遇见的每一个人几乎都需要某种礼貌——需要迁就;他有某种名气,某种才气,脑子里有某种宗教或慈善的奇思异想,这都是不容置疑的,而这恰恰糟蹋了跟他的一切谈话。然而,朋友是一个头脑清醒的人,他利用的不是我的机敏,而是我本人。我的朋友款待我,而不要求我答应任何条件。因此,朋友是自然界的一种悖论。我单独存在着,我在自然界一无所见，而自然界的存在我可以用跟我的存在同等的证据来证实，现在我看见了我的存在的近似物，无论高度、品种和奇特性都相仿，只是用一种外来的形式重现出来，所以一个朋友不妨可以看作大自然的杰作。

友谊的另一种元素是柔情。我们被每一种纽带，被血统、自尊、恐惧、希望、钱财、情欲、仇恨、钦佩，被每一种环境、标志和琐事跟人们维系起来，然而，我们很难相信另一个人能有那么多的特点，以至于通过爱来吸引我们。难道另一个人能够这样神圣，我们能够这样单纯，以至于能向他表示柔情？当一个人赢得了我的喜爱时，我就达到了幸运的目标。我发现书上写的东西很少直接触及这一问题的核心。然而我还是有一句不得不铭记于心的名言。我所喜爱的作家[①]说："我把自己勉强而迟钝地奉献给那些人，实际上我就是他们的，我对谁最效忠，奉献得就最少。"我希望友谊不仅应当有眼睛，有口才，而且应当有脚，它首先必须脚踏实地，然后才能跳过月亮。我希望它先像一个平民，然后再像一位天使。我们责难那个平民，因为他把爱造成了一种商品。它是一种礼物交换，一种有用的贷款的交换；已是好邻居；它通宵守护病人；它在出殡时扶柩；却忽视了这种关系的微妙和崇高。然而，虽然我们发现不了那随小贩伪装下的神灵，可是另一方面，如果诗人把线纺得过细，不能用公正、守时、忠诚、怜悯这样一些市政美德充实他的传奇，我们也不能原谅他。我憎恨滥用友谊的名字去表示时髦、俗气的联合。我喜欢农家子弟、铁皮小贩的结交远远胜过招摇过市、乘坚策肥、花天酒地地去庆贺他们相逢的日子的那种柔滑香艳的和气。友谊的目的就是一种能够参与的最严格、最朴实的社交；比我们所经历的任何社交都要严格。它是通过所有的关系和生死变迁所追求的援助和安乐。它适宜宁静的日子、高雅的才情和乡村的漫步，然而，也适用于崎岖的道路和粗糙的饮食、沉船、贫困和迫害。它欣赏连珠的妙语，也佩服宗教的入定。我们要给彼此的日

---

① 指蒙田。

常需要和人生职责赋予尊严,用勇气、智慧与和谐为友谊增光添彩。它永远不应当落入成规俗套之中,而应当机智灵敏,富有创造性,给单调乏味的东西增添韵律和情理。

友谊可以说需要种种极端稀奇、昂贵的天性,每一种都调和匀称,适应裕如,而且境况如意(一位诗人说,甚至在那种具体情况下,爱要求各方完全成双配对),因此很难满足它的要求。一些精于这种热门心理学的人说,在两个以上的人中间,它无法达到完善的境地。我对自己的定义并不十分严格,也许因为我从来没有像别人那样有过这样的深情厚谊。我宁肯让我的想象满足于一种彼此关系不同的、超凡入圣的男女组成的圈子,他们之间存在着一种高超的理解。然而我发现这种一对一的法则对于会话是不容违反的,而会话则是友谊的实践和完成。不要把水搅得太浑。把最好的搅和在一起跟好坏相混一样糟糕。你把两个人分开,分别与每一个交谈,一定十分有益,令人愉快,然而让你们三个人凑在一起,你就不会有一句新鲜知心的话。两个人可以说,一个人可以听,然而三个人不能进行一场最诚挚、最彻底的交谈。在融洽的交往中如果没有第三者在场,两个人隔着桌子谈话的情况绝对不会出现。在融洽的交往中,个人把他们的自负都融入一个跟在场的几种意识范围完全同等的交际灵魂之中。朋友对朋友的偏爱,兄弟对姊妹、妻子对丈夫的爱恋,在那里没有一样是中肯的,而是完全相反。只有能在这一伙人的共同思想上扬帆航行,而不是可怜巴巴地局限于自己的思想里的人,那时候才能讲话。现在良知所要求的这种集会破坏了卓越会话的高度自由,因为这种会话要求两个灵魂绝对融为一体。

只有两个人单独在一起,才能进入一种更加单纯的关系。然而,决定哪两个人交谈的却是性格的近似。互不相干的人是不会给对方欢乐的,他们也永远不会认为每个人会有潜力。有时候,我们谈到一种会话的卓越的才华,仿佛它就是某些个人身上的一笔永久财产似的。会话是一种暂时的关系——如此而已。一个人被认为有思想,有口才;尽管如此,他对他的表弟或叔父却说不出一句话来。他们指责他的沉默就跟责怪阴影里的日晷没有意义是一个道理。在阳光下，日晷就会标明时刻。在那些欣赏他的思想的人中间，他又会开口说话。

　　友谊需要那种相似与不似之间的中庸之道，它用一方所表现出的能力和同意刺激另一方。让我孑然一身直到世界的末日，而不要我的朋友有一句话或一瞥目光超越他真正的同情。对抗和依从同样都对我造成障碍。让他显出自己的真正面目，一刻也不要停。我在他的就是我的当中得到的唯一欢乐就是：不是我的反而就是我的。在我寻求一种果断的促进，或者至少是一种果断的对抗的地方，我讨厌找到一块软乎乎的退让。宁做你的朋友肋间的荨麻，也不做他的回声。高级的友谊所要求的条件就是独立工作的能力。高级职务则需要伟大、超绝的本分。必须先有真正的二，然后才会有真正的一。让它先成为两种彼此虎视眈眈、望而生畏、又大又凶的天性的联合，然后它们才在联合它们的这些差异之下进行深刻的认同。

　　只有心地高尚的人才配这种社交；只有确信伟大、善良总是经济的人才配这种社交；只有不急于干涉他的命运的人才配这种社交。让他不要对此干涉。让钻石自己决定它的生长期吧，也不要指望促成永恒的诞生。友谊需要一种宗教式的对待。我们侈谈选择朋友，可是朋友都是自行选择的。尊敬就是其中的一大部分。把你的朋友当作一场景观对待。当然他的长处不是你的，你也无法尊重那些长处，如果你一定要把他搂进你的怀抱的话。靠边站；给这些长处腾出地方；让它们高升、扩张。你是你的朋友的纽扣的朋友还是他的思想的朋友？对于一颗伟大的心，在千百件具体事情上他仍然是个陌生人，这样他才可以在最神圣的土地上向你靠近。让孩子们把朋友当作财产去对待吧，让他们去吮吸一种短暂的、破坏一切的欢乐，而不去享受最高贵的利益。

　　让我们用长期的见习获得进入这一行会的资格吧。我们为什么应当用打扰的办法去亵渎这些高尚美丽的灵魂呢？为什么硬要跟你的朋友建立种种轻率的个人关系呢？为什么要去他家，或者认识他的母亲、兄弟姐妹呢？为什么要让他来你家拜访呢？对我们的盟约来说，这些东西都是实质性的吗？别搞这种摸摸碰碰、抓抓挠挠的举动。让他在我心目中是一种精神，一种启示，一种思想，一种诚挚。他投来的一瞥目光，我需要，但不要新闻，不要肉汤。我可以从低级的伙伴们那里得到政治、闲谈和邻居的诸多方便。难道我的朋友的交往对我来说不应当像大自然本身一样富有诗意、纯洁、普遍、伟大？难道我应当感到我们的联系与睡在天边的那朵云相比，与分开小溪的那团摇曳的草相比，是不圣洁的？让我们不要把它贬低，而是把它抬举到那个标准。那睥睨一切的巨眼，他那神态和行动的目无下尘的美，使你感到自豪的不是减少，而是增强。崇拜他的种种优越；希望他一点不要减少，而是把它们全部珍藏起来——数说。把他当做你的对等人物守护着。让他在你的心目中永远是一种美好的敌人，桀骜不驯，令人肃然起敬，而不是一个无足轻重的便利设施，很快就成了背时货，被扔到一边。蛋白石的色彩，金刚石的光辉，如果眼睛离得太近，是不会看见的。我给我的朋友写一封信，又接到他的一封信。这对你来说，是小事一桩。但它却满足了我的需要。那是一件值得他给，也值得我收的精神礼物。它不亵渎任何人。心会相信这些热情的语句，因为它不愿说出口来，有一种存在比一切英雄主义的历史已经证实的还要神圣，心将会倾吐出对它的预言。

所以尊重这种友情的神圣法则就不至于因为你没有耐心而把友情的两性花损害，无法开放。我们必须是我们自己的，然后才能成为他人的。按照这样一句拉丁文谚语，至少在犯罪中存在着这种满足——你可以以平等的地位跟你的同谋讲话。Crimen, quos inquinat equat. 对于那些我们爱慕的人，起初我们做不到。然而在我看来，自制的最小缺点也破坏了整个关系。两个精神只有在它们的对话中，每一个都代表全世界，他们之间才会有深沉的和平，相互的尊敬。

什么像友谊那样伟大，就让我们把它同我们所能获得的什么样的壮丽精神一起占有吧。让我们保持沉默——这样，我们就可以听见众神的低语。让我们不要干扰。谁让你考虑你应当向卓越的灵魂讲些什么,或者如何对它们去讲?不管多么机灵,不管多么文雅和蔼。愚蠢和智慧分三六九等,对你来说,无论说什么都是轻浮的。等着吧,你的心一定会说话的。一直等到必须和永久压倒你,一直等到白昼和黑夜使用你的嘴巴。德行的唯一报酬就是德行;交朋友的唯一方法就是做一个朋友。走进一个人的家并不等于接近一个人。如果没有相似之处,他的灵魂只会更快地躲开你,你永远也不会看到他真诚的一瞥。我们看见高贵的人们远在天边,他们都在排斥我们;我们为什么还要闯进去呢?很晚——很晚以后——我们才看到社交的种种安排,种种引荐,种种惯例和习俗,都无助于使我们跟他们建立那种我们所向往的关系——然而,唯独我们身上的天性上升到与他们身上的天性同样一个高度,我们才会像水和水那样相遇;如果那时我们遇不到他们,我们也将不需要他们,因为我们已经成了他们了。归根到底,爱只不过是一个人自己应得的敬重从别人身上反映出来罢了。人们有时候跟他们的朋友互换姓名,好像他们要表示:在他们的朋友身上每个人热爱的就是他自己的灵魂。

我们对友谊的格调要求越高,当然,跟有血有肉的人建立友谊就越不容易。我们在世界上踽踽独行。我们所向往的那种朋友只不过是梦幻和寓言。然而崇高的希望永远在鼓舞忠诚的心,因此在别的地方,在普遍力量的其他领域,能爱我们,也能被我们所爱的灵魂们正在活动,正在忍受,正在挑战。我们值得庆幸的是:青年的时代、愚蠢的时期、错误的时期、耻辱的时期已在寂寞中过去,当我们成为卓有成就的人时,我们将用英雄的手去握英雄的手。只是要听你已经看见的东西的规劝,不要用低级人物去破坏友谊的联盟,因为在那种人身上不会存在友谊的。我们的浮躁把我们出卖给轻率、愚蠢的团伙,那是上帝不屑一顾的。坚持走你自己的路,尽管你略有所失,却大有所获。你表明了心迹,以便拒虚伪的关系于千里之外,你把世界上最德高望重的人吸引过来——这些罕见的漂泊者在自然界里同时只有一两个在漫游,在他们的面前,芸芸众生看上去只不过是幽魂和阴影而已。

　　害怕把我们的联系搞得精神气味太浓,仿佛这样做了,我们就会失去什么真正的爱似的,这真是愚蠢之至。无论把我们从洞察中得出的流行观点怎样纠正,大自然一定会证明我们这样做是对的,虽说这样做似乎剥夺了我们的一些快乐,但大自然偿还给我们的欢乐将会更大。如果我们愿意,就让我们感受一下人的绝对孤立。我们确信我们身上具有一切。我们到欧洲去,我们追随一些人,或者我们读书,因为我们本能地相信这样做将会把我们身上的一切唤起,把我们揭示给我们自己。全都是乞丐。那些人跟我们一样,那个欧洲只不过是死人们的一件褪了色的旧衣;那些书只不过是他们的幽灵。让我们丢掉这种偶像崇拜。让我们放弃这种乞讨生活。让我们向我们最亲爱的朋友告别,并对他们嗤之以鼻,说道:"你算什么? 放开我,我再也不依赖别人了。"啊! 兄弟啊,难道你不明白我们这样分别,只是为了在更高层次上重逢,只是为了更多地属于对方,因为我们现在更多地属于我们自己? 一个朋友有两副面孔。他既回顾过去又展望未来。他是我所有的以前的时光的产儿,又是未来的时光的先知,也是一位更加伟大的朋友的先驱。

　　所以我对待我的朋友就像我对待我的书籍。我在哪儿发现他们,我就占有他们,然而我很少使用他们。我们必须按我们自己的主张社交,只要有一丁点理由,就可以把谁接纳或排除。我不能同我的朋友交谈很多。如果他伟大,他就使我也非常伟大,所以我就不肯屈尊交谈。在伟大的日子里,种种预感在我们面前的天空里盘旋。我应当把自己奉献给它们。我走进去为的是抓住它们,我走出来也为的是抓住它们。我只是害怕它们会消失在天空里,它们现在在那里只不过是一片更亮的光。再说,虽然我珍视我的朋友,我却不能跟他们交谈,研究他们的想象,以免我连自己的也会失去。放弃这种高尚的求索,这种精神的天文学,或者对星球的探索,下来对你表示热烈的同情,真会给我一种天伦之乐;可是,到那时,我清楚地知道我将会永世为我的大神们的消失而哀伤。诚然,下个星期我会情绪低落,到那时,我会潜心于无关的目标;到那时,我会为你心灵里湮没的文学感到懊悔,希望你又在我的身边。然而,如果你来了,也许你只会往我的心灵注满新的想象,不是注入你自己,而是注入你的光辉,跟现在一样,我还是无法跟你交谈。这样,这种暂时的交际就要全靠我的朋友们了。我将从他们那里收到的不是他们的财产,而是他们本身。他们将要给我的正是他们所不能给的,但那是从他们身上发散出来的东西。然而,他们跟我保持的关系在微妙纯洁方面并不逊色。我们相逢时,仿佛我们素昧平生,我们分别时,好像我们从未分别。

一方崇高地坚持一种友谊,另一方不一定步调一致,最近看来似乎是可行的,这是我始料不及的。我为什么要懊恼接受的一方没有度量,从而来自找拖累呢?太阳从来不懊恼他的一些光线普照万方,白白地落入不知感恩的空间,只有一小部分落到能够反光的行星上。让你的伟大来教育那粗鲁、冷漠的友伴吧。如果他难与为匹,他很快就会走开;然而你却被自己的光照扩大了,不再与蛤蟆、虫豸为伴,而与天国的诸神一起翱翔,发光。得不到回报的爱被认为是一种耻辱。然而伟大的人将会看到真正的爱是无法被报答的,真正的爱超越了那不相称的对象,谈论、思索的是永恒,而那可怜的置于其间的面具破碎以后,它并不悲伤,而是感到扔掉了这么多的泥土,感到自己的独立更加可靠。然而,说这样的事就难免带上一种背叛关系的味道。友谊的本质是完整,是一种完全的慷慨和信任。它切不可臆测或供养虚弱。它把自己的对象像神灵一样对待,这样它就把双方都神化了。

谈性格

英吉利种族是抑郁出了名的。我不知道他们是否比北方气候条件下的邻国人还要愁眉苦脸。跟又唱又跳的民族相比,他们显得愁闷,却并不见得更为愁闷,只不过显得迟钝、庄重,因为他们在家里找到了欢乐。他们也相信,哪儿没有生活的欢乐,哪儿在言谈或思想中就没有生气和艺术。心情快活走遍天下,心情忧伤寸步难行。这种忧悒的特征已经由法国旅行家奉送给他们了。从弗鲁瓦萨尔、伏尔泰、勒萨日、米拉波,到小品专栏文笔潇洒的撰稿人,已经就他们邻居的严肃做了不少风趣的文章。法国人说,热闹的谈话在他们那个岛上闻所未闻。英国人从反思中找不到宽慰,只有在反思中才能找到宽慰。如果他渴求娱乐,他就去工作。他的欢乐就像一阵热病的发作。宗教、戏剧、阅读本国的作品,都在培养、助长他的天性中的忧郁。警察不干涉大众娱乐。他们认为尊重这个没法安慰的民族的欢乐和难得的喜庆是责无旁贷的,而这个民族的举世闻名的勇气完全可以归咎于他们对生活的厌恶。

我估计,因为他们行为庄重,沉默寡言,才博得了这种名声。相比之下,我认为美国人显得快活、满足。在这个国家,青年人更容易忧郁。英国人面目温和,声音清脆动听。他们天性豁达,不像南方人那样容易被逗乐,他们置身于南方人中间,就像大人来到孩子们中间一样。他们需要的是战事、贸易、工程、科学,而不是轻浮的游戏。他们骄傲、孤僻,即便有意于娱乐活动,也避免在公园里进行。他们玩耍也闷闷不乐;ils s'amusaient tristement, selon la coutume de leur pays,①弗鲁瓦萨尔如是说。我认为从来没有一个

---

① 法语:按他们国家的习俗,他们玩得闷闷不乐。

国家把他们的界墙建得那样厚,把花园的篱笆造得那样高。酒肉对他们不起作用,从宴会开始到结束,他们都是一样的冷静,沉着。

六七百年来,他们一直以沉默寡言而闻名于世,对糟糕的公开演说所表现出的一种自豪在下院里可以注意到,仿佛他们乐意表示他们不是靠自己的舌头生活,或者认为,如果他们有绅士的语气,他们讲话还是非常得体。各色人种聚集的场合,他们三缄其口。一位约克郡的工厂主告诉我,他不止一次坐火车从伦敦到利兹,坐的是头等车厢,坐在一起的都是同样一些人,可是一路上彼此一句话也没有讲。成立俱乐部就是为了培养社交习惯,难得看见两个以上的人一起吃饭,最常见的则是一个人单独吃。严肃的斯维登堡把英国的灵魂们单独关在一个天国里,使他这样做的是他身上的一股幽默劲儿呢,还是仅仅是他那无情的逻辑?

他们既被描绘成乖戾、易怒、顽固不化——又被描绘成温和、亲切、通情达理,真是前后矛盾。事实上,他们的性格范围很广,种类极多。由于经商,一批又一批不同阶层的人到了海外,性情暴躁的威尔士人、热情奔放的苏格兰人派驻东印度或西印度的脾气很坏的官员,都富有受过教育的、身份尊贵的、有家室的人的完美的行为。粗壮的农民也是这样;乡村的绅士情况亦然,尽管他们的生活狭隘而暴烈。在每一个客栈里,有商务室,在商务室里,拿着厂家的样品和订货单的"旅客"或者推销员通常受到款待。外国人倒容易认为这一类人就是英国的典型。因为在路上,在每一家客栈,都能碰得见他们,而贵族则避免寄身于小旅店,即便住在里面,也是离群索居。

然而这些阶层却是真正的英国种,在艺术和教育染指他们以前可以充分显示民族特点。在一切事情上,他们善于爱,也善于恨,不轻易赞赏什么,但一旦赞赏起来,便死心塌地。他们沉湎于自己欣赏的气质,就像沉睡的人不容易唤醒一样。他们的习惯和本能依附于天性。他们属于大地,就有泥土气息;他们属于海洋,就有海类的品质,他们眷恋海洋或大地全看它给他们提供了什么,而不是出于什么感情。他们有一身的蛮力,又进行猛烈的锻炼,猛吃酣睡。他们疑心对于生活行为会有某种富有诗意的影射,或者某种暗示,它会对这种动物般的生活造成不利的影响,仿佛有人在摸索脐带,可能切断他们的生活供应似的。如果一个人不放开肚皮吃饭,他们就怀疑他的判断力是否可靠,如果他是特别的贞节,他们便直摇头。对他们听之任之,你就会在普通人身上发现一种阴沉沉的冷漠,有时候甚至是粗暴和坏脾气;在更有魄力的心灵里,还有无穷的战争的弹药库,挑动

"时间和恶意敢于带来的最险恶的时刻

向勃然大怒的诺森伯兰横眉怒目。"①

他们顽固地信仰并捍卫自己的观点,坚持他们的狂想和荒谬时也同样果决。赫齐卡亚·伍德沃德曾经写了一本反对《主祷文》的书。人们也能相信:"忧郁的解剖者"伯顿②已经从星辰上预见到他死亡的时刻,他给自己的脖子套上绳结,以便证明他的占星术不是假的。

他们的容貌表现出一种不可战胜的坚强,要他们临阵脱逃难如登天,他们宁肯效死疆场。威灵顿是这样说那些娇生惯养大的御林军骑兵团纨绔子弟的:"不过这些宝贝仗打得不错。"纳尔逊谈到他的水兵时说:"他们留心子弹还不如留心跳蚤。"关于卓绝的坚强,再没有一个国家有更多更好的范例了。他们勇于冲击堡垒,勇于靠拢攻击战舰,勇于奋战而死,或者奋不顾身地执行任何有前途、有荣耀的任务;可是我认为他们不善于忍受折磨或任何被动的服从,如接受一个独断专行者的命令从城堡顶上跳下去之类。由于既有血管,又有高度的组织,所以对痛苦非常敏感;由于智力高超,因此能在一件事上看出理性和光荣。

至于生产当时生活用品的那种体力,他们绰绰有余,那种余额则创造成了刚毅的勇气、诗歌的天才、机械的发明、贸易的事业、财

---

① 见莎士比亚《亨利四世下篇》第一幕第1场第151行。
② 伯顿(Robert Burton, 1577—1640),英国作家。他的奇书《忧郁的解剖》借助于古典世界的一切知识,探索了人类的心灵。

富的排场、礼仪的壮观、青春的暴躁和计划。青年人有一种粗壮的健康变成了犯罪的念头。他们把白兰地当水喝,不能把他们多余的力量花费在骑马、打猎、游泳、击剑上,却带着复仇三女神的庄严闯进荒唐的玩乐。他们勇敢地把他们狂烈的意识带进世界的每一个角落,没有一个谎言不被反驳,没有一个声言不被审查。他们嚼麻醉药;用带毒的折刀①刺自己的身体;在博莘见血封喉②枝上吊他们的吊床;品尝百毒,收买各种秘密;在那不勒斯,他们把圣亚努阿里乌斯③的血放进一个蒸馏器;他们在"眨眼的圣母"的脑袋上锯了一个洞,好弄明白她眨眼的原因;他们用一种英国的尺子量宗教裁判所的每一个密室,量每一座土耳其天房、每一个圣地;把从发抖的婆罗门手里收买、讹诈来的秘方翻译出来送给本特利;他们用自己制造的恐怖衡量他们的力量。这些旅行者各个阶层的都有,从最上层到最底层;那些最粗鲁的行为被人注意到,并且被记住,这样的事很容易发生。这些庸俗的富翁和穷人身上的撒克逊忧郁像坏脾气一样发泄出来,稍一堵塞就激化成讥讽和谩骂。有很多很多粗鲁的英国青年,他们具有自己民族的傲慢和鲁莽,他们目中无人,又这样不可理喻,容易发怒,所以英国旅行者的讨厌和唐突众人皆知。200年前,人们说到一个牛津学者,这并不是笼统地丑化布立吞人:"他非常大胆,心里有事总要说出来,不仅给他的同伴说,而且在咖啡馆里大肆张扬,也不看看周围是些什么人,就说起他对某些人的看法,偏偏那些人就在场。正因为这样,他常常挨骂,有好几次他们扬言要踢他、揍他。"

普通的英国人容易忘记社会权利法中的主要的一条:每个人都有亲耳聆听的权利。没有人能够声称他在大庭广众之中要听比别人更多的东西,或者大声宣讲他的奇思怪想或进行人身攻击来愚弄周围的人。

---

① 一种波状刀身的匕首。
② 见血封喉是一种毒树,博莘为越南一岛名。
③ 圣亚努阿里乌斯(272?—305?),意大利贝尼文特主教,那不勒斯主保圣人,305年殉教。

然而各个国家的命运都表现在种族的深刻的特点里,不管是一个幸运的部落,还是一些部落的混杂,无论怎样得到为他们混合成气质上的中庸之道的那种神态和所有的形式——反正这里存在着世界上最优秀的人种,面部开阔,臀部宽大,深沉、广博、稳定无出其右,镇静,自制,适应范围广,情绪变动大,有坚强的本能,却适宜于教养,既是职员,又是战士;既是伯爵,又是商人;既是愚蠢的大多数,又是聪明的极少数;有深不可测的气质,是阳光永远也照不到的愤怒、忧郁的暗井;他们时而具有一种常识和人性,使他们严格执行每一个乐意的职责;他们使这种气质变成一个海洋,对它来说,所有的暴风雨都是浮泛的,他们是一个容纳他们源源不断的幸运的种族,仿佛只有他们才有灵活的组织,既精细,又坚强,足以维持统治;好像是那粗壮的、无表情的、时而沉默倔强、时而凶猛刻薄的龙,曾经用它喷出的火气把该岛照亮,而后把他的残暴遗传给了他的征服者似的。他们把善藏在恶下面,或者藏在他们的伪装下。又是那个畸形的、毛烘烘的斯堪的纳维亚特累尔把车推出了泥淖,或者"打完了十个散工打不完的谷子",但那只是在黑暗中干的,并且在咕咕哝哝的诅咒中干的。他是一个粗汉,心肠倒很软,言谈像一阵阵苦水,可是他喜欢在危难关头助你一臂之力。他口头上说不行,实际却在为你效劳,你的感谢反而使他讨厌。这里最近有一个难以相处的守财奴,是个丑八怪,相貌就像《笨拙》周刊上的画像,只是没有那种引人发笑的魅力,他靠勤劳致富;在一座孤屋里生闲气;他从来不请任何人吃饭,而且蔑视礼仪;却是世间有过的真正的美的崇拜者,无论是形式美,还是色彩美,并把优美与真实的创造倾注到他的同胞的冷淡的心灵上,消除了英国艺术贫乏的指责,从他们暴烈的气候中捕捉每一种优美的暗示,给他们的画廊里输入更加明媚的城市和天空的每一种色彩和特征,在绘画中创造了一个纪元;当他看见展览会上他的一幅画的光辉使旁边挂的对手的画黯然失色时,他又偷偷地拿起一支笔,把自己的画涂黑。

他们并没有把他们的心都掏出来钉在他们的袖子上叫乌鸦飞来乱啄。他们有那种冷漠或沉着,干扰一下倒是一种敬意。亚里士多德说:"伟人总是有一种天生的忧郁性格。"有一种心灵以一种产生硕果的热情喜爱抽象,这就是这种心灵的习惯。他们敢犯众怒,决不曲意逢迎。他们喜欢直言不讳,讨厌唯唯诺诺。他们每一个人都有一种见解,他感到更应当把这种见解表现得与众不同。他们苦思冥想,要标新立异。这种严肃跟具有伟大才智的心灵是分不开的。

有一种英国的英雄比法国、德国、意大利、希腊的英雄都优越。当他被带来跟命运抗争的时候,他根据更纯粹的玄学理由牺牲了一种更为丰富的物质财富。他自觉自愿来到那里,面对他所蔑视的命运。经过精心选择,以性格为根据,他选择了他出生入死去奋斗的职责,而且死得其所。这个种族给人类已经增添了一些新的成分,在世界上扎下了更深的根。

他们的性格范围很广,从残暴到娴雅应有尽有。在更大的范围内,他们具有伟大的补救能力。把每一种倾向推向极端之后,他们便以同样的热情改弦更张。由于智力更胜其他种族一筹,所以他们跟其他种族生活在一起的时候,他们不采用别的种族的语言,而是把自己的语言赐予别人。他们资助别的国家,却不受别的国家的资助。他们使别人改变宗教信仰,却不让自己改变。他们同化了别的种族,自己却不受他们的同化。英国人并没有谋算征服东西印度群岛。征服乃属于他们的性格。因此,他们在世界各地推行每个帝国和种族的法典:在加拿大,推行的是古老的法国法律;在毛里求斯,推行的是拿破仑法典;在西印度,推行的是西班牙议会法令;在东印度,推行的是摩奴法典;在人岛,推行的是斯堪的纳维亚的东西;在好望角,推行的是荷兰老法律;在爱奥尼亚群岛,推行的是查士丁尼法典。

他们对自己在历史上的有利地位有清醒的认识。英国就是法律制定者,是保护人,是导师,是同盟者。比较一下法国报刊和英国报刊的语气,前者对英国的舆论怨声载道,吹毛求疵,神经过敏。而英国报刊对法国舆论从来不畏怯,而是目空一切,不屑一顾。

由于意志和偏见过强,他们显得暴躁莽撞,有时候索性难缠得像念念不忘一笔债务的人,像不求人帮忙的人,像一意孤行的人。经过教育和交际,这些毛糙磨光了,只留下善意依然纯真。如果把解剖学按照民族癖好加以改造,我想脾脏今后只能在英国人身上找到,在美国人身上就找不到了,从而把两者区别开来。我预期还有一种解剖学上的发现,人们将会发现这种器官是皮质的,脱落性的,这样他们就表面上显得忧郁,但最终还是软心肠,因此有别于罗马和拉丁各民族。在英国人的心里不存在野蛮、卑鄙的东西。他们容易轻信,动辄发怒,然而民族的情绪,无论如何骚动,容易很快地平静下来,就像在这个温带地区,无论出现什么样的暴风骤雨,很快就雨过天晴,宁静是它正常的状况一样。

一种补偿性的愚蠢掩饰、保护着他们的知觉,就像鹰的眼帘一样。我们比较敏捷的美国人初次跟英国人打交道,就说他们愚蠢。可是后来,就对他们作出公正的评价,认为他们是些面不显老,或有劲不使的人。如果要理解英才俊杰、耐心的牛顿、多才多艺的超绝的诗人、达格代尔们、吉本们、哈勒姆们、埃尔登们、皮尔们身上的工作能力,一个人就应当看看英国的散工们是怎样全力支持的。不论高低贵贱,他们都是一种油性组织构成的。在他们的本质里有一种尸蜡,好像他们也有油供应他们的精神车轮,能够干大量的工作而不会损伤他们自己似的。

在发现有千千万万的人能单独举起这副重担时,甚至人们生活消费的范围,学者和专业人士们遵循的范围也证明了他们肌肉的张力。我甚至可以说他们的日常宴席说明了身体的一股蛮力。

没有一个国家有那么多的能人,能有那么多查理一世谈到斯特拉夫时所说的绅士,"他们处理最重大的国家事务的能力与其说使一个王子羞愧,不如说使他害怕"。有那么多像维尔男爵那样脾气的人:"如果人们看见他凯旋归来,从他的沉默中他们会猜测他已经战败,如果人们看见他在溃退,从他的精神抖擞的样子他们推断他肯定是一个胜利者。"①

---

① 富勒:《英国名人》。——作者原注

下面一段文字摘自《海姆斯克林拉》,不妨把它看作现代英国人的写照——"哈尔多魁伟健壮,相貌堂堂。哈罗德王是这样描述他的:在他的全体人员中间,他最不在乎可疑的情况,不管它预示的是危险还是欢乐;因为无论出现什么事,他从来都不趾高气扬,也不萎靡不振,也不因此晚上失眠,或者白天蒙头大睡,饮食也不改旧习。哈尔多不是一个口若悬河的人,他谈话简短,直言不讳,性格顽强,这并不能使国王高兴,因为国王周围有的是贤明之士,在忠心耿耿为他效力。哈尔多跟国王待的时间不长,然后到了冰岛,定居在希阿达霍特,住在那座农场里,直到年事很高。"①

民族性情在社会史上并不是电光石火,转瞬即逝的。迟钝、深沉的英国群众把火闷在心里,最后把边界都燃成熊熊烈火。伦敦的愤怒不是法国的愤怒,而有着长久的记忆,在它最炽热的地方,有一种记录和规矩。

他们只发挥出一半的力量。他们能够作出一种崇高的决定,如果此后种族战争——这是经常预见到的,并且也转化成了一种观点的争端(一个来自东欧的关于专制和自由的问题)——竟会威胁英国文明,这些海王们会再一次进入他们的浮动堡垒,在他们的殖民地上发现一个新家和第二个权力的千年盛世。

英国的稳定是现代世界的保证。如果英吉利种族像法兰西种族一样反复无常,还有什么依靠呢?然而英国人代表着自由。保守、爱钱、爱贵族的英国人也热爱自由;因此自由才安然无恙,因为他们比别的民族有更多的个人力量。这个民族总在抵制他们政府的不道德行径。他们以悲天悯人之心考虑着法国、土耳其、波兰、匈牙利、石勒苏益格—荷尔斯泰因的事务,虽然最终还是被统治者的政策所推翻。

永恒的偏向虽然不见得无力,但在一个部落把自己的活动扩展到殖民地、商业、法律、艺术、文学上时,它就被掩饰住了。难道每个部落早期的历史就显示出这种永恒的偏向?早期的历史的确

---

① 《海姆斯克林拉》,莱恩译,第3卷第37页。——作者原注

把它显示出来,就像音乐家演奏他开始隐藏在一种狂风暴雨般的变奏曲中的乐曲一样。在阿尔弗烈德身上,在挪威人身上,人们可以读到英国社会的风气,也就是说,私生活就是荣誉之所在。光荣、前程、雄心,这些字眼尽管在巴黎一带屡见不鲜,但在英国的言谈中却很少听到。纳尔逊从他们的心中写出了他的朴实的电文:"英国希望人人尽职尽责。"

为了实际工作,为了一种职业的尊严,或者为了发挥消沉和激烈的天赋,可以参加陆军和海军(最坏的小伙子在海军里都干得挺好),也可以干民事工作,在做严肃、正式的工作的部门供职;他们尊敬更加严格地研究法律的律师。然而那镇静自若、有判断力的不列颠风最浓的布立吞人规避官场生活,认为那是江湖行骗,而是尊重一种建立在农业、煤矿、制造业或商业之上的经济,因为它通过创造真正的价值保证了一种独立。

他们不希望发号施令,也不希望俯首听命,而只希望在自己家里称王。他们智力甚高,深得文学三味;他们很喜欢把这个世界用书本、地图、模型和每一种准确的信息端给他们,他们虽然不是艺术的创造者,却敬重艺术的风雅。他们喜欢闲情,善于充分利用自己的光阴,却不像别人那样节衣缩食。然而该国的历史处处事事暴露出这种对个人独立的原有的爱好,由于他们雄厚的殖民地力量已经利用一些贿赂诱人偏离了轨道,不管这种爱好可能怎样受这些贿赂的干扰,但它还是挺住了,形成并改造了法律、文学、风俗和职业。他们选择了那种适合全体国民的福利,因为他们知道,只有这才是稳定的,就像聪明的商人喜欢在三厘利上投资一样。

谈礼貌

据说,这半个世界不知道那半个世界如何生活。我们的探险队看到斐济的岛民用人骨做饭吃;据说,他们连自己的老婆、孩子都吃。古尔诺(在古底比斯西边)的现代居民的家政过于达观。他们操持家务不需要别的,只要有两三只陶罐、一块磨面的石头、一块当床的席子就可以了。房子也就是一座坟墓,是现成的,不交租金,也不用上税。怎样的雨都下不透屋顶,没有门,因为没有那个必要,因为没有什么东西好丢。如果这一座房子他们不称心,他们便走出去,又进了另一座房子,因为有数以百计的房子归他们随意使用。好像贝尔佐尼曾说过这样的话:"那些人住在墓穴里,周围是他们一无所知的一个古老民族的尸骨和残骸,跟他们谈论幸福好像有点儿不可思议。"在博尔古沙漠里,岩石中的蒂布人仍然像崖燕一样居住在洞穴里,这些黑人的语言被他们的邻族比作蝙蝠的尖叫、飞鸟的长鸣。再说,婆罗洲人没有适当的名字;称呼每个人就根据他们的身高、体壮和别的一些附属特性,充其量只不过有一些诨名。然而外邦人进入这些可怕的地区找盐、找海枣、象牙、黄金,结果这些东西流入很多国家,那里的购买者和消费者很难跟这些吃人生番和偷人者归入一个种族;在那些国家里,人们使用金属、木材、石头、玻璃、橡胶、棉花、丝绸和羊毛;用建筑为自己增光;他们制定法律,极力要借助许多民族之手推行自己的意志;尤其是他们建立了一种精英社会,遍布有识之士的地区,那是一种自行组成的贵族,或者精英人士的联谊会,这种社会没有成文法,也没有任何严格的惯例,但却能使自己永世长存,它把每一个新移民的岛屿变成殖民地,把任何地方出现的仪表之美或奇特的天赋据为己有。

在现代史上，什么事情还能比绅士的创造更引人注目呢？那就是骑士精神，那就是忠诚，在英国文学中，一半的戏剧，所有的小说，从菲利普·锡德尼爵士到沃尔特·司各特爵士，描绘的都是这种形象。"绅士"这个词，就像基督徒这个词一样，由于人们对它的重视，从此以后就成了现在和前几个世纪的特点，它成了对个人的难以言传的特性的敬意。尽管这个名称与轻浮和荒诞的称号有一定牵连，但是，人类之所以对它表示出持久不变的兴趣，那一定是因为它具有它所表示的那些宝贵的特性。有一种元素把每个国家最强有力的人物都团结起来，使他们彼此容易理解，非常投机，它在某种程度上是如此明确，如果某个人缺乏那种共济会式的标记，就会被立即感觉出来，它不可能是一种偶然的产物，而一定是在人们身上普遍存在的性格和才能的平均结果。它好像是一种永久平均数；就像空气是一种永久的混合物，而那么多的气体结合起来只不过是为了被再混合一样。Comme il faut，是法国人对上流社会的描述，我们必须如此。它恰恰是这样一个阶级的才能和感受的自发结果：这个阶级最有活力，在当今的世界上起领导作用，尽管还远远谈不上纯洁，还远远构不成人类感情的最快乐最高尚的风气，但却像整个社会所允许的那样美好。它是由人的精神构成的，而不是由人的才能构成的，它是一种混合结果，每一种巨大的力量，如德行、智慧、美、财富和权力，都是作为一种配料进入其中的。

所有通用的词汇在表现优美的礼貌和社会教养时有某种含糊的东西，这是因为数量是变动的，最后的结果反而被感觉当成了原因。gentleman(绅士)这个词在表现品质的时候没有任何关联的抽象概念。Gentility(斯文)失之鄙陋，gentilesse(温厚)流于古旧。然而在国语中，我们必须把 fashion(时尚)这个意义狭隘往往还带有恶意的词和绅士所表示的英雄性格严格区分开来。然而，常用的词必须得到尊重；人们会发现它们包含着事物的本源。诸如风雅、骑士风度、时尚之类的名称的特点就在于所观照的是花与果实，而不是树的纹理。这一次的目标是美，而不是价值。现在结果成了问题，尽管我们的词汇充分表明了这样一种大众感受：现象意味着本质。绅士是一个实事求是的人,是自己的行动的支配者,而且把那种支配能力表现在自己的举止中,而不是在依附别人或别人的意见或别人的财产的作风中。除了真理和真正的力量这一事实,绅士这个词还表示温厚或仁慈,首先是男子气概,然后才是文雅。流行的概念当然还有一种安逸富有的条件;不过那是个人力量和爱心的一种天然结果;因为他们应当占有并分配世界上的财产。在暴力风行的时代,每一位杰出的人物必然遇到很多可以准许他发挥勇猛和价值的机会,因此,在封建时代,每一个出类拔萃的人的名字我们听起来都如雷贯耳。不过个人的力量从来也没有背时。它今天仍然很重要,在上流社会的众多活动型人物中,勇敢、实在的人总是闻名遐迩,并且上升到他们必然的地位。竞争从战争转移到政治和贸易,然而个人力量仍然及时地出现在这些新的竞技场上。

权力至上,否则就没有领导阶级。在政治和贸易中,拳击大师、江洋大盗比夸夸其谈、兢兢业业的人更有出息。上帝知道各种各样的绅士都在敲门;然而每当严格地强调地使用这个名称时,人们就会发现它指的是独创能力。它描述的是一个独立自主的人,按照天然的方法工作。在一个好贵族身上,首先得有一个好动物,至少到产生动物精神的无与伦比的优越地步。统治阶级必须有更多的东西,然而这些精神他们必须具备,每当和人相处时给人一种权力意识,能易如反掌地完成那些使智者望而却步的事情。精力充沛的阶级的社会,在友好节日集会中胆略过人,跃跃欲试,这使白面书生望而生畏。妇女们显示的勇气好像就是隆狄巷的一场战斗①,或者一场海战。智能依仗记忆提供一些必需品去对付这些临时的部队。然而面临这些突如其来的高手,记忆只不过是一个提着篮子戴着标牌的下贱乞丐。社会的统治者一定能担当世界的重任,能胜任全面的职责,必须是真正的恺撒式的人物,具有极大的

---

① 指1814年7月25日英美双方在尼亚加拉瀑布附近隆狄镇进行的一次战斗。

亲和力。福克兰勋爵胆怯的箴言我不敢苟同("参加仪式必须要有两人,因为一个勇敢的人要经受最烦琐的礼仪"),我认为绅士就是那个勇敢的人,他的礼仪是不会被人战胜的;只有那种富足的天性才是真正的强手,因为天性是它与之交谈的任何一个人物的补充物。我的绅士在所到之处发号施令;在教堂里祈祷胜过圣徒,在战场上作战胜过久经沙场的老兵,在会堂里讲话使一切风雅黯然失色。他能与江洋大盗为伍,也能与文人学士结伴,所以你要防范他纯属徒劳;他有通向一切心灵的便道;我要排除他,就等于排除自己。亚洲和欧洲的著名绅士都属于这种强有力的类型。萨拉丁、萨波尔、熙德、裘力斯·恺撒、西庇阿、亚历山大、伯里克利等最高贵的人物就是例证。他们漫不经心地坐在自己的座椅上,本身超尘拔俗,不屑于高估任何情况。

按照流行的观点,要成全这种精通世故的人,一笔丰富的财产是必不可少的,然而那只是一种初排首要角色所领导的那场舞蹈的物质代表。金钱不是最基本的,然而,这种广泛的亲和力却是,它超越了集团和等级的习性,让各个阶级的人把它都感受到;如果贵族仅仅在上流社会中举足轻重,而对劳动者不起作用,他永远也不能成为时尚的领袖;如果这位人中佼佼不能平等地跟绅士说话,好让绅士发现他实际上已经属于绅士自己的阶层,他就不会被人害怕。第欧根尼、苏格拉底和伊巴密浓达是血统最高尚的绅士,他们选择了贫困状况,尽管富裕的状况他们同样可得。我利用的是这些古人的名字,然而我说到的人却是我的同时代人。财富不会向每一代人都提供一个这样装备完善的骑士,然而每一层人都提供了那个阶级的某种榜样。这个国家的政治、每一个城镇的贸易,都由这些鲁莽的、不负责任的实干家所控制,他们有执牛耳的创造力,有宽厚的同情心,使他们跟广大群众建立友谊,使他们的行动受人欢迎。

这个阶级的礼貌受到了风雅之士的悉心观察和掌握。这些大师彼此的联系、大师们跟理解他们的长处的人们的联系,是彼此契合的,相互促进的。每个人的良好的仪态,最得体的表情得到了重复和采用。人们迅速取得一致，一切多余的都被丢弃，一切优美的都被重复。良好的礼貌在没有教养的人看来十分可怕。它是一种更为精细的回避和恫吓的防御科学；然而一旦对方的技艺能与它对衡，它就垂下剑刃——攻击和防护能力都消失了。青年人发现自己置身于一种更加透明的气氛里，在那里，人生是一场比较轻松的比赛，赛手中间不会出现误会。礼貌旨在促进生活，消除障碍，使纯洁的人增加活力。它有助于我们的交往和会话，就像铁路有助于旅行一样，因为它消除了路上一切可以避免的障碍，除了纯粹的空间，再没有任何需要征服的东西。这些规矩很快就固定下来了，一种良好的礼貌意识就会被人更加重视地培养起来，于是，它就变成了一种社会和文明特征的标志。风尚就是这样逐渐形成的，那是一种暧昧的外表，最有力、最奇异、最轻薄，人们最害怕，遵循得最严格，道德和暴力攻击它，都无损于它一根毫毛。

权力阶级和排外的高雅社会之间存在着一种严格的关系。后者总是从前者得到补充。那些强有力的人物通常甚至对时尚的无礼起了推波助澜的作用，就是为了他们从中发现的那种亲和力。革命之子、老贵族的埋葬者拿破仑从来没有停止追求圣热尔曼区，毫无疑问，他怀着这样一种感情：时尚是对他那一类人的一种效忠仪式。时尚代表着一切果断的美德，尽管方式有些奇怪。那是凋零了的美德，那是一种死后的荣誉。它不常抚爱伟人，却抚爱伟人的后代，它是一座"昔日"的殿堂。它往往横眉冷对当代的伟人。伟人一般不进它的殿堂，他们出去奋战疆场，他们在工作，不是在获胜。时尚是由他们的子孙形成的；至于这些人，他们通过某个名人的价值和德行，给他们的名字增添了光彩，取得了不同凡俗的印象，具有了教养和慷慨的资力，他们的体质也具有了某种健康和优越，这就使他们有了权力，如果那不是至高无上的工作权力，也是很高的享受权力。有权阶级，这些在行动的英雄，这些科尔特斯、纳尔逊、拿破仑，他们看到这就是对他们这种人的喜庆和永久的赞颂；他们看到时尚就是享受资助的才能；就是被捶薄了的墨西哥、马伦戈、特拉法尔加，他们看到时下风云人物的显赫名字正好追溯到五六十年前他们这样一些盛极一时的名字。他们是播种者,他们的子孙将是收割者,而他们的子孙在事物的一般进程中必须把收获的占有权交给眼光更为锐利、体格更为健壮的新的竞争者。城市从乡村得到补充。据说在1805年,欧洲每一个正统的君王都是低能儿。要不是从田野得到加强,城市也许早就灭亡、腐败、爆炸了。今天的都市和宫廷只不过是前天变成城镇的乡村。

贵族和时尚都是某些不可避免的结果。这些相互间的选择是消灭不了的。如果他们激起了损害最深的阶级的愤怒,那受到排斥的大多数起来用强硬手段向排斥他人的极少数报复,并且杀了他们,那么,立即就有一个新的阶级发现自己处于最高地位,就像一碗牛奶上面一定要起一层奶油一样肯定。如果人们消灭了一个又一个的阶级,最后只剩下了两个人,其中一个人也将是领袖,而且身不由己地受到另一个人的服侍和模仿。你尽可以把这极少数不放在眼里,不记在心头,然而他们有顽强的生命力,是社会等级之一。当我看见他们的成就的时候,我对这种顽强精神感触更深。他们对那些区区小事的管理推崇备至,以至于在他们的习惯中我们竟然不去寻求任何耐久性。我们有时候遇到一些受到某种强大的道德影响的人,如受到一次爱国运动、一次文学运动、一次宗教运动的影响之类;我们便感到道德情操主宰着人与自然。我们认为别的一切差别和关系都将是脆弱的,短暂的,譬如等级或时尚的差别和关系;然而,年复一年,我们看到它在波士顿或纽约人的生活中是多么地持久,在那里,它没有受到国家法律的一点支持。在埃及,在印度也没有一种更加坚定或更加不可逾越的界线。有些社团跟那少数人有千丝万缕的关系,如商会、军团、大学的班级、消防俱乐部、专业协会,政治、宗教会议,等等,在那里,人物似乎亲密无间;然而,那样的集会一旦解散,它的成员一年到头再也不会相会。每一个成员便回到上流社会阶梯的自己的台阶上,瓷器依然是瓷器,陶器依然是陶器。时尚的目的也许是轻浮的,或者,时尚也许是没有目的的,然而这种联合和选择的性质既不轻浮,也不偶然。在那种完美的等级中,每一个人的地位取决于他的结构的某种对称,或者他的结构与社会对称的某种一致。时尚对自己人的自然要求会立即敞开大门。一位天生的绅士就会找到进去的路,并把最老的贵族挤出来,因为他已经失去了他固有的地位。时尚了解自己;无论哪个国家的良好的教养和个人的优越都能跟别的任何国家的良好教养和个人的优越立即情同手足。野蛮部落的酋长在伦敦和巴黎以他们姿态的纯正而出人头地。

要尽数时尚的种种好处——它信赖实在,最恨的就是弄虚作假的人——排除、迷惑弄虚作假的人,跟他们老死不相往来,就是它引以为乐的事。反过来我们藐视老于世故的人们的别的每一种天赋;然而,哪怕在最琐碎的事情上,非我们自己的礼貌意识决不迎合的习惯构成了一切骑士风度的基础。几乎每一种自助,不管它怎样健全和比例匀称,时尚也要偶然加以采用,而且给它组织沙龙的自由。一个圣洁的灵魂总是文雅的,如果它愿意,可以畅行无阻地进入戒备最森严的圈子。然而,在某种把他带来的紧要关头,赶牲口的乡下小伙子也会进入,并得到恩宠,只要他不要见到新的情况就晕头转向,只要铁鞋不想跳华尔兹和轻快交谊舞就行。因为行为的规矩如不符合个人的能力,是不会定为礼俗的。初进舞场的少女,在城里参加宴会的乡下人相信有一种礼仪,每一种行为和赞语必须以它为根据,否则不合格的当事人必然被从这种场合轰出去。后来,他们懂得良好的见识和性格每时每刻都在创造自己的仪态,舌无留言或三缄其口,开怀畅饮或滴酒不沾,留或者去,坐在一把椅子上,或者跟孩子们一起平展展地躺在地板上,或者倒立什么的,总用的是一种新颖、原始的方式,而那种强烈的意愿总是合乎时尚的,谁想不合时尚就随他去吧。时尚所要求的无非是泰然自若,自满自足。一群教养极好的人就会成为一批明达之士,在那个圈子里,他固有的礼貌和性格都显露无遗。如果一个追随时尚的人不具备这种品质,他就微不足道。我们非常喜欢自助,所以如果一个人肯让我们看到他对自己的地位完全满意,不要求得到我或别的任何人的好评,那我们就会宽恕那人的很多罪恶了。然而对某个杰出的精于世故的男人或女人表示敬重,就会使一些高贵的特权丧失殆尽。他是个下手,我跟他没有关系;我要和他的主人讲话。一个人不应当到他无法带着他的整个世界或社会同去的地方去——并不是要所有的朋友都亲身随同,而是把他们构成的气氛带去。在新的伙伴中,他应当保留他的日常的朋友使他具备的那种思想作风和关系现状,否则他就会黯然失色,将会成为最快乐的俱乐部里的一个孤儿。"要是你能看见维奇·伊恩·沃尔带着他的尾巴就好!——"①然而,维奇·伊恩·沃尔总是多多少少地带着他的从属,如果不是增添上去的荣耀,起码是切割下来的耻辱。

社会上总有一些人,他们是社会认可的水银柱,他们扫一眼随时都会为好奇的人确定他们在世界上的地位。这些人是一些小神灵的侍从。把他们的冷淡当作较高的神灵赐福的预兆接受下来,允许享有他们所有的特权吧。他们就是本身没有什么长处,他们办事是清楚的,也不可能显得如此可怕。然而不要按这个阶级的自诩来衡量他们的重要性,也不要想象一个花花公子就能够分配荣誉和耻辱。他们也按自己的正当的等级出现;因为那些圈子就是一种筛选性格的信息室,在那些圈子里,他们怎能有别的办法?

人对人所要求的第一件事就是实在,因此它便出现在各种形态的社会里。我们指着人叫着名字介绍当事人彼此认识。天地作证,你认识这位是安德鲁,这位是格雷戈里,他们定睛对视;他们紧紧握着对方的手,要记住对方的显著特征。真是皆大欢喜。绅士决不躲躲闪闪,他的双眼正视前方,首先使对方确信,遇见的是他,不是别人。因为,频繁的拜访,殷勤的接待,我们所追求的是什么呢?难道是你的帷帐、图画和装潢?或者难道我们不厌其烦地要问:家里有人吗?我可以随便走进一个大家庭,那里资产雄厚,有舒适、奢华、高雅的高档设施,可是我在那里没有遇见一个能左右这些附属物的主人。我可以走进一间村舍,找到一个农民,他感到

---

① 这里爱默生松散不确地引用了司各特的《威弗利》,引文中所说之人是部落酋长及其扈从。

他就是我专程来拜望的那个人,因此正眼盯着我。因此,如果一位绅士接受访问,哪怕就是国王驾临,他也不应当离开自己的家,而只应在家门口迎候,这是古老的封建礼仪的天经地义的要点。任何邸宅,哪怕它是杜伊勒里宫或埃斯库里亚尔园,如果没有主人,就毫无价值。然而我们对这种好客常常并不满意。我们知道,每个人周围都有一座漂亮的房子,许多精美的图书,有温室,有花园,成套的用具,各种各样的玩具,这些东西像屏幕一样把他和客人隔开。好像人有一种躲躲闪闪的天性,他最害怕的莫过于跟他的同类全面对峙,难道不是这样吗?这些屏幕极为方便,不管客人太伟大还是太渺小,我知道要停止使用这些屏幕是十分残忍的。我们把很多彼此牵制的朋友召集到一起,或者我们利用奢侈品和装饰品来讨得青年的欢心,从而使我们安全退隐。或者碰巧有一个上下求索的现实主义者来到了我们的大门口,我们不想站在他的眼前,于是又跑回到我们的屏幕后面藏起来,就像亚当在花园里听见上帝的声音时的情况一样。教皇派往巴黎的使节红衣主教卡普拉拉为了躲避拿破仑的目光,戴了一副很大的绿色眼镜。拿破仑注意到了这副眼镜,很快设法把它摘掉;然而反过来,拿破仑尽管有80万大军作后盾,也不敢面对一双生来就是自由的眼睛,而是用礼仪把自己圈在矜持的三重壁垒里,全世界都从史达尔夫人那里知道,拿破仑发现自己被人注意时,就使面部毫无表情。然而,皇帝和有钱人决不是讲究礼貌的大师。地租账和花名册都不能使偷偷摸摸、遮遮掩掩显得威风凛凛,礼貌的首要之点总是真诚,因为各种各样的良好教养强调这一点。

我刚刚在读赫兹里特先生译的蒙田的意大利旅行记,我最为欣赏的是那种自尊的时代风尚。他每到一个地方,由于是一位法国绅士光临,所以成了一件大事。无论他走到哪里,只要沿途有王子或知名绅士居住,他都要拜访,他认为这是他自己和文明责无旁贷的任务。如果他在哪一座住宅里寄宿过几个星期,临走时就让人把他的纹章漆一遍挂起来,作为这座住宅的一种永久标志,因为绅士的习俗就是这样。

对于这种优雅的自尊的补充物,对于良好教养的各种特点的补充物,我最需要、最坚持的就是敬重。我希望每一把椅子都成为御座,上面坐着一位国王。我喜欢庄严的倾向胜过过于密切的友谊。让无法沟通的自然物和难以理解的人类孤立教会我们如何独立。让我们相互之间不要过于熟悉。我倒愿意让一个人进入他的房子之前先穿过一个摆满了英雄和圣徒的雕像的过厅,这样他就不会缺少宁静与镇定的暗示。我们每天早晨见面,应当像从外国归来似的,终日相守,晚上分别时,好像又要到外国去一样。在万物之中,我倒想有一座不受侵犯的一个人的孤岛。让我们像诸神一样分位而坐,在环绕着奥林帕斯山的山峰上遥遥相望,侃侃而谈。不需要丝毫的感情色彩来侵扰这种圣洁。这是使对方保持甜蜜温馨的没药和迷迭香。情侣们应当卫护他们之间的陌生感。如果他们过分宽容,一切都会滑入混乱和庸俗的境地。把这种尊敬推向一种中国式的礼仪并不难;然而冷静淡泊、不慌不忙表示的才是优秀品质。一位绅士不声不响,一位女士则恬静安详。那些入侵者为了得到某种可鄙的便利,而将精心布置的房子搞得纷纷扬扬,我们对他们深恶痛绝,也是适当的。有人对他的邻居的需要表示出一种卑劣的同情,我对此感到同样的讨厌。难道我们必须同情彼此的口味吗?就像那些长期厮守的蠢人,连每个人什么时候要盐,什么时候要糖都一清二楚。我请求我的同伴,如果他想吃面包,就向我要面包,如果他想要黄樟或砒霜,也尽管向我要好了,不要把盘子伸出来,好像我早已知道似的。谨慎和隐私可以给每一种自然功能赋予尊严。我们还是让奴隶去忙乱好了。我们的教养的赞扬和礼仪,不论怎么遥远,也应当表示对我们辉煌的命运的回忆。

礼貌之花是经不起拨弄的,然而,如果我们敢于再展示一片花瓣,来探究它的构造,我们也会发现一种智力特点。对于人们的领袖来说,大脑就像肌肉和心脏一样必须提供一种调和。缺乏礼貌通常就等于缺乏优雅的知觉。对于精细优美的仪态和习俗来说,人的质地未免太粗糙了。对于良好的教养来说,一种善良与独立精神的结合还是不充分的。在我们的同伴中,我们迫切需要对美的知觉和敬意。在田野和工场里还需要其他一些美德,然而在与我们为伍的人中间,一定的情趣是必不可少的。我宁肯与一个不敬重真理和法律的人进餐,也不愿跟一个邋遢的、见不得人的人吃饭。道德品质主宰着世界,然而在短距离之内,感觉却称王称霸。同样的不平待遇也扩散到生活的各个方面,只是不那么严厉罢了。精力充沛的阶级的普通精神就是良知,在某种限制下,为某些目的而行动。它具有每一种天赋。它的天赋是好交际的,因此它尊重一切有助于团结人的东西。它喜欢分寸。爱美主要就是爱分寸或调和。那种尖声怪叫、夸大其词或气势汹汹的人就会把整个客厅弄得客走人散。如果你想赢得爱戴,那就热爱分寸吧。如果你愿意把缺乏分寸的情况掩盖住,你一定会有天才或者可以派做大用场。这种知觉会来打磨、完善社会工具的各个部件。对于天才和特殊天赋,社会会原谅很多的事情,但由于社会的性质是一种集会,所以它热爱一切集会性质的东西,或者属于集合起来的东西。这就形成了好与坏的礼貌,也就是促进或妨碍友谊的东西。因为时尚并不是绝对的良知,而是相对的良知;不是私密的良知,而是娱乐友伴的良知。它憎恨性格中乖僻、暴戾的特点,它憎恨吵吵闹闹、自高自大、落落寡合、郁郁寡欢的人;憎恨一切妨碍全面融合的东西;而它却珍视使人耳目一新的一些特性,因为它们同美好的友谊是一致的。除了一般灌输提高文明的智慧,智能的直接光辉在高雅社会中总是受欢迎的,因为它给社会的规矩和信誉增添了最大的光彩。

不加渲染的光必定照进来装点我们的节日,然而,必须把它变柔和一些,遮掩一下,否则那也太刺目了。一丝不苟对美来说是至关重要的,敏捷的知觉对礼貌也是如此,然而过于敏捷却不行。一个人可以分秒不差,毫发不爽。当他进入美的殿堂时,必须把那无所不知的事务留在门外。社会喜爱克利奥耳人的天性和昏昏欲睡的举止,这样它们就把意识、优雅和善意都掩盖住了;社会也喜爱昏昏欲睡的力量的神态,因为它解除了批评的武装;也许那样的人留有一手,等着参加最好的比赛,而不在表面上耗尽全力;社会也喜欢马马虎虎的眼睛,因为它看不见烦恼、转换和不便,而这些正好使敏感者的额际浮上阴云并且将他的声音闷死。

因此,除了个人的力量以及形成准确无误的鉴赏力的那种知觉,社会在它的贵族阶级中还要求一种已经暗示过的因素,社会把它意味深长地称为善良,表达了程度不同的慷慨,从最低下的办事意愿和能力到至高无上的宽宏大量和爱心。洞察力我们必须有,要不,我们就会彼此碰撞,去找食物时迷了路;然而智能自私自利,不出成果。要在社会上取得成功,就得有一定的热忱和同情心。一个人如果跟他人在一起时郁郁寡欢,他就在他的记忆中找不到适合这种场合的任何言词。他所有的信息都有点儿不相干。如果一个人在那种场合欢天喜地,他就在每一次谈话中发现同样好的机会来介绍他想说的思想。社会的宠儿,被社会称为"完整的灵魂"的人,都是一些能人,与其说富有智慧,不如说富有精神,他们没有令人惴惴不安的自大,然而他们的的确确使那一段时间过得充实,也使在场的人感到充实,无论是婚礼,还是葬礼,在舞会上还是在陪审团中,是水上聚会还是射击比赛,他们自己满意,也使别人满意。英国绅士济济,在本世纪一开始就在福克斯先生身上提供了世人爱戴的那种天才的典范。福克斯先生,不仅才气不凡,而且天性最善交际,对人们充满了爱心。伯克和福克斯在下院意见分歧而各抒己见,议会历史上像那种辩论的精彩场面实属罕见。福克斯向他的老朋友力陈旧情,语气是那样温存,整个议会为之下泪。另一则轶事与我的主题有密切关系,所以我不揣冒昧地讲一讲这个故事。一个商人长期以来一直催他还一笔 300 基尼的期票,有一天发现他正在数金币,便要求他还钱。"不行,"福克斯说,"这是我欠谢立丹的钱,这是一笔信用欠款,万一我有什么不测,他就拿不出凭据了。""那好,"那位债主说,"我把我的债也改为信用欠款。"说罢就把期票撕了。福克斯感激此人对他的信任,就还了债,并说:"他的债欠得更早,谢立丹就只好等一等了。"他热爱自由,对印度人,对非洲的奴隶都十分友好,因此深得民心;1805 年他访问巴黎期间拿破仑说道："福克斯先生永远是杜伊勒里宫的座上客。"

每当我们坚持将仁爱作为礼貌的基础，在赞美礼貌时，我们很容易显得荒唐可笑。"时尚"这种假象便起来对我们的言谈加以嘲笑。然而，我既不肯否认时尚是一种象征性的制度，也不愿怀疑爱是礼貌的基础。如有可能，我们必须得到彼；然而无论如何，我们还必须肯定此。生活的本质大都取决于这些鲜明的对比。时尚，装成体面的样子，在所有人的经历中，往往只是一种舞厅规范。然而，只要它是最上流的社会，那么，在那个层次的精英人物的想象中，它里面就有一些必要和优秀的东西；这并不是说，人们已经同意叫荒谬的东西去捉弄；这些神秘仪式在最粗野的人物心里激发出的崇敬，以及人们了解上流生活的细节时所抱有的好奇，显示了热爱文明礼貌的普遍性。我知道：如果我们进入那公认的"一流社会"，并把这些公正、审美和利益的可怕标准运用到真的在那里所发现的个人身上，我们就会感到有一种喜剧性的差别；这些时髦人士并不是君主与英雄，也不是贤哲与情人。时尚有三六九等，而且有很多见习和接受的规矩，并非只有最好的一种。不仅有天才自认的征服权利——个人最出色地表现出天生的贵族气度——而且眼下还会批准一些较小的要求；因为时尚喜爱的是名流，就像喀耳刻一样向往她的那些头角峥嵘的同伴。这位绅士今天下午从丹麦来；那位是赖德勋爵，他昨天从巴格达来；这儿是弗里斯船长，他从特纳盖恩角来；这位是西姆斯船长，他从地心里来；这位是热瓦纳先生，今天上午乘气球降落；这位是改革家霍布莱尔先生；这位是尤尔·巴特牧师，他在他的主日学校里把整个热带地区都改变了；这位是托雷·德尔格雷科先生，他把那不勒斯湾灌进维苏威火山，把它浇灭了。这位是波斯大使斯巴希，这位是杜尔·威尔·莎恩，他是遭到流放的尼泊尔总督，他的马鞍就是新月——然而，所有这些只是一天的怪物，第二天，他们就会被打发走，回自己的老巢。因为在这些场所，每个席位都有人在等待。艺术家，学者，并且一般来说，知识分子赢得了进入这些地方的门路，并在征服的基础上在这里得到表现。另一种方式就是体验所有的身份,在圣迈克尔广场度过整整一年,沉浸于科隆香水、受人宴请、被人引荐,在传记、政治和闺阁风情方面打下适当的基础。

然而这些华丽的装饰也许有优雅和机智。让寺庙的大门和房屋周围都装饰上神奇古怪的雕刻。甚至让信条和戒律具有戏弄诗文的那种没有规矩的敬意。形形色色的礼貌在最高的程度上普遍地表现了仁爱。倘若这些礼貌从自私自利者的口中表现出来,用作谋取私利的手段,那会怎么样呢?倘若伪君子几乎连连鞠躬把真诚从世界上葬送掉,那会怎么样呢?倘若伪君子一个劲地向他的同伴讲话,讲得彬彬有礼,使别人没有插嘴的机会,因此使他们都感到被排除在外,那会怎么样呢?真正的服务不会失其高尚。所有的慷慨未必仅仅是法国式的,感情用事的;活命的血和一种仁慈的感情最终会把上帝的君子和时尚的君子区分开来,这也是掩饰不住的。对当代来说,詹金·格劳特爵士的墓志铭并不是完全不可理解的:"詹金·格劳特爵士在此安息,他热爱朋友,说服敌人,他的嘴吃掉的,他的手付了款;他的仆人偷掉的,他都一一归还;如果一个女人给了他欢乐,他忍痛养活了她,他从来没有忘记他的孩子,谁若碰到他的手指,就会拖出他的全身。"甚至英雄也没有完全断线。总是有一个衣着朴素、令人敬仰的人站在码头上,跳入水中去搭救一个落难者。仍然还有某个荒唐的慈善事业的发明家,有某个逃亡奴隶的向导和安慰者,有某个波兰的朋友;某个希腊独立运动的支持者;还有老了仍然栽种供子孙后代乘凉,为子孙后代结果的树木的热心人。还有不为人知的虔诚行为,还有不为恶名所苦而自得其乐的耿介之士;还有以福运为耻,急于把它转让他人的热血青年。所有这些人就是社会中坚,社会也报之以新的激励;他们就是时尚的创造者,而这种时尚就是构成行为美的一种努力。在理论上,美丽与慷慨的人就是这个教会的博士和使徒,如西庇阿、熙德、菲利普·锡德尼爵士、华盛顿,以及每个纯洁而英勇的心灵,因为他们用言语和行动来崇尚美。构成天生的贵族的人在真正的贵族里是找不到的,或者仅仅沾一点儿边;正如光谱的化学能正好在光谱外面最大一样。君主出现时,管家们并不认识,这就是管家们的弱点。有了这些人的存在和权威,才会有社会理论。而社会理论很早就预言到了他们的降临。它用古代诸神的话说:

> 如同苍天和大地远远美于
>
> 混沌与黑暗,尽管它们也曾称雄一时;
>
> 如同我们用坚实美丽的形体
>
> 显得超越了天地;
>
> 同样,一种新颖的完美紧随我们而来;
>
> 那是一种我们产生的力量,在美中更显得强大,
>
> 当我们带着光轮通过那古老的黑暗,
>
> 它注定要越过我们。
>
> ——因为它是永恒的法则,
>
> 美中佼佼也必定是力中佼佼。①

因此,在上流社会的种族集团内部,有一个范围更小、层次更高的集团;那是光的凝聚,那是礼貌之花;对于它总有一种自豪和参比的无言恳求,就像爱与骑士精神的议会对它的内廷有那种恳求一样。而这种议会就是由那些天生有英雄气质、热爱美、喜欢社交、拥有美化当代的能力的人构成的。如果那些组成欧洲最纯粹的贵族社会的个人,即有几百年来受人保护的贵族血统的人接受检阅,我们从容不迫地、十分挑剔地检查他们的行为,那么我们可能就发现不了一位绅士,发现不了一位淑女;因为尽管礼貌和良好教养的样板在总体上会使我们感到满足,然而,在具体事例中,我们还是会看出马脚的。这是因为优雅不是来自教养,而是来自出身。必须要有浪漫的性格,否则,过分挑剔地排斥无礼就不会奏效。掌握方向的一定是天才:它决不是要表现得有礼貌,而它本身就是礼貌。高尚的行为在小说中如同在现实中一样罕见。司各特由于真实地描绘了上流社会的举止言谈,为人称道。当然在《威弗利》以前的时代,国王和王后、贵族和贵妇有权抱怨塞进他们嘴里

---

① 引自济慈《海佩里昂》第 2 章第 206 行以下。

的荒谬;然而,司各特的对话并没有带批评的口吻;他的贵族相互挑战时,妙语连珠,然而对话矫揉造作,如果再次阅读,便索然寡味,因为它没有生活的热情。唯独在莎士比亚的作品里,说话人没有装腔作势,对话精彩而自然;他给成为英国和基督教世界最有教养的人的如此多的资格又增添了这样的会话。我们一生中有一两次机会,在那些天性中没有障碍、性格又自由流露在言谈举止中的男女面前,感受高尚礼貌的魅力。美丽的形体胜于美丽的面孔,美丽的行为胜于美丽的形体,比起雕像和绘画来,它给人的乐趣更为高尚;它才是美术中最美好的东西。在自然物中间,一个人只不过是一个渺小的东西,然而依靠他的面目放射出的道德品质,他可以消除一切重大的考虑,他可以用他的礼貌与世界的雄伟抗衡。我见过一个人,他的礼貌虽然完全符合上流社会的规范,然而决不是从哪里学来的,而是不落窠臼,君临一切,并提供了保护和成功;他不需要上朝求助,他的目光就带着欢乐自由;他敞开新的生活方式的大门,振奋想象,像罗宾汉那样神采奕奕、快乐、自由,摆脱了礼仪的束缚;如有必要,还可以摆出帝王的威仪,镇定严肃,在众目睽睽之下显得落落大方。

户外和田野,街道与公共会堂,这些都是男人实施自己意志的地方;让他在家门口交出权力并加以分配。女人,出于行为本能,立刻察觉出男人爱好琐事,察觉出他的冷漠或愚蠢,或者,总而言之,发现他缺乏那种大方、潇洒、高尚的举止,而这种举止却如同大厅的外观一样必不可少。我们美国的制度一贯支持妇女,就在此时此刻,我认为我国的一个主要福气就是它的妇女非常出色。男人窝里窝囊、自轻自贱,就会导致支持女权运动的新的骑士精神。当然,就像最热烈的改革家所能要求的那样,让女人尽好地从事法律和社会形态事务,然而我完全相信她那鼓舞人心的音乐般和谐的天性,所以我相信只有她自己才能够向我们显示她将如何得到照顾。妇女神奇豁达的情感有时将她带入崇高神圣的境地,从而证明了人们对密涅瓦、朱诺或波林尼亚的描绘;妇女坚决地走着上坡路,因此她使最粗俗的算计者确信:还有一条他们的双脚所不知道的道路。但除了那些在我们的想象中获得缪斯及得尔福的西比尔地位的人,难道就没有下述的这样一些女人吗?她们在花瓶里注满了美酒,插满了玫瑰,结果酒香四溢,香气满屋;她们用礼仪激励我们;她们使我们张开嘴巴,我们就讲话;她们用油涂抹我们的眼睛,我们就看见。我们说出我们从来没有想到会说出来的事情;只有这一次,我们惯常的缄默克制的墙壁倒塌了,使我们海阔天空无所不谈;我们返老还童,与孩子们在一片鲜花盛开的广阔田野上一同嬉戏、玩耍。我们喊道,把我们沉浸在这些影响中,过几天,过几个星期,我们就会成为乐观的诗人,就将用多彩的言词写出浪漫的诗歌,你们女人就是那种诗歌。是哈菲兹还是菲尔多西说起过他的波斯的丽拉。她是一种自然力,当我看见她每时每刻、日复一日地向环绕在她周围的所有的人散发过多的欢乐和优雅时,她那充沛的生命使我吃惊,她是一种溶剂,能把格格不入的人溶入一个社会;就像空气或水一样,是一种具有如此广泛的亲和力的元素,它能轻而易举把千万种物质结合到一起。她出现在哪里,哪里的一切就今非昔比。她是一个单位和整体,凡是她所做的事就变成了她自己。她的同情心太大,取悦于人的愿望太强,你是说不明白的;她的举止高贵,她在每一个场合的光明正大的行为,哪怕公主也无法胜过。她没学过波斯语法,也没看过七大诗人的诗集,然而七大诗人的诗篇仿佛就写在她身上。因为尽管她天生不偏爱思考,而倾向同情,但她自己的天性如此完善,所以能全心全意地与有识之士交往,用她的感情温暖他们;她是那样做的,也是那样相信:与所有的人高尚地交往,所有的人就会显示出他们的高尚。

我知道这一套拜占庭式的骑士精神或风尚对那些把当代的事实看成科学或娱乐的人来说真是美丽如画,但对所有的观察者并不是同样地赏心悦目。对那些雄心勃勃的青年来说,我们的社会体制把这种风尚变成了一座巨人的堡垒,因为那些青年在《金榜》上无名,风尚使他们无法享受那令人垂涎的荣誉及特权。于是他们不得不明白它表面的堂皇是模糊不清的,是相对的,只是由于他们的承认才显得伟大,它最金碧辉煌的大门在他们的勇气和美德临近时,就会突然打开。然而对那些预定要遭受这种任性的欺压的人的现有的苦恼来说,则有些简便的补救办法。将你的住处搬迁一两英里,或者至多4英里,一般来说,将会减轻最极度的敏感。因为时尚所重视的好处,就是在严加限制的地方,也就是在几条街道上生长繁茂的草木。在这个地区以外,它们就毫无用处;在农庄上,在森林中,在市场上,在战争中,在婚姻关系中,在文学或科学界,在大海上,在友谊中,在思想或美德的天国里,统统无用。

然而,我们在这些装饰得金碧辉煌的宫廷中逗留得已经够久了。所表示的事物的价值必须证明我们爱好象征是有道理的。任何称之为风尚及礼节的事物在荣誉的起源,在头衔及尊贵的创造者,即爱心的面前,都会自惭形秽。这就是高贵的血,这就是火,它在一切地区及一切可能的情况下,将会按自己的本质发挥作用,战胜并发展一切接近它的事物。这就给每件事实赋予新的含义。这就使富者变穷,因为它只允许享有它自己的富丽,别的都不行,什么是富有?难道你富有得足以帮助任何人吗?难道能援助那些不合时尚的、行为乖僻的人吗?坐在自己的运货马车里的加拿大人,打散工的手里拿着本国领事把他推荐给"慈善家"的证件,能进出几个英语单词的皮肤黝黑的意大利人,被监督人员从一个城镇追到另一个城镇的瘸腿乞丐,甚至好些神志不清、烂醉如泥、鸠形鹄面的男男女女,凡此种种,难道你富有得足以使他们在普遍的凄凉和冰冷中感受到你的仪态和你的宅邸的高贵例外吗?你富有得足以使他们觉得你是用一种使我们永志不忘并满怀希望的声音迎接他们吗?除了拒绝理由十足的要求,粗俗又是什么呢?除了同意这种要求,让他们的心灵和你的心灵摆脱举国上下的谨小慎微去轻松轻松,文雅又是什么呢?如果没有富足的心灵,财富就是一个丑陋的乞丐。施拉兹的国王无法像住在他门口的贫穷的奥斯曼那样富足。奥斯曼的慈爱是如此宽广深厚,虽然他的言语唐突,对《古兰经》也不那么拘泥,引起了所有的伊斯兰苦行僧的深恶痛绝,然而,那些无家可归的穷人、行为古怪的人或精神错乱的人,那些立誓剪去胡须或断了肢的傻瓜,或那些头脑中有得意狂的傻瓜,莫不立即投奔他来——那颗博大的心在这个国家的中心像太阳一样温暖好客,仿佛一切受苦受难者的本能将他们吸引到他的身边。他包藏起来的疯狂,他没有分享。难道这不是富有吗?难道这不是真正的富有吗?

然而,如果我听到有人说我把廷臣的角色扮演得太蹩脚,说我在谈那些我并不十分理解的东西,我并不感到痛苦。显而易见,那根据特征被称为社会和时尚的东西,既有坏的法律,也有好的法律,有许多必需的东西,也有许多荒谬的东西。禁止吧,太好,祝福吧,又过糟,这使我们想起异教神话中关于试图确定其特性时的传说。"有一天,我无意中听到乔武的话,"塞林纳斯说,"他正在谈毁灭地球的事。他说,地球已经衰朽了;他们都是些流氓和泼妇,他们每况愈下,其速度之快如同日月更迭,密涅瓦说她不希望这么做;他们只不过是些可笑的小不点儿,情况只是有一点古怪;你无论从远处看还是从近处看,他们的外貌都是模糊不清、难以确定的;如果你说他们坏,他们好像就是这样;如果你说他们好,他们似乎也不错;并且他们中间没有一个人或一个举动不使她的枭鸟迷惑不解,更使奥林帕斯山上的诸神莫名其妙,所以无法知道它本质上是坏的还是好的。"

谈真诚

各个条顿部落都心地专一,这是整个民族的特点,它跟各拉丁种族大相径庭。日耳曼名字有一种众所周知的真挚、诚实的含义。古老的雕像和装潢讲究的弥撒书上的教士和俗人的面孔都充满了诚挚的信仰。这种遗传的正直,再加上商业所创造的准时和一丝不苟的精神,就得到一种英国式的真诚和信誉。政府严格地兑现它的许诺。臣民根本就不懂得玩忽职守。如有爽约的事情发生,在过去的王权时代,人们就感到愤愤不平,在现代,政府在政治信仰中稍有闪失,或者在金融事务中有赖账、欺诈行为,将会使整个国家接受一个委员会的调查和改革。私人说话算数,从来不会纠缠无足轻重的事情。匆促说出的一句话往往刻在石碑上,像《末日审判书》一样不可磨灭。

他们的实际力量取决于他们民族的诚挚。诚实来自本能,并标志着机体的优越。一些动物天性狡猾,这是大自然对被扣留的力量所给的一种补偿,但它已经激起了其他所有动物的怨恨,仿佛它要替公共过失报复似的。高尚的种类由于可以获取力量,在那里,大自然的各个种族便信仰真诚,因为真诚是社会状况的基础。跟人没有休战的野兽彼此并不失信。据说狼把它的猎获物隐藏起来,再把它的同伴带到那个地点,如果把隐藏的猎获物挖不出来,它就立即被撕成碎片,自己毫不抵抗。英国人的真诚似乎起源于一种更加健全的动物结构,仿佛他们能够提供它似的。他们有什么想法就直截了当说出来,许诺也非常痛快,他们也需要别人坦白直率。我们不一定非跟一个戴假面具的人打交道不可。让我们了解一下这种真诚。画一条直线,碰到谁就是谁,碰到什么地方就到什么地方,阿尔弗烈德,民族感情把他树立为他们种族的典型,他被他的朋友阿瑟①称为"说真话的人"Alueredus Veridicus。蒙默思的杰弗里说亚瑟的叔父奥勒琉斯王"最恨的就是谎言"。挪威人居托姆对奥拉夫王说:"高贵的工作才能实现高贵的诺言。"他们的家训就是劝诫箴言,如:弗尔法克斯家的是"言必行";法恩斯家的是"言必信";德弗尔家的是"真实无欺"。当信守他们的诺言的国王就是他们的骄傲。他们戳穿假话时,他们说,"这样做的英语是",等等;被指责说谎是最大的侮辱。最卑贱的人的口头禅就是"以名誉担保",他们粗鄙的赞语就是"他说话算数"。他们憎恨推诿搪塞、含糊其词,事业就毁在舆论上了,因为任何模棱两可的话都可以安插上去。切斯特菲尔德勋爵尽管是法国人的后裔,在给绅士下定义时,他声称真诚就是他的特点,他说过的话没有一句引起国人如此衷心地赞同。威灵顿公爵最有权说这样的话,他劝告法国将军凯勒曼说,他满可以信赖一名英国军官的誓言。英国人,无论哪一个阶层,都以这一特点而自豪,认为把他们同法国人区别开来的正是这一特点,而人们普遍相信法国人讲礼貌胜过讲诚实。英国人喜欢轻描淡写,避免用最高级形容词,称赞也很有分寸,他们宣称,如果讲法语,一张口就得撒谎。

他们喜实实在在的财富、权力、好客,他们不容易学会张扬,而是有一说一,有二说二。他们不喜欢装饰品,要戴,就非戴宝石不可。他们在老富勒的作品中欣然读到:在伊丽莎白王朝时有一位女士,她"忍受谎言就像忍受假宝石或假珍珠耳环一样有耐心"。他们渴求土地,喜爱地产,据说这是条顿民族的标志。他们用石头建造房屋,无论公共建筑还是私人建筑都宏伟耐久,如果把他们的船坞、办公室和美国人的一比,人们通常说他们花一英镑的地方,我们才花一美元。朴素贵重的服装,朴素贵重的用具,他们的住宅和物品的朴素贵重的装饰,全都标志着英国人的真诚。

他们推心置腹——英国人信任英国人。法国人感觉到了这种诚实的优越性。英国人不会上仰慕他的圈套,而是老老实实地关

---

① 第二次印刷时被改为"诺曼征服时期的一位朋友"。

心自己的事务。法国人爱慕虚荣。史达尔夫人说,英国人激怒了拿破仑,主要是因为他们发现了把成功与诚实结合起来的诀窍。她并没有意识到她的外国读者把她的评论应用得有多么广泛。威灵顿依靠自己的诚实发现了波拿巴事业的祸因。他一发现这个帝国不诚实,以战争求生存,他就预料它命运乖蹇。如果战争到后来没有促进贸易、发展农业和工业,仅仅带来一些游戏、烟火、景观——那就没有繁荣去支持它;像法国这样因征兵人口锐减、又囊空如洗的国家就更没有办法了。于是他在里斯本多年埋头苦干写他的军事著作,从这个基础上终于把他的巨大的战线伸向滑铁卢,相信他的国人和他们的三段论胜过欧洲的一切狂言。

在蒙特利尔的圣乔治节上,我碰巧当了一名客人,既然我已回家,我已注意到节日主持人是这样赞扬他的同胞的:"他们说真心话:他们无论在哪里遇见一个英国人,就等于发现了一个说真话的人。"如果全世界4月23日无论在哪里发现了两三个英国人,他们聚在一起助长了诚实的国风,谁也不能说过这个节日毫无收获。

敢说逆耳的真言,有时候竟敢入虎口冒险,在这一方面没有人能超过他们。在国王诞辰那天,每一个主教应当给国王一钱袋金子,拉蒂默给了亨利八世一本《拉丁文圣经》,在"嫖客和奸夫,上帝要审判的"这一段上画了个记号。他们非常敬重彼此的勇气,所以国王就原谅了。他们的信仰非常坚定,不会轻易改变观点顺应时势。他们就像船只,船头太重不能随机应变、见风使舵,也决不允许成功和灾难动摇他们习惯性的行为观点。我在伦敦时,基佐先生于1848年12月从巴黎逃到那里。许多私人朋友都来看望他。由于他的名望,他立即被提议作"雅典学园"的荣誉会员。基佐先生遭到投票反对。当然他们知道他的名望。然而英国人不出尔反尔。多年来他们读报,实际上已经下定决心憎恨、鄙视基佐先生,现在此人的地位改变了,成了一位大名鼎鼎的流放者,成了一名国宾,但这对他们来说,没有任何区别,而这种情况对美国人来说却是大不一样。

他们要求公职人员具有同样的执著、彻底的信念和现实精神。

正是由于缺乏性格才搞得爱尔兰议员名声扫地。"瞧瞧他们,"他们说,"127个人统统像绵羊一样投票,从来也不提任何动议,除了4个人,全投票通过所得税"——这就成了英国政府的一个不明智的退让,从英国人的负担中取走了爱尔兰的财产。

他们极其厌恶议会内外的冒险家。最近以来,英国人最恨的就是欺骗行为。与此相对应,他们重视诚实、刚毅和固执己见。他们喜欢一个献身于目标的人。他们憎恨法国人,因为他们轻浮;他们憎恨爱尔兰人,因为他们毫无目的;他们憎恨德国人,因为他们有一副教授的派头。1848年2月,他们说,瞧,法王和他的同党由于缺乏一颗子弹而垮台了;他们就不能铁下心来开枪,因此君主制度的骨髓和心脏都被吃光了。

基于同样的理由,他们每天都攻击他们自己的政治家,称他们为冒险家。他们喜欢坚决维护自己的权利,喜欢断然拒绝用任何让步换来的金钱和晋升。律师拒绝王室法律顾问的绸袍,如果比他资历浅的前一天就有了的话。科林伍德勋爵如果没有授予1794年6月1日的胜利勋章,他就不会接受1797年2月14日的胜利勋章;所以那枚长期扣留的勋章才颁发出去。卡斯尔雷劝威灵顿勋爵说,不得人心的辛特拉事件①未经解释,就不要参加国王接见会,他回答道:"你给我提供了一个参加的理由。这一次我要参加,否则我就永远不会参加国王接见会。"在牛津,激进的群众跟在托利党贵族埃尔登后面高呼:"那是老埃尔登,向他欢呼,他从来没有变过节。"他们把"骑墙派"这个议会里的绰号用到随波逐流的人身上。英国人的性格决不喜欢这种人。②

---

① 威灵顿公爵于1808年在葡萄牙打败了法国军队。然而在辛特拉举行的一次会议上,英国专员却允许法国人带着他们的武器和财产离开葡萄牙。

② 面对后来英国对路易·拿破仑皇帝表示的敬意,回忆起这种冷落的美德的闪光实在是一个不幸的时刻。当伦敦的贵族和平民像拿破仑的群氓一样拜倒在一个得胜的窃贼面前时,我相信我有幸认识的英国人没有一个表示赞同。然而在一系列的国家危难中,怎样抵制一个尽管十分可憎的步骤,政府总是明白得太晚;利用不诚实的代理人,这对于国家、对于个人同样都是灾难性的。——作者原注

在政治上，他们非常容易上大当，容易相信最严肃的著作中的记载，即1848年4月10日①的运动是由外国人挑动和支持的，当然在我国的民主幻想中，也有类似的说法，我已经注意到一些在其他问题上十分清醒的人也有这种看法：在美国政治中，英国人是奴隶骚动的幕后策动者，而且他们还容易相信法国通行的关于"背信弃义的阿尔比昂"②的传说。然而猜疑会像愚弄个人一样愚弄国家。

一种慢性子使他们没有别的国家的人那样雷厉风行，于是引起了这样的说法：英国人的机智以后才来——法国人把这叫作esprit d'escalier(楼梯精神)。这种迟钝造成了他们的恋家，他们在外国也是严守家规。英国人游览埃特纳火山也要把自己的茶壶带到山顶上。写《英国关系》(1500)的意大利老作家说："我听到的最可靠的信息是：在仗正打得最激烈的时候，他们却要寻找好吃的东西和一切别的享受，而没有想到什么灾难会降临到他们头上。"所以他们的眼睛似乎盯着洞底，他们证实他们所知道的仅有的一个小小的事实，怀着天下最好的信念，认为别的一切都不存在。由于他们对基尼金币信心十足，所以在任何场合都乐于把金钱理由当作决定性的。这样，罗切斯特招魂术③刚传到英国，一个人把100英镑装在一个密封的盒子里存入都柏林银行，然后在报纸上向所有的梦游者、催眠者之类的人登广告：谁能说出他的钞票的数目，这笔钱就归他。他把钱在那里存了半年，报纸不时按他的要求引起这些行家的注意，可是没有人能够告诉他，于是他说："现在让我再也不要为这种业已证实的谎言犯愁了。"据说有一个好心的约翰爵士，他听到辩护人讲的一个案子便信以为真；然后轮到另一方的辩护人发言，他发现自己六神无主、莫名其妙，于是惊呼："上帝保佑我！我再也不愿听证词了。"这种英国人的迟钝事例十分有趣，

---

① 即宪章派群众示威游行的日子；参见《贵族》一文。
② 拿破仑把英国称作 Albion perfide(背信弃义的阿尔比昂)。
③ 指纽约州罗切斯特镇盛行的招魂术表演。

它们真是层出不穷,现在都成了欧洲的逸闻趣事。我认识一个十分可敬的人——我相信他是德比镇的一个地方行政长官——他去看歌剧,主要看马利布朗。有一幕,女主人公正要跑过一座破桥,B先生就站起来温和而坚定地提醒观众和演员:按他的观点,这座桥不安全!这种英国式的呆钝跟法国式的机智、圆滑形成明显的对照。按一般的说法,法国人在欧洲的影响比英国人大得多。英国人的影响是通过财富和力量的蛮劲造成的,而法国人的影响是通过共鸣和才能造成的。意大利人阴险狡猾,西班牙人背信弃义,据说,拷打决不会使埃及人供出秘密。这些特点不属于英国人。他的易怒和自负把一切都逼出去了。笛福对自己的同胞了如指掌,他是这样说的:

"要阴谋施诡计他们能力不强,
通常他们知道什么都要大肆张扬,
而且往往他们自己的计划
功亏一篑或因算盘打得不够周详;
因此英国人的背叛永远不会成功,
有识之士这样讲,事实也的确相像;
因为他们的心地太直率,你可以知道
他们自己的还有别人的面貌和思想。"①

---

① 见笛福的诗《地道的英国人》(1701)第 2 章第 15—22 行。

谈礼物

> 一个爱我的人的礼物，
> 它来得正好就是时候；
> 一旦他不再把我爱慕，
> 它搁着就令人羞愧难受。

据说世界处于一种破产的境地,世界欠世界的债已经到了世界无力偿还的地步,所以应当上衡平法院去被拍卖掉。这种总的破产状况多多少少涉及所有的居民,但我并不认为这就是圣诞节、新年或其他时候在赠送礼物时遇到困难的原因;因为尽管还债很伤脑筋,但慷慨总令人愉快。然而选择礼物时总会遇到麻烦。如果什么时候,我突然想起:我应当给某人送一件礼物,我总是拿不准给什么好,结果竟然错过了时机。鲜花和水果总是适当的礼物;因为鲜花傲然宣称:美的光辉胜过世界上所有的实用品。鲜花的快乐天性跟普通天性的严厉面孔形成了显明的对比。那就像从一座贫民院传来的音乐。大自然并不溺爱我们,我们是孩子,不是宠物,她不太喜欢,对于我们,一切都按严格的宇宙法则办事,既不怨恨,也不偏爱。然而这些娇嫩的鲜花看上去像爱和美的戏弄。人们经常告诉我们,我们喜欢恭维,尽管我们并不上恭维的当,因为它表明,我们是举足轻重的人物,应当被人奉承。鲜花给我们的就是那样的快乐,这些甜美的暗示向我表示出来,我是什么样的一位人物呢? 水果也是受欢迎的礼物,因为它们是商品之花,而且可以给它们附加上不同凡俗的价值。如果有一个人打发人来请我走100英里路去拜访他,又在我面前摆了一篮子上等的夏季水果,我认为辛苦和报答还是相称的。

必要每天都在为一般的礼物创造适当和美,当一种需要不容许一个人选择时,他还是很高兴,因为门口的那个人没有鞋子穿,你就不必考虑你是否能给他弄一个颜料盒。看见一个人在家里或户外吃面包、喝水总是令人欣喜,同样,提供这种第一需要总是一大乐事。必要把每件事都办得很好。在我们普遍依赖的状况下,让请求者判断他的需要,而且尽管极为不便,仍然满足他的一切要求,似乎是一件英雄行为。如果那是一种荒唐的愿望,把惩罚他的任务最好留给别人。我可以想到很多角色,比起复仇女神的角色我更喜欢扮演。除了必需的东西,我的一个朋友所规定的礼物的原则是:我们可以给一个人赠送符合他的性格,而且容易跟他的思想产生联系的东西。然而,我们表示敬爱的纪念品大部分都是粗俗的。戒指和其他珠宝不是礼物,仅仅是聊充礼物的替代而已。唯一的礼物是你自己的一部分。你必须为我流血。因此诗人送自己的诗;牧人送自己的羊羔;农民送谷物;矿工送宝石;水手送珊瑚和海贝;画家送自己的画;姑娘送一块她亲手缝制的手绢。这是正当的,令人欣慰的,因为,当一个人的传记在他的礼物中表现出来,每个人的财富就是他的优点的标志时,这就使社会在很大程度上恢复到它的基本水平。然而,当你到商店里为我买一点东西,它所代表的不是你的,而是金匠的生活和才干时,那就仅仅是一种冷若冰霜、死气沉沉的交易。把金银制品作为一种象征性的罪恶赠品或敲诈报偿赠送,只适合国王以及代表国王的有钱人,适合一种虚假的财产状况。

恩惠的法则是一条艰难的渠道,需要航行仔细,船只坚固。接受礼物不是一个人应有的职责。你怎么敢送礼呢?我们希望自给自足。我们不大原谅一个赠送者。喂养我们的那只手有被咬的危险。我们可以接受爱所给的任何东西,因为那是一种接受我们自己所给的东西而不是接受认为是在赠送礼物的人所给的东西的方式。我们有时候憎恨我们吃的肉,因为靠它生活似乎有点儿仰人鼻息的味道。

兄弟,如果天神送礼物一件,

当心,从他的手里你却得不到兑现。

我们全都要,少一丁点儿我们都不会满意。如果社会在土、火、水之外,不给我们机会、爱情、尊敬和崇拜的对象,我们就对社会横加指责。

谁能够很好地接受一件礼物,谁就是一个好人。对于一件礼物我们要么高兴,要么遗憾,两种情绪都不得体。当我们对一件礼物感到欣喜或难过时,我想,就等于在伤害感情,贬低人格。当我的独立受到侵犯,或者不了解我的精神的那种人送来一件礼物时,我感到遗憾,因此就不会支持这种行动;如果这件礼物使我大喜过望,我就会羞愧,因为馈赠者猜透了我的心思,知道我爱的是他的东西,而不是他。的确,这件礼物必须是给予者流向我的水,也就等于我的水流向他。当水在一个平面上时,我的东西就传给他,他的东西就传给我。他的一切都是我的,我的一切全是他的。我对他说,当你的油和酒就是我的油和酒时,你怎么把这罐油或这瓶酒给我呢?这个礼物似乎在否定我的哪一种信仰呢?从这里就可以看出美的东西而不是有用的东西适合作礼物。这种馈赠是断然的侵占,因此,如果受益人忘恩负义,就像所有的受益人都恨所有的泰门一样,根本不考虑礼物的价值,而只是回头窥视礼物的更大的来源时,我宁肯同情那受益人,而不同情泰门老爷的愤怒。因为希望别人感恩戴德是可鄙的,因此,不断受到受赐者的麻木不仁的惩罚。能够安然无恙、心安理得地摆脱一个不幸受你照顾的人真是莫大的幸福。这种受惠于人的处境是一个大包袱,欠债者自然想给你一记耳光。给这些先生的一句金玉良言正是我对佛教徒推崇备至之处,佛教徒从来不表示感激,他说:"不要奉承你的施主。"

我认为产生这些矛盾的原因就是人跟礼物格格不入。对于一个宽宏大度的人,你什么也不能给。你刚刚替他效过劳,他又立即用他的宽宏大度使你欠了情。一个人给他的朋友的帮助,如果跟他所知道的他的朋友准备要给他的帮助相比,是微小自私的,就跟他尚未开始帮助他的朋友时一样,也跟现在一样。跟我对我的朋友怀的美意相比,我能够给他的好处似乎是微乎其微的。况且,我们相互所起的作用有好有坏,但都是随意的,因此我们听到某个愿意为某一好处表示感谢的人的谢意时,难免问心有愧。我们很少直接表现,因此必须满足于一种拐弯抹角的手法;我们很少有给人提供一种直接的好处,而那好处又被直接接受的满足。然而,正直在四面八方撒播恩惠,自己却不甚了了,赢得所有人的感谢反而感到惊奇。

我害怕冒犯爱的威严,因为它是礼物的守护神,我们切不可假装给他发号施令。让他一视同仁、不分厚薄地赠送王国或花瓣去吧。有些人,我们总希望从他们那里得到小巧玲珑的纪念品,这种希望我们还是不要停止。这是特权,不会受我们市政规则的限制。至于别的,我喜欢看到我们不能被买卖。殷勤慷慨的精华也不在意志里,而在命运里。我发现对你来说,我算不了什么;你也不需要我;你感觉不到我;然后我被人从门里推出来,虽然你给我提供了房屋和土地。帮助没有任何价值,有价值的只有相似。当我企图借助于帮助跟别人结合时,事实证明,那是一种智谋——如此而已。他们把你的帮助像苹果一样吃掉,然后又把你忘得一干二净。然而爱他们,他们就会感觉到你,并且一直喜欢你。

谈谨慎

> 这个主题诗人都不愿歌唱,
> 它使老人高兴,青年颓丧,
> 才华和艺术品自有人喜爱,
> 你可不能用冷嘲热讽对待。
> 完美的星球雄伟壮丽,
> 还得感谢聚合起来的原子。

我有什么权利必须论述我很少有的谨慎,而且还是消极型的谨慎?我的谨慎表现为躲避和凑合,而不是发明方式方法,不是巧妙地引导,不是耐心地修补。我没有善于花钱的本领,也没有经济的天才,谁见我的花园都发现我非得再有一个花园不可。然而,我热爱事实,憎恨圆滑和没有领悟力的人。这样看来,我论述谨慎的资格就跟我论述诗歌和神圣的资格完全相同。我们不仅靠经历来写作,也靠灵感和对抗来写作。我们描绘那些我们并不具备的品质。诗人赞赏精力旺盛、谋略不凡的人,商人培养儿子当牧师或律师,在一个人不虚荣不自私的地方,你将会根据对他的赞誉发现他没有的东西。况且,如果我不把"爱"和"友谊"这些娓娓动听的字眼与一些粗声浊气的词语加以平衡,再加上我受感官的惠实在而永久,如果不承认这一点,就很难说我是个诚实的人了。

谨慎是感官的优点。它是表面的科学。它是内心生活的最外在的活动。它是把思想当作公牛的上帝。它按事物的规律推动事物。它愿意遵照身体条件谋求身体的健康,按照智力法则谋求心灵的健康。

感官的世界是一个展示的世界;它不是为自己而存在的,而是具有一种象征性;而一种真正的谨慎或展示法则承认其他法则的共存，并且知道它的职务是下属的；知道它工作的地方是表面，而不是中心。一旦被孤立，谨慎就是虚假的。当它成为实体化了的灵魂的"自然史"时，当它在感觉的小天地里展现了法则的美时，它才是合理的。

对世界知识的掌握分三六九等。对于本题来说，指出三个等级也就足够了。一类人活着是为了象征的效用；把健康和财富尊为终极利益。另一类人的目标比这要高，活着是为了象征的美；诗人、艺术家、博物学家和科学家都在此列。第三类人的志趣又高于象征的美，活着是为了所表示的事物的美；这一类人是智者。第一类人有常识，第二类人有情趣，第三类有精神领悟力。长期以来，一旦有人跨越了整个等级，看见并尽情欣赏那种象征；然后，他对于象征的美也独具慧眼；最后，当他在自然界的这个神圣的火山岛上搭起帐篷时，却不同意在上面修建房屋和谷仓，因为他尊敬他看见的从每个裂缝里迸发出来的上帝的光辉。

世界上充满了一种卑劣的谨慎的种种格言、行为和眼色，这种谨慎热衷于物质，仿佛我们除了味觉、嗅觉、触觉、视觉和听觉，再没有别的官能似的；这种谨慎崇拜比例法，决不捐助，决不赠送，很少借贷，对任何事业只问一个问题——它烤不烤面包？这是一种疾病，就像皮肤不断变厚那样，直到一个个充满活力的器官都被毁坏。然而，文化由于揭示了表面世界的遥远的起源，旨在达到作为目的的人的完善，所以把别的一切都当作健康和肉体生命而贬为手段。它没把谨慎看作一种单独的能力，而是看成与肉体及其需要交谈的智慧和美德的一种名声。有教养的人总是这样感觉，这样说话，仿佛一大笔财产、一种民间或社会措施的成就、一个伟大的个人影响、一次优美而威严的演说，具有能证明精神力量的价值似的。如果一个人失去了自己的平衡，为了自身的缘故沉溺于任何事业或欢乐，那他可以当一个好的齿轮或螺丝钉，却不是一个有教养的人。

虚假的谨慎，由于把感官当成决定性的，因此只不过是酒鬼和懦夫们的神灵，只不过是一切喜剧的题材。它是大自然的笑料，因而也是文学的笑料。真正的谨慎由于承认一个内在的真正世界,便限制了这种感官至上论。这种承认一旦作出——对于世界的秩序、事务与时间的分布,由于用它们的从属地位的共同知觉来研究,这就使不同程度的注意力都得到好报。因为我们的存在,显而易见,在自然界里依附于太阳、盈亏往复的月亮和它们所标志的时令——如此容易受气候和地区的影响,对于社会的善与恶是如此敏感,对辉煌壮丽是如此喜爱,对饥寒、债务是如此担心——所以它从这些书本里把所有的基本教训都学到了。

谨慎并不探索自然,刨根问底。它如实接受世界的种种法则,因为人的存在受它们的制约,并且遵循这些法则,这样它就可以享受到它们固有的利益。它尊重空间和时间、气候、需要、睡眠、极性法则、生长和死亡。太阳和月亮,天上的这两个伟大的循规蹈矩者,在那里旋转,从各个方面赋予人的存在以范围和周期:这里就是顽固的物质,不会背离它的化学程序。这里就是一个有人定居的星球,受自然法则宰割、束缚,在外部又受到把种种新的约束强加到年轻的居民身上的人间樊篱和财产的阻隔和瓜分。

我们吃地里长的粮食。我们呼吸我们周围流动的空气,我们也受到太冷或太热、太干或太湿的空气的伤害。来的时候显得空荡虚幻、不可分割、十分神圣的时间却被撕得鸡零狗碎,倒腾掉了。门要油漆,锁要修理。我需要木头、麦片、油、盐;房子冒烟了,或者我患了头痛;然后要纳税;还有一件事要跟一个没有心肝、没有头脑的人打交道;回忆起一句逸言或一句十分尴尬的话使人痛心——这些都把时光吞噬掉了。做我们力所能及的事吧,夏天就会有苍蝇,如果我们在林中走路,难免要受蚊虫的叮咬;如果我们去钓鱼,就要有溅湿衣服的思想准备。所以气候对无所事事的人来说是个拦路虎;我们常常下决心不再操心天气,可是我们仍然要注意天阴下雨。

我们被这些侵吞时刻年月的琐碎的经历引导着。每年四个月的冰天雪地使北温带的居民比享受热带地区四季温煦的他的同类聪明能干。岛上居民整天可以随心所欲地漫游。天一黑,他可以在月光下的一块垫子上睡眠,凡是有野枣椰子树生长的地方,大自然甚至连一句祷告也不要,就已经为他把早餐摆好。北方人身不由己要死守在家里。他必须酿呀,烤呀,腌呀,贮存食物,堆积柴禾和煤炭。然而,巧就巧在:哪怕举手之劳,也要跟大自然产生某种新的结识;而且由于大自然神通无边,这种气候条件下的居民已经大大地胜过南方人。这一类事情的价值是如此之大,以至于一个了解别的事情的人对这一类事总是不甚了了。让他具有精确的知觉吧。如果他有手,就让他动手做事吧;如果他有眼睛,就让他测量辨别吧;让他把化学、自然史和经济学的每一件事实都接受、贮存下来吧;他拥有的越多,他愿意破费的就越少。时间总是带来一些揭示它们的价值的机会。某些智慧来自每一种非常自然和单纯的行动。热衷于家务的人爱音乐不如爱厨房里的那只钟,不如爱木头在壁炉里燃烧时他唱的歌儿,他的欣慰是别人做梦也想不到的。为达到种种目的而采取的种种手段保证了胜利和胜利之歌,在农场和店铺里并不比在政党或战争的策略中表现得逊色。节俭的管家在小棚里捆柴禾、在地窖里藏水果时发现的方法跟伊比利亚半岛战役和国务院档案中发现的一样有效。在下雨天,他造一个工作台,或者把他的工具箱摆到谷仓的角落里,里面装着钉子、手钻、钳子、改锥、凿子。在这里他尝到了一种昔日青年时代和童年时代的欢乐,尝到了像猫一样对阁楼、橱柜、谷房的喜爱,尝到了对长期管家的诸多便利的暗暗的喜爱。他的花园或鸡鸭场会告诉他许多逸闻趣事。在这个美好的世界的每一个角落,都有这种欢乐的蜜糖源源流淌,人们可以从中发现赞成乐观主义的理由。让一个人遵守法则——任何法则——他就会一路顺风。在我们的欢乐中,质的区别比量的区别更多。

另一方面,大自然惩罚任何忽视谨慎的做法。如果你认为感官是决定性的,那就服从它们的法则好了。如果你相信灵魂,当满足感官的甜蜜在因果的迟缓树上尚未成熟时,就别抓它。跟知觉不准确、不完善的人打交道就等于往眼睛里滴醋。据记载:约翰生博士说过这样的话:"如果那个孩子说他从这个窗户向外看过,假使他从那个窗户向外看过,就用鞭子抽他。"我们的美国特性表现为对准确的知觉不是一般地喜欢,"不错。"这句俗话非常风行,可为佐证。然而,对于不守时,对于事实的思想混乱,对于明天的需要漠不关心所表现出的不安并不是全国性的。时空的美好法则一旦被我们的拙劣弄错了位,就成了一个个窟窿。如果蜂房被莽撞、蠢笨的手一捅,它给我们的就不是蜂蜜,而是蜜蜂。我们的语言和行动要想合理,就必须适时。6月清晨磨镰刀是一种悦耳动听的声音;然而,如果时间太晚,到了翻晒干草的季节,还有什么比磨石或割草机的声音更凄惨的呢?性情懒散的人和"晌午客"①糟蹋的远远不仅是他们自己的事务,因为他们损害了与他们打交道的人的性情。我看到过一句对某些绘画的批评,当我看见那些对自己的感官都不忠实的得过且过、闷闷不乐的人时,我就想起了那句评语。最后一代魏玛大公是一个理解力高超的人,他说:"有时候我望着一些伟大的艺术品说,尤其刚才在德累斯顿说,有一种特性在多大程度上取得了把像画得栩栩如生,又把一种不可抗拒的真赋予生命的效果。这种特性就是在我们画的所有的像里都要击中重心。我的意思是,让那些人物脚踏实地地站着,让手握得紧紧的,眼睛死死地盯着它们应当看的地方。即便是器皿和凳子之类的非生物画像——也要把它画得正确无误——一旦它们缺乏对重心的依赖,一切效果便荡然无存,就有了一种浮动和摇摆的样子。在德累斯顿美术馆里的拉斐尔(我见到的唯一的一幅效果惊人的画)是一幅你能想象到的最宁静、最恬淡的作品;一对膜拜圣母、圣子的圣徒。然而,它给人的印象比十个钉到十字架上的殉道者的歪曲形象还深刻。因为,除了那不可抵抗的形象美,它还在最大程度上具有了所有人物都垂直的这一特性。"我们在人生的画面上需要的正是这种一切人的垂直。让他们脚踏实地地站着。不要漂浮和摇摆。让我知道在哪儿能找到他们。让他们分清他们记忆中的东西和他们梦想过的东西,要名副其实、实事求是,给他们自己的感官

---

① 指游手好闲、不务正业的人。

赋予信赖的荣光。

然而,什么人竟敢指责别人不谨慎?谁又算谨慎呢?我们所谓的最伟大的人物在这个王国里是最渺小的。在我们跟自然界的关系中有一种致命的脱节,它扭曲了我们的生活方式,使每一种法则都与我们为敌,这样一来,它似乎终于唤起了世界上所有的智慧和德行去思考"改革"的问题。我们必须请教最高的谨慎,问问为什么健康、美和天才现在应当是人性的例外,反而不是人性的常规?通过赞同一致,我们并不能知道动植物的种种特性,知道大自然的种种法则。然而,这依然是诗人的梦想。诗歌和谨慎应当是一致的。诗人应当是法则制定者;也就是说,最大胆的抒情灵感不应当责骂侮辱,而应当宣布引导民法典和日常工作。然而,现在这两样东西似乎势不两立,分道扬镳了。我们违反了一个又一个的法则,到了最后,我们伫立在废墟中间,偶然间,我们窥见理性和现象之间的一种巧合时,反而大吃一惊。美就像感情一样,应当永远是每个男女的天赋;然而实际上却难得一见。健康或者健全的机体应当是普遍的。天才应当是天才的孩子,每一个孩子都应当富有灵感;可是现在它从哪个孩子身上都预见不到,它在哪里都不纯正。出于礼貌,我们把半吊子的庸才叫作天才;把将自己转变成金钱的才能叫作天才;把今天闪闪发光,以便明天就可以吃好、睡好的才能也叫天才;况且指挥社会的是能人(这名称真是恰如其分),而不是神人。这些人运用他们的才华去优化奢华,而不是去废除它。天才总是苦行者;虔诚和爱也是如此。欲念对更优秀的灵魂们来说仿佛就是一种疾病,而他们在抵制欲念的仪式和境界里发现了美。

我们找到了一些美名用来掩盖我们的感官嗜欲,然而才华却不会引起纵酒。有才气的人喜欢把他对感官法则的种种违犯叫作区区小事,认为如果跟他献身艺术一起加以考虑,这种事就不值一提。他的艺术从来没有教给他淫荡,没有教给他嗜酒,也没有教给他妄想在不播种的地方去收获。他的艺术由于他的神性的缩减而衰微,由于常识的缺陷而逊色。他瞧不起这个世界,正如他所说,这个被小瞧了的世界就要向他报复。谁轻视区区小事,谁就会一点一点地消亡。歌德的塔索很可能成为一幅绝妙的历史画像,而且是真正的悲剧。我觉得一个暴虐的理查三世压迫、屠杀十几个无辜的人还不如安东尼奥和塔索互相冤枉那么真正令人悲哀,因为他俩表面上都是对的。一个按处世准则生活,而且一贯信守不渝,另一个却洋溢着所有的圣洁的感情,又抓住种种感官快乐不放,但不顺从它们的法则。那是一种我们大家感觉到的悲哀,一个我们无法解开的疙瘩。塔索决不是现代传记里罕见的例子。一个天才,一个热情洋溢的人,不顾自然法则,放纵自己,很快就变得时运不济、牢骚满腹,成了一个"不自在的远亲",对自己对别人都成了一个刺儿头。

学者由于过双重生活使我们蒙受耻辱。某种高于谨慎的东西活跃的时候,他令人敬仰;在需要常识的时候,他则成了一个累赘。昨天,恺撒没有这么伟大;今天,绞架下的犯人也不会更加可悲。昨天,闪烁着一种理想世界的光辉,他生活在这个世界里,是人中魁首;现在,贫病交迫,那只有自作自受。他就像旅行者所描述的那些常去君士坦丁堡集市的可怜虫,整天鬼鬼祟祟,面黄肌瘦,衣敝履陋,偷偷摸摸;晚上趁集市还开着的时候就溜到鸦片铺里,吞上几口,则变成安静、光荣的先知了。谁没有看见过不慎的天才的悲剧,他跟琐屑的拮据苦斗多年,终于潦倒心寒,筋疲力尽,毫无成果,像一个被针扎死的巨人?

一个人应当把这一类最初的痛苦和屈辱——大自然把这些送给他时毫不拖沓——作为这样的暗示接受下来:他除了自己劳动和自我牺牲所得的正当果实,切不可期望别的好处,这样做岂不是更好吗?健康、面包、气候、社会地位,自有它们的重要性,他会公平对待它们的。让他把大自然看成一名终身顾问,把她的完美视为衡量我们的偏差的精确尺度。让他把黑夜当黑夜,把白昼当白昼。让他控制消费习惯。让他明白在个人经济上用的智慧跟在一个帝国上用的一样多,从中汲取的智慧也一样多。世界的法则就给他写在他手里拿的每一块钱上。即便它只是"穷理查"①的智慧；或者按英亩买进，再按英尺卖出的州街的谨慎；或者农民间或栽上一棵树，好趁他睡觉时生长这样的节俭；或者表现为节约一点工具的挥动、节约一点时间的花费、节约一点库存的使用、节约一点小小的收获那样的谨慎，他知道了对他也不会有什么害处。谨慎的眼睛永远不会闭上。铁如果存放在五金店里，就会生锈；啤酒如果酿造时环境不适当，就会变酸；船舶上的木头在海上不会腐烂，如果搁置在又高又干的地方，它就会收缩，变形，干朽；钱，如果我们保存着，绝对产生不了纯利，还容易丢失；如果投了资，就容易造成某种股票的下跌。铁匠说，铁越打越好；晒干草的人说，让草耙尽可能接近镰刀，让马车尽可能接近草耙。我们北方人做买卖就因这种极端的谨慎而闻名。买卖赚钱——好钱、坏钱、干净钱、破烂钱——并保全自己，靠的就是它倒钱的速度。铁不会生锈，啤酒不会变酸，木头不会腐烂，印花布不会过时，股票不会下跌，就因为北方人让它们尽快脱手。滑过薄冰时，我们安全与否全看我们的速度了。

　　让一个人学会一种格调更高的谨慎。让他知道，自然界中每件事物，哪怕尘埃或羽毛，也是按法则而不是靠运气运动的；让他知道种瓜得瓜、种豆得豆的道理。依靠勤奋克己，让他掌握他吃的面包，这样一来，他就不会跟别人把关系搞僵，搞假；因为财富的最大好处就是自由。让他先搞这样一些小恩小惠吧。在等待中失去了多少人生啊！让他不要使他的同类等待。会话当中的承诺有多少空话，多少诺言！让他的谈话都是命运攸关的话。当他看见一片折好、封好的纸头放在一条松木船里周游世界，在这熙熙攘攘的人群中居然安全地映入应当读上面所写的内容的那个人的眼帘时，让他同样感到那种告诫：要越过这一切分散的力量，保持他的存在的完整，要在任意驱使他们的狂风暴雨、种种距离和事实中保持一句微弱的人话，并且通过持之以恒，使一个人的微小的力量在

---

① 美国作家富兰克林《穷理查历书》中假托的一个人名。

多少年月以后的最遥远的地带再次出现,履行它的誓言。

我们切不可眼睛只盯着某一种德行,就企图写它的法则。人性不喜欢矛盾,而是匀称的。不能由一伙人来研究保证一种外部安宁的谨慎,而由另一伙人来研究英雄主义和圣洁性,因为它们是协调一致的。谨慎牵涉到目前的时间、人、财产和存在形式。然而,因为每一种事实的根子都扎在灵魂里,而且一旦灵魂被改变,事实就不复存在,或者就会变成某种别的东西,所以对外部事物的妥善管理,将永远依赖对它们的源由的正确理解,换言之,善良人一定是聪明人,一定是忠贞不贰的人,深谋远虑的人。对真理的每一种违背不仅对说谎者来讲无异于一种自杀,而且等于对健康的人类社会捅了一刀。对于最有利可图的谎言,事物的进程立即会施加一种毁灭性的压力;而坦率则吸引坦率,把双方置于一种方便的立足点上,把他们的商务变成一种友谊。信任人,人就对你坦诚;高尚地对待他们,他们就会表现得高尚,不过他们对他们的所有贸易法规做出了一种有利于你的例外。

所以,对于不愉快的和难对付的事,谨慎并不是回避,并不是逃跑,而是勇气。谁想宁静地在人生的康庄大道上漫步,谁就必须打起精神,作出决定。让他面对他最害怕的事物,他的坚定通常就会使他的恐惧显得毫无根据。有一句拉丁谚语说得好:"在战场上,首先被击败的是眼睛。"如果你能泰然自若,一场战争对于生命不见得会比一场击剑或足球比赛更危险。士兵们举出这样的例子:谁看见被对准的那门大炮和射向它的炮火,谁就已经避开了炮弹的射界。对暴风雨感到恐怖的主要是客厅和船舱里的人。牲口贩子、水手,整天与它搏斗,他们的脉搏在雨雪交作中,在6月的阳光下都一样有劲,随着脉搏有力地跳动,健康就自行恢复了。

不愉快的事情在邻居当中一发生,恐惧便立即袭上心头,而且把对方的威力加以夸大;不过恐惧却是一名糟糕的顾问。每个人都是外强中干。他本人觉得软弱;别人看上去则凶狠。你害怕"狰狞";"狰狞"也害怕你。你渴望最卑鄙的人的善意,对他的恶意则惴惴不安。然而,就是破坏你和你的邻居安宁的亡命之徒,如果你全然不顾他的要求,他也就软弱、胆怯得什么似的;社会的安宁之所以能常常维持下来,就像孩子们说的那样,因为一个害怕,另一个不敢。远远望去,人们八面威风,横行霸道,不可一世;如果跟他们一交手,他们一个个都成了孱头。

俗话说,"礼貌不花钱"。然而,盘算也许会看重爱的好处。据说爱是盲目的;然而仁慈对知觉却是必要的;爱不是一块头巾,而是一滴眼药水,如果你遇到一个宗派主义分子,或者一个反对党人,千万不要承认那些分界线;而是在仅存的一点共同点上接触——只要太阳还为双方照耀,天还为双方下雨;那块地方将会很快扩大,在不知不觉之中,那些目光死死盯着的界山已经化为烟云了。如果他们打算抗争,那圣保罗也会撒谎,圣约翰也会恨人了。一场宗教辩论会使纯洁优秀的灵魂变成多么下流、可怜、渺小、伪善的人啊!他们将会闪烁其词,自鸣得意,拐弯抹角,躲躲藏藏,假装在这里忏悔,只是为了他们可以在那里吹嘘,取胜,哪一方在思想上都没有取得一点丰富,在勇敢、谦虚,或希望上没有造成一点增进。所以你们双方都不应当放纵丝毫的敌意和怨恨去跟同时代人虚与委蛇。虽然你的观点跟他们的针锋相对,还是装得意气相投,假设你在说大家之所想,并在机智和爱的激流中把你的悖论滚成结实的圆柱,不露一点怀疑的破绽。这样你至少会得到一种充分的解脱。灵魂的自然动作远远胜过蓄意的动作,所以在争论中,你永远不能充分发挥自己的能力。思想不能得到正确的把握,也不能把自己表现得比例适当、方向对头,只是作了一种被迫的、沙哑的、半拉子的证。然而如果假装赞同,从此以后它就立即会真正地得到承认,而且尽管人们表面上千差万别,所有的人骨子里都是一心一意的。

智慧决不会让我们跟任何一个人或一群人保持一种不友好的关系。我们拒绝对人表示同情和亲切,仿佛我们在等待着某种更好的同情和亲切到来似的。然而从何而来,何时才来?明天将会跟今天一样。我们正准备着生活,生命却在蹉跎。我们的朋友和同事相继死去,离开了我们。我们很难说我们看见新的男男女女向着我们走来。我们太老,再也不关心时尚,我们太老,再也不指望任何更伟大有力的人物的赞助。让我们吮吸我们跟前的爱恋和惯例的甜蜜。这些旧鞋穿在脚上非常舒服。毫无疑问,我们可以轻而易举地挑出我们的伙伴的毛病,可以轻而易举把一切名字念得更高贵,这就更加使人异想天开。每个人的想象都有它自己的朋友;有了那样的朋友,生命会显得更加可贵。然而,如果你不能跟他们和睦相处,你就不能有这些朋友。如果不是上帝,而是我们的野心在开创、形成这些新的关系,他们的德行就逃之夭夭,如同草莓在花坛里就丧失了它们的香味一样。

这样一来,真诚、坦率、勇气、爱、谦恭和所有的德行排列在谨慎一边,或者都是保护一种当前的幸福的艺术。我不知道,是否所有的物质最终都会被发现是由氧或氢那样的一种元素构成的。然而这礼仪和行为的世界是用一种材料制成的,在我们愿意的地方开始,我们确信过不了多久,我们就会念起我们的十戒。

谈经验

我们从哪里找到自我？是在我们不知道它的极限并且也深信它根本就没有极限的极数里。我们一觉醒来，发现自己站在阶梯上：往下看，有许多级的阶梯，我们似乎就是打那儿登上来的；向上望，也是许多级的阶梯，它们越升越高，望也望不到头。但是那个自古就有的守护神就把在我们要进的门口，给我们喝那种忘川的水，这样，由于被那杯水搅得糊里糊涂，我们就讲不出任何往事，并且到现在我们也无法摆脱日到中午就随之而来的慵困。睡眠终生都在我们的眼睛周围流连，犹如黑夜整天都在枞树枝头盘旋。万物在飘游，在闪光。我们的生命并不像我们的知觉那样有危机四伏之虞。我们像幽魂似的在自然中悄然滑行，再也认不出我们的位置。难道我们降生时正好遇到大自然一时的贫困和节俭？她对火如此吝惜，对土又那样慷慨，所以在我们看来，我们缺乏那种肯定的要素，虽然我们有健康的体魄、清醒的头脑，然而却没有充裕的精神从事创新。我们有足够的东西生活度日，但却没有丝毫的东西来给予或投资。啊，但愿我们的守护神能再有一点神通！我们就像河下游的磨坊主，上游的工厂已经把水抽干。我们还满以为上游的人一定筑起了他们的大坝。

如果我们有人知道我们现在的作为或去向，那么当我们思考时，我们就了如指掌了！今天我们并不知道我们是忙是闲。有时候我们认为我们无所事事，过后却发现我们已经成绩斐然，还有许多事已在着手开展。我们所有的日子，在它们一闪而过的时候于我们毫无神益，所以如果我们在某地某时得到了这些我们称之为智慧、诗歌、美德的东西，那简直不可思议。我们绝对不是在确切的某月某日得到它们的。一定有那么神圣的几日被添加了进来，就像赫耳墨斯掷骰子赢了月神从而赢得了那么几天,奥西里斯才得以降生。①据说,所有的殉难在受苦时都显得猥琐。每一艘船都是富有传奇色彩的东西,除非我们扬帆航行。一旦我们踏上这条船,传奇色彩便一扫而尽,它转而又去纠缠海平线上所能见到的别的船只去了。我们的生活看起来平凡琐碎,因此我们避免作任何记载。人类似乎就从海平面上学到了不断退却和不断参照的艺术。那爱发牢骚的农夫说:"那边的高地是繁茂的牧场,我的邻居也有肥沃的草地,而我的地却把世界连接在一起。"我在引用另一个人的话,十分不幸,这另一个人却以同样的方式收回他自己的话而引用了我的。这样厚古薄今是大自然的小花招,一片嗡嗡的嘈杂声,有的地方便神奇地在不知不觉中产生了效果。不把每一个屋顶掀翻,它们总显得十分顺眼,掀翻之后我们才发现了悲剧、呜咽的女人、目光冷酷的丈夫、忘川的泛滥,人们问:"有什么消息吗?"好像原有的消息糟糕透顶了似的。在这个社会里我们能数清有多少个人、有多少件事、有多少主张吗?我们将这么多的时间都用于准备,用于例行公事,用于回顾往事,所以每个人天才的精华所用的时间则微乎其微。文学史——拿蒂拉博斯基②、沃顿③,或施莱格尔④的最后结果来说——实际上只是概述了点滴的思想和零星的独创故事,其余的一切都是它们的变种。因此在这个广延于我们四周的巨大的社会里,一种批评的分析将找不到多少自发的行动。充斥其间的几乎都是惯例的粗俗的观念。哪怕有一些微不足道的见解,说出来似乎无懈可击,却触动不了普遍的必然。

一切灾难当中都注入了什么样的鸦片啊!在我们接近它时,

---

① 在古典神话中,太阳不准他的妻子雷雅在一年的360天的任何一天生孩子。赫耳墨斯与月神掷骰子,赢了5天插进日历中,这样雷雅就生下了埃及主神奥西里斯。此传说记录在普鲁塔克的《道德论丛》中。

② 蒂拉博斯基(1731—1794),意大利文学史家。

③ 沃顿(1728—1790),即托马斯·沃顿,英国文学史家。

④ 施莱格尔(1767—1845),即奥古斯特·威廉·冯·施莱格尔,德国文学批评家。

它令人望而生畏,但最终并没有粗糙的摩擦,而只有最滑溜的表面。我们轻轻地产生了一种思想,即莽撞女神阿忒狄亚是轻柔的:

纤足细步何轻轻,

高高在人头上行。

人们呼天抢地,但还没有表现出他们说出的一半悲痛。在喜怒无常的心境中我们在招致灾祸,同时怀着这样一种希望:在这儿我们至少能发现实在,真理的尖锋利刃。但结果表明它原来只是绘制的布景,一个假象。悲伤给我的唯一启迪就是知道了它有多么肤浅。它像其他所有的一切,只在表面上晃动,从来没有把我引进现实,而为了跟这种现实接触,哪怕牺牲儿子和爱人也在所不惜。难道不是博什科维奇①发现躯体永远不可接触吗?灵魂从来接触不到它们的对象。在我们和我们所瞄准并与之交谈的事物之间有一个不可通航的大海,翻滚着无声的波浪。悲痛照样能使我们变成理想主义者。两年多以前我的儿子死了,我似乎丧失了一笔美好的资产——如此而已。我不能再把它招回到我身边。如果明天我被告知我最大的欠债人破了产,这笔财产的损失在今后许多年中对我来说也许十分不利,但它会使我处于原来的境地——不好也不坏。因此这次灾难也是这样,它并没有触痛我,有些东西我以为是我自身的一个组成部分,要把它扯开就会把我撕裂,要把它扩大一定使我富裕,可是它离开了我,却没有留下丝毫的疤痕。这种灾难是昙花一现的东西。我真正感到悲痛的是,那种悲痛竟然没有给我任何教益,也没有把我带进真正的自然一步。那个被诅咒风刮不着、水冲不着、火烧不着的印度人②,就是我们大家的象征。最可贵的事情莫过于夏日的雨水,而我们却像橡皮雨衣,将每一滴雨水都抖落了去。现在,我们除了死亡便一无所有。但我们仍带着一种苦中作乐的满足,期盼着它,说什么我们至少还有不会躲避我们的现实。

---

① 博什科维奇(1711—1787),意大利原子物理学家。
② 见罗伯特·骚塞《克哈马的咒语》(1810)。

我将万物的这种昙花一现、不可捉摸的特点看作我们自身处境的最丑陋的部分,当我们把十指攥得最紧的时候,它反而使物体从指缝间溜了出去。自然并不喜欢被人窥探,她只喜欢我们成为供她娱乐的小丑和游伴。我们可以有打板球的地方,却没有一颗向我们的哲学提供的浆果。她也从不给我们直接击球的力量。我们的击球只不过是虚晃一拍,就是击中,也纯属偶然。我们相互间的关系也是拐弯抹角的、出乎意料的。

梦幻把我们交给梦幻,而幻觉是永无止境的。生活是由一连串的喜怒哀乐构成的,就如同一条珠串。在我们穿行而过的时候,它们又分明是一组五光十色的透镜,用各自的色彩把世界点染,而各自显示出的又只不过是焦点上的那一丁点东西。立足于山间,你看见的还是山。我们给我们能够赋予活力的东西赋予活力,我们看见的也仅仅是我们赋予了活力的东西。自然和书籍属于那些能看见它们的眼睛。一个人是否能看见夕阳或者一首好诗,这完全取决于他的心情。夕阳天天都有,天才也总是存在,然而只有在少数宁静的时刻我们才能欣赏自然或批评。欣赏的多少仍取决于人的结构,或者气质。气质就如同穿珠子的那根铁丝。运气或才气对一种冷漠的、有缺陷的天性有什么用呢?如果一个人沉睡在椅子上,如果一个人哈哈大笑,咯咯傻笑,如果一个人在道歉,如果他染上了一种自大狂,如果他一心想着他的金钱,如果他不能靠食物过活,如果他在孩提时就有了一个小孩,如果有这些情况,谁还在乎他某时某刻表现出什么样的感受性或辨别力呢?如果构造过于凸出或者过于凹进,以致在人类生活的实际范围以内找不到合适的焦距,那么天才有什么用呢?如果一个人的大脑过冷或过热,那人又不大在乎结果,所以无法刺激他去实验,并坚持让他这样做,那么天才又有什么用呢?或者说,如果这张网被欢乐和痛苦织得过于精细、过于灵敏,以至于生命由于接纳得太多又没有适当的排遣都变得委靡不振了,那么天才又有何用呢?如果同一个惯犯准备信守改恶从善的崇高誓约,那么起那些誓又有何用?当人们怀疑虔敬的感情暗地里依赖于一年的不同季节和血液的状况,那种感情还会产生多大的欢乐?我认识一位机智的医生,他在胆管里发现了神学,并时常断言,如果一个人的肝脏出了毛病,这人就会变成一个加尔文派教徒,如果他的这个器官健康完好,他就是一个一位论派信徒。勉强的经验很有禁锢作用,所以一些不相宜的过火行为或愚蠢行为断送了天才的诺言。我们看到一些年轻人,他们应该向我们奉献一个新世界,尽管他们慷慨许诺,然而却从未见他们还清债务;他们有的英年早逝,这笔账也就一笔勾销,有的如果还在人世,也已经随波逐流了。

气质也充分进入了错觉体系,把我们关进一座我们看不见的玻璃监狱里。对于我们遇见的每一个人,我们都有一种错视。实际上,他们都是具有特定气质的生物,这种气质将在一种特定的性格中表现出来,人们永远也越不过它的界限;但当我们注视着他们时,他们似乎又是活生生的;于是我们推测在他们体内还有一种搏动。此刻它似乎是搏动,但在漫长的岁月中,在人的一生中,它原来却只是八音盒的转筒所演奏的一种一成不变的调子。性情胜过时间、地点、条件所造就的一切,宗教的烈火也烧不毁它,这种结论人们在早晨还加以抵制,日暮时却又接受了它。虽然道德感情助长了某种改变,但个性却起着决定作用,它如果不是使道德判断具有倾向性,也就是规定了活动和娱乐的范围。

这种法则在日常生活的讲台上就是这样被宣读的,我就把它原原本本地表述了出来,不过不能不注意到最基本的例外,因为气质是一种能力,除了本人,谁都不愿意听到别人赞美它。在医学的讲台上,我们无法抗拒所谓的科学的越来越狭窄的影响。气质将一切神威都打翻在地。我了解医生的思想倾向,我听见了骨相学家暗自发笑。理论上的绑架者和奴隶监管者将每一个人都看作是另一个人的牺牲品,因为那一个人了解这个人的为人法则,因此可以随意拨弄他,并且通过胡子的颜色、枕骨的斜度之类的毫无意义的迹象,就能对他的命运和性格了如指掌。最愚昧的无知也没有厚颜无耻的冒充博学那么令人生厌。医生们声称他们不是唯物主义者,但实际上他们就是:——精神已被他们削弱得气若游丝——那么纤细!——然而精神的定义就应该是身为自己证据的东西。他们对于爱,对于宗教怀有什么样的看法啊!人们是不愿意将这些话讲出来让人听到的,因为这等于给他们提供机会来对它们亵渎。我曾目睹一位温文尔雅的绅士居然将话题对准了与之交谈的那位男子的头形!我曾设想生命的价值寓于它的各种谜一样的可能性之中,寓于这样一种事实之中,即当我与一个新的个人讲话时,我从来都不知道我将来会遇到什么事情。我将自己城堡的钥匙都攥在手心里,随时准备将它们扔在我的领主的脚下,不管他什么时候,以怎样的伪装出现。我知道他就在这一带,混在一群流浪者中间。难道我要在一张高凳上就座,然后虔诚地将我的话题也转向各种的头形,从而葬送掉我的未来吗?当我真到了这一步时,医生们就会花上一分钱将我买下。——"先生,病史;向本院的报告;可靠的事实!"——我根本就怀疑这些事实和这些推断。气质是性格中的相对否决权或限制力量,用来遏制性格中的一种对立的过火行为,非常正确,然而当作给原始公道设置的障碍,却十分荒谬。当美德在场的时候,所有从属的力量便进入梦乡。根据它本身的水准,或者考虑到天性,气质是决定性的。如果一个人一旦坠入所谓科学的罗网,我看此人就休想从这一系列必然的锁链中脱身。既然有了那样的胚胎,随之而来的就是那样的历史。在这样的讲台上如果一个人耽于声色,他很快就会自取灭亡。但创造力又绝不可能把自己排除在外。有一扇永不关闭的门通往每一种智慧,造物主就打那门里经过。理智,即绝对真理的追求者,或者感情,即至善的热爱者,插进来当了我们的救助者。我们挣扎着要摆脱这种梦魇,但徒劳无益,而这些崇高力量的一声低唤就把我们惊醒,我们将那梦魇投进它自己的地狱,再不能把我们自己局限在如此低劣的一种境地。

之所以有虚幻之感,是因为缺乏一连串的心境或目标。我们正想抛锚,但停泊处却是流沙。大自然这种变本加厉的恶作剧简直让我们难以忍受。Pero si muove.①夜里当我凝视着月亮和星星的时候,我似乎是静止的,而它们却好像来去匆匆。我们热爱实在,这就促使我们去寻求一种永恒,但身体的健康却在于运动,思维的健全在于变异或联想的敏捷。我们需要变换目标。为一种思想献身很快就会令人厌恶。如果我们与精神病人同住,就必须迁就他们,这样交谈就不复存在了。曾经一度我是这样喜爱蒙田,甚至认为我再不需要任何别的书籍了;然而就在此之前,我喜爱的是莎士比亚,然后是普鲁塔克,然后是普罗提诺,然后一度又是培根,在此之后,又是歌德,甚至是贝蒂尼②。但现在我却是那样无精打采地翻着他们的书页,不过我仍旧珍爱他们的天才。不仅对书籍,对绘画也是这样,每一幅画都会受到一次重视,虽然我们很乐意将这样的欣赏再继续下去,然而它终究长久不了。当你把一幅画看够了,你就得离开它,并且你再也不会看它一眼,这样的体验对我来说再深刻不过了。有些画我看了以后无动于衷,或不置一词,但我还是从中吸取了有益的教训。对于一本新书或一桩新事的看法,即使是智者所发表的,也必须打一定的折扣,他们的这种看法把一些有关他们心境的信息,把对这一新的事实的某种模糊的猜疑透露给我,然而决不能相信这种看法就是智能同那件事之间的永久关系。孩子问:"妈妈,昨天你给我讲这个故事时我非常喜欢它,为什么今天就不那么喜欢了?"唉! 孩子,即使最老的知识天使也是这样! 但是能这样回答你吗:因为你是诞生给整体的,而这个故事却是一个细节! 这一发现引起了我们的痛苦(就艺术和智能的作品而言,我们发现晚了),其原因就是从中低声发出的关于人,关于友谊和爱的悲剧的哀怨。

我们发现艺术具有顽固性,缺乏灵活性,我们发现艺术家也是如此,这使我们更加痛心。人的身上还没有发展的力量。我们的朋友早就以某种思想的代表的身份出现在我们面前,而这种思想

---

① 面对教会的迫害,伽利略否定了他有关地球围绕太阳运转的见解,然而他又补充说:"不过它的确在运动。"

② 贝蒂尼(1785—1859),即伊丽莎白·冯·阿尼姆,德国作家。

他们从来不曾超越。他们站在思想和力量之洋的边沿,却从不肯向前挪动一步将自己带到那儿去。一个人就像一块晶石,你把它拿在手里转来转去,它没有任何光泽,直到你转到一个特殊的角度,它就显示出又深又美的颜色来。人不能随遇而安,也无法随机应变,但每一个人都具有他独特的才干。一个成功的人,他的优势就在于他能灵敏地把握自己在何时、何地最频繁地进行那种转动。我们做我们非做不可的事,还给它起了一个我们所能想到的最好的名字,并且很乐意接受这样的赞美:我们已经设计出随后产生的结果了。我想不起有哪一种人有时候还不显得多余。然而这不是很可怜吗?拿着性命当儿戏可不值得。

毫无疑问,需要整个社会提供我们所追求的那种对称。倘若斑驳的车轮想呈现出白色,它就得飞快地转动。我们与如此多的愚蠢和缺陷打交道,也学会了一点东西。总而言之,无论谁输,我们总是赢家。神性也掩藏在我们的失败和愚行的后面。孩童的游戏虽纯属胡闹,然而却是有教育意义的胡闹。最宏伟、最庄重的事物也是这样,商业、政府、教会、婚姻等莫不如此,甚至每一个人的面包的来历以及他获得面包的手段也是这样。就像一只鸟从不肯在一处多歇会儿脚,总是不停地从一个枝头跳到另一个枝头,力量也从不会在任何一个男人或女人身上久留,它总是时而在这个人身上露露脸,时而又在那个人身上张张嘴。

但是这些华而不实或者迂腐不堪的东西有什么帮助呢?思想又能给什么帮助?生活不是辩证法。我想,最近以来的那些批评一无是处,我们从中吸取的教训已经足够了。我们的青年对劳动和改革,做了大量的思索和论述,但尽管他们连篇累牍地论述,却没有使世界也没有使自己前进一步。从智性上品味生活并不能取代体力活动。如果一个人只是考虑把一片面包送下喉咙的美味,他就会饿死。在教育农场①里,最高尚的生活理论压制了最高尚的

---

① 无疑,此处爱默生指的是小溪农场,它是1841年由乔治·里普利等人在马萨诸塞州的西罗克斯伯里建立的乌托邦村社。

青年男女的形象,因而显得死气沉沉,软弱无力。那种理论不会耙也不会叉一吨干草;它也不会将马梳洗得光滑发亮;它只会使男女青年脸色发白,饥肠辘辘。一位政治演说家讲得很风趣,他把我们政党的许诺比作西部的公路,开头雄伟壮丽,绿树夹道,吸引游人,然而很快就变得越来越狭窄,最后成了羊肠小道,盘上了一棵树。我们的文化也是这样,最后只会引起我们的头疼。有些人几个月前还被时代的承诺所发出的光彩搞得眼花缭乱,现在却感到生活是难以形容的悲哀和乏味。"现在伊朗人再也没有正确的行动方向,也再没有自我牺牲精神了"。①我们已经尝够了反对和批评。每一种生活和行动的道路都遇到障碍。由于阻力无处不在,常识便由此推知它们无关紧要。事物的整套结构都在鼓吹无关紧要的意识。再不要让思想把你自己搞得神魂颠倒,到什么地方忙你自己的事情去吧。生活不是智性的,也不是批判性的,它只是坚强的。毋庸置疑,生活的主要好处是倾向那些能享受自己的发现的各色人等的。自然憎恨窥探,而我们的母亲们一句话就表达了她们的感受:"孩子,吃你们的东西,不要多说话。"把时光填满——这就是幸福;把时光填满,不为懊悔或赞同留一丝空隙。我们生活在表面,真正的生活艺术就是在上面熟练地滑来滑去。一个具有天赋力量的人,在陈规陋习之下也能获得他在最新世界里所取得的成功,只不过借助的是处事技巧。他在任何地方都能站住脚。生活本身是一个力量和形式的混合物,不过若是其中哪一方稍有超重,它都承受不了。充分利用时机,在旅途中每走一步都能发现旅行的目的,享受最多的美好时光,这就是才智。如果你愿意这样说:考虑到人生的短促,就不值得计较在这样短促的一段时间里,我们是在艰难地爬行,还是高高在上,养尊处优,说这话的不应当是普通人,而只应当是狂热分子或者数学家。既然我们的职责与分分秒秒都有关联,那就让我们分秒必争吧。现在的 5 分钟对我来说,跟下一个千年里的 5 分钟一样有价值。让我们现在沉着冷静,保

---

① 引自古波斯预言作品集《*Desatir*》。

持睿智和我行我素。让我们去善待那些男人和女人,就好像他们都是真正的人,或许他们就是这样。人生活在幻想当中,就好像双手虚弱而颤抖不止的醉汉,不能成功地做一件事。那是一场幻想的暴风雨,我知道的唯一能使它平静下来的办法就是关注此时此刻。在各种令人头晕目眩的炫耀和政治活动中,我丝毫不怀疑,我更加坚定了这样的信念:我们不应该拖延,不应该推诿,也不应该期待,我们只需在我们所在的地方充分享受,不论我们与谁交往,接受我们现实的同伴和环境,不管他们是怎样地卑微和丑恶,把他们看成神秘的使者,宇宙把它的一切快乐都托付给他们,好给我们传达。如果这些人自私而邪恶,那么他们的满足,因为是正义的最后胜利,所以就和心灵产生共鸣,它比诗人的声音和可敬人士的随意的同情更令人满意。我想,即使一个有思想的人如何遭受他的同伴的缺陷和荒唐的折磨,他也不可能毫不留情地否认任何一伙男人和女人对于超凡的优点的感受能力。如果粗人和轻薄的人没有同情心,他们却有一种优越的本能,于是他们就怀着诚挚的敬意用他们盲目、任性的方式来为之增光添彩。

细腻敏锐的年轻人都鄙视生活,但是对于我,对于像我这样的一些没有得消化不良症的人,对于那些认为日子稳当美好的人,那种轻蔑的样子和亟需朋友只是一种过分的礼貌。由于同情心,我变得有点急切和多愁善感,但如果让我一个人独处,我将像咀嚼酒吧间里的老生常谈那样尽情品味每一刻时光以及它带给我的东西,那就成了每日的家常便饭。我感谢小恩小惠。我同我的一个朋友交换意见,他期待着宇宙中的一切,每当什么事情稍欠完美时,他便大失所望,而我发现我却始于另一个极端,我无所期待,然而却总是对获得的适度的利益充满谢意。我接受了各种相反的倾向所发出的丁零当啷的撞击声。我也认为酒鬼和惹人厌烦的人对我有好处。他们给周围的画面提供了真实感,连转瞬即逝的大气现象也很难放过它。早晨我一觉醒来,看见的仍然是那个旧世界,老婆、孩子、母亲、康科德和波士顿、那可爱而古老的灵界甚至那可爱的老恶魔也并不遥远。如果我们见了好东西就拿,不去刨根问底,我们的东西就会堆积如山。巨大的才华不是通过分析得到的。一切好东西俯拾即是。我们生命的中部地带是温带。我们可以钻进纯几何学和死气沉沉的科学的寥落的寒带,或者沉入感觉的寒带。在这两个极地之间是生命、思想、精神和诗的赤道——一个狭窄的地带。此外,在大众的经验中,一切好东西俯拾即是。一位收藏家向欧洲所有的画铺里窥探寻找普桑①的一幅风景画和萨尔瓦多②的一幅蜡笔画,但是《耶稣显圣容》、《最后的审判》和《圣哲罗姆的圣餐》③,以及其他一些和它们一样出类拔萃的绘画却在梵蒂冈、乌菲齐美术宫或者罗浮宫的墙壁上,在那里,每一个仆人都可以看见它们,更不必说每条街道上大自然的图画、每天日出日落的图画和永不消失的人体雕刻了。另一位收藏家最近在伦敦的一次公开拍卖中以157基尼买下了莎士比亚的亲笔签名,但是一个小学生却能分文不花地阅读《哈姆雷特》,并且能察觉出在那里尚未公开的最受人关注的事件的秘密。我想我除了下面这几本最普通的书外不会去看别的书——《圣经》、荷马、但丁、莎士比亚和弥尔顿。随后我们对这一览无遗的生活和星球感到很不耐烦,便四处奔波寻求一些秘密和阴私。想象力垂青印第安人、设陷阱捕兽者和猎蜂人的森林知识。让我们假设我们是一群陌生人,就如同野人、野兽和野鸟一样,在这个星球上并没有从本质上被驯化。然而排斥仍然影响到他们,影响到攀援的、飞翔的、滑行的、长着羽毛的和四足的人。狐狸和土拨鼠、鹰、鹞和麻鸦,这些动物当你仔细观察它们时,它们在这个奥妙无穷的世界上同人一样,实在没有什么根底,仅仅是在这个地球表面上的一群栖居者而已。新的分子科学显示出原子与原子之间的天文间隙,显示出这个世界全是外部,而没有内部。

中部世界是最美好的。正如我们所知,大自然不是圣人。教

---

① 普桑(1594—1665),法国古典派画家。
② 萨尔瓦多(1615—1673),意大利风景画家。
③ 三幅画的作者分别是拉斐尔、米开朗琪罗和多梅尼奇诺。

堂的灵光,禁欲主义者,真图①教徒和格雷厄姆②的追随者,她都不会给予厚爱。她就是来吃、来喝、来犯罪的。她的宝贝们,伟大强壮而美丽,但都不是按我们的法律办事的孩子,他们不是从主日学校毕业的,不掂估食物的重量,也不严守清规戒律。如果我们要借助她的力量而变得强壮起来,我们就不可隐匿那种令人不快的从异族那里借来的良心。我们必须确立强有力的现在时态,来对付所有狂怒的流言蜚语,不管是过去的,还是将来的。有多少亟待解决的事还悬而未决啊——在着手解决期间,我们将仍旧一如既往。当这场辩论开始涉及商业的公平问题,并且在一两个世纪内不会结束的时候,新老英格兰还可以照管店务。人们还要讨论版权法和国际版权法,③在此期间,我们将竭尽全力将我们的书卖出最好的价钱。文学的便利,文学的缘由,以及记录一种思想的合法性,也受到怀疑。双方都有很多话要说,当这场论战逐渐白热化的时候,你,最亲爱的学者,坚持你那愚蠢的工作,每隔一小时增写一行,甚至不时地增写一行。人们对土地拥有权和财产权争论不休,在连连召集会议、表决之前,先把你的花园刨掉,再把你的血汗钱当成不义之财花得妥帖、得体。人生本身只就是一个泡影,一种怀疑论,一场酣睡。就算如此,就算将有更多更多的情况——而你,上帝的宠儿!留心你自己的美梦吧;嘲弄和怀疑主义不会把你漏掉,这种东西已经够了,待在你的小房子里劳作吧,直到其余的人一致同意怎样对待人生。他们会说你的疾病、你的微不足道的习惯需要你做这件事,避免做那件事,但是你要知道你的一生如白驹过隙,只是供留宿一夜的帐篷,你,不管有病无病,都得完成这个定额。你病了,但不会更糟,宇宙由于很器重你,一定会变得更好。

  人类生活由两个因素构成,力量和形式,必须使比例保持不

---

  ① 印度教的一个派别。

  ② 指西尔维斯特·格雷厄姆(1794—1851),他是一位宗教改革派医生,也是"格雷厄姆面粉"的发明者。

  ③ 美国直到1891年才加入国际版权法。在此之前,由于盗版图书泛滥成灾,危害了美国出版业,剥夺了作家版税,所以引起过不少讨论。

变,如果我们要使它愉快而惬意的话。其中任何一个因素的过剩,则会像它的不足一样,造成祸害。每一种事物都在趋于过度,每一种良好的品质,如果没有杂质,都是有害的,为了将危险带至毁灭的边缘,大自然使每个人的特质都过了剩。在那些农场中,我们将学者当作背信弃义的例子来举。他们是大自然表现的牺牲品。你若将艺术家、演说家和诗人看得太真切,从而发觉他们的生活不过同技工或者农夫的一样,认为他们不过是偏颇的牺牲品,外强中干,并宣布他们是失败者——不是英雄,而是狗熊——你就会合情合理地得出这样的结论:这些技艺都不是为人类服务的,而是一些瘟疫。然而自然是不会向你证实这一切的。不可抗拒的自然每天都在塑造着这样的人,以及千千万万这样的人。你喜爱认真读书的孩子,喜爱凝神注视着一幅画或者一个模型的孩子,但是千千万万的读书人和凝视者,除了是处于萌芽状态的作家和雕刻家,他们又是什么呢?给现在读书、凝视的那种品质再增加一点东西,他们就将会拿起笔和凿刀了。如果一个人回想起他开始成为一个艺术家时是多么幼稚,那么他就一定察觉出自然同他的敌人沆瀣一气了。人是一个不可能实现的金色的梦。他必须走的路真是毫发不爽。智者超出智慧一步就会变成愚人。

如果命运允许,我们就会轻而易举地永远保持这些美好的界限并彻底调整我们自身,使我们顺应于已知的因果王国的精确计算。在大街小巷里,在报纸杂志上,生活好像是一种简单明了的事情,所以,只要在任何情况下刚强果断,照章办事,就会稳操胜券。但是注意!很快就会有这么一天,或者只有半个小时,像天使一样悄声细语,便推翻了天下千年的结论!第二天一切事物仍旧显得那么实际而生硬,惯常的标准又恢复了原状,常识像天才一般稀罕——它是天才的基础,而经验则是每一项事业的手和脚;然而谁如果根据这种条件办事,谁就会很快失败。力量走的不是抉择和意志的康庄大道,而是另外一条道路,即地下的、隐形的生活渠道。荒谬绝伦的是我们还是一群外交家、医生和考虑周全的人,再没有像这样容易受骗的人了。生活是一连串的出其不意,如果它不是这样,那就不值得我们去杀生或保命了。上帝喜欢每天孤立我们,将过去和未来藏起来不让我们看见。我们总要四下里寻找,他却彬彬有礼地在我们面前和身后分别拉下一幅穿不透的、最纯的天幕,"你不会有记忆,"他似乎在说,"你也不会有希望。"所有精彩的谈话、优雅的风度和正义的行动都来自一种忘记惯例并要弘扬当前的自发性。大自然讨厌老谋深算之徒;她的方法是突如其来、心血来潮的。人随脉搏的跳动而生存,我们的有机运动也是这样;各种化学的和以太的力量起伏交错,思想在斗争中前进,没有一阵阵突发就不会兴旺发达。我们的兴盛全靠偶然。我们主要的经验都是出于偶然的。最引人注目的一类人都是一些善于旁敲侧击而不是单刀直入的人,他们是一些天才,不过还没有得到认可,人们不必付出过高的代价就能享受到他们光芒的欢乐。他们的美是百鸟之美,晨光之美,不是矫揉造作之美。天才的思想中总有惊人之处,道德感情被恰当地称做"新事物",因为它从来就不是别的什么,对于最老的智者和小孩子都是一样新奇。"神的国来到,不是眼所能见的"。① 同样地,对于实际成果,也不可费尽心机。一个人在做一件他能做得十全十美的事时,是不会被注意到的。一定有某种魔力附着于他的最出色的行为中,使你的观察力麻木不仁,因此,即使这样的行为就在你的面前发生,你都全然不知。生活的艺术有一种羞怯,不愿暴露出来。人没有生下来,他就是一件不可能的事;我们没有看见成功,每件事也是不可能的。虔敬的热情最终同最冷静的怀疑主义殊途同归——什么都不属于我们或我们的工作,一切都属于上帝。大自然连最小的月桂树叶都不肯通融给我们。一切作品,一切的行为和所有物莫不是出自上帝的恩典。我很愿意讲道德,决不肯越出雷池一步,因为我对它非常珍爱,而且还让大部分服从人的意愿,然而在这一章里我下定决心要讲诚实,到最后,不管是成功还是失败,除了从上帝那里提供来的或多或少

---

① 见《圣经·新约·路加福音》第17章第20节。

的生命力,我什么也看不到。生活的结果没有被预计出来,也是预计不出来的。经年累月所教的东西是寥寥数日里不可能学到的。那些和我们交往的人谈天说地,来来去去,计划、实施许多事情,这一切多少引起了一个结果,然而却是一个出人意料的结果。个人总是有差错,他曾计划了许多事,还把别人拉来当副手,同一些人或所有的人产生争执,错误没有少犯,最后做成了一点事;一切都有所长进,而个人总是有差错。结果反而是一些与他的期望大相径庭的新东西。

古人深感人的生命的基本要素难以算计,便将预见不到的事物拔高为一种神;但这就意味着要在这束小小的火花旁裹足不前,这火花倒确实在一处闪闪发光,殊不知整个的宇宙靠着这束火花潜在的热量就变得温暖如春。生命的奇迹不可解释,但生命永远是个奇迹,所以它就引进了一种新的因素。我想,埃弗拉德·霍姆爵士①注意到在胚胎的成长中,发育不是从一个中心点而是从三个或者更多的部位共同进行的。生命没有记忆。那延续不断的东西也许可以不致被遗忘,然而那共存的,或者从一个更深沉的起因中迸发出来的东西,由于还远远没有意识,所以不了解自身的倾向。我们的情况也是这样,我们时而怀疑一切,或者没有统一,是由于我们沉湎于似乎都具有同等而又敌对的价值的形式和表象中,时而又笃信宗教,尽管我们在接受精神法则。耐心等待这些心智的恍惚,耐心等待这些部位的同步增长;总有一天它们将成为器官,服从于一个意志。它们把我们的注意力和希望都钉在那个意志、那个秘密的起因上。生命由此就被化为一种期望,或者一种宗教。在杂乱无章的细节下面隐藏的是一个音乐般和谐的完美,那是总在伴随着我们游历的理想,那是没有一丝裂缝的天空。务必注意我们的启蒙方式。当我同一个学识渊博的人交谈时,或者当我一个人独处时,我总是有些很好的想法,但我并不立刻感到满意,这

---

① 埃弗拉德·霍姆爵士(1756—1832),苏格兰外科医生。

就像我渴了的时候喝水、冷了的时候烤火不会顿时解渴、回暖一样。不会的！我首先获悉我接近一个新的美好的生命区域。通过我坚持不懈地读书或思考，这个区域显示出它本身更为深远的迹象，就像它是在闪光之中，突然发现了它的深沉的美丽与宁静，就像笼罩着它的云雾每隔一段时间就散开，把里面的群山显露给渐渐走近的旅行者，山脚下绵延的是一片宁静无边的草地，草地上羊群在悠闲地吃草，牧羊人又是吹笛，又是跳舞。然而人们觉得从这个思想领域来的每一种见解只是一个开端，后面显然还有接续。这不是我造出来的，我只是到了那里，看见了已经在那里的一切。是我造的！不！当这种雄伟壮丽的景象第一次展现在我面前时，我像孩子似的惊喜交集，拍手叫好。那种景象承受了万古千秋的敬爱，显得苍老，又因为充满了生命的生命，那大漠中阳光灿烂的麦加，则显得年轻。它展现了一个多么美好的未来！我感觉到一颗与往常不同的心，由于对新的美的热爱，在激烈地跳动着。我准备驾鹤西游，继而再生到那我在西部发现的全新而不易接近的美利坚：

   既非始于现在，又非始于昨天，
   这些思想，古已有之，就连发现
   一个知道它们来历的人也不可能。①

如果我已经把生命描绘为一系列情绪的波动，那么现在我还得说明在我们身上还有一种心情，它固定不变，却将所有的情感及心态都加以编排。每个人所具有的意识都是一把计算尺，时而把他看成"初始因"，时而又把他看成他自己肉体的肌肤；生命之上还有生命，无穷无尽。产生这种生命的感情决定着任何一种行为的尊严，问题不是你干了什么或者没有干什么，而是你奉了谁的命来干或者不干的。

  命运女神、密涅瓦、缪斯、圣灵——这些都是古雅的名字，但都太狭隘，不足以覆盖这无限的物质。大惑不解的智力一定仍然跪

---

 ① 摘自索福克勒斯的《安提戈涅》。

倒在这拒绝被命名的起因之前——这无法表达的动因,每一个出色的天才都试图用某种有力的象征表示出来,如,泰勒斯用的是水,阿那克西米尼用的是气,阿那克萨哥拉用的是(奴斯)思想,琐罗亚斯德用的是火,耶稣和现代人则用的是爱。每一种隐喻已经变成一种国教。中国孟子的概括也不可等闲视之。"我知言,"他说,"我善养吾浩然之气。"——"敢问何谓浩然之气?"他的同伴①问道。"难言也,"孟子答道,"其为气也,至大至刚,以直养而无害,则塞于天地之间,其为气也,配义与道,无是,馁也。"——在我们的更为准确的著述中,给这样的概括取名为"存在",从而承认我们已经到了山穷水尽的地步。为了取悦天地万物,我们现在并不是遭一墙堵路,而是立于汪洋大海之滨,这就够了。我们的生命与其是现在的,不如说是未来的。似乎不是为了消耗生命的种种事务,而是作为这种浩然之气的一点暗示。大部分的生命似乎仅仅是能力的广告,把信息提供给我们,并不是要贱卖我们自己,而是要证明我们非常伟大。因此,在细节上我们的伟大存在于一种倾向里,而不是一次行动中。我们应当相信规则,而不是例外。高尚者由此便同卑贱者区别开来。因此在我们接受感情的指引时,成为地球历史上重要事件、首要事实的并不是我们所信仰的关于灵魂不灭之类的东西,而是那要信仰的普遍冲动,那么我们可否把这种动因说成直接起作用的东西呢?精神并非无能为力,也不需要一些调停机构。它具有充分的能力和直接的作用。我不用解释自己,就已经被解释清楚了,我没有行动,就已经被感觉到了,而且在我并未涉足的地方。因此所有正直的人都满足于他们自己的赞扬。他们拒绝解释自己,只是满足于那些新的行动会替他们尽那种职责。他们相信我们不仅不需用语言,而且可以超越语言来传递信息,凡是正确的行动,总会对我们的朋友产生影响,不管他们距离我们有多远;因为行动的影响大小不是以英里来衡量的。因此,如果发生了一件事,使我不能如期出席聚会,我为什么要感到烦恼呢?即使

---

① 指公孙丑。引文见《孟子·公孙丑》。

我没有到场,那么我身在异地也应该同我亲临现场一样,有助于促进彼此的友谊和智慧的交流。我在所有的地方都发挥着同等的影响。因而那伟大的理想总是在我们前方旅行;它从来就不曾落在我们身后。除非一个人获得的好经验预示着下一个更好的经验,否则他永远也不可能获得十分满意的经验。向前,再向前!在自由的时刻,我们知道生活与职责的一幅新的图景是有可能的,因为有关生命学说的基本原理已经在你周围的许多人的心灵中扎了根,而这一学说是我们已有的任何一种书面记录所无法表达的。新的陈述不仅包括社会的信仰,而且包括怀疑主义,而一种信条一定会从各种不信中形成。因为这些怀疑主义既不是毫无根据的,也不是非法的,而是对肯定陈述的一些限制,那么新的哲学必须把它们吸收进来,并作出超越它们的断言,正像它所必须容纳最古老的信仰一样。

我们已经发现我们的存在,这一发现十分不幸,但已为时太晚,无法补救。这个发现被称为"人类的堕落"。从此以后我们就一直在怀疑我们所用的工具。我们得知我们并不是直接看见的,而是间接看见的,我们没有办法去矫正这些带色的、使物体变形的透镜,因为我们就是这些透镜,也没有办法估计这些透镜有多少差错。也许这些主体式透镜具有一种创造力,也许根本就不存在什么客体。过去我们生活在我们所看见的事物中,而今这股新的势力却贪得无厌,气势汹汹地要并吞一切事物,把我们吸引住了。自然、艺术、人、文学、宗教——都是客体,接二连三地闯了进来,上帝只不过是这种力量的一个概念而已。自然和文学是主观现象;每一种恶行和每一件善举都是我们所投下的影子。对骄傲自尊者来说,街道上充斥着羞辱。纨绔子弟总是想方设法让他的代理穿上他规定的制服,立在餐桌旁服侍他的客人。同样,那懊丧的心情所释放出的委屈本来像气泡一样,此刻却立即化为街上的绅士淑女、商店里的店员、酒吧间的招待,并且威胁或侮辱我们身上可被威胁的或可被侮辱的东西。我们的盲目崇拜又何尝不是如此。人们忘记了是眼睛创造了眼界,将某一个人造就为人类的典型或代表,并冠之以英雄或圣徒美名的就是那把一切变圆的心目。"上帝的使者"耶稣,便是大家所公认的那些视觉法则能在其身上生效的一个善人。一方面通过爱,另一方面通过宽容,一度相沿成习:我们要在视界的中心看他,并将那些将会附加到被这样看到的任何一个人身上的特性都归于他。然而最长久的爱或憎都有一个很快的期限。扎根于绝对天性中的伟大、成长的自我,取代了所有相对的存在,并将人间的友谊与爱的王国也一并摧毁。由于每一对主客体间的不平等,联姻(指在所谓的精神世界中的)是不可能的。主体是上帝神性的接收者,并且在每一种比较中必须感到被那股隐藏的力量所增强。这种物质的供应虽然不用力量,但是通过身临其境就能被感觉到;任何一种智力也不能将在主体身上要么长眠要么永醒的特有神性归咎于客体。爱也永远不能使意识和认定势均力敌。在你我之间存在着一条鸿沟,跟原物与图画之间的鸿沟完全相同。宇宙是灵魂的新娘。所有发自个人的同情都是局部的。两个人就如同两只球,两球接触仅在一点,而且在它们保持接触时其余各点是没有活动能力的;但其余各点接触的机会也一定会轮到,一次结合持续的时间越长,没有结合的各个部分得到的亲和力就越多。

生命可以被反映出来,然而却不能被分割,也不能被加倍。侵犯它的统一就是混乱。灵魂不是双胞胎,而是独生子,虽然最后它显露自己是个孩子,外表上是个孩子,但它却具有一种决定命运的万能的力量,不允许共生同活。每一天,每一个行动都在暴露着那掩饰得不好的神性。由于我们不相信旁人,我们就信任自己。我们宽以待己,有些东西出现在别人身上时我们就斥之为罪恶,但对我们自己却成了实验。人们决不会把罪恶说得像他们所想的那样轻巧,或者每一个人都为自己设想了一个安全地带,绝对不容别人涉足,这就是我们信任自己的一个例子。这种行动从内部看跟从外部看大不一样,其实质和后果也迥然不同。谋杀在谋杀者看来并不如诗人和传奇作家所认为的那般具有灾难性,它并不会搅得行凶者心神不宁,或者吓得他六神无主,连平常留心一些琐事都办不到。谋杀谋算起来是一桩轻而易举的行动,然而一旦成为现实,所引起的后果却是亲友的一片惶恐、吵闹与混乱。尤其是那些起源于爱的各种罪恶,在当事人看来似乎既正当又合理,然而事情一旦做下,才证明对于社会危害极大。不过到头来没有一个人相信他会因此而完蛋,或者他所犯的罪会如重罪犯的那般心黑手辣。因为在我们自己的案例中,智能限制了道德审判。对于智能来说,罪恶是不存在的。它是对抗法律或凌驾法律的,它不仅评判事实,而且鉴定法律。"它比犯罪还糟糕,它是一个大大的错误。"拿破仑这样说,用的就是智能的语言。对智能来说,世界就是一道数学题或数量科学,它不考虑赞扬、谴责及一切软弱的情感。一切的偷窃行为都是比较而言的。如果你要绝对化,那么,请问谁能不偷呢?圣徒们之所以感到悲哀,是因为他们不是从智能而是从良心的角度来看罪恶(甚至在他们沉思的时候也是这样)。这是一种思想的混乱。罪恶,从思想的角度来看是一种减少,或者更少;从良心或意志的角度来看,它是一种腐败或者邪恶。智能把它称之为阴影,没有光明,没有实体。而良心却感觉得到它是实体,本质上的恶。其实它并非如此,它有一种客观存在,却没有主观存在。

这样,宇宙便不可避免地染上我们的色彩,每一个客体都相继进入主体本身。主体在存在,主体在扩大,万物迟早会各就其位。我存在,所以我能看见,无论用我们愿意用的什么语言,我们能说的只能是我们是什么。赫耳墨斯、卡德摩斯①、哥伦布、牛顿、波拿巴,他们都是心灵的创新者。当我们邂逅一位伟人时,我们不要自惭形秽,就让我们把这位初来乍到者当作一个云游四方的地质学家来对待,他经过我们的庄园,在我们的灌木草场里指给我们看上好的板岩、石灰岩或者无烟煤。每一个强有力的心灵在一个方面的局部行动有如一架对准了物体的望远镜。但是有关其他方面的

---

① 在希腊神话中,赫耳墨斯是发明神;卡德摩斯创建了忒拜城,并教希腊人使用文字。

每一种知识,在灵魂达到她充分的圆满之前,都要被推向同样的过火境地。你可看见过那只小猫顽皮地追逐自己的尾巴?如果你能用那只猫的眼睛来观察,你也许会看见她周围有数百人在演一出出情节复杂的戏剧,有悲欢离合,有冗长的对话,有众多的人物,有沉浮不定的命运——而与此同时,那只不过是猫和她的尾巴而已。要过多久我们的化装舞会才会终止手鼓的繁响、人们的狂笑和呼喊,我们才可以发现这原来是一场冷冷清清的演出?——一个主体和一个客体——要使电路完成颇费周折,然而电流量却增加不了任何东西。不管是开普勒和他的天体,还是哥伦布及其美洲大陆,是读者和他的书籍,还是猫和它的尾巴,这都能意味着什么呢?

的确,所有的缪斯、爱和宗教信仰都憎恨这些发展,甚至还要想办法去惩罚那个化学家,因为他在会客室里将实验室的一切秘密都公之于众。我们看见事物具有我们个人的面貌,或者渗透了我们的情绪,这是我们气质上的需要,对此我们也不能过于轻描淡写。然而上帝是土生土长在这些荒岩中的。那种需要使自信成为道德中的首要优点。我们必须死死守住这份贫困,不管它是多么令人反感,我们必须奋发图强,行动果断,方能把我们的轴把握得更紧。真实的生活是冰冷的,迄今还是令人悲伤的,然而它绝不是眼泪、后悔和烦乱的奴隶。它并不试图夺取别人的工作,也不利用他人的事实。将你自己的事实同他人的区别开来,这是智慧的一个主要教训。我知道我不能处理他人的事实,然而我却拥有一把能打开我自己的事实的钥匙,它能使我不信别人的一切否定,他们一定也有一把能打开他们自己的事实的钥匙。一个富有同情心的人处在这样一个游泳者的困境之中:他四周的人都有灭顶之灾,他们都拼命要抓住他,如果他伸过去一条腿或者一根指头,他们就会把他拉下水去。他们都想获救,脱离他们的恶行的危害,而不是脱离他们自己的恶行。博爱精神也许会浪费在对症状的无聊的服侍上。一个英明果断的医生会说一句"走开",来作为咨询的首要条件。

在我们这个喜欢讲话的美国,我们被自己善良的天性及兼听八方的习惯毁了。这样的依从使得我们无力有大的作为。一个人只能正视前方,不应当左顾右盼。全神贯注就是对别人缠扰不休的轻浮举动作出的唯一回答,这种专注,目的是为了使他们的要求显得无足轻重。这就是一个绝好的回答,不容上诉,不容烦神去想对策。在弗拉克斯曼①为埃斯库罗斯的《报仇神》所作的一幅插图中,俄瑞斯忒斯在哀求阿波罗,而复仇女神们则倚在门槛上睡觉。阿波罗神的脸上掠过一丝遗憾与同情,但由于他深信两种地位水火不相容,因而又显得平静而安详。他天生要从事其他的政治,致力于永恒和美丽的事物。那跪在他脚下的人请求他能照拂尘世间的骚乱,那是他的自然神力所不能及的地方。躺在一旁的复仇女神则形象生动地表现了这种迥异。阿波罗神显然已负载了过多的神圣的命运。

幻想、气质、连续性、表面、诡异、实在、主观性——这些都是时间这部织机上的线,这些又是生活的主宰。我不敢贸然将它们定级排队,而只是按我所看见它们的顺序一个个地给它们命名。我尚有自知之明,不至于宣称我的画已臻完美。我是一个碎片,而这却是我的一块碎片。我可以信心十足地宣布某一个法则,因为它把自己表现得十分突出,然而我年纪太轻还不能编制法典。我闲谈这永恒的政治,权当我的定时祈祷。我曾见过许多美丽的画,显然没有白看。我度过了一段美好的时光。我现在已不是当年14岁的那个少不更事的人,也不是7年以前的情况。谁想问就问吧:成果在哪里?我发现一个个人成果,这就足够了。这成果就是——我再不需要向沉思、向商讨、向蜂拥的真理索求一个草率的效果了。要求一种对本镇本县产生影响的效果,一种对本月本年有明显作用的结果,我觉得这是可怜的。结果是深奥而持久的,就像原因一样。它在人生不复存在的时期起着作用。我只知道接纳;我既然存在,我就该拥有,但我并未赢得,当我想着我赢得过什

---

① 约翰·弗拉克斯曼(1755—1826),英国雕刻家和插图画家,他的插图在美国期刊上转载,十分流行。

么的时候,我发现并未赢得。对伟大的命运女神,我又惊讶又崇拜。我的接受能力如此之大,所以我还没有因为把某种东西接收得太多而感到烦恼。我对守护神这样说,一不做,二不休,还望他能宽恕这样的谚语。每当我得到了一件新礼物,我从不会自寻烦恼去将这笔账结清。因为,如果我一命呜呼,我就无法把这笔账结清。利益从一开始就超越了价值,从此以后便一直如此。所谓的价值本身,我认为是接纳的一部分。

此外,那种对明显或者实际效果的渴求对我来说似乎是一种变节。我巴不得省去这种毫无必要的做法。在我看来,生活具有一张虚幻的面孔。最艰难、最粗笨的行动也是虚幻的。那只不过是平静温柔的梦与骚动不安的梦之间的一个选择罢了。人们总是轻视认知与智性生活,而极力主张实干。我倒很满足于认知,只要我能够认知的话。那是一种庄严的乐趣,会在很长一段时间内满足我的需要。获取点滴的知识就是耗费今生今世也值得。我总是听到阿德拉斯提亚①的律法:"凡是获得了真理的灵魂直到下一次运行的开始,都可免受伤害。"

我知道我在城市、在农场里与之交谈的世界并不是我所思想的那个世界。我注意到了这种区别,并且还要注意下去。总有一天我会认识到这种差异的价值与规律。然而我尚未发现很多东西是从千方百计企图实现思想世界的尝试中获得的。许多志士仁人前仆后继用这种办法实验,结果反而使自己显得荒唐可笑。他们获得了民主的生活方式,他们的嘴角泛起白沫,他们既憎恨有一切又否认一切。更为糟糕的是,我注意到在人类的历史上连一个成功的例子都没有——通过他们自己对成功的检验。我这样说是为了驳斥,或是作为对以下这个问题的回答:"为什么不去实现你的世界?"但我绝没有那种以微不足道的经验主义来预先判断规律的绝望情绪——因为没有成功就谈不上努力的正确。坚持,再坚持,我们最终会获得成功。我们一定要对时间因素的欺骗性保持怀疑

---

① 阿德拉斯提亚:报应女神。引语出自柏拉图《费多罗篇》。

的态度。吃饭、睡觉、赚钱占去了大部分时间,只留下很小的一部分供我们心存期望与洞悉,而这才是我们的生命之光。我们整花园,进餐饭,同妻子商量家务,这些事情没有留下任何印象,在下一周就被忘得一干二净;然而在那每一个人都将回归的孤独寂寞之中,他心清智明,豁然开朗,这就是他进入新世界时会具备的情况。不要在乎嘲笑,不用担心失败,振作起来,苍老的心!——它似乎在说——一切的正义总会胜利;这个世界之所以存在,就是为了实现一种真正的传奇,而这种传奇将会把天赋转换为实际能力。

谈自助

不久前有一天，我读了一位杰出的画家①写的几首诗，它们立意新奇，不落窠臼。灵魂总是从字里行间听到一种告诫，先别管题材如何。这些诗句所灌输的情感比它们包含的任何思想更有价值。相信你自己的思想，相信你内心深处认为对你适用的东西对一切人都适用——这就是天才。如果把你隐藏的信念说出来，它一定会成为普遍的感受；因为最内在的在适当的时候就变成了最外在的——我们最初的思想会被"最后的审判"的号角吹送到我们耳边。心灵的声音尽管每个人都非常熟悉，但是我们认为摩西、柏拉图和弥尔顿的最大功绩就在于他们蔑视书本和传统，不是自己想到的东西不说。一个人应当学会发现和观察从内部闪过他心灵的微光，而不是诗人和圣贤的太空里的光彩。可是他擅自摒弃了自己的思想，就因为这是他自己的东西。在天才的每一部作品中，我们认出了我们自己抛弃了的思想：它们带着某种疏远的威严回到了我们的身边。伟大的艺术作品对我们的教益不过如此而已。它们教导我们：正当对方呼声最高的时候，要心平气和、坚定不移地坚持我们自发的印象。要不，到了明天，一位陌生人将会非常高明地说出恰恰是我们一直想到和感到的东西，我们将被迫从别人那里取回我们自己的见解，并羞愧难当。

每个人在求知期间，有一天会得出这样一种信念：嫉妒等于无知，模仿无异于自杀，一个人不管好坏，必须把自己看作自己的命运，虽然广阔的宇宙不乏善举，可是若不在自己得到的那块土地上

---

① 也许是美国人华盛顿·奥尔斯顿(1779—1843)，也许是英国人威廉·布莱克(1757—1827)。

辛勤耕耘,一粒富有营养的粮食也不会自行送上门来。蕴藏在他身上的力量实际上非常新奇,因此除他而外,谁也不知道他有什么本领,而且不经过尝试,连他自己也不知道。一张面孔,一个人物,一件事实,给他留下了深刻的印象,给另一个人却没有留下任何印象,这不是平白无故的。记忆中的这种雕刻不能不说没有前定的和谐。眼睛被安置在一道光线应当照到的地方,这样它才可以看到那道光线。我们还不能充分表现自己,而且对我们各自所代表的那种神圣的观念感到惭愧。完全可以认为,这种观念非常适当,一定会产生良好的结果,因此应当忠实地传达,不过上帝是不愿意让懦夫来阐明他的功业的。一个人只有尽心竭力地工作,方能感到宽慰和欢乐;如果他说的或做的并非如此,他将得不到安宁。那是一种没有解脱的解脱。还在尝试之中,他的天才就抛弃了他,没有灵感眷顾,没有发明,没有希望。

信赖你自己吧:每一颗心都随着那根铁弦颤动,接受神圣的天意给你安排的位置。接受你的同时代人构成的社会,接受种种事件的关联。伟大的人物向来都是这么做的,而且像孩子似的把自己托付给他们时代的精神,表明自己的心迹:绝对可信的东西就藏在他们的心里,通过他们的手在活动,在他们的存在中起着主导作用。我们现在都是成人,必须在最高尚的心灵里接受那相同的超验命运;我们不是躲在保险角落里的幼儿和病夫,也不是在革命前临阵脱逃的懦夫,我们是领导,是拯救者,是恩人,听从全能者的努力,向着混沌和黑暗挺进。

关于这个问题,大自然在儿童、婴儿甚至畜生的面孔和行为上给了我们多么神奇的启迪!那种分裂和叛逆的心灵,那种对一种感情的不信任的态度(因为我们的算术已经计算出对抗我们目的的力量和手段),他们是没有的。他们的心灵是完整的,他们的眼光还未被征服,当我们盯着他们的面孔时,我们反而惴惴不安起来。幼年不顺从任何人:人人都得顺从它,所以当大人逗着婴孩玩时,一个婴孩一般会使其中的四五个大人变成婴孩。同样,上帝也赋予青少年和成年其本身应得的泼辣和魅力,使它令人羡慕、和蔼可亲,使它的要求不容忽视,如果它愿意尊重自己的话。不要因为青年人不能跟你我讲话,就认为他没有能耐。听!在隔壁房间里,他的声音清楚而果断。好像他知道怎样跟他的同龄人谈话。不管他羞怯还是大胆,他会知道怎样使我们长者变得无关紧要。

小孩子不愁没有饭吃,而且像贵族老爷一样不屑于做点什么或说点什么去讨好他人,这种泰然自若的气质正是人性的健康态度。孩子在客厅里如同剧院廉价座位上的观众,没有约束,不负责任,躲在自己的角落里观察着那些从眼前经过的人和事,以孩子的迅速、简要的方式对他们的功过审讯,宣判,他们有的好,有的坏,有的十分有趣,有的傻里傻气,有的能言善辩,有的令人讨厌。他不考虑后果,不计较得失,所以能做出一种独立、真诚的裁决。你得讨好他,他却不讨好你。可是成年人则不然,可以说他被自己的意识关进了监狱。他一旦有什么显赫的行动或言论,当下就等于身陷樊笼,成千上万人在注视着他,有的同情,有的愤恨,他们的感情他不得不予以考虑。在这里没有忘川。他多想恢复他的中立地位啊!所以谁能避开这种种誓约,或者虽已履行,现在又能以原来那种不受影响、不囿偏见、不受贿赂、不畏强暴的纯真来履行,谁就一定令人敬畏。他常常对目前的事态发表看法,这些见解显然不是一己的私见,而是警世的通言,所以如雷贯耳,闻之生畏。

这些是我们离群索居时听到的声音,可是一旦我们进入世界,它们就逐渐微弱,乃至杳然无声了。社会处处都在密谋对抗每个成员的阳刚之气,社会是一家股份公司,每个成员达成协议:为了更有把握地向每个股东提供食品,就必须取消食者的自由和教养。顺从是求之不得的美德,自助则是它深恶痛绝的东西。社会喜欢的不是实情和创造者,而是名义和陈规陋习。

所以谁要做人,决不能做一个顺民。谁要获取不朽的荣耀,决不可被善的空名牵累,而必须弄清它是否就是善。归根结底,除了你自己心灵的完善,没有什么神圣之物。来一番自我解放,回到原原本本的你那儿去,你一定会赢得全世界的赞同。我小的时候,有一位良师益友总是用教会古老的教条纠缠我,我还记得我是怎样不假思索予以回答的。我说,如果我是完完全全按内心生活,那我跟神圣的传统有什么关系呢?我的朋友启发说:"这些冲动也许从下而来,而不是从上而来。"我回答说:"我看未必。不过如果我是魔鬼的孩子,那我就按魔鬼生活好了。"在我看来,除了我天性的法则,再没有什么神圣的法则。好与坏只不过是一些名目,这儿那儿随便可以挪用。凡符合我的性格的东西就是正确的,凡违背我的性格的东西就是错误的。一个人在所有的反对势力面前立身行事,仿佛一切都虚有其名,昙花一现,只有他是例外。想到我们轻易地向标记和虚名、向大社会和死体制投降,我真感到无地自容。每一个举止得体、谈吐优雅的个人与其说一身正气,不如说在影响我,摆布我。我应当雄赳赳、气昂昂地走路,千方百计说出粗犷的真理。假如恶意和虚荣穿着慈善的外衣,会行得通吗?如果一个愤怒的、一意孤行的人僭取了恢弘的废奴事业,带着来自巴巴多斯①的最新消息来找我,为什么我不应该对他说:"疼你孩子去吧,疼你的伐木者去吧:要和善、谦虚,要有那种风度,千万不要用这种对千英里之外的黑人表现出的难以置信的软心肠粉饰你那咄咄逼人的野心。你对远处的爱就是对家里的恨。"这样向人致意尽管显得粗暴无礼,可是真话比假仁假义更得体。你的善良必须有点锋芒——不然就等于零。仁爱论在呜咽哀鸣之时就一定要把仇恨论宣扬为它的对策。当我的精神召唤我的时候,我就避开父母妻子和兄弟。②我要在门楣上③写上"想入非非"。我希望它最终要比想入非非好一点,可是我们不能把一天的光阴耗费在解释上面。别指望我会说明我为什么想群居或为什么想独处的原因。也不要像当今的善人所做的那样,给我讲什么我有义务改变所有穷人的处

---

① 英国法律于1833年废除了包括巴巴多斯在内的西印度群岛的奴隶制。

② 参见《圣经·新约·马太福音》第10章第37节:"爱父母过于爱我的,不配做我的门徒。"

③ 参见《圣经·旧约·申命记》第6章第9节:"我今日所吩咐你的话……又要写在你房屋的门框上。"以及《圣经·旧约·出埃及记》第12章第23节:"因为耶和华要巡行击杀埃及人,他看见血在门楣上……"

境。他们是我的穷人吗？我告诉你，你这愚蠢的慈善家，我舍不得把分文送给那些不属于我，又不包括我的人。有一个阶层的人，由于有种种精神上的共鸣我可以由他们随意调遣；为了他们，如果必要，赴汤蹈火在所不惜。可就是不干你那名目繁多的廉价的慈善活动，不搞那愚人学校的教育，不建造那徒劳无益的教堂，况且现在已经造起了不少，都没有什么用场。不给酒鬼们施舍，不搞那千重万叠的救济团体——虽然我不无羞愧地承认：我有时候也不得不破费一块钱，可那是一块缺德的钱，不久以后，我就会有勇气不给的。

按照流行的评价，美德与其说是规则，毋宁说是例外。人和他的德行并不是一回事。人做出所谓的善举，如见义勇为、乐善好施之类，就像他们不参加日常的游行必须交钱补过一样。他们干这种事就算是他们生活在世界上的一种赔礼或辩解——就像病号和精神病患者交昂贵的膳食费一样。他们的德行就是苦修赎罪。我不想赎罪，只想生活。我生活是为了生活本身，不是为了观瞻。我倒宁愿它格调低一些，方能真实、平等，而不愿它光彩夺目，动荡不定。我希望它健全甜美，不需要规定饮食和放血。我要的是"你是一个人"这样的主要证据，而不是撇开人只讲他的行动。我知道，无论我做出还是避免这些所谓的高明行动，对我本人来说并没有任何区别。我不同意在我拥有固有权利的地方再购买特权。我虽然才疏学浅，我却实际存在着，因此不需要为了使我自己安心或使我的同伴安心而要人家给予保证。

我必须做的是与我有关的事，而不是人们所想的事。这一规定，在实际生活和精神生活中同样严厉，所以完全可以用来区分伟大和渺小。因为你总会发现这样一些人，他们认为他们对你的职责是什么了解得比你自己还清楚，因此这一规定显得更严了。在世界上，按世人的观点生活容易；在隐居时，按自己的想法生活也不难；可是伟人之所以是伟人，就在于他在稠人广众之中尽善尽美地保持了遗世独立的个性。

之所以反对顺从一些对你来说已经僵死的习俗，就因为这样做分散你的精力。它浪费你的时间,使人对你的性格印象模糊。如果你维护一座僵死的教堂,替一个僵死的圣经社会卖力,跟上一个大党要么投政府的赞成票,要么投它的反对票,像无能的管家婆一样摆你的餐桌——在这一切的掩盖下,我就很难发现真正的你。当然,多少精力从你自己的生命中抽走了。然而,做你的工作,我就会了解你。做你的工作,你就会充实你自己。一个人必须考虑:顺从这种把戏完全是捉迷藏。如果我知道你的派别,我就预料到你的论调。我听说一位牧师把该教会制定的一种制度的权宜之计宣布为布道的题目。他不可能说出一句新鲜自然的话,难道我事先不会知道?尽管他把制度的根据说得天花乱坠,他决不会去干那种事情,难道我不知道?他保证只看问题的一个方面——允许看的那一面,不是作为一个人去看,而是作为一个教区牧师去看,难道我不知道?他是一个受聘的律师,法官席上的那些派头都是空洞透顶的装腔作势。唉,大多数人已经用一块手绢蒙住了自己的眼睛,把自己拴到某一个通用的观点上。这种顺从使他们不仅在几件事上弄虚作假,不仅仅编造几句谎言,而且在所有的事情上都弄虚作假。他们的每一个真理都不怎么真。他们的二不是真正的二,他们的四不是真正的四;因此他们说的每一句话都使我们懊恼万分,我们不知道该从哪儿着手叫他们改邪归正。与此同时,本性也急不可待地给我们穿上我们所依赖的党派的囚服。我们逐渐长成了一副面孔、一种身材,渐渐地学会了最温顺的蠢驴似的表情。特别是有一种禁欲修行的经历,它也成功地在一般历史中大显身手,我指的是"那颂扬的蠢脸",①那强装的笑容,那是我们在跟人相处,在我们毫不感兴趣的谈话中搭讪时装出来的。肌肉不是自然地活动,而是由一种低劣不堪、专横跋扈的力量拨弄,紧紧地绷在脸的轮廓上,心里实在不是滋味。

由于不顺从,世人就对你横眉冷对,要对你横加鞭笞。因此一个人就必须懂得怎样判断一张愠怒的面孔。在大街上,在朋友的

---

① 参见英国诗人蒲柏《与阿勃斯诺特医生书》。

客厅里,他会遭人白眼。如果这种反感也像他自己的一样来源于轻蔑和反抗,他不妨哭丧着脸回家了事。可是群众的愠怒的面孔,同他们欣喜的面孔一样,并无深沉的原因,而是随风向的变化、报纸的操纵而转换。然而群情激愤比议院或学府的不满更为可怕。一个阅世深沉的坚强人物,忍受有教养的阶级的愤怒倒不难。他们的愤怒有理有节,因为他们胆小怕事,本身是不堪一击的。然而,如果在他们阴柔的愤怒之外,再加上大众的愤慨,如果无知贫穷之辈也被鼓动起来,如果社会底层愚昧野蛮的势力也被激发起来咆哮嚎叫、龇牙咧嘴,那就需要宽大的襟怀和宗教的修养大显神通,把它当作区区小事来对待了。

使我们不敢自信的另一个恐惧就在于我们总是要求前后一贯;把我们过去的言行奉若神明,因为别人的眼睛除了我们过去的行为,再没有别的资料来推算我们的轨迹,而且我们也不愿意使他们失望。

可是你为什么要有头脑呢?为什么把你记忆的死尸拖来拖去,唯恐与你在某个公共场合发表的言论相矛盾呢?就算你自相矛盾,那又有什么了不起呢?智慧的一个标准似乎就是决不一味地依赖你的记忆,甚至也不大信赖纯记忆的行为,而是把过去带进众目睽睽的现在鉴定,并永远生活在一个新时代里。在你的形而上学里,你已经拒绝赋予上帝人格;然而当灵魂的种种虔诚意向到来之时,那全心全意地服从它们好了,尽管它们竟然赋予了上帝形体和色彩。就像约瑟把他的衣裳丢在淫妇手里那样,丢开你的理论逃跑吧。

愚蠢的一贯性是渺小的心灵上的恶鬼,受到小政客、小哲学家和小牧师的顶礼膜拜。如果强求一成不变,伟大的灵魂就一事无成。他还是去关心墙上自己的影子算了。现在你有什么想法,就用斩钉截铁的语言说出来,明天再把明天的想法用斩钉截铁的语言说出来,尽管它可能跟你今天说的每一件事相矛盾——"啊,那你一定会遭人误解。"——难道遭人误解就那么糟糕吗?毕达哥拉斯被人误解过,苏格拉底、耶稣、路德、哥白尼、伽利略、牛顿,凡是有过血肉之躯的每一个纯洁和智慧的精神莫不如此。要伟大就要遭人误解。

我想谁也不能违反自己的天性。他风发的意气受他的存在规律的牵扯,犹如安第斯山和喜马拉雅山尽管重峦叠嶂,在地球的曲线中仍显得微不足道。无论你怎么估价、考验一个人,都没有什么关系。一个人的性格就像一节离合体或亚历山大体诗歌——把它顺着读,倒着读,或斜着读,拼出的字都是一样。上帝允许我过这种令人愉快、表示忏悔的林中生活,在这样的生活中,让我既不瞻前,又不顾后,只是把我真诚的思想逐日记录下来,我毫不怀疑,人们将会发现这种思想对称和谐,尽管我无意如此,也看不出它具有这种性质。我的书应当散发出松树的芳香,回响着昆虫的嗡鸣。我窗前的燕子应当把它嘴上衔的线头、草茎也编织到我的网里。我们是什么样子,别人也会把我们看成什么样子。性格的教育作用远在我们的意志之上。人们总以为他们仅仅借助于外部的行为来传达他们的善与恶,殊不知善或恶每时每刻都在散发着一种气息。

行为尽管千变万化,但是总会有一种一致性,这样,每一个行动在它们关键的时刻都显得又诚实又自然。因为行为不管看上去怎样千差万别,但由于出于一个意愿,因此仍将表现得非常和谐。那种差异在思想保持一定距离、一定高度时,就看不出来了。一种趋势把它们都联为一体了。最好的船只的航程也是千曲百折的。如果从远处看这条航线,它就变直,接近了平均趋势。你真正的行动会把自己解释明白,还会把你其他真正的行动解释明白。你的顺从却什么也解释不了。独力行动吧,你独立的所作所为现在就会证明你是正确的。伟大则求助于未来。如果我今天非常坚定,把事情做对了,并且瞧不起人们的眼光,那说明我以前一定做对了很多事情,为的就是现在为自己辩护。不管将来如何,现在把事做对。如果永远蔑视外表,那你永远都可以把事做对。性格的力量是积累而成的。从前美好的岁月把它们的兴旺统统注入今天。什么东西造成了议会和战场上的英雄们的威严,它是如此令人心潮澎湃？是对昔日一连串伟大的岁月和胜利的意识。这些伟大的岁月和胜利合成一束光辉,把奋勇前进的行动者照亮。他好像由一队看得见的天使护送着。正是这种东西把雷霆送进了查塔姆伯爵的声音,把威严送进了华盛顿的举止,把美国投进了亚当斯的眼帘。对我们来说,荣誉令人肃然起敬,因为它不是昙花一现的东西。它一直是古老的美德。我们之所以今天崇拜它,就因为它不属于今天。我们热爱它,我们敬仰它,因为它不是捕捉我们的热爱与敬仰的陷阱,而是能够自力更生,因而具有一种古老纯洁的血统,即便表现在一个青年人身上,也是如此。

我希望现在我们已经是最后一次听到顺从和一贯。从此就让这两个词宣布作废,并变得荒诞无稽。让我们听到的不是开饭的锣声,而是一声斯巴达横笛的吹奏。①让我们再也不要点头哈腰、赔礼道歉了。一位伟大的人物要来我家就餐。我无意讨好他,我倒是希望他应当想讨好我。我要站在这里维护人性,尽管我想让他慈悲为怀,但我更要使他真心诚意。让我们冒天下之大不韪谴责当代那种圆滑平庸、沾沾自喜的作风,并把已成为一切历史结论的事实掷到习俗、贸易和公司的面前:哪里有人做事,哪里就有一个伟大负责的思想家和活动家在工作;一个真正的人不属于别的时间与空间,而是万事万物的中心。他在哪里出现,哪里就有天性自然。他衡量你,衡量一切人和一切事。在一般情况下,社会上的每一个人使我联想到别的某件事,或别的某个人。性格,真实,使你联想不到任何别的东西;它就等于天地万物。人一定要顶天立地,使周围的一切环境显得无关紧要。每一个真正的人就是一个起因,一个国家,一个时代;他需要无限的空间、人数和时间完成他的构想——而子孙后代就像一串随从,紧紧追随着他的脚步。一个名叫恺撒的人诞生了,多少年代之后我们有了一个罗马帝国。基督诞生了,千千万万个心灵在他的天才哺育下成长,忠于他的天才,久而久之,人们把他和美德与人的潜力混为一谈了。一种制度

---

① 爱默生用敲锣开饭表示松懈,吹斯巴达横笛象征警觉。

是一个人的延长了的影子,正如古代隐修会之于独修者安东尼,宗教改革之于路德、贵格会之于福克斯、卫理公会之于卫斯理、废奴运动之于克拉克森。西庇阿被弥尔顿称之为"罗马的巅峰"。一切历史都很容易把自己分解为少数几个坚强认真之人的传记。

那就让一个人认清自己的价值,把万物踩在自己的脚下。在这个为他而存在的世界上,让他不要像慈善堂的孤儿、私生子,或爱管闲事的人那样探头探脑,偷偷摸摸,鬼鬼祟祟。然而一个街上的普通人望着一座高塔或一尊大理石神像,便自惭形秽,因为他发现自己身上不具备与造塔和雕像的本领相匹敌的价值。在他看来,一座宫殿,一尊雕像,乃至一本有价值的书,都具有一种拒人于千里之外的傲岸神气,很像一套装饰华丽的用具,似乎对人这样说:"你是什么人呀,先生?"其实这一切都是归他所有,它们要邀得他的光顾,祈求他施展本领把它们据为己有。那幅画等着我去鉴定,它不是向我发号施令,而是由我来决定它是否值得称赞。有一个家喻户晓的寓言,说的是一个酒鬼烂醉如泥,躺在街上,被人抬到公爵的府上,先给他梳洗、打扮,然后再把他安顿到公爵的床上,等他醒过来后,俨然被当做一位公爵,人们极尽阿谀逢迎之能事,并且向他保证,他一度显得神志不清。这个寓言之所以受人欢迎,就是因为它惟妙惟肖地象征了人的处境,人生在世,就是一名醉鬼,然而有的时候会清醒过来,运用他的理性,发现自己原来是一位真正的王子。

我们读书就等于行乞、寄生。在历史中,我们的想象欺骗了我们。王国和贵族,权力和庄园,比起小家小户和日常工作中的小民百姓约翰和爱德华来,是一些更加堂皇的字眼。可是生活当中的事情对两者来说是相同的,两者的总数是一样的。为什么要对阿尔弗烈德①、斯堪德贝②和古斯塔夫③奉若神明呢?就算他们功德

---

① 阿尔弗烈德(849—899),不列颠国王。
② 斯堪德贝(1404—1468),阿尔巴尼亚民族英雄。
③ 瑞典国王古斯塔夫一世(1496—1560)和二世(1594—1632)都有雄才大略,功绩卓著。

盖世吧,难道他们穷尽了天下的恩德?今天一个人的得失全靠你个人的行为,就像以前要靠追随他们的举世瞩目的脚步一样。一旦平民百姓按照独到的见解行事,光辉就要从国王的行为转移到志士仁人的行为上了。

世界一直被国王们引导着,他们像磁石一样吸引着各个国家的注意力。这一巨大的象征谆谆教导说,人与人应当相互尊重。国王,那高尚或伟大的业主,按他自己的法律在人们中间活动,制定他自己衡人度事的标准,推翻别人的标准,谁做了好事给的报酬不是金钱,而是荣誉,并且以朕代法。对于上述种种做法,人们处处听之任之,他们所表现出的耿耿忠心就等于一种象形文字,大家模模糊糊地用它象征他们关于自己的权利和体面,也就是每个平头百姓的权利的意识。

一旦我们开始探究自信的根由,一切原始行为所表现出来的那种魅力就迎刃而解了。那受信赖的人是谁?一种普遍的依赖所基于的原始的"自我"又是什么?那没有视差,没有可测元素,使科学为之茫然的星星把美的光芒甚至射进了猥琐卑劣的行为中,只要那里露出些微独立的痕迹,可它的性能是什么呢?这种探究使我们追本穷源,原来那既是天才的本质,也是美德和生命的本质之所在,我们称之为"自发性"或"本能"。我们把这种基本智慧叫作"直觉",而后的教导则都是"传授"。在那种深邃的力量也就是无法分析的终极事实中,万事万物发现了它们共同的根源。因为生存感在静谧的时刻从灵魂里冉冉升起,我们却不知不觉;它跟万物,跟空间、跟光、跟时间、跟人不仅没有什么不同,反而跟它们合而为一,而且,显而易见也是从它们的生命与存在所产生的同一个根源上产生的。我们先分享万物赖以存在的生命,然后把万物看成自然界里的种种现象,而忘记了我们和它们具有同一个起因。这就是行动和思想的源泉。这就是产生赋予人智慧,只有不信上帝和无神论才予以否认的灵感的肺。我们躺在无边的智能的怀抱里,它使我们成为它的真理的接收器和它的活动的器官。当我们发现正义、发现真理时,我们不主动做任何事情,而只是让它的光辉通过而已。要是我们问这从何而来,要是我们企图窥探造成万物起因的灵魂,一切哲学就成问题了。它的存在或不存在就是我们能够证实的一切。每个人都可以区别他心灵的有意的行为和他的无意的知觉,而且知道一种绝对的信仰应归因于他那些无意的知觉。他也许在表达那些知觉时会出差错,可是他知道这些东西,就像白昼和黑夜一样,是不容争议的。我蓄意的行动与获得不过是在漫游罢了——毫无根据的幻想,最轻微的自然感情,驾驭着我的好奇和崇敬。没有思想的人在陈述知觉和陈述见解时同样容易产生矛盾,或者更容易产生矛盾;因为他们区分不了知觉和观念。他们满以为我想看见这件事就看见这件事,想看见那件事就看见那件事。然而知觉不是异想天开的,而是不可避免的。如果我看见了一种特性,我的孩子们随后也会看到,最后,全人类都会看到——虽然碰巧在我之前没有人看到过它。因为我对它的知觉如同太阳那样,是一件明晃晃的事实。

　　灵魂和神灵的关系非常纯洁,所以企图插足其间予以帮助反而有亵渎之嫌。情况一定是这样的:上帝说话的时候,他应当传达的不是一件事,而是所有的事;他应当使他的声音响彻全世界;他应当从现在思想的中心散播出光明、自然、时间、灵魂,把全体从头开始,重新创造。每当一个心灵单纯、并接受了一种神圣的智慧的时候,旧事物就会消亡——手段、导师、经文、寺庙,全都崩溃了;这个心灵生活在现在,把过去与未来全都并入现在的时刻里。万物都因为与它休戚相关而显得神圣无比——而且彼此不分高下。万物都被它们的起因融进它们的中心,而且在普遍的奇迹中,一个个微小、特殊的奇迹就消失了。因而,如果一个人声称了解上帝,并谈起对上帝的看法,而且使你回想起另一个世界、另一个国度的某个沦亡了的古老民族的用语时,别相信他的话。橡树是橡实的圆满与完成,难道橡实就比橡树优越?父亲把自己成熟的存在浇铸到孩子身上,难道父亲就比孩子高明?因而,为何如此崇拜过去呢?过去的一个个世纪都在密谋反对灵魂的健全与权威。时间与空间只不过是眼睛造成的生理颜色,而灵魂却是光明;它在哪里出现,哪里就是白昼,它在哪里消失,哪里就是黑夜;而历史是一种无礼的行为,一种伤人的举动,如果它不仅仅是关于我的存在和形成的一种令人愉快的寓言的话。

人总是胆小怕事、内疚于心的;他再也没有刚强正直的气质了;他不敢说"我认为"、"我就是",而是一个劲地援引圣贤之言。他面对一片草叶和一朵盛开的玫瑰感到无地自容。我窗前的玫瑰花不管从前的玫瑰花或者比它们更好的玫瑰花;它们满足于自己的现状;今天它们与上帝同在。对它们来说,没有时间。有的只是玫瑰。只要它存在,每时每刻它都是尽善尽美的。没等叶蕾绽开,它的整个生命就已经活动了,在盛开的花朵里不见其多,在无叶的根须中也未见其少。它的天性得到了满足,它也满足了大自然,时时刻刻都是一样。然而人有延宕,有记忆,他不在现在生活,而是眼睛向后,哀悼过去,要不,就是对周围的财富不予理会,却踮起脚尖展望未来。如果他不跟大自然一起超越时间,在现在生活,他就不会快乐,不会坚强。

这一点应当是一目了然的了。然而看看多么坚强的智者竟然不敢听上帝本人的话,除非他说的是我并不了解的大卫、耶利米或保罗的语句。我们总不能永远对几篇经文、几篇传记定那么高的价。我们就像死记硬背老奶奶、家庭教师的语句的小孩子,等长大以后,又死记硬背他们碰巧看到的有才气、有个性的人们的语句——不辞辛苦地回忆人家说过的原话。后来,等他们具备了曾经说过这些话的人们的观点时,他们才算理解了那些人,才愿意把那些话丢开,因为时机一到,他们随时都可以把话说得一样得体。如果我们生活得真实,我们将会看得真实。那就像强者保持坚强一样容易,也像弱者保持软弱一样容易。当我们有了新的知觉时,我们将很乐意把窖藏的财宝像从前的垃圾一样从记忆上卸掉。当一个人与上帝生活在一起时,他的声音就像潺潺的溪水和沙沙的谷田一样甜美。

现在到了最后,关于这一论题的最高真理仍然未曾谈及,大概也无法谈及,因为我们所谈的一切只不过是对直觉的遥远的记忆。

我通过现在最能接近的手段来表达的那种思想就是下面这样的情况。当善接近你的时候,当你身上有生命的时候,那不是通过司空见惯的渠道达到的,你是发现不了别人的足迹的,你是看不到人的面孔的,你是听不到任何名字的——那种渠道,那种思想,那种善,必定是新奇无比的。它必定把实例和经验统统排除在外。你走的路是从人那儿来的,不是到人那儿去的。一切曾经生活过的人都是它的被遗忘了的代理者。恐惧和希望同样都在它的影响之下。即使希望之中也有某种低下的东西。在幻想的时刻,没有什么可以称之为感激的东西,严格地来说,也没有什么可以称之为欢乐的东西。凌驾于激情之上的灵魂看见了同一性和永恒的因果关系,发现了真理和正义的自我存在,因为知道万事如意,便处之泰然。大自然无垠的空间、大西洋、南太平洋——漫长的时间间隔,一年又一年,一个世纪又一个世纪——都无关紧要。这种我想到和感到的东西过去构成了每一种原先的生活与环境状况的基础,就像它们现在构成了我的现在的基础,构成了所谓的生和所谓的死的基础一样。

有用的只是生命,而不是已经生活过了。力一旦静止就不复存在了,它存在于从一种旧状态到新状态的过渡时刻,存在于海湾的汹涌澎湃之中,存在于向目标的投射之中。这是一个世界讨厌的事实,却是灵魂形成的事实,因为它永远贬低过去,把所有的财富变成贫困,把所有的信誉化为耻辱,把圣徒与恶棍混为一谈,把耶稣和犹大都推到一边。那我们为什么还要瞎唠叨自助呢?因为有灵魂在,就有力量,它不是自信力,而是作用力。谈论他助只是一种可怜的表面的说话方式。还是说有依赖作用的事情吧,因为它起作用,存在着。比我更能服从的人主宰着我,尽管他不费举手之劳。我必须借助精神的引力围着他转。当我们谈到突出的美德时,我们认为它华而不实。我们看不到美德就是"顶峰",也看不到一个人或一群人,只要对原理有适应能力和渗透能力,便肯定会借助自然规律,征服和驾驭所有城市、国家、国王、富人和诗人,因为这些都不是顶峰。

如同在每一个论题上一样,这就是我们如此迅速地在这一论题上所取得的终极事实:一切转变为永远神圣的"一"。自我生存就是终极因的属性。它程度不同地进入了所有较低级的形式,按照这种程度它制定了衡量善的标准。真实的万物的真实程度取决于它们所包含的优点。商务、农牧、狩猎、捕鲸、战争、雄辩、个人影响都是重要的东西,并且作为自我生存的存在和不纯行动的实例赢得了我的敬仰。在自然界,我看到同一个规律在为保护和发展而发挥作用。在自然界,能力是衡量正当的基本标准。大自然不允许任何无自助能力的东西滞留在她的各个领域。一个行星的起源和成熟,它的平衡和轨道,劲风过后弯倒的树又挺起身来,每一个动植物的生命力,凡此种种,都是这种自给自足的,因而也是自助的灵魂的表现。

这样,一切都在集中:让我们切勿飘游,让我们跟这动因一起待在家里。让我们仅仅宣布一下这神圣的事实,叫那强行闯入的一堆乱哄哄的人、书和制度瞠目结舌吧。叫入侵者把鞋从脚上脱下来,因为上帝就在这里。①让我们的单纯裁判它们吧,让我们对自己规律的顺从在我们天生的财富旁边演示自然和命运的贫困吧。

然而我们现在是群氓。人对人没有敬畏之心,他的天才没有得到规劝留在家里,使自己与内心的海洋交流,而是走到户外从别人的缸里讨一杯水。我们必须独来独往。我喜欢礼拜式开始前沉默的教堂胜过任何讲道。那些人看上去多么遥远,多么冷淡,多么贞洁,用一块屏地或一座圣殿把彼此圈住!所以让我们永远坐着。我们为什么应该装出我们的朋友、妻子、父亲或者孩子的那副糊涂样子,就因为他们围在炉边坐着,据说和我们有同样的血统吗?所有的人都有我的血统,我也有所有的人的血统。我并不因为这,就要承袭他们的暴躁或愚蠢,甚至到为它感到羞愧的地步。然而你的孤立决不是物质上的,而应当是精神上的,也就是说,一定要崇

---

① 参见《圣经·旧约·出埃及记》第3章第5节:"上帝说,不要近前来,当把你脚上的鞋脱下来,因为你所站之地是圣地。"

高。有时候,全世界似乎都在密谋用夸大了的琐事纠缠你。朋友、客人、孩子、疾病、恐惧、匮乏、施舍,一起拥来敲你那私室的门,说道——"出来,到我们这儿来。"然而,保持你原来的状态,千万别出来卷进它们的纠纷。人们打扰我是蛮有能耐的,我只好漠然置之。不通过我的行动,谁也别想接近我。"我们爱什么,我们就有什么,可是由于贪心不足,我们反而失去了这种爱"。

如果我们不能立即具备服从与信任的神圣感情,至少让我们抵抗一下对我们的诱惑吧,让我们进入战争状态,在我们的撒克逊胸怀里唤醒雷神和战神、勇敢和坚定。只要说真话。这一点在太平之世就可以做到。制止这种假殷勤和假慈善吧。再不要满足跟我们交谈的受骗的和骗人的人们的期望了。对他们说,父亲啊,母亲啊,妻子啊,兄弟啊,朋友啊,迄今为止,我一直跟你们表面上生活在一起。从此以后我要做真诚的人。现在让你们知道,从今往后凡是低于永恒法则的法则我决不服从。我只要亲近,不要盟约。我将努力赡养父母,抚育子女,做一个妻子的忠贞的丈夫——可是我必须按照一种前所未有的新方式供养这些亲属。我不服从你们的习俗。我必须成为我自己。我再也不能为你而毁了自己,或者毁了你。如果你看中我的本质而爱我,我们将会更幸福。如果你做不到,我仍然愿意设法给你你应该得到的东西。我不愿意把自己的好恶隐藏起来。我愿意真心希望:凡是深沉的东西就是神圣的东西;我愿意真心希望:在太阳、月亮面前,凡是使我由衷地高兴的事,心灵委派的事,我都愿意做。如果你高尚,我会爱你;如果你不是这样,我不愿意献假殷勤去伤害你,也伤害我自己。如果你诚实,可是又跟我的诚实不是一回事,那就忠于跟你志趣相投的人,我也愿意去寻求我的同道。我这样做不是出于自私,而是出于谦恭和真诚。不管我们在谎言中生活了多久,在真诚中生活同样符合你的利益,符合我的利益,符合所有人的利益。难道这话今天听起来相当刺耳? 你很快就会爱上你我的天性所要求的东西,而且如果我们追随真理,最终它会把我们安安全全地领出去——然而,这样做你也许会给这些朋友造成痛苦。是的,然而,我不会出卖我的自由和力量去顾全他们的感情。况且,当人们向外一望,窥进绝对真理的领域时,人人都有自己理性的时刻;到那时,他们会证明我是对的,而且会做同样的事情。

人民大众认为你摒弃大众的标准就等于摒弃所有的标准,是地地道道的道德律废弃论;荒淫无耻之徒会借哲学之名为他的罪恶贴金。然而,意识的法则常在。有两种忏悔,我们必须做其中的一种才能赎自己的罪。你可以用直接的方式,也可以用反射的方式证明自己无罪,从而完成你的一系列职责。考虑考虑你是否满足了你和父亲、母亲、表兄弟、邻居、城镇、猫、狗之类的关系,其中的任何一个是否能够责备你。然而我也可以忽略这种反射的标准,赦免我自己。我有我自己苛刻的要求和完善的循环论证。许多职务都被称之为职责,意识法则可拒绝这种称谓。然而如果我清偿了它的债务,它就使我能够摒弃大众的准则。如果有人以为这个法则太宽松,那就有一天让他去维护它的戒律好了。

谁丢掉人的普通动机,敢于相信自己会做一名监工,那就需要他具有某种神力。他的心地要高尚,他的意念要忠诚,他的目光要明澈,这样,他才可以认认真真地成为自己的学说、自己的社会、自己的法律。这样,一个简单的目标之于他才可以像铁定的需要之于别人那样坚强!

有一种东西被人们明确地称之为社会,如果有人把它的方方面面加以考虑,他就会看到这些伦理道德的必要。人的筋肉和心脏似乎被抽了出去,于是我们就变成了胆小如鼠、灰心丧气、吞声饮泣的可怜虫。我们害怕真理,害怕命运,害怕死亡,害怕他人。我们的时代产生不了伟大完美的人物。我们需要能够革新生活、革新我们的社会状况的男男女女,可是我们发现大多数人都是些破落户,连自己的需要也满足不了,空有凌云志,实无回天力,只好日日夜夜屈身行乞。我们管家就等于行乞,我们的艺术、我们的职业、我们的婚姻、我们的宗教,都不是我们选择的,而是社会替我们选择的。我们是客厅里的士兵。我们躲着命运的恶战,而力量恰恰就是在那里产生的。

如果青年人在他们的第一个事业中失利,他们就会彻底地灰心丧气。如果青年商人失败了,人们就说他破产了。如果最优秀的天才在我们的一所大学里学习,毕业一年之后还没有在波士顿或纽约的市区或郊区任职,他和他的朋友似乎都认为他应该灰心丧气,应该终生抱怨。从新罕布什尔或佛蒙特来的一个健壮的小伙子把所有的职业都一一试遍了,他赶过车,种过地,当过沿街叫卖的小贩,办过学校,当过牧师,编过报纸,进过议会,买过一片六英里见方的地皮,诸如此类,不一而足,多年以来,而且永远好像一只猫,从不跌跤,他抵得上100个城市里的玩偶。他跟时代齐头并进,并不因为没有"学专业"而感到丢脸,因为他没有延误他的生命,而是已经生活过了。他不是有一个机会,而是有成百个机会。让一个斯多葛放开人的聪明才智,告诉人们:他们没有靠着柳树,不但能够,而且必须把自己开。随着自信的实施,新的力量一定会出现。一个人就是成了肉身的道,①生下来就是为医治万民,②他应当对我们的同情感到羞愧,一旦他按自己的意愿行动,把法律、书本、偶像和习俗统统扔出窗外,我们就不再对他可怜,而要对他表示感激和尊敬——而且那位导师一定会恢复人生的光彩,使人名垂青史。

要使一种更加伟大的自助在人们的一切职责和关系中,在他们的宗教中,在他们的教育中,在他们的事业中,在他们的生活方式中,在他们的联系中,在他们的财产中,在他们的理论观点中,掀起一场革命并不难。

一、人们允许自己做些什么祈祷呀!他们所谓的神职并不怎么勇敢刚毅。祈祷的眼睛向外看,要求某种外来的添加物来提供某种外在美德,结果把自己迷失在自然的和超自然的、调停性的和奇迹般的无穷无尽的迷宫中。恳求某一种商品——低于整个善的

---

① 《圣经·新约·约翰福音》第1章第14节写道:"道成了肉身,住在我们中间……"

② 《圣经·新约·启示录》第22章第2节写道:"……树上的叶子乃为医治万民。"

任何东西——的祈祷,是邪恶的。祈祷是从最高的观点对生活事实的观照。它是一个观察着的欣喜的灵魂的独白。它是宣告自己的造物甚好①的上帝的精神。然而,祈祷作为一种达到个人目的的手段,就无异于狗盗鼠窃了。它意味着天性和意识中间存在着二重性和不统一。一旦人与上帝联为一体,他就不会乞求了。到那时,他就会在一切行动中看到祈祷。农民跪在自己的地里祈祷除去地里的杂草,船夫跪在船上,一边划桨,一边祈祷,这些都是从自然界里听到的真正的祈祷,尽管目的都不怎么高贵。弗莱契的《邦杜卡》一剧中的卡拉塔奇,在人们劝他探究一下奥达特神的心意时,他答道:

> 他的隐义就在我们的努力中;
> 我们的英勇就是我们最好的神。

另一种假祈祷就是我们的懊悔。不满就等于缺乏自助:也无异于意志薄弱。懊悔灾难去吧,如果你能借此帮助受灾者的话;倘若帮不了什么忙,那就一心干你自己的事情,这样,祸害就已经开始得到补救了。我们的同情也是一样的卑劣。我们去看望他们,他们哭天抹泪的,我们便坐下来陪着他们哀号,而不是用振聋发聩的办法晓他们以真理,送来健康,使他们重新与自己的理智交流。幸运的秘诀就是我们手中的欢乐。自助的人永远受神和人的欢迎。所有的大门都对他敞开;千言万语向他致敬,荣誉的桂冠全戴给他,所有的目光都急切地追随着他。我们的爱出去找他,拥抱他,因为他并不曾需要。我们牵肠挂肚地、满怀歉意地抚爱他、赞扬他,因为他从来我行我素,根本不把我们的非难放在眼里。诸神爱他,就因为众人曾经恨他。"天国的神动辄就去眷顾那百折不回的人,"琐罗亚斯德说。

人们的祈祷是意志上的一种弊病,同样的道理,他们的信条是智能上的一种弊病。他们跟那些愚蠢的以色列人说:"不要上帝和

---

① 《圣经·旧约·创世记》第1章第31节写道:"上帝看着一切所造的都甚好。"

我们说话,恐怕我们死亡。你说吧,随便哪一个人跟我们说,我们都愿意听从。"①无论走到哪里,我都无法遇到我兄弟心中的上帝,因为他已经关上了他的庙门,仅仅在背诵他的兄弟的上帝,或者他兄弟的兄弟的上帝的寓言。每一个新的心灵就是一种新的类别。如果它证明了一个具有不同凡俗的活动与能力的心灵,证明了一个洛克、一个拉瓦锡、一个赫顿、一个边沁、一个傅立叶,那它就把自己的类别强加于他人了,看!一种新的体系。一个学生的思想越深沉,思想接触到、并使他能得到的事物越多,他就越自负。然而,这一点在教义和教会中表现得尤其明显,因为教义和教会也是按照责任的基本思想和人跟上帝的关系而行动的某种伟大心灵的类别。加尔文派、教友派、斯维登堡派都是这样。学生喜欢让一种事物服从新的术语,就像一个刚刚学了生物学的女孩子喜欢从中看到新土壤和新季节一样。过上一段时间,学生会发现通过研究他的老师的心灵,他的智力增长了。然而在所有失衡的心灵里,这种类别被偶像化了,它被看作目的,而不是一种可以很快用尽的手段。所以,在他们看来,在遥远的地平线上,体系的墙和宇宙的墙混为一体了;在他们看来,天上的日月星辰就挂在他们的老师建造的拱顶上。他们无法想象你们这些门外汉怎么会有权看到——你们怎么能看见,"那一定是你们用什么办法把光从我这儿偷走了"。他们还是看不出那种光由于不成体系,顽强不屈,会射进任何荆室蓬户,甚至他们的也不例外。让他们喊喊喳喳议论片刻,然后,就把它据为己有吧。如果他们心地诚实,行为得体,那么,他们整洁、崭新的家畜栏当下就显得太狭窄、太低矮,当下就会裂缝、就会倾斜、就会腐朽、就会消失,而那不朽的光既年轻又快活,霞光万道,绚丽多彩,将会普照宇宙,就像它在第一个清晨做过的那样。

二、正是由于缺乏自我修养,所以人们便迷信旅游,把意大利、英国、埃及奉若偶像。所有受过教育的美国人至今仍对旅游趋之若鹜。有人曾使英国、意大利或者希腊在人的想象中变得肃然起

---

① 参见《圣经·旧约·出埃及记》第20章第19节。

敬,但他们自己却像一根地轴,固守在原地不动。在决断的时候,我们感到职责就在我们的岗位上。灵魂决不是一个旅游者,智者总是足不出户,如果有必要,有义务,叫他在什么场合离开他的住所,或者到外国去,但他仍然好像待在家里,而且还用他的面部表情使人们意识到他是在传播智慧和美德,像一位君王一样访问一个个城市和人物,而不是像一个商贩或仆从。

我并不武断地反对为了艺术、为了研究和慈善目的的环球旅行,只要人首先喜欢家居,不指望为获得比他已掌握的更高超的知识而出国。谁为了取乐,为了获得他手里没有的东西而旅游,谁就在做脱离自身的旅行,在老古董当中,即使青春年少,也会变成老朽。在底比斯,在帕尔米拉①,他的意志和心灵已经变得像那些城市一样古老而坍塌。他把废墟带进了废墟。

旅游是傻瓜的天堂。我们最初的旅程发现:对我们来说,地方无关紧要。在家里,我梦想着:在那不勒斯,在罗马,我可以在美中陶醉,丢掉我的忧伤。我打点好衣箱,拥抱过朋友,登船航海,最后在那不勒斯醒来,旁边还是那严峻的事实,那个我原来逃避的、毫不退让的、同一个忧伤的自我。我寻找梵蒂冈和那些宫殿。我假装沉醉在景色和联想中,可是实际上并没有沉醉。我走到哪儿,我的巨人都陪伴着我。

三、然而,旅游的狂热却是影响整个智力活动的一种更深的不健全的征兆。智力是漂泊不定的,我们的教育制度培养的是骚动不安。尽管我们的身体被迫待在家里,而我们的心灵还在彷徨。我们模仿,除了心灵的彷徨,模仿还会是什么呢?我们的房屋是按外国情调建筑的;我们的橱架是用外国的装饰品装饰的;我们的见解,我们的爱好,我们的才能,都十分贫乏,还追随着"过去"和"远方"。灵魂在艺术已经繁荣的地方创造了艺术。艺术家正是在他自己的心灵里寻找他的原型。那只不过是把他自己的思想运用到要做的事情上和要观察的环境上。我们为什么要照搬陶立克或哥

---

① 分别是古埃及与古叙利亚的古城。

特式的原型呢？思想的美、便利、宏伟以及离奇的表现,离我们离他人都是一样近,如果美国的艺术家愿意满怀希望和爱心研究他要做的事,考虑过气候、土壤、白天的长度、人民的需要、政府的习性和形式之后,他就会创造一座人人都觉得住起来合适的房子,而且情趣也会得到满足。

坚持你自己,千万不要模仿。你自己的天赋你随时可以用终生修养的积蓄力量表现出来;然而,选取的别人的才华你只能临时地、部分地占用。每个人干得最出色的事,只有他的造物主才能教给他。除非那人把它表现出来,否则,它究竟是什么,谁也不知道,也不会知道。能教莎士比亚的老师在哪里？能指导富兰克林、华盛顿、培根或牛顿的导师又在何处？每一个伟大的人物都是无与伦比的。西庇阿的西庇阿主义就正是他借不到的那一部分东西。研究莎士比亚永远造就不出莎士比亚。做指派给你的工作吧,你不可奢望太高,胆量过大。此时此刻,给了你一种表达方式,勇敢而崇高,犹如菲迪亚斯的巨凿、埃及人的巨型泥刀、摩西或但丁的大笔,但又跟这些不尽相同。灵魂尽管满腹珠玑,辩才无双,也不可能屈尊重复自己;然而,你如果能听见这些鼻祖说的话,你肯定也能用同样一种音调回答他们。因为耳朵和舌头虽然是两种器官,却是一种性质。住在你生命的纯朴、高尚的地域,服从你的心声,你一定会再现史前的世界。

四、我们的宗教,我们的教育,我们的艺术,眼睛朝外看,我们的社会精神也是如此。人人都以社会改良为荣,而没有一个人有所改良。

社会从来没有前进。它在一个方面有所退步,在另一个方面则有所进步,速度都是一样迅速。它经受着不断的变革;有野蛮社会,有文明社会,有基督教社会,有富裕社会,有科学社会,然而这种变革并不是改进。因为有所得,必有所失。社会获得了新技艺,却失去了旧本能。穿着讲究、会读书、会写字、会思索的美国人跟赤身裸体的新西兰人形成了多么尖锐的对比,前者口袋里装着怀表、铅笔和汇票,后者的财产只是一根木棍、一支长矛、一张草席和一间许多人共寝的棚屋！然而,把两者的健康状况加以比较,你一定会看到白人已经丧失了他原有的体力。如果旅行家给我们讲的确有其事,那么,试用一柄巨斧砍那个野人,一两天之后,肉又愈合得完好如初,仿佛你砍进去的是柔软的树脂似的。然而,同样的砍击会把那白人送进坟墓。

文明人造出了马车,却丧失了对双足的利用。他用拐杖支撑身体,却失去了肌肉的不少支持。他有一块高级的日内瓦表,却丧失了依据太阳定时的本领。他有一份格林尼治天文年鉴,一旦需要,保证可以得到资料,然而街上行走的普通人却认不得天上的星星。二至点他不观察,二分点他不甚了了,那完整灿烂的年历在他的心灵上没有标度盘。他的笔记本损害了记忆力。他的图书馆使他的智力承受不了,保险公司增加了事故的次数,机器是否没有危害,我们是否由于讲究文雅反而丧失了活力,是否由于信奉一种扎根于机构和形式中的基督教而丧失了某种粗犷的气质,这些都成问题。因为每一个斯多葛都是一个斯多葛,然而在基督教世界里,基督徒又在哪儿呢?

道德标准上的偏差并不比高度或块头标准上的偏差多。现在的人并不比过去的人伟大。可以看出古代的伟人与现在的伟人不分高下。19世纪的科学、艺术、宗教和哲学一起发挥作用,教育出的人物并不比普鲁塔克两千三四百年前笔下的英雄们更伟大。人类并不是随着时间的推移而进步。福西翁、苏格拉底、阿那克萨戈拉、第欧根尼都是伟大人物,然而,他们并没有留下类别。谁如果真够得上他们的类别,谁就不会被人用他们的名字称呼了,而是独树一帜,也就成了一个派别的创始人。每一个时期的技艺和发明仅仅是那个时期的装束,并没有振奋人心。机器经过改良有其利也有其弊。哈得孙和白令乘着他们的渔船完成了那么多的伟大业绩,连装备已经集科学技术之大成的巴利和富兰克林①也为之咋

---

① 威廉·爱德华·巴利爵士(1790—1855)以及约翰·富兰克林爵士(1786—1847),均为英国的北极探险家。

舌。伽利略用一个观剧的小型望远镜发现了一系列的天空现象，其辉煌成就使后人永远望尘莫及。哥伦布乘一只无甲板的小船发现了新世界。每隔一个时期，工具和机器就要遭到毁弃，看到这种现象真有点不可思议，因为这些东西几年前或几百年前被人采用时引起过莫大的轰动。伟大的天才都具有返璞归真的能力。我们把战争艺术的改进看作科学的成就，然而拿破仑依靠露营征服了整个欧洲，其中有依靠赤手空拳的英勇，有孤立无援的险境。这位皇帝认为不可能建立一支完善的部队，拉斯·卡斯①说："并没有消灭我们的武器、弹药、粮秣和车辆。然而到了后来，士兵仿照罗马人的做法，竟然自己解决粮食供应，用手磨磨面，自己烤起面包来。"

社会是一个波浪。波浪向前运动，然而构成波涛的水却不。同一个粒子不会从波谷升到波峰。波浪的统一仅仅是表面现象。今天一些人创建了一个国家，明年一死，他们的经验也跟他们一起付之东流。

所以，对财产的依赖，包括对保护财产的政府的依赖，是缺乏自助的表现。人总是见物不见人，长此以往，他们便把宗教的、学术的和政府的机构视为财产的卫士，他们极力反对对这些机构的攻击，因为他们觉得这就是对财产的攻击。他们估价彼此的标准不是一个人是什么，而是一个人有什么。然而，一个有教养的人出于对自己天性的新的敬重，便为自己的财产感到羞愧。他格外憎恶他所拥有的东西，如果它是意外到手的话——通过继承、馈赠或犯罪所得，于是他感到那不是所有物；那不属于他，在他身上没有根基，仅仅是放在那里，因为革命，强盗没有把它抢走。然而，一个人是什么总是通过需要获得的，人所获得的东西就是活的财产，它不是听候统治者、暴民、革命、火灾、风暴或破产的指使，而是人在

---

① 拉斯·卡斯(1776—1842)，法国历史学家。他在拿破仑流放圣海伦娜岛期间任他的秘书，并根据拿破仑的谈话写了一本《圣海伦娜纪事》，此处引文出自该书。

哪里呼吸,它就永远在哪里自我更新。阿里①哈里发说:"你的全部或部分生命在追求你,因而你就停止追求它吧。"我们对外国货的依赖导致了我们对数量的盲目崇敬。政治党派召开无数次的会议;集会规模越来越大,每宣布一件事就喧声震天。从埃塞克斯来的代表团!从新罕布什尔来的民主党人!缅因州的辉格党员!千万双眼睛在注视,千万只臂膀在挥动,面对这种场景,年轻的爱国志士便感到比以往更加坚强。改革家们也如出一辙,又是召集会议,又是投票选举,还做出大量的决定。别这样,朋友们!只有反其道而行之,上帝才肯垂顾,进驻你的心中。一个人只有摆脱了一切外援,独立于天地之间,我才会看到他的强大和成功。他的旗帜下每增加一名新兵,他就变得虚弱一些,难道一个人不如一座城?别有求于人,在千变万化之中,只要你立稳了台柱,不久就一定有人出现支持你周围的一切。谁如果知道力量是与生俱来的,知道他之所以软弱,是因为他从自身之外别的地方寻求善,有了这种领悟,谁就会毫不迟疑地依赖自己的思想,立即纠正自己,挺身而立,驾驭自己的躯体,创造奇迹,恰如一个靠双足站立的人比一个用头倒立的人有力一样。

所以尽量利用被称为"命运"的一切东西。大多数人在跟她赌博,全盘皆赢或全盘皆输,全看她的轮子怎么转动了。然而,你务必把这些赢得物当作非法的东西搁下,并且跟上帝的司法官"因果"打交道吧。有"目的"地工作、获取吧,你已经拴住了"机缘"的轮子,从此以后,你就一定会处之泰然,对她如何旋转就无所畏惧了。一次政治上的胜利,一次纯利的增加,你的疾病的痊愈,久别的朋友的归来,或者别的什么好事情,都会振奋你的精神,于是你便认为好日子就在前头。别相信。除了你自己,什么也不能给你带来安宁。除了原理的胜利,什么也不能给你带来安宁。

---

① 阿里(600? —661),伊斯兰教史上第四位哈里发,穆罕默德的女婿。

谈习俗

我发现在所有的人当中，英国人是最固步自封的人。他们身上就有他们在他们的马身上所器重的品质：勇气和耐力。我到达利物浦的那天，一位先生向我描述爱尔兰总督时，碰巧说道："克拉伦登勋爵有公鸡那样的勇气，他会战斗到最后一口气。"我自始至终听到的而且英国人所看重的唯一的东西就是勇气。车夫有它，商人有它，主教有它，妇女有它，报刊有它。他们说，《泰晤士报》是英国最有勇气的一样东西，西德尼·史密斯说过，矮小的英国首相约翰·罗素勋爵明天要统帅海峡舰队。这话曾经家喻户晓。

他们要求你敢于发表自己的见解，他们讨厌遇事不置可否的胆小鬼。他们敢于生气，不仅如此，他们肯让你破除一切戒律，如果你干得实在、干得有魄力的话。你必须是个人物，然后你就可以随心所欲地干这干那了。

机器已经应用到所有的工作上了，而且达到了那样完美的程度，留给人干的无非是看看引擎，添添煤而已。然而机器需要准时伺候。因为它们从来都不疲劳，所以看管它们的人倒是受不了。矿井、锻炉、碾磨机、酿酒厂、铁路、气泵、气犁、团队操练、警察操练、法院规章、商店守则，全部发挥作用，给人的一切习惯与行动一种机械的规律，一台可怕的机器已经把土地、空气、男人、女人统统据为己有，就连思想也难得自由了。

机械的威力和组织需要人们的身体素质和反应精神，谁要到机器中间去，谁就必须有一点金属的力量。最后，你从你所发现的生活的狂怒中得到暗示，所以说，有一件事是一目了然的：这决不是胆小鬼的国度，不要缩头缩脑；下定你的决心，照自己的意思行事，你必会发现尊重和进步。

人们说,在西班牙旅行需要良好的身体素质,我说在英国也是一样,原因却有所不同,仅仅是因为这个民族有生气,有体力。只有最严肃的工作,才能使一个人跟这些狂暴的战士相抗衡,虽然他们只想点鸡蛋和松饼作为早餐。英国人用他的整个身体说话。他讲话要动肚子——正如美国人讲话只动嘴皮一样。英国人对于客栈和路上的便利设施过于吹毛求疵,对于他的烤面包片和排骨以及每一类便利设施也是鸡蛋里挑骨头,如有不周之处,就难以忍耐,说起话来嗓门又大,语气又尖刻。他的快活在他的风度中、在他的呼吸中、在他清嗓子时发出的呼噜声中暴露无遗,凡此种种,都表现出一种孔武有力。他有耐力,在紧急时刻先下手为强。他有那种自信,它来自对道德和身体性质的良好调整和一切力量对意志的服从,仿佛他眼睛的轴联结到他的脊椎骨上,只随着躯干活动似的。

这种活力表现在每一个人对别人不感兴趣,漠不关心。每个人走路、吃饭、喝水、剃须、穿衣、打手势、自由行动、随意受苦,都旁若无人,一切随心所欲,只是当心不要干扰别人,惹恼了别人;并不是别人教他无视邻人的目光——实际上他是在专心致志搞自己的事务,根本就没有想到他们。在这个文质彬彬的国家,每个人顾及的仅仅是自己的方便,就像威斯康星州的一个孤独的拓荒者一样。我不知道什么地方对个人的怪癖能这样听之任之,大家都视若无睹。一个英国人在倾盆大雨中行走,把合上的雨伞像一根手杖一样挥动着,戴着假发,或披着披巾,或顶着马鞍,或者用头倒立,无人评论。由于这种做法延续了好几代人,所以它现在已经渗透到人的血液中去了。

总而言之,在这些岛民中,每一个人本身就是一座孤岛,安全,宁静,孤僻。置身于一群生人当中,你满以为他是个聋子,他的眼睛从不离开他的桌子和报纸。他从来没有流露出任何好奇心或失当的感情。他们都是在一所严格的习俗学校里受的训练,从来没有脱掉甲胄。他不主动去握手。他不让你碰上他的目光。未经介绍就正眼盯着一个人看,总是一种冒犯。无论在各色人等聚集的场合,还是在经过精心挑选的一群人中间,他们都不介绍人。所以介绍就像一个契约一样,是依法有效的事。介绍就是圣礼。他不肯说自己的名字,在旅馆里,他不大情愿跟登记室的职员低声交谈。如果他把他的私人住址写在卡片上交给你,那就等于公开宣布你是他的朋友;就是经过介绍,他的态度仍然冷淡,即便他在设法跟你结识,而且在盘算他怎样替你效劳。

在我的演讲中,我迟疑再三,不敢贸然念出有丑化之嫌的言辞,而对于贫穷、瘦弱、无能之辈,我养成了编造这些言词的习惯。这就是这种令人难忘的精力的一种奇怪的证据——可见这个健壮的种族的优美体格和个人活力对我的想象影响之大。

我恰好是在一次商业危机中到达英国的。然而显而易见的是:谁要垮台就垮台去吧,反正英国不会垮。这些人在这里已经待了1 000年,而且还要继续在这里待下去。他们不会土崩瓦解,也不会像他们的邻国那样出现任何铤而走险的革命;因为他们的精力和性格自制力还是像过去一样。包围他们的力量和自制就是他们自己的创造,此时此刻,他们表现出同样统率一切的勤奋。

他们充满自信,有条不紊,爱干净,讲礼仪,喜欢循规蹈矩和传统方式;当然热爱真理、热爱宗教,对于形式一丝不苟。全世界都交口称赞英国客栈和英国家庭的舒适和个人设备。你肯定会享受到整洁和礼遇。一个法国人也许会清洁,一个英国人却诚心诚意地清洁。在他的装束和物品上都可以发现一种井然有序和浑然一体的特点。

由于那里的气候严寒潮湿,闲暇时英国人只好待在户内,又由于他具有一种多情、忠诚的气质,所以他极其热爱自己的家。如果他有钱,他就买一块地皮,建一座庄园;如果他是小康之家,他也不会节省家里的开销。户外全种草木,户内装有壁板,精雕细刻,悬挂帷幔,墙上挂着图画,室内陈设精良。装饰、改善住宅的热情,比别的热情更为持久。他把珍奇昂贵的东西全带到这里,全民族共有一种倾向,就是世世代代固守在一个地方,久而久之,它就变成了一座陈列传家宝、礼物、冒险活动纪念品和家族功绩的博物馆。

英国人非常喜欢银盘,尽管他没有陈列一幅幅列祖列宗的画像,他却陈列着他们的饮料钵和粥碗。在殷实人家可以发现数量多得难以置信的盘子,就是最穷的人家也有个把匙子或茶盘,一位教母的礼物,那是家境较好的时候的贮存。

一个英国的家庭人口不多,从青年到老年,一家人总在数英尺之内周旋,仿佛被某种看不见的带子绑在一起似的,紧得就像我们看见的把两个剑突联胎连在一起的软骨。由于有安逸和教养的有利条件,英国出了世界上最优秀的妇女。由于男子多情而忠诚,女人便给他们鼓舞,教他们文雅。与男女的相互追求、彼此体贴相比,如果不异想天开,什么都没有那么微妙,在天性和感情上什么也没有那么坚定不移。1596年的一支歌唱道:"每个英国人的妻子都很幸福。"《辛伯林》中的伊摩琴的情操就是从英国天性中临摹来的;勃鲁托斯的妻子鲍西娅、凯拉·潘西和苔丝狄蒙娜也莫不如此。传奇也没有超过露西·哈钦森夫人或罗素夫人的高尚感情的高度,甚至也没有超过一个人从《佩皮斯日记》的平易的散文中看出的一个英国妻子的神圣习惯。塞缪尔·罗米利爵士忍受不了丧妻的悲痛。每个阶层都有它的高尚、温存的范例。

家庭生活是使这个民族向四周、向高处分枝的主根。他们的贸易和帝国的动机和目的就是捍卫他们的家庭的独立和隐私。他们的习俗中最显著的特点就是专注他们的家庭联系。这种家庭生活被带进了法庭和军营。威灵顿统治印度和西班牙,还统率他自己的军队,打起仗来却像一个模范的拉家带口的人,他还他的债,虽然身为西班牙的一支军队的将领,由于害怕国债的债权人,竟然不敢出门。这种对家庭和教区荣誉的兴趣当然有它糊涂愚蠢的一面。珀西瓦尔首相在1810年极得民心,科贝特先生认为那是由于他过去每个星期天去做礼拜,一只胳膊下夹着一本四开本烫金《圣经》,一只胳膊上挽着他的妻子,后面跟着一长串子女的缘故。

他们保持着他们的老习俗、老穿着、老排场,保持着他们的假发、权标、王杖和王冠。中世纪仍在伦敦的街头潜行。"巴思骑士"仍宣誓保护受害的妇女,"金色王杖侍从"继续存在。今朝王后的加冕典礼上,他们重复了 11 世纪的仪式。世袭占有权对他们来说是天经地义的。职位、田庄、贸易、传统都是这样代代相传下来。他们的租期延续百年乃至千年。任职、合作期限都是终身制,或者是世袭制。埃尔登勋爵说:"官衔伴随了我 28 年,对我的事务和书籍了如指掌。"古代的习俗就是维护道德的约束力。华兹华斯谈起威斯特莫兰的小土地所有者时说:"山里的许多卑微的子孙都有这样一种意识:他们耕种的这块土地由同姓同宗的人占有了 500 多年。"在国营船坞的木匠、贵族的园丁和脚夫祖孙三代已经在那里干了 100 多年了。

英国的力量也表现在他们厌恶变迁。他们难以把道理付诸行动,在一切场合他们首先使用记忆。一旦他们摆脱了某种苦境,定下了更好的措施,他们便迫不及待地要把它当成定规,再也不想听到更改的意见。

每一个英国人都是一个羽毛未丰的大法官,他的本能就是搜寻一个先例。他们的法律中最喜爱的说法就是"一个以人的记忆所限没有相反做法的习俗"。贵族们说,"Nolumus mutari"①;外国人见了一件事,总喜欢问个为什么,老伦敦就用这样的话平息他们的好奇心:"啊呀,先生,过去老是这个样子。"他们讨厌革新。培根告诉他们,时间老人就是正确的改革家;查塔姆说:"信心是一种生长缓慢的植物。"坎宁说:"跟时代一起前进。"威灵顿说:"习惯等于 10 倍的自然。"他们所有的政治家都深知习俗的潮流不可阻挡,他们便编造了许多好听的言词掩饰这种知觉和领悟的迟缓。

一只海贝应当是英国的纹饰,不仅因为它代表了一种建立在波涛上的力量,而且因为它是英国人的最后一层坚硬的涂饰。英国人经过最后加工,好像成了一个海贝或骨螺。在螺旋和壳针形成以后,或者定型之后,一种体液渗出来,一种坚硬的珐琅质给每个部位都上了光。保持这些礼仪就像干净的内衣一样必不可少。缺少了这一点,任何长处也不大补偿得了,而这一点有时候却可以

---

① 拉丁文:不要改变。

替代一切。"这不成体统,"是英国人能够说出嘴的最可怕的话。可是这层亮漆使他们吃了大亏。在某些英国人身上有一种平淡无奇的性质,它在死气沉沉方面是其他国人望尘莫及的。在他们声音的自负和虚礼中有一种丧钟的声音,它好像说,把一切希望都丢在身后。在这种礼节的直布罗陀要塞中,平庸以壕沟加以防护,进而得到巩固,最后变得稳如磐石。一个上流社会的英国人就像一个纪念品,包扎在烫金羔皮纸里,精雕细刻更见华丽,放在热压纸上,供贵妇、王子赏玩,可是里面没有值得一读或值得一记的东西。

一种严格的礼仪主宰着宫廷和村舍。钢琴家塔尔贝格有一天在温莎的一个私人晚会上在女王面前演奏,女王跟着琴声唱起歌来。这一件事使天空、使整个英国在海上瑟瑟发抖,这种有失体统的事再也没有重复过。冷淡、自制之风盛行起来。除了在歌剧中,不许出现任何热情。他们避免任何引人瞩目的事情。他们要求一种在房间里引不起任何注意的语调。菲利普·锡德尼爵士是英国的守护神之一,沃顿是这样说他的:"他的机智是衡量一致的标准。"

浮夸永远是令人讨厌的。他们在衣着和仪态上却走上了低格调的极端。他们避免虚饰,径直深入事物的心里。他们憎恨言不及义、多愁善感和高谈阔论,他们使用一种处心积虑的平易。甚至他们的花花公子布雷美尔也以衣着简朴为特点。他们在公事方面以没有戏剧性的东西而自豪,在私事方面以简明和中肯而骄傲。

在一个像英国这样的贵族政体国家里,重大的建制不是陪审团审判,而是请客吃饭。邀请一个生人吃饭是给他的一种礼遇,这已经通行了成百上千年。1500年的一个威尼斯旅行家说:"他们认为,人们所能给予或接受的光荣,没有比邀请别人跟他们吃饭,或自己被人邀请吃饭更大的了,他们宁肯出五六块金元款待一个人,也不愿掏一枚银币解救他的危难。"[①] 这可以保持到世界末日。在伦敦,全家人聚餐的时间一般是6点,如果还要等什么人,可能推

---

① 《英国的关系》,卡姆登协会印。——作者原注

迟一两个小时。每个人吃饭都穿得体体面面,无论是在自己家里,还是在别人家里。客人应当按请柬上约定的时间到达,不可超出半个小时,除了死伤,什么也不允许阻拦他们。英国的宴会模式跟我们大西洋沿岸城市的宴会模式完全一样。大家坐一两个小时吃饭,然后女士们退席,先生们留下来再喝一小时的酒,随后回到客厅,跟女士们再聚到一起喝咖啡。盛装宴会培养一种桌边谈话的才能,这种才能已经达到了完美的境界,故事十分精彩,因此人们肯定这些故事以前百讲不厌,才能讲得那样妙趣横生。这里有各式各样的精彩节目,有的讲科普知识,有的说实用发明,还有五花八门的幽默小品,政治、文学、个人新闻、铁路、马匹、钻石、农业、园艺、养鱼、酒,都可以作为话题。

  英国的故事,妙语和笔录下来的才子们的桌边谈话,跟法国人最好的也不相上下。在美国,我们都是聪明的学者,但是尚未达到那样的完善境界。因为伦敦招引来的民族众多,状况对比悬殊,因此使社会显得丰富多彩,就像地面起伏不平的农村显得风景如画一样,而我们的千篇一律却使一片大草原显得平淡乏味。其次,因为盛装宴会每天都在黄昏后进行,所以就容易把每件好事贮存、展现得锦上添花。很多的摩擦把每个句子磨成了一粒子弹。一个人不时会遇见一些温文尔雅的人,他们无所不知,无所不试,无所不能,远远超出了文学与科学的范围。只要他们愿意,还有什么办不到的呢?

谈财富

无论在哪一个国家,也不会这样绝对地崇拜财富。在美国,如果一个人出示大笔财产的证据,就面有愧色,仿佛这样做毕竟需要道歉似的。可是英国人对他的财富感到纯粹的自豪,把它看作一种决定性的证明。一种粗俗的逻辑主宰着英国的所有灵魂——如果你有长处,你怎么不能通过你的锦衣、彩车、骏马把它显示出来呢?如果一个人没有一大桶酒,怎么会是一位绅士呢?海登说:"有一个使每个人按自己所拥有的资产生活的坚定的决心。"这里面混杂着一种宗教色彩。他们遵照犹太法规高声重读:在这块土地上他们生活的日子一定很长,他们一定会生儿育女,牧牛养羊,有酒有油。他们也以同样的口吻指责贫困。他们只希望由富有的人代表他们。一个丧失财富的英国人据说就会伤心而死。最侮辱人格的字眼就是"一个叫花子"。纳尔逊说:"贫穷是我永远无法克服的一种罪恶。"西德尼·史密斯说:"贫困在英国是可耻的。"他们最近的一位作家谈及私生活和学术生活时说到"随着经济竭蹶出现的严重的道德堕落"。你一定会发现这种感情,如果不是这样开门见山说出来,也是深深地包含在本世纪的小说和传奇中,不仅包含在这些作品中,而且也蕴藏在传记、公共集会的选票、布道的语气和桌边谈话中。

我最近翻阅伍德的《牛津大学的雅典》,也自然在200年的牛津学者编年史里寻找另外一个标准。可是同大多数英国书籍中说的一样,我在这本书里也发现了两种丢脸的事情:一是不忠于教会和国家;二是出身贫穷或中途变穷。英国的一种天然果实就是残忍的政治经济。马尔萨斯发现在大自然的餐桌上没有为劳动者的儿子摆餐具。1809年,议会的多数派借富勒先生的语言在下院表达自己的观点:"如果你不喜欢这个国家,真该死,你可以离开它。"当 S.罗米利爵士提出他的禁止教区官员招收离家 40 英里以外的儿童当学徒的议案时,皮尔表示反对,沃特利先生则说:"虽然上流人士培养家庭感情是一件好事,下层人物这样做并不见得好,最好使他们离开可能使他们堕落的人。停止给制造商签约当学徒对商业是有害的,因为它必须提高劳动和产品的价格。"

在英国,只有尊重财富才能和尊重事实平分秋色。那既是撒克逊人的技艺的骄傲,因为他是一个财富创造者,同时也是对独立的爱好。英国人相信每个人必须自己关心自己,如果他没有改善自己的处境,那只有怪自己了。还债是关系到全民族荣誉的大事。从财政部、东印度公司到小商店,之所以万事兴隆,就因为它有偿付能力。英国军队有偿付能力,无论拿什么都要付钱。英帝国也有偿付能力,尽管债台高筑,评价却蒸蒸日上。1789 年至 1815 年的战争期间,尽管他们抱怨差点儿把命都交了税,而且凭借巨税,他们资助整个欧洲大陆反对法国,可是,英国人还是一年年迅速变富,其速度是任何民族前所未有的。他们的箴言是,税的轻重不可按拿走的计算,而要按留下的计算。偿付能力就在英国人的观念和机制里。不交钱水晶宫也不能认为是纯净的——无论是多么方便、美丽或者光彩,它必须自给自足。只要他们知道快船赔钱,他们就满足于较慢的汽船。他们依靠劳动和节俭这个双重方法合乎逻辑地前进。家家户户都厉行节约,没有美国家庭的那种糊里糊涂乱花一气的作风。如果他们拿不出钱,他们就不买;因为他们不像我们的人所做的那样,妄加推测来年的经济情况就会好转;他们说我买不起时并不觉得害臊。绅士们毫不犹豫地坐二等车或二等舱。一个节俭的人,或者一个人能量财立志,或使一年的花销能表现出他的性格,而不致他未来有一天处境尴尬,这样的人就已经是一个生活的主人,是一个自由人。伯利勋爵写信给儿子说:"一个人决不该把收入的 2/3 以上用到普通生活花销上,因为特殊的花销肯定会用掉其余的 1/3。"

创造价值的雄心激发了每一种能力,政府变成了一家制造公司,家家户户变成了一座座工厂。天生我才必有用的莽撞偏见决不会使任何一种才能藏而不露——如果有可能,它会教蜘蛛编织丝袜的。英国人尽管吃喝不比别人多,或者不比别人多多少,但一年到头劳动的时数等于别的任何一个欧洲人的3倍;或者说,作为一个工作者,他的一生就等于三个人的一生。他干活很迅速。英国的每一件事节奏都很快。他们发明创造使这个时代不同于其他时代的神奇的机器,增强了他们的生产率。

机械工厂的发展是现代史上奇怪的一章。600年前,罗杰·培根解释了岁差和由此引起的历法改革的必要性,测定了一年的长度,发明了火药,并且宣布(高瞻远瞩了500年,看到了我们这个世纪)"可以造机器驱动船只,它走起来要比一艘巨型划船全体划手划动时还要快;除了一个舵手掌舵而外,再什么都不需要。也可以制造不用马拉的马车,行进的速度快得令人难以置信。最后还有可能制造一些机器,借助于一对翅膀,能像鸟儿那样在天空飞行"。然而这种秘密与培根一起长眠着。600年还没有把他的话变成现实。两个世纪前,锯木头还是手工活,马车轮子绕着木轴转,地是用木犁耕种的。如果没有瓦特和司蒂芬逊教会人们用蒸汽驱动压力泵和动力织机,就是他们有坑煤,或者织机经过改进,成效还是甚微。在最近100年里,一切才有了长足的进步。罗伯特·皮尔爵士不久前去世了,他堪称英国人的楷模。《罗伯特·皮尔爵士传》的卷首插画是一台珍妮纺纱机,这真是恰到好处,因为正是它织成了他那财富的网。哈格里夫斯发明了珍妮纺纱机,却死在一所贫民院里。阿克赖特改进了这一发明;这种机器就节省了99个人的工作,也就是说,一个纺纱工人能够干从前100个人所干的活。这种织机得到了进一步的改进。可是工人有时候为工资而罢工,联合起来同厂主作对,在1829年到1830年间,人们十分害怕这一行业将会被这些障碍和纺纱工人移居比利时和美国而断送掉。钢铁非常听话。有没有可能制造一个不造反、不抱怨、不生气、不为工资而罢工也不移居的纺纱工人呢?斯特利桥的骚乱之后,在厂主的请求下,曼彻斯特的罗伯茨先生着手去创造这个和平的家伙,来代替上帝创造出来的好争吵的家伙。经过几次试验,他成功了。1830年,他取得了他的自动走锭精纺机的专利。这是一种深受厂家欢迎的创造,他们说,"注定要在产业阶级中恢复程序";一种只需要一个孩子的手把断纱接到一起的机器。就像阿克赖特毁掉了家庭纺纱业一样,罗伯茨毁掉了工厂纺纱工。在大不列颠,工厂机器的能量据计算相当于6亿人,而一个人借助蒸汽就能够做50年前250个人才能完成的工作。生产力却是相当大。英国已经有了这一个勤劳的种族,富饶的土地,水,木材,煤,铁和有利的气候。800年前,商业已经使它变富,据记载:"英国是北方国家中最富的。"诺曼史家们说:"1067年,威廉从英国带到诺曼底的金银之多是高卢前所未见的。"然而,给这种劳力、贸易和本国资源再加上这种蒸汽妖怪,它有千万只臂膀,永不疲倦,日夜不停地工作,这样聚积的财产就不可胜计了。它把最近的90年变成了发动机。蒸汽管给她增加了相当于四五个英国的人口和财富。在劳埃德海报上登记的船舶有4万艘。小麦的产量从斯图亚特王朝时的200万夸特尔增加到1854年的1 300万夸特尔。据说商业流动资金有10亿英镑。1848年,约翰·罗素勋爵说这个国家的人民在过去4年里把3亿英镑的资本投到铁路上。然而比这些显赫的数字更好的衡量是这样一种估计:英国有足够的财富把全部人口闲养一年。

聪明、多艺、能提供一切的机器制造凿刀、道路、火车头,电报机。惠特沃思工程师竟把一根铁条加工成百万分之一英寸。蒸汽把巨大的空心轴搓成螺旋,就像它编织麦秆一样容易,可以跟扭曲岩层的火山的力量抗衡。它能够给堆积如山的木瓦赋予造船的橡木的特性,制造出的剑刃能把枪管劈为两半。在埃及,它可以造林,在3 000年后又把雨水带来。它已经在给气球掌舵,下一场战争将在空中进行。可是在英国还有一种比蒸汽更有力的机器,那就是银行。它投票通过法案,刺激人口增长,城市就会兴起。它拒绝借贷,移民便会倾国而出,贸易消沉,革命爆发,国王被废黜。我们的社会制度就是由这些新的力量造成的。借助于蒸汽和金钱,战争和商业顿时改观。国家失去了它们原有的无限权力;爱国的纽带失去了维系能力。国家将要废弃,我们想到哪里去就到哪里去,想在哪里生活就在哪里生活。蒸汽已经使人选择他们愿意遵循的法律。金钱为他们创造地位。电报是一条将会捆住战争的芬里斯狼①的软带。因为,一条电报线路从伦敦贯穿法国和欧洲,它所传送的每一个信息都会通过一根线把战争必须切断的那条带子变得更加结实。

引进这些因素给现存的业主提供了新的财源。一个堂堂正正的公爵也许认为国家依赖上院,可是工程师看到蒸汽活塞的每一个冲程就给公爵的土地赋予价值,使它挤满佃农,把公爵的资本翻一番、翻两番,甚至达到原来的100倍,为培养他的孩子创造新的措施、新必需品。当然,它把贵族作为矿山、运河、铁路和蒸汽应用于农业的股东引入竞争,有时还引进贸易。然而,它也把广大的阶级引进了同一种竞争,挪威种族古老的活力用这些宏伟的动力把自己武装起来,事实证明对于地主来说,新人是一种劲敌,工厂买下了城堡。斯堪的纳维亚的雷神托尔,曾在冰封的海克拉锻造他的箭头,在僻静的峡湾附近建造巨型划船。他到了英国却一直跟着时代前进,剪了胡子,进了议会,坐在印度公司的办公桌旁,把他的神锤②借给伯明翰做一个蒸汽锤。

在过去90年里,英国财富的创造是现代史上的一个主要事实。伦敦的财富决定了全球的价格。一切贵重的、有用的、有趣的或令人陶醉的东西都被吮吸进这种商业,流入伦敦。有些英国人的私人财产达到一年100万美元,有的超过了这个数字。10万座宫殿美化了这个岛屿。一切能够满足感官和激情的东西,一切能够帮助聪明的中产阶级的才能或武装他们的双手的东西(他们在

---

① 在斯堪的纳维亚神话里,罗基的儿子芬里斯狼是被一根由众神特制的细链子拴着的。

② 古斯堪的纳维亚雷神托尔有三大法宝:一是神锤(Miollnir),象征雷电,掷出去可以收回;二是宝带(Meginjardir),可以使他力量倍增;三是铁手套,用来投掷神锤。

买来供自己消费的东西方面从不吝惜),一切能帮助科学、满足情趣或提供舒适的东西,都在自由市场上出售。凡是在城市农村或教会建筑中,在喷泉、花园、场地上优秀美丽的东西,英国贵族们便要爬山过海去参观,并在家里摹仿。从温顺的30年代人的情趣和科学、伊夫林栽培的花园、尹尼戈·琼斯和克利斯托·雷恩修建的寺庙和游乐房,直到吉本斯的木雕、国内外艺术家如申斯通、蒲柏、布朗卢登、帕克斯顿的情趣,都在大肆拍卖。世袭的原则把世世代代主人的利益全堆积到今天的主人身上。当今的占有者在选择和获得他们喜闻乐见的东西方面,跟他们的祖先一样绝对不受限制。这种舒适和富丽,湖光浩渺,重山莽莽,农田、牧场和猎苑,豪华型城堡和现代别墅——全都与完美的秩序协调一致。他们没有革命,没有骑卫队支配君王,没有巴黎讲粗话的女人和街垒,没有暴徒,只有昏昏欲睡的习俗以及每日的盛装宴会、葡萄酒、麦酒、啤酒、杜松子酒和睡眠。

由于这种创造力,由于这样热衷独立,财产已经达到了尽善尽美的境界。人们把它像国家的命根子一样感受、一样对待。制定法律是为了给财产提供尽可能可靠的基础,规定和传达这一基础的条款已经在一个决不接纳傻瓜的职业中锻炼出了最灵活的头脑。财产的权利只有重罪和叛国罪才会蔑视。住宅就是一座城堡,国王也不能进入。银行就是一个保险柜,国王没有它的钥匙。凡是所有权所能赋予的粗暴的甜蜜,在英国都得到尽情的试验。既得的权利是可怕的东西,绝对的占有权使最小的不动产拥有者享受跟公爵同等的利益。高高的石墙,紧锁的园门,宣布了主人不受干扰的绝对意志。一时言过其实的自负被慎重、仔细地变成铁石,变成金银。

一个英国人听到王太后想认定她有权把她的园篱向他的地界推进一竿之地,以便修一条马车道,使她上大街时少走一英里路。他立即把他的围篱改砌成石墙,坚固得像库马①的城墙。整个欧洲

---

① 库马(Cuma),意大利西南海岸的一座古城。

都无法说服他出售或通融一英寸土地。他们喜欢荒诞无稽,以证明他们有绝对的自由。在卡登汉的斯皮克猎苑,爱德华·博因顿爵士在景色无比的悬崖上修了一幢像长长的谷仓似的房子,在观景的一边却不开窗户。霍勒斯·沃尔波尔的草莓山、贝克福德先生的芳特希尔寺都是荒诞无稽的东西。纽斯台德寺在拜伦勋爵的手中也变成了这样的东西。

然而这种创造的辉煌成果就是它交给平民自由支配的伟大而文雅的力量。在社交界,一个英国人今天有最好的境遇。他是一个穿便衣的国王。他的行动受到最有力的保护,他结交最好的朋友,接受最好的教育,又以财富作后盾,他的英国姓名和附带的性质替他鸣锣开道。这种情况再加上他举止文雅,就赋予他一位君王的权力,却没有那种人常有的诸多不便。我喜爱一个上流阶级的英国绅士的处境远远胜过欧洲的任何统治者的景况,不管是贪图旅游、社交机会、取得科学或研究的手段,还是仅仅为了舒适和跟家里人的随便而健康的关系。

我们看到的这一种情况就是英国的财富,真是堆积如山,而且无论在我们喜欢探索的什么细节中都成绩卓著。它的根源就是人民的气质这一笔财富。不列颠的奇迹就是这种富足的天性。她的杰出的人物周围还是像他们一样优秀的人物,每一个都是百里挑一的头领,那种人的财富又表现在每个人的能力中——他有过剩的力量好使。英国人如此富裕,似乎在地心里扎下了主根,因为他们在气质上就是出产丰富的、善于创造的。

然而一个人必须当心自己的仆人,如果他不肯让仆人左右他的话。人是一个精明的发明家,他一直从自己的构造那里接受关于一种新机器的暗示,用钢铁、木头、皮革使某种自己的秘密构造适应世界工作的某些必要的功能。可是人们发现机器阉割了使用机器的人。他在织布中获得的东西在一般力量中又失去了。饮食应有节制,织布也不例外。人不应当是蚕,国家也不应当是一帐篷的毛虫。粗壮的撒克逊农夫在工厂里蜕化为累斯特的织袜工人,蜕化为低能的曼彻斯特纺纱工——快要变成蜘蛛和针了。为了当一个磨针工人,为了当一个造扣环工人,或者为了掌握别的什么专长,不断重复同一种手工便把人变成了侏儒,剥夺了人的力量、智慧和多方面的才艺。不久,工业产生一种变化,时髦的鞋带代替了扣环,棉布代替了亚麻布,铁路取代了大道,公地都被地主圈了起来,那时候,所有的城镇都像蚁冢一样被牺牲掉了。于是社会受到警告,指出劳动分工的危害,还说最好的政治经济就是关心、培养人,因为在这些危机中,所有的人全被毁了,劫后余生的唯有那些能够思想、能够作出新的选择并把他们的才能运用到新的劳动上去的特殊人物。于是又来了新的灾难。英国的食物、药物以及工厂商店里的几乎每一种织物都有掺假现象,这种欺骗行为的泄露使英国大惊失色:发现牛奶没有营养,糖不甜,面包不能令人满意,胡椒不辣嘴,胶水也不黏。在诚实的英国,一切都是假冒品。这也是机器的反作用,而且是商业这台更大的机器的反作用。我想这与其说是诚实的缺乏,不如说是贸易的暴虐,它迫使不断竞争降低价格,也就等于不断竞争降低织物质量。

　　事实证明,像气球一样,机器也是很难驾驭的,会把驾驶员带上飞走。蒸汽从一开始就咝咝尖叫着警告他,它轰隆一声,把工程师炸得粉身碎骨,叫人毛骨悚然。机器师制造了它,监视着它,但无数的工程师和司炉工在学习如何驯服和引导这个怪物的过程中牺牲了。然而事实证明,要抵抗和驾驭"金钱"这条长着纸翼的龙就更加困难。大臣们和商务部、皮特、皮尔和罗宾逊以及他们的议员和他们整整一代人,都采取了错误的原则。直到走进坟墓时,他们还相信自己在使这个国家变富,实际上却在使它变穷。他们因一些灾难性的权宜之计弹冠相庆。难得有一个商人知道贸易危机为什么发生,价格为什么上涨、下跌,或者纸币有什么危害。在国家繁荣的巅峰时期,在并吞他国、建造船只、仓库、城镇时,在数以吨计的金银流入时,在大臣和金融家的窃笑声中,却发现面包的价格涨到闹饥荒时的高价。自耕农被迫变卖了他的奶牛和猪、他的工具、他的土地。济贫税这种可怕的晴雨表达到了毁灭点。济贫税把有偿付能力的阶级吞没了,迫使农民、技工流离失所。因暴烈的金融危机而发生的事,天天在暴烈的人为立法中出现。

英国赚得了那样永远崭新、充足、不断增长的财富。可是问题又出现了,考虑到各国至高无上的财富,它是否能越雷池一步,也就是说,加以明智的利用? 我们通过看各国怎么处理剩余资本来估价一个国家的智慧。考虑到这些损害,英国采取了一些补救办法。赚来的一部分钱搞智力投资,用来收买学校、图书馆、主教、天文学家、化学家和艺术家,一部分通过医院、储蓄银行、习艺所、公园,其他慈善机构和福利设施,弥补这种无节制的纺织的弊病。然而这些解毒药极不适当,邪恶需要更深入的良方,这是时间和简单的社会组织必须提供的。目前,英国控制不了自己的财富。它仅仅是一个善良的英国,但没有神性,没有明智和受过启迪的灵魂。它处在命运的激流中,是一场普遍灾难中的又一个牺牲品。

然而由于有这样的弊病,它十分不幸被当作主犯对待。英国必须为消费至上论负责。它的繁荣,那么多勇气、才能、毅力投入庸俗目标的辉煌成就,正就是唯物质论的论据。它的成功加强了卑劣财富的双手。当卑鄙的收益征服了文学、艺术,当英国的成功来自放弃原则致力于外观时,谁能够向青年举荐清贫和智慧呢? 一种委琐的金钱和花销的文明,一种轰动性的学识出现了,而我们在人与物之间设置尽可能的障碍。他们当中英勇绝伦的人也很难有勇气成功地抵挡它。因此,不是一种雄伟的生活目标,而是满足一种沉重的花销的手段,就是刚刚达到法定年龄的英国青年考虑的东西。人们把大家庭看成一场灾难。幼年早逝反而是个安慰,因为堵死了一个消费的来源。

谈英雄

在从前的英国戏剧家的作品中,主要在波蒙和弗莱契的剧作里,有一种对高雅的坚定赞誉,仿佛一种高尚的行为在他们那个时代的社会里就像今天美国人口中的肤色那样醒目。如果哪一个洛德里科、彼德罗或瓦莱里奥入场,虽然他是个陌生人,公爵或总督也要为之惊呼:这是一位绅士——并且表现出无限的崇敬;相比之下,其余的就都是渣滓了。与这种对人品的喜欢相呼应,在他们的戏剧中有一种英雄的性格和对话——如《邦杜加》、《索福克勒斯》、《疯狂的恋人》、《重婚》等剧中的情况就是这样——在这些戏剧中,说话者是那样认真亲切,又完全根据人物性格,所以对话,即便谈的是情节中最微不足道的细枝末节,也都自然而然地升华为诗。在洋洋洒洒的戏文中,姑且举下面一段为例。罗马人马蒂乌斯征服了雅典——征服了一切,就是没有征服雅典公爵索福克勒斯和他的妻子朵丽根的不可战胜的精神。后者的美燃起了马蒂乌斯一腔烈火,他便设法拯救她的丈夫;尽管索福克勒斯得到保证:只说一句话就可以免他一死,可是他不肯苟全性命,于是两人要被双双处决。

  瓦莱里乌斯 向你的妻子告别吧。
  索 不,我不想告别。我的朵丽根,
    那边,上面,阿里阿德涅的王冠周围,
    我的幽魂将为你盘旋。请你快些。
  朵 别动,索福克勒斯——用这个蒙住我的视线;
    不要让温柔的天性有丝毫改变,
    失去她那女性的博爱仁慈,
    使我看着夫君热血横流。这就对了;

在我的索福克勒斯面前,天底下
　　　再没有一件东西我愿意看见:
　　　永别了;现在教罗马人怎样去死。
马　你知道不知道什么是死?
索　你不知道,马蒂乌斯,
　　　因此也不知道什么是活;死
　　　就是开始活。它就是结束
　　　一件陈旧劳累的工作,去开始
　　　一种更新更好的事业。它就是离开
　　　骗子恶棍,奔赴一个神灵和善良
　　　组成的社会。你自己最终会失去
　　　你的一切花环、欢乐和胜利,
　　　证明你的刚勇将会干什么。
瓦　难道这样丧生不悲哀也不苦恼?
索　把我送到我最爱戴的人那儿去
　　　我为什么应当悲哀,应当苦恼?
　　　现在我要跪下,只是背对着你;
　　　这是这个皮囊对众神能尽的最后职责。
马　罢,罢。瓦莱里乌斯,
　　　否则马蒂乌斯的心就会跳出他的嘴,
　　　好一个堂堂的男子,不凡的女子!吻你们的主吧,
　　　像往常一样自由自在地生活去吧。
　　　爱啊!你用善与美加倍地折磨我。
　　　背信弃义的心啊,你还没有
　　　解开这个虔诚的疙瘩,我的手
　　　就要把你投入我的骨灰瓮。
瓦　什么事使我的兄弟苦恼?
索　马蒂乌斯啊,马蒂乌斯,
　　　现在你发现了一个战胜我的方法。
朵　罗马之星啊!什么样的感激能说出

> 合适的话去遵循这样的行动?
>
> 马　瓦莱里乌斯,这位可敬的公爵
> 　　由于蔑视命运,蔑视死亡,
> 　　虽然身为阶下囚,反而囚禁了我,
> 　　虽然我的臂膀抓获了他的肉体,
> 　　他的灵魂却征服了我的灵魂。
> 　　天哪,我想他整个儿都是灵魂;
> 　　他没有肉,精神却是锁不住的;
> 　　所以我们什么也没有征服;他自由了,
> 　　而马蒂乌斯现在却走进了囚牢。

我一时记不起最近几年刊行的什么诗歌、戏剧、布道文、小说或演说具有这种格调。我们只听得长笛和哨笛声不绝如缕,却难得听见激越的横笛声。然而,华兹华斯的《劳达米亚》《狄翁颂》和一些十四行诗还有某种高尚的音乐;司各特有时会大笔一挥,画出以伯里的贝尔福为原型的伊凡代尔勋爵那样的肖像。托马斯·卡莱尔天生就喜欢雄健勇敢的性格,因此决不让他所喜爱的人物的英雄性格从他的传记和历史画像中漏掉。再早一些,罗伯特·彭斯已经给了我们一两首歌。在《哈里安杂集》中,有一篇对吕岑战斗的描述,很值得一读。西蒙·奥克利的《撒拉逊人史》以十分赞赏的语气记述了个人英勇的种种壮举,叙述者的敬仰之情更是溢于言表,他似乎认为他在基督教的牛津大学所处的地位需要他对不得人心的东西作一些适当的抗议。然而,如果我们探索一下英雄主义的文学,我们就会很快想到普鲁塔克,他是英雄主义的学者和史家。亏得他,我们才有《布拉西达斯传》《狄翁传》《伊巴密浓达传》《大西庇阿传》,我必须认为,我们从他那里所受的益比从所有的古典作家那里所受的都多。他的每一篇传记都是对我们的宗教和政治理论家的委靡和怯懦的驳斥。一种骁勇,一种不带门户之见的有血性的斯多葛主义,在每一件逸事中都放射出光芒,而且使该书万古流芳。

比起政治学书籍、私人经济书籍,我们更需要关于这种尖刻的起导泻作用的美德的书籍。只有对智者,人生才是一件喜事。从谨慎的角落和炉边望去,它显得褴褛而危险。我们的先辈和同时代人违反了自然法则,我们因此要代人受过。我们周围的疾病和伤残证明了对自然法则、思想法则、道德法则的违犯,而且往往一犯再犯,滋生出那种复合的灾难。牙关紧闭症使一个人的头向后弯到脚踵上,狂犬病使他向老婆孩子狂叫,精神错乱叫他吃草;战争、瘟疫、霍乱、饥荒,显示了自然的一种残忍。它由人的罪恶引进来,同样也必须由人的灾难排出去。不幸的是,没有在某种程度上亲自参与罪恶,因此应该与他人共同赎罪的人并不存在。

因而,我们的文化切不可忽视对人的武装。让他及时听到:他是战乱中出生的,全体国民和他自己的福利要求他不要到和平的草地上去跳舞,而应当胸有成竹、泰然自若,既不蔑视,也不害怕雷霆,让他把声誉和生命都掌握在自己的手里,敢于温文尔雅地以绝对真诚的交谈和正直的行为面对绞架和暴民。

对于这一切外在的恶,人在内心深处采取了一种好战的态度,并且证实了他单枪匹马对付百万敌军的能力。灵魂的这种好战态度我们称之为"英雄主义"。它最原始的形式就是藐视安逸,这就构成了战争的魅力。它是一种轻视谨慎约束的自信,自信有充足的能力弥补它可能蒙受的损害。英雄就是那样的一种平衡的心灵,任何骚扰都动摇不了他的意志,可以说只是欢天喜地地在自己的乐曲声中前进,在惊慌万状的情况下和普天狂欢的环境里都是一样。英雄主义有一种不可理喻的东西;有一种并不神圣的东西;它似乎并不知道别的灵魂跟它气质相同;它骄傲;它的个性极强。尽管如此,我们必须把它奉若神明。在伟大的行动中,有一些不允许我们寻根究底的东西。英雄主义只能感受,却决不论理,因而它总是正确的;虽然一种不同的教养、不同的宗教和一种更大的智力活动本会更改,甚至逆转特定的行动,然而对英雄来说,他的所作所为就是至高无上的行动,它不允许哲学家和神学家加以非难。英雄主义是未受过教化的人的声明,他说他在自己身上发现了一种品质:它对消费,对健康,对生命,对危险,对仇恨,对非难都置之度外,只知道他的意志比一切实际存在的和可能存在的对手更高尚,更卓越。

英雄主义和人类的声音相矛盾,一度也和伟大善良的人们的声音相抵触。英雄主义就是对一种个性的秘密冲动的服从。它的智慧别人看到的跟他看来的绝不相同,因为每一个人在自己的道路上总应当比别人看得远一些。因此正直聪明的人对他的行为非常气愤,过了一段时候,他们才看见他的行为跟他们的如出一辙。所有谨慎的人都看到:行动和一种感觉的成功完全相反;因为每一种英雄行为衡量自己的标准就是它对某种外在的善的藐视。然而它最终找到了自己的成功,到那时,谨慎的人们也啧啧称羡了。

自信是英雄主义的精髓。它是灵魂交战时的状态,它的终极目标就是极大地蔑视虚伪和邪恶,有能力承受恶势力所施加的一切灾难。它说真话,它公正、慷慨、好客、温和,瞧不起斤斤计较,也瞧不起被人瞧不起。它锲而不舍,它无所畏惧,它不屈不挠。它挪揄的是日常生活的渺小。它讥笑那种迷恋健康和财富的假谨慎。英雄主义,就像普罗提诺一样,几乎对自己的肉体也感到羞愧。蛋蛋糖、翻绞绞、梳妆打扮、问候恭维、拌嘴打牌、牛奶蛋糊,这一切都绞尽了全社会的脑汁,英雄主义对这些有何置评呢?仁慈的大自然给我们这些可爱的生物提供了多大的欢乐啊!伟大与卑贱之间似乎没有间隔。精神如果不是世界的主人,就成了它的弄人。然而小人物天真无邪,受大人物的戏弄,一头栽进去,还信以为真,生下时红扑扑,死去时灰沉沉,又要精心打扮,又要注意健康,又要沾取玉食醇酒,还要一心扑到一匹马和一杆枪上,叫人灌上几口迷魂汤或者戴上两顶高帽子就沾沾自喜,所以对那样一本正经的胡闹,伟大的灵魂不禁要哑然失笑。"这种卑贱的思想,真的已经使我厌倦了我的高贵地位了。要记住你有几双丝袜:一双是你现在穿的,还有一双本来是桃红色的;或者你有几件衬衫,哪一件是穿着出风头的,哪一件是家常穿的。这对于我是多么丢脸的事啊!"[1]

---

[1] 参见《亨利四世》第 2 幕第 2 场,第 13—19 行。

老百姓由于按照算术法则思考问题,因此就考虑在自己炉边接待生人的诸多不便,仔细估算浪费的时间和这样大肆摆阔所造成的损失。品质较好的灵魂把不合时宜的精打细算塞回人生的地窖里,说道:我愿服从上帝,以及他愿意提供的牺牲和炉火。阿拉伯地理学家伊本·豪克尔这样描述布海里耶的粟特极端好客的一种豪举:"在粟特时,我看见了一个大建筑物,仿佛是一座宫殿,几个大门敞开着,门扇拉到后面用大钉子钉在墙上。我问这样做是为什么,人们说,这座房子昼夜不关门,已经有100年了。陌生人随时可以光临,人数不限;主人准备了丰盛的食物专门款待来客和他们的牲口。如果他们逗留一段时间,他就再也高兴不过了。我在任何别的地方都没有见到过这种情况。"慷慨大度的人清楚地知道:谁给陌生人给时间,给金钱,给住房——这样做是为了爱,不是为了炫耀——谁就在某种程度上使上帝欠了他们的情,因为宇宙的补偿是不折不扣的。他们似乎失去的时间又以某种方式赎回来了。他们似乎付出的辛苦也以某种方式得到了报酬。这些人煽起了人类爱的火焰,在人类中间提高公德的标准。然而好客必须是为了效劳,而不是为了装潢门面,否则它就拆了主人的台。勇敢的灵魂把自己估价太高,因此就不必借助锦衣玉食、灯红酒绿来抬高自己了。它给了它所拥有的东西,它所拥有的一切,然而它自己的威严给粗茶淡饭增光添彩,使城市盛宴也黯然失色。

英雄的节制出自同一愿望,即不给他的光辉形象抹黑。然而他所爱的是节制的风雅,不是它的严厉。故作严肃,含着苦涩之情斥责吃肉、喝酒、抽烟、吸食鸦片、饮茶、着丝、戴金,似乎并不值得。伟人似乎不大了解怎么吃饭穿衣;然而由于不受拘束,不循规蹈矩,他的生活是自然的,富有诗意的。印第安传教士约翰·艾略特喝的是水,关于酒他是这样说的:"那是一种质量高超、气味浓郁的酒,我们应当虚心地感谢它,不过我记得,先有水,尔后才有酒。"大卫王的节制更胜一筹,他把3名勇士冒着生命危险送来让他喝的水倒在地上祭祀了上帝。

传说布鲁图在腓利比战役后拔剑自刎时引用了欧里庇得斯的

一句诗:"美德呀,我终生都追随着你,最后我才发现你只不过是一个影子。"我并不认为这句话辱没了那位英雄。英雄的灵魂并没有出卖它的正义和高尚。它不要求吃得好,睡得暖。伟大的本质就在于觉察到德行,这就足够了。贫困是它的装饰品。它不需要充足,却能很好地容忍自己的损失。

然而,在英雄阶层中,最叫我喜爱的还是他们表现出的愉快和狂欢。受苦受难和庄严地挑战,那是一种普通职责完全可以达到的高度。然而这些罕见的灵魂把见解、成功、生命看得那样不值钱,所以它们不愿意祈求,或表示悲伤,以此来抚慰他们的敌人,而是表现出他们惯有的伟大。西庇阿被指控侵吞公款,他拒绝蒙受这奇耻大辱,去等待辩护,虽然他手里拿着账本;而是在护民官面前把它撕得粉碎。苏格拉底判罚自己终生在普吕坦内安享受一切礼遇。①而托马斯·莫尔爵士则在绞刑架下谈笑风生,这都具有同一种情调。在波蒙和弗莱契的《海上旅程》中,朱莱塔给那勇敢的船长和他的同伴说:

  朱 哎,奴隶们,我们有权绞死你们。
  船长 很有可能,
    不过我们有权被绞死,也有权藐视你们。
真是回答得滴水不漏。戏谑是健全的体魄的花朵和光辉。伟人不愿意屈尊去认真对待任何东西;一切必须像一只金丝雀的歌声一样欢快,虽然千百年来建设城市,或者清除古老愚蠢的教堂和国家一直给大地造成累赘。单纯的心把这个世界的一切历史和习俗抛在身后,全然不顾世界上的清规戒律,一心玩他们自己的游戏;这种情况是会出现的,如果我们在幻想中能看见人类集合起来,像小孩子那样尽情嬉戏的话;不过在全人类的心目中,他们穿着一件功绩和影响的威严、庄重的服装。

---

  ① 见柏拉图《申辩篇》第 36 页。苏格拉底表示他不该被处以死刑,而应受到国家的无偿供养。"普吕坦内安"原为雅典人专为元老院成员、外国使者与国家功臣设立的公共食堂。

这些精彩的故事给我们的兴趣,一部传奇对于在学校里双手把那本禁书捧在课桌下面偷看的男孩子的魅力,我们对英雄的喜爱,就是正对我们脾胃的主要事实。这一切伟大而超绝的特性都是我们的。如果我们在观察希腊活力、罗马自豪时感到一种恢弘之气,那是因为我们已经在培育同一种情操。让我们在我们小小的住宅里为这位伟大的客人找个房间吧。赢得敬重的第一步将是解除我们对地方和时代,对数量和大小的迷信。为什么雅典人、罗马人、亚细亚、英格兰这些词总在耳际回响?心在哪里,缪斯就在哪里,诸神就在哪里逗留,并不在什么名乡胜地。马萨诸塞州,康涅狄格河,波士顿湾,你认为是卑末之地,外国和古典地理志上的名字更加悦耳动听。然而我们就在这里;如果我们愿意逗留片刻,我们就会知道这里就是最好的地方。只是你务必呆在这里——那么艺术和自然、希望和命运、朋友、天使以及上帝,决不会离开你坐的房间。伊巴密浓达勇敢而多情,在我们看来似乎并不需要死在奥林帕斯山上,也不需要叙利亚的阳光。他就安安稳稳地躺在他所在的地方。泽西就是块美丽的地方,完全适宜于华盛顿迈步,伦敦的街道也适宜于弥尔顿落脚。伟人使自己的气候在人们的想象里显得宜人,使空气成为一切娇嫩的精神所喜爱的元素。哪里有最高尚的心灵居住,哪里就是仙境。在阅读伯里克利、色诺芬、哥伦布、拜亚尔、锡德尼、汉普登的事迹时,脑海里就充满了一幅幅画面,这些画面教导我们:我们的生命是多么卑微,只有借助于我们生活的深度,我们才应当用胜过王室或国家的光彩来装饰它,我们终生都应当按照使人和自然感兴趣的原则来行动。

我们已经看见或听到许多卓越不凡的青年,他们从来都不成熟,或者他们在现实生活中的表现并不是卓尔不凡的。当我们看见他们的风度仪态,当我们听到他们议论社会、评论书籍、谈论宗教时,我们对他们的高明敬仰不已,他们似乎对我们全部的政治形态和社会状况都嗤之以鼻;他们的语气是一个被派来发动革命的青年巨人的语气。然而他们却开始从事一种活跃的职业,于是,那正在成形的巨人便缩成常人的个头。他们过去使用的魔法是一些理想的倾向,这些倾向总使实际倾向显得荒唐可笑,然而他们一把他们太阳似的骏马驾到犁沟里犁地,那粗鲁的世界就报复了。他们找不到榜样,找不到同伴,便心怯了。那是怎么回事呢?他们在最初的渴望中提出的教训还是真实的;一种更大的勇气和更纯的真理总有一天会构成他们的信仰。否则为什么一个妇女要把自己比做任何一个历史名媛,并且认为:因为萨福、塞雷尼夫人、史达尔夫人,或富于天才和教养的隐居的灵魂们,都没有满足想象和性情宁静的正义女神忒弥斯,那就没有人能满足了——当然她也不能。为什么不能呢?因为她有一种新的未经尝试的问题需要解决,也许是开过花的最快乐的天性所具有的问题。让那带着高昂的灵魂的少女宁静地走她的路,接受每一个新的经历的暗示,轮流求索引她注目的一切事物,这样她就可以了解她的新生存的魅力,那就等于在空间的幽深地带照进了一线新的曙光。那姣美的女郎果断、高傲地选择影响,从而排除了干扰,她对讨好置之不理,又任性,又高尚,用她自己的高尚品质激励每一个看见她的人。默默无言的心在鼓舞着她;朋友啊,千万不要见了恐惧就降帆!乘风破浪进港吧,要不就跟上帝一起扬帆航海。这样,你就不会白活一场,因为每一个人匆匆一瞥这种景象就会为之欣喜,顿时变得高雅起来。

英雄主义的特征就是锲而不舍。人人都会心血来潮,慷慨一阵子。然而当你选好了你的角色,那就承担它的后果,不要打算当个软骨头与世无争。英雄不会是平庸之辈,平庸之辈当不了英雄。然而我们在一些行为中有期望人们同情的弱点,这些行为的优点就是它们超越了同情,求助于一种迟缓的正义。如果你愿意替你的兄弟效劳,因为你适合为他效劳,那么,当你发现谨慎的人不赞扬你时,不要收回你的承诺。坚持你的行动,如果你干了什么奇怪、越轨的事情,打破了一个循规蹈矩的时代的单调,要表示庆幸。我曾经听到有人对一个年轻人做过这样一句高明的规劝:"永远做你害怕做的事。"一个单纯、刚毅的性格永远不需要道歉,而应当以福西翁那样的冷静对待他过去的行动,福西翁承认战事是快乐的,然而并不后悔他劝阻过战斗。

在思想中没有我们无法安慰的弱点或揭露——这是我的性格的一部分,是我跟我的同类的关系和职责的一部分。难道自然跟我立约:我应当永远一帆风顺,永远不出洋相?让我们不仅对我们的金钱慷慨,对我们的尊严也要慷慨。伟大永远乐于接受意见。我们讲我们的慈善,不是因为我想为此而受到赞扬,不是因为我们认为它具有伟大的功绩,而是为了证明我们的行为正当。如果另外一个人宣扬他的慈善,你就发现,那是一个极大的错误。

老实说,甚至相当严肃地说,过一种严格有节制的生活,或者极端慷慨的生活,似乎是一种普通的和善性情要派给那些安逸富足之辈的苦行主义,以表示他们感到跟千千万万的受苦受难者有一种兄弟之情。我们不仅需要承担禁欲、债务、孤独、不受欢迎等造成的不良后果,从而活动、锻炼灵魂,而且聪明人也应当以大胆的目光窥探有时侵害人们的更罕见的危险,也应当使自己熟悉形形色色讨厌的不安,熟悉咒骂的声音和横死的景象。

英雄主义的时代一般是恐怖的时代,然而这种要素可能不起作用的日子永远也不会出现。我们说,人的处境此时此地也许比以往任何时候更能使英雄有用武之地。文化方面有了更多的自由。现在越出舆论的常轨一步,并不会有刀斧之祸。然而英雄志士在初试锋芒时总会发现危机重重。人类的美德需要她的斗士和殉道者,迫害的磨炼总是在继续进行。勇敢的洛夫乔伊①为了言论自由的权利以胸膛抵挡暴徒的子弹,在最好不要活下去的时候死去,这仅仅是不久以前的事。

我认为一个人能走的康庄大道莫不是受他自己心声的指引。让他放弃过多的联系,让他经常回家,在他所赞同的进程中站稳脚跟。在默默无闻的职责中不断保持单纯、高尚的情操,这样做正在把性格锻炼成这样一种气质:如有必要,它愿意在骚乱中或绞架上

---

① 埃利亚·洛夫乔伊:废奴主义出版家,于1837年被拥护奴隶制的暴徒杀害。

光荣地工作。人们遭受过的暴行也许会再次降临到一个人头上;而且,如果出现任何宗教堕落的迹象,在一个共和国也非常容易。肆意诽谤、火刑、私刑、绞刑,青年人很容易心领神会,而且怀着何等甜蜜的心情,他还可以随意询问:每当把他的见解宣布为煽动性就可以取悦以后的报纸和足够数量的邻人时,他很快就可以确立他的责任感,勇敢地面对那一类惩罚。

看到一种受约束的天性是多么快地面对怨恨的最大的打击,就可以平息最敏感的心里对灾难的忧虑。我们很快靠近一个敌人不能追击我们的河边。

"让他们乱语胡言:
你悄悄地在坟墓里安眠。"①

在我们对未来蒙昧无知的黑暗中,在我们对更高昂的声音听而不闻的时刻里,谁不羡慕那些看见自己坚忍不拔的努力已经大功告成的人呢?华盛顿早已被裹在尸布里,永远平安了;他被舒舒服服地安置在坟墓里,在他身上,人类的希望尚未被征服。凡是看见我们的政治卑鄙的人谁不暗自替华盛顿庆幸呢?那些善良勇敢的人将不再遭受自然界骚动之苦,而是怡然自得地等待着尽快能亲自与有限的大自然交流,对这样的人有时候谁不表示羡慕呢?然而宁肯被消灭也不愿做叛逆的爱已经使死亡成为不可能,并且证明自己长生不朽,而且是绝对、不灭的存在的深处的一个土著。

---

① 参见丁尼生的《挽歌》。

谈伟人

相信伟人是天经地义的事。如果我们孩提时的朋友竟然成了英雄,他们的景况俨然像个帝王,那也不会使我们惊奇。一切神话都以半神半人开始,事件高尚而富有诗意;也就是说,他们的天才是至高无上的。在乔答摩①的传说中,最初的人吃的是土,而且发现土非常好吃。

大自然似乎专门为优秀人物而存在。世界是由好人的诚实所维持的,他们使大地变得有益。跟他们生活在一起的人发现生活快乐而富有滋养。只有我们相信那样的社会时,生活才显得甜蜜,可以忍受。在实际上,在理想中,我们都设法和优越的人生活在一起。我们给孩子和地方起名字就用的是他们的名字。他们的名字被用作语言中的动词,我们家家户户都有他们的作品和肖像,当代的每一件事情都让人回想起他们的一件轶事。

追求伟人是青年的梦想,是成年最严肃的事业。我们不远万里到外国去找伟人的作品——如有可能,还想一睹他的威仪。然而,我们却被命运敷衍过去了。你们说,英国人讲求实际;德国人殷勤好客,西班牙的巴伦西亚气候宜人;美国的萨克拉门托山里有金子可采。不错,然而我不愿千里迢迢去找舒适、富有、好客的人,明朗的天或价值连城的金锭,可是如果有什么磁铁能指出那些内在富有、强大的人所在的地区和住宅,我宁肯倾家荡产把它买来,而且今天就上路。

由于他们的信誉,人类才得以发展,知道在该城里有一个人发明了铁路,这就提高了全体市民的声誉。然而人口太多,如果他们

---

① 释迦牟尼的姓。

都是些乞丐,那就令人讨厌,就像流动的奶酪,像一堆堆的蚂蚁或跳蚤——人越多,事情越糟。

我们的宗教就是对这些恩主的爱戴。寓言故事中的神灵就是伟人们最光彩的时刻。我们把我们所有的器皿都投进一个模子。我们的犹太教、基督教、佛教、伊斯兰教的庞大神学就是人的心灵的必要的、建设性的活动。学历史的学生就像一个走进一座货栈买布料和地毯的人,他以为他有了一种新货色。如果他走进了工厂,他一定会发现他的新货色仍然重复着底比斯金字塔内墙上的漩涡饰和圆花饰。我们的一神论就是人的心灵的净化。除了人,人什么也不会画,什么也不会做,什么也不会想。他相信伟大的物质成分来自他的思想。而我们的哲学发现了一个集中或分散的本质。

如果现在我们开始探察我们从他人那里得到了些什么样的帮助,我们必须当心现代研究的危险,尽量从低处开始。我们切不可与爱作对,也不可否认他人的实际存在。我不知道我们会遇到什么事情。我们有社会的力量,我们对他人的爱创造出一种优势或价值,那是什么也提供不出来的。我可以借助于另一个人做我一个人不能做的事。我可以给你说我起初无法对自己说的话。他人就是一些透镜,我们通过它们了解到我们自己的心灵。每个人都在追求跟他自己的品质不同的人和另外一种好处;也就是说,他追求他人和最不相同的东西。天性越强,它就越容易反应。让我们谈纯粹的品质。一点点天才我们先别管。人与人之间的一个主要区别就是他们是否关照自己的事务。人就是那种高贵的内生植物,像棕榈一样,从内向外生长。他自己的事务,虽然别人不可能办到,他却能够干得敏捷、轻松。对糖来说,甜是容易的,而对硝石来说,咸是容易的。我们煞费苦心地拦劫、诱捕自动落入我们手中的东西。谁生活在一个更高的思想境界,我们就把谁看作伟人,因为别人升入这种境界真是难于登天;他只不过眼睛一睁,就把事物看得非常真切,了解到它们广泛的关系,而别人必须辛辛苦苦地更正,谨防失误。他对我们的帮助就属于类似的情况。一个美人不费吹灰之力就把她的形象描绘在我们的眼帘上;然而那种恩惠多么光彩照人!一个聪明的灵魂把他的品质传达给他人也同样不费功夫。每个人都能把他的最拿手的事干得最容易。"Peu de moyens, beaucoup d'effét."①谁来自自然,从来没有使我们想到他人,谁就是伟人。

然而他必须跟我们发生关系,我们的生活必须从他那儿得到某种解释的许诺。我说不上我会知道些什么;但是我已经观察到有这样一些人:他们用他们的性格和行动回答了我没有能力提出的问题。一个人回答了他的同时代人提不出的某个问题,他就被孤立起来了。过去和现行的宗教和哲学回答了另外的某个问题。有些人使我们觉得前程无限,然而对于他们自己,对他们的时代却毫无帮助——也许是某种在空中发号施令的本能的游戏——他们不能迎合我们的需要。然而伟大的人物却近在眼前;我们一看见,就认识他们。他们满足了期望,而且正中下怀。好的东西总是有效的,有生殖能力的;能为自己准备空间、食物和伙伴。一只健全的苹果产生种子——一个杂种却产生不了。如果人能各得其所,他就是建设性的、有繁殖力的、有吸引力的、湮没一切的大军,有目的,也能实现。河造就了自己的岸,每一种合法的观念造成了自己的渠道和人们对它的欢迎——提供食物的收获,表达的体制,作战的武器,解释它的信徒。真正的艺术家有行星为他作基石;冒险家经过了多年的奋斗,占有的东西还没有自己的鞋子宽大。

我们普通的议论重视高级人物的两种作用或帮助。直接的给予符合人们的早期信仰,直接给予物质或形而上学的援助,如给予健康、青春永驻、敏锐的感官、医术、魔力和预言。孩子们相信有一位老师可以把智慧卖给他们。教会相信让来的功绩。然而,严格地讲,我们并不太了解直接的帮助。人是内生的,教育就是他的展现。我们从他人那里得到的帮助,同我们身上的自然发现相比,

---

① 法语:事半功倍。

是呆板的。这样学到的东西在行动中是令人愉快的,效果是显著的。正确的伦理道德是中心,从灵魂向外发展。天赋跟宇宙法则背道而驰。帮助他人就是帮助我们自己。我必须私下里开脱自己。"关照你自己的事情,"精神说,"花花公子,你要搅和天空还是搅和他人?"间接的帮助则被遗弃了。人们具有一种图画似的或代表性的品质,并且用智能帮助我们。伯麦和斯维登堡看到事物是代表性的。人也是代表性的;首先代表事物,其次代表观念。

就像植物把无机物转化成动物的食料一样,每个人都把自然界里的某种原料加以转变,供人使用。火、电、磁性、铁、铅、玻璃、亚麻布、丝绸、棉花等的发明者,工具的制造者,10进记数法的发明者,几何学家,工程师,音乐家——分别给大家在未知和不可能的混乱中闯开了一条康庄大道。每个人都通过秘密的近似与自然的某一领域发生关联,他就是这一领域的代理人和解说人,如林耐是植物的,休伯是蜜蜂的,弗里斯是地衣的,范·蒙斯是梨的,道尔顿是原子形态的,欧几里得是线段的,牛顿是流数的。

对于大自然来说,一个人就是一个中心,他把关系的线贯穿到每一件事物当中去,液体的和固体的,物质的和元素的。地球在旋转;每一块泥土和岩石都来到了子午圈,同样,每一个器官、功能、酸、水晶、尘埃,都跟大脑有关。要长期等待,但总会轮到它的。每一种植物都有它的寄生物,每一种创造出来的事物都有它的爱好者和诗人。已经对蒸气、铁、木头、煤、磁石、碘、粮食、棉花作出了公平的对待,然而我们的技艺所利用的物质还是多么少啊!大量的生物和性质仍然隐藏着,期待着,就像童话中着了魔的公主一样,仿佛每一种都在等待一个注定的解救人。每一种必须解除魔力,具有人的模样,有个出头之日。在发现史上,成熟的、潜伏的真理似乎为自己制造了一个头脑。一块磁石在一般的心灵能够接受它的力量之前,必须按某个吉尔伯特、斯维登堡,或奥斯特的样子创造成人。

如果我们把自己限制在最初的利益上,那么一种庄重的恩惠就依附着矿物和植物界,它在鼎盛时刻,是作为自然界的魅力出现的——晶石的闪光,亲和力的肯定,角的精确。光明与黑暗,热与冷,饥饿与食物,甜和酸,固体、液体和气体,就以一种欢乐的花环围绕着我们,并且用它们令人愉快的争吵,消磨了人生的时光。眼睛每天都在重复着对事物的最初颂歌——"他看见它们都很好"。我们知道到哪儿去找到它们;这些表演者小小地经历了一番假装的竞赛后,更加被人喜爱了。我们也有资格享受更高的利益。科学缺乏某种东西,直到它被赋予人性为止。对数表是一回事,而它在植物学、音乐、光学、建筑当中的重要作用又是另一回事。数字、解剖学、建筑、天文学上的有些进步,起初很少察觉,后来与智慧和意志联为一体,就上升到生活中来,并且在会话、性格、政治中再现出来。

不过这种情况后面再谈。现在我们只讲一讲,我们与它们在它们自己的领域内结识的情况,讲一讲它们好像在怎样迷惑、吸引某个天才终生都致力于一件事情。可能的解释就是观察者与被观察的事物具有同一性。每一种物质的东西都有它神圣的一面;都可以通过人类转化到精神和必然的领域,在那里它就跟别的东西一样发挥一种颠扑不破的作用。万物不断升华,就是要达到这样的一些目标。气体聚集成固体的天空;一块化学物质到了植物那里,就会生长;到了动物那里,就会走路;到了人那里,就会思考。然而选区居民也决定了代表的选票。他不仅是代表,而且是参加者。同类只有同类知。他之所以了解他们,是因为他属于他们;他刚刚从自然脱胎出来,或者,刚刚不再是那一种事物的一个组成部分。有生命的氯气了解氯气,化为人身的锌了解锌。它们的特性造就了他的事业;他可以用各色各样的方法表露它们的功效,因为他就是由它们构成的。人是世界的泥土构成的,他并没有忘记他的出身;一切没有生命的东西总有一天要说话,要思考。未曾表露的自然将会让它的全部秘密讲出来。我们是不是可以说那座石英山会研成无数的维尔纳、冯布赫和博蒙;大气的实验室溶解了我不知道的所有的柏济力阿斯们和戴卫们?

这样,我们坐在炉火旁,却把握着地球的两极,这种类似的无处不在弥补了我们处境的愚蠢。在那些神圣的日子里,有那么一天,天地相连,互相装点,这样的一天我们只能过一次,似乎真是一种缺憾。我们真希望有1 000个头,1 000个身体,这样我们才可以用很多方式,在很多地方歌颂它那无限的美。这是想入非非吗?不,我们的代表的确把我们大大地增多了。我们多么容易地采用了他们的劳动!来到美洲的每一艘船用的航海图都是从哥伦布那儿得到的。每一部小说都受惠于荷马。每一个用刨子刨东西的木匠都借来了一个被遗忘了的发明家的天才。生活的四周都被科学的黄道圈包围着,这就是已经作古的人们的贡献,他们把他们的光点加给我们的天空。工程师、经纪人、法理学家、物理学家、道德家、神学家,每一个人,因为他有一点科学知识,所以就是我们状况的经纬的确定者和地图绘制者。这些铺路人无论在哪一方面都丰富了我们。我们必须扩大生活的范围,增多我们的关系。我们在古老的地球上发现一笔新财富的收获跟获得一个新的星球一样多。

我们在接受这些物质的和半物质的援助时太消极了。我们切不可做酒囊饭袋。每升高一步——通过我们的同情,我们就得到更好的帮助。活动是有传染力的。朝别人所看的地方看,跟同样一些东西交谈,我们就捕捉到了引诱他们的魅力。拿破仑说:"你切不可跟一个敌人作战次数过多,否则你会把你的全部战争艺术教给他。"多跟思想活跃的人交谈,我们很快就养成从同一个角度观察事物的习惯,在每一种场合,我们就预见到了他的思想。

人们之所以有益,是因为智能和感情在起作用。我发现另外的帮助是一种假相。如果你假惺惺地给我面包和火,我发现我为它付出了十足的代价,最后我的情况跟原来一模一样,没有见好,也没有见坏,然而一切精神与道德力量却是一种确实的好处。它从你那儿来,不管你愿意与否,却使你从来没有想到过的我受益。没有下新的决心,我甚至连哪一类的个人力量、巨大的表现力量都听不进去,我们渴望人所能做的一切。塞西尔是这样说沃尔特·罗利爵士的:"我知道他极能吃苦。"真是惊人之笔。克拉伦登对汉普登的描绘也如出一辙:"他具有最费力的工作也累不倒的勤奋和机警,具有最狡猾、最精明的人也骗不了的素质,具有一种与他的最好的素质完全匹配的个人勇气。"他是这样描述福克兰的:"他是那样严格地崇尚真理,所以要让他掩饰自己,就等于他允许自己偷窃。"我们阅读普鲁塔克不会不热血沸腾;我同意中国孟子的名言:"圣人,百世之师也……故闻伯夷之风者,顽夫廉,懦夫有立志。"①

这就是传记的教益,然而让死者打动像我们自己的伙伴那样的生者并非易事,因为他们并不一定名垂千秋。我从来没有想到过的那个人是干什么的呢?而在每个冷僻处都有人用神奇的办法援助我们的天才,激励我们。爱有一种力量,可以预言另一个人的命运胜过那人自己,而且可以大胆鼓励,使他坚持自己的工作。友谊具有什么品质,能像它对我们身上的任何德性所产生的崇高的吸引力么非凡?我们再也不会低估我们自己,低估人生。我们受到激励,要达到某个目的,铁路上挖掘者的勤奋再也不会使我们感到羞愧了。

在这一点下面,我想还有各个阶层的人向当代的英雄所表示的那种非常纯洁的敬意,从科里奥兰纳斯、格拉古到皮特、拉斐德、威灵顿、韦伯斯特、拉马丁。听听街上的呐喊声!人们把他看不够。他们喜爱一个人。这里就是一个首脑和一个骨干!多英俊的面孔!多美丽的眼睛!阿特拉斯式的肩膀,整个的仪态多么英武!驱动整台伟大机器的内在力量也不相上下!在人们的个人经验中,有些东西通常受到钳制和阻碍,充分表现这一切的这种快乐也更加高昂,它正是读者为文学天才感到欣喜的秘密。什么都是阻挡不了的。有足够的火熔化一座矿山。这种说法可以说把莎士比亚的主要优点传达出来了:他,而不是任何人,最懂英语,最能畅所欲言。然而这些畅通的表达渠道和闸门只不过是健康或幸运的体格。莎士比亚的名字使人联想到别的纯智性的恩惠。

元老院和君主们尽管有他们的奖章、宝剑、纹章,却没有把来自某种高度的思想传达给一个人,并且预测他的智慧那样的敬意。

---

① 见《孟子·尽天下》。

这种敬意在个人交往中一生难得遇到两次,天才却要不断表示出来;在 100 年内,如果经常满意,这种贡献就被接受下来。物质价值的指示者被贬成一种厨师和糖果师傅,却装出观念的指示者的样子。天才是超感觉地区的博物学家或地理学家,并绘制这些地区的地图;他把新的活动领域告诉我们,从而冷却了我们对旧事物的爱好。这些新领域立即被当作实在接受下来,我们已经在交流的世界仅仅是实在的表象。

我们到健身房和游泳池去看身体的力与美;而目睹各种各样的智力技艺会有同样的快乐和一种更高的效益;如记忆的诀窍,数学组合的技艺,巨大的抽象能力,想象的变化,甚至多样性,专一性。因为这些行为揭露了看不见的心灵的器官,而它们跟身体的各个部分一一呼应。因为,我们这样便进了一个新的健身房,学会用他们最真实的成绩来选择人,按照柏拉图的教导:"不用眼睛和其他感官的帮助,选择能够得到真理和存在的人。"在这些活动中,最重要的是想象力造成的筋斗、魔力和复活。一旦这一点觉醒了,一个人的力量似乎可以增加十倍或千倍。它打开了对不明情况的美妙的感觉,激发起了一种冒失的心理习惯。我们像火药的气体一样有伸缩能力,书中的一个句子,或者会话中脱口而出的一个词,解放了我们的想象,于是我们的头脑顿时沉浸在星系中,我们的双足踩到地狱的底上。而这种利益是实在的,因为我们有资格享受这些扩展,一旦超越了界限,我们就不再是可悲的迂夫子了。

智力的高级功能是这样密切关联,因此某种想象力通常在所有的杰出的心灵里出现,甚至在第一流的算术家心灵里出现,尤其是在具有直观思维习惯的深思博虑者的心灵里出现。这一个阶层为我们服务,因此他们能感知同一,也能感知反应。柏拉图、莎士比亚、斯维登堡、歌德从来不会对这些法则闭上眼睛。对这些法则的知觉就是一种心灵仪,渺小的心灵之所以渺小,就因为看不见这些法则。

甚至这些技艺也有过火的时候。我们对理性的爱好蜕化为对先驱的盲目崇拜。尤其在一个条理性很强的心灵已经指导我们的时候,我们就发现了压迫的实例。亚里士多德的统治权威,托勒密的天文学,路德、培根、洛克的声望——在宗教中,教阶组织的历史、圣徒的历史,还有以创建者的名字命名的派别,都非常切题。唉!每个人都是那样的一个受害者。人的低能总是招致了力量的厚颜。庸才的乐趣就是使观望者觉得眼花缭乱,扑朔迷离。然而真正的天才却设法保护我们,不要受它的伤害。真正的天才不会使人贫困,而会使人解放,并增加新的感受。如果我们村里来了一个聪明人,他会在跟他交谈的人们身上创造出一种新的财富意识,办法就是让他们睁开眼睛看到尚未观察到的好处;他会创造出一种稳定的平等感,让我们放心:我们不会受骗;因为每一个人都会觉察到状况的制约和保证。富人会看到他们的错误和贫困,穷人会看到他们的出路和财力。

然而,自然在适当的时候就造成了这一切。循环是她的良方。灵魂对大师们失去了耐心,渴望着变化。管家们是这样说一个很有价值的用人的:"她跟我一起生活得够久了。"我们是倾向,或者更确切地说,是征兆,谁都没有完成。我们接触一下就走,呷着许多生命的泡沫。循环是自然法则。当自然除去一个伟人时,人们望遍天涯,寻找一个继承人;然而,后无来者。他这一类人跟他一起同归于尽了。在另外一个截然不同的领域里,下一个人会出现;不是杰弗逊,不是富兰克林,而现在是一个伟大的推销员;而后又是一个道路包工头;后来又是一个研究鱼类的学生;再后来又是一个猎野牛的探察者,或者是一个半野蛮的西部将军。这样我们便挺身而出,反对我们的更加粗鲁的大师了;然而与佼佼者作对就有一个更好的补救办法。他们交流的力量并不是他们的。当我们被理念高高举起时,我们并不把此事归功于柏拉图,而是归功于理念;因为柏拉图也是它的受惠者。

我们千万不要忘记我们欠了一类人的特别情义。人生是一把刻度尺。在一级一级的伟人之间存在着巨大的差距。古往今来,人类都使自己从属于少数人,这些人或者由于他们所体现的那种观念的性质,或者由于他们广容博收,所以有资格占据领袖和立法者的地位。这些人教给我们本性的特点——允许我们进入事物的构造。我们日复一日,在一条虚幻的河上游泳;对空中的楼阁和城镇喜不自胜,我们周围的人们都容易受它们的愚弄。然而生活是一种诚挚。每当清醒的时候,我们就说:"给我打开一扇进入实在的门;愚人帽我已经戴得太久了。"我们将会知道我们的经济和政治的意义。把阿拉伯数字给我们,如果人和事都是一种天乐的总谱,让我们把曲调谱出来。我们的理性已被骗走;然而还有的是头脑清醒的人,他们享受着一种富裕的、相关的生活。他们知道的东西都是为了我们而知道的。每出现一个新的心灵,就会泄露自然的一个新的秘密,不到最后的一位伟人出世,《圣经》是不会合上的。这些人纠正了血气的谵妄,使我们体谅他人,把我们吸引到新的目标和力量上去。人类的崇拜把这些人选到至高无上的位置上。目睹一下每个城市、每个乡村、每家每户和每艘舰船里回忆他们的天才的无数雕像、绘画和纪念碑吧——

"我们的面前不断浮现他们的幽魂,

他们是我们的同宗兄弟,只是更加高尚;

睡榻上,餐桌旁,他们主宰着我们,

用的是好听的言词,俊美的面庞。"

怎样来说明观念的特殊裨益,即那些把道德真理引进到一般心灵中的人所作的贡献呢?我在一生中不断受到价目表的困扰。如果我在自己的花园里干活,修剪一棵苹果树,我感到怡然自得,所以能够把这一类的工作永远继续下去。然而我突然想到一天过去了,我把这种可贵的无关紧要的事情干完了。我到波士顿或纽约去,奔走自己的事务,这些事务要加紧干,一天的时光也很紧迫。我一想到为一种小小的好处所付出的这种代价就苦恼。我记得那张"驴皮"①,谁坐

---

① 巴尔扎克的小说《驴皮记》中描写有一张神奇的驴皮,上面刻着几句梵文:"要是你占有我,你就会占有一切,但你的生命也会属于我……对你的每一个欲望,我将随着你的生命同时缩小。"

在上面都应当有自己的欲望,然而为了一种愿望,就要失去一块皮。我去参加一个慈善家的会议。我尽力而为,眼睛还是离不开那只钟。然而,如果在这一群人中出现某个温文尔雅的人,他不大了解人或集会,不大了解卡罗莱纳或古巴,可是他宣布了一条处理这些具体事务的法则,因此给我证明了一种公道:哪个比赛的人作弊它就击败他,哪个人追求私利它就使他破产,并且通知我:无论在任何国家、时间或人类团体的条件下,我都享有独立,那个人就算解放了我;我才忘了那只时钟。我摆脱了痛苦的人际关系。我的创伤算是治好了。我理解我拥有了败坏不了的物品,因而我也变得不朽了。这里有一种贫富之间的激烈竞争。我们生活在一个市场上,那里只有那么多的小麦、羊毛、土地,如果我多得一些,别人势必少得一些。我似乎不破坏规矩就得不到任何好处。没有人对别人的高兴感到高兴,我们的制度就是一种斗争的制度,就是一种有害的优势制度。撒克逊民族的每一个人从小受教育要争第一。那就是我们的制度;一个人用他的竞争对手的懊悔、妒忌、仇恨来衡量他的伟大。然而在这些新的领域里却留有余地,这里没有唯我独尊,不会排除异己。

  我仰慕形形色色的伟大人物,既仰慕崇尚事实的人,又仰慕崇尚思想的人。我喜欢粗糙,又喜欢光滑,喜欢"上帝的鞭笞",也喜欢"人类的宠儿"。我喜欢恺撒一世,西班牙的查理五世,瑞典的查理十二世,英国金雀花王朝的理查,法国的波拿巴。我赞赏一个干练的人,一个称职的官员,船长,部长,议员;我喜欢一位稳如磐石的大师,出身高贵,富有,英俊,能言善辩,一身都是优点,魅力无穷,能把所有的人吸引过来,成为他的势力的追随者和支持者。刀剑与权杖,武力或文治,在开展世界的事业。然而如果一个人引进了这种理性的成分,不顾人的情况;把这种敏锐的力量,不可抗拒的向上的势力,引进我们的思想,摧毁了个人主义,引进这种如此伟大的力量使当权者一钱不值,从而能够消灭自己,消灭一切英雄,我就发现他更加伟大。于是,他成了一位君主,把宪法交给了他的百姓;成了一位教皇,却宣扬灵魂的平等,不要他的仆人搞粗野的效忠;成了一位皇帝,却能够宽容他的帝国。

然而我打算比较详细地说明一下两三点贡献。大自然从来没有出让鸦片或忘忧药;然而凡是她在哪里用畸形或缺陷损害了她的造物,她就在伤痕上敷上大量的罂粟,受难者就高高兴兴地耗尽了生命,却不知道祸从中来,也无法看见它,尽管全世界每天都在对它指手画脚。那些卑劣的、令人讨厌的社会成员的存在本身就是一种公害,他们反而认为自己是世间备受虐待的人,永远也克服不了他们对同时代人的忘恩负义和自私自利表现出的吃惊。我们的星球不仅在英雄和天使身上,而且在流言蜚语的传播者和保姆身上都发现了它隐藏的善。把适当的惰性,那种保存、抵抗的能力,对觉醒或变化的愤怒,存入每一个造物,这难道不是一种稀罕的设计吗?自以为是完全与一个人的智力无关。就连衰弱透顶的老奶奶和一个做鬼脸的白痴也不会不利用仅剩的一星知觉和官能,还要因别人的荒唐而自鸣得意。跟我的区别就是衡量荒唐的尺度。没有一个人担心错了。使事物与这种最牢固的黏合剂沥青结合起来难道不是一种聪明的思想吗?然而在这种自我庆幸的笑声中,某一个身影从旁经过,就是忒耳西忒斯①也要深表爱慕之情。这就是应当给我们领路的那个人。他的帮助是没有止境的。没有柏拉图,我们几乎不再相信可能有一本讲理性的书。我们似乎只需要一本书,不过我们的确需要一本。我们喜爱结交英雄人物,因为我们的接受能力是无限的;而且同伟大人物在一起,我们的思想和作风也容易变伟大。我们大家都见识非凡,不过干劲不足。一群人中只不过需要一个聪明人,大家就都聪明起来了,传染是非常迅速的。

所以,伟大的人物是一种洗眼剂,可以根除我们目空一切的毛病,使我们能够看见别人和别人的成绩。但是还有全人类和古往

---

① 特洛伊战争中希腊军中一个丑陋而好谩骂的希腊士兵,为阿喀琉斯所杀。

今来都避免不了的邪恶和愚蠢。人们和他们的祖先相似,但跟同时代人更为相似。据观察:老夫老妻,或者在同一所房子里住了多年的人,都长得有些近似;如果他们生活得很久很久,我们就把他们区别不开了。大自然憎恶这样的一些殷勤:它们威胁着要把世界溶成一块,并急于瓦解那些感伤的黏结。同样的相似性也存在于一个城镇、一个教派、一个政党的人们之间;时代的观念弥漫在大气里,所有呼吸空气的人都受到感染。从任何一个高处俯瞰,这里的纽约市,那边的伦敦城,西方文明,就好像一团疯狂。我们互相勉励,通过竞赛加剧了时代的狂乱。防备良心谴责的盾牌就是普遍的习俗,或者我们的同时代人。另外,跟你的同伴一样聪明善良倒是非常容易的。我们并不费力气,几乎通过毛孔就从我们的同时代人那里了解到他们所知道的东西。我们是通过交感力捕捉到的,或者就像一个妻子达到了她丈夫的智力和道德高度一样。然而,我们停留在他们所停留的地方。我们很难再前进一步。伟大的人物,或者掌握自然、超越时尚的人,依赖他对普遍观念的忠实,把我们从这些联合错误中拯救了出来,保护我们免受同时代人的伤害。在千人一面的地方,他们就是我们需要的例外。一种外来的伟大是神秘教义的解毒剂。

这样,我们受到天才的滋养,我们跟同伴们谈话过多,现在恢复过来,为他指引我们的那个方向上的深刻天性而欢喜雀跃。一个伟人对于芸芸众生是一种多大的补偿啊!每一位母亲都希望有一个儿子是天才,其余的都应当是平庸之辈。然而伟人的影响过大却造成了一种新的危险。他的吸引力使我们偏离了自己的位置。我们已经变成了附庸,并且在智能上自取灭亡。啊!远处的地平线上有一个我们的助手——另外的一些伟大人物,新的品质、新的平衡力和对彼此的制约。我们吃腻了每一种伟大的蜜。每一位英雄最终都变成了一个讨厌鬼。也许伏尔泰心肠并不坏,可是他竟然这样说到善良的耶稣:"我求求你,别让我再听到那个人的名字。"他们对乔治·华盛顿的功德推崇备至——"该死的乔治·华盛顿!"却是那可怜的雅各宾党人的全部的讲话和批驳。然而那是人性必不可少的防卫。向心力增大了离心力。我们使一个人跟他的对手保持均势，状态的健全就取决于那种跷跷板。

然而，对英雄人物的利用却有一种迅速的限制。每一位天才受到保护，不能让大量不能利用的东西接近。他们非常吸引人，远远望去好像是我们自己的英雄，可是我们在四面八方都受到阻碍，无法接近。我们越受到吸引，反而越遭到排斥。在为我们所做的好事中有某种不坚固的东西。发现者为自己作出了最好的发现。这种发现对于他的伙伴来说，却具有某种不实在的东西，除非他也使它实体化了。好像上帝给他打发到自然界的每一个灵魂都穿上了无法转让给别人的美德和力量的衣服，如果打发它在存在的圆里再转一圈，他就在灵魂的这些衣服上写上："不可转让"，"仅限此行"。心灵的交流有某种骗人的色彩。边界是看不见的，可是却永不相交。给予的愿望是那样好，接受的愿望也是那样好，以致双方都有变成对方的危险；然而个性的法则集中了它的秘密力量，你是你，我是我，我们仍然是我们。

因为大自然希望每一件事物永远维持原状；而每一个个体却竭力要发展、排他，排他、发展，达到宇宙的极限，把自身的法则强加于他物，大自然坚定不移的目标却是保护每一个个体免受其他任何一个个体的伤害。每一个都有自卫能力。在这个世界上没有任何东西比个体用来防卫个体的力量更为显著的了，在这个世界上，恩人很容易变成恶人，一旦他把自己的手伸进不适当的地方；在这个世界上，儿童似乎完全受他愚蠢的父母的摆布；在这个世界上，几乎所有的成人都太富有社会性，太富有干涉性。我们谈到儿童守护神，很有道理。他们防止恶人混入，防止庸俗作风和思前想后，这是多么优越啊！他们把自己丰富的美洒到他们所见到的物体上，因此他们就不受我们成人这样蹩脚的教育者的摆布。如果我们吓唬、责骂他们，他们很快就置于脑后，并且得到了一种自助能力；如果我们纵容他们去干愚事，他们就知道了别的地方的限制。

我们不必害怕过火的影响。倒是允许有一种更加豁达的信任。为伟人们服务。别顾虑丢脸。要不遗余力。做他们身体的四肢，做他们口里的气息。放弃你的唯我独尊。只要你有所扩大，有所提高，谁还在乎这些呢？别在乎对鲍斯威尔主义①的奚落，忠心耿耿很容易比只防范自己衣裙的可怜的自尊伟大。做另外一个人：不做你自己，而做一个柏拉图主义者；不做一个灵魂，而做一名基督徒；不做一名博物学家，而做一名笛卡儿主义者；不做诗人，而做一名莎士比亚崇拜者。徒然，趋势的车轮不会停止，惰性、恐惧或自爱的一切力量不会把你固定在那里。向前，永远向前！显微镜在水中循环的纤毛虫中观察到一种单细胞生物，或车轮虫。不久，那动物身上出现了一个圆点，它立即扩大成一个裂缝，并变成了两个完善的动物。那种继续不断的分裂在一切思想中、在社会上也决不少见。孩子们认为没有父母他们就生活不下去。可是他们远远还没有意识到，那个黑点已经出现了，分裂已经发生了。现在任何一件小事将会给他们揭示他们的独立。

然而伟人——这里两个字是谤言。有没有等级？有没有命运？对德性的许诺情况如何？有思想的青年悲叹大自然的重孕。他说："你的英雄豪侠英俊；可是看看那边可怜的爱尔兰人，他的国家就是他的手推车；看看他的整个爱尔兰民族。"为什么广大群众有史以来就是充当炮灰，任人宰割？观念使少数领袖有了威严，他们也有感情，有见解，有爱，有献身精神；他们使战争和死亡成为神圣的事业。可是他们所雇佣、杀死的可怜虫们为了什么呢？人的贬值就是日常的悲剧。别人的低贱和我们的低贱一样都是一种实实在在的损失；因为我们一定要有社会。

如果说社会是一个裴斯泰洛齐式的学校：所有的教师和学生都轮换当，这是不是对这些建议的回答呢？我们接受和给予同样

---

① 鲍斯威尔(1740—1795)，英国作家，与当时文豪约翰生往还密切，所著《约翰生传》，详细记述约翰生的日常言行。这里所谓的"主义"就是指追随名人的做法。

都在为我们服务。知道同样一些事物的人并不能彼此长期做最好的伙伴。给每一个人带来一个具有不同经历的聪明人,那就好像你挖了一个坑,从一个湖里把水放出去一样。那好像是一种机械的好处,对每一个谈话人来说,都是一种莫大的恩惠,因为他现在能够把自己的思想向自己描绘出来。我们的个人心情变化莫测,从自尊很快就变为依赖。如果什么人好像从来没有坐过椅子,总是站着伺候,那是因为我们在一个相当长的时间里,看不到同伴要求来个职务大轮换的缘故。至于我们所说的群众和普通人——实际上没有普通人——所有的人最后都是一种情况;只有相信每一种才能在某个地方会被奉若神明,真正的艺术才有可能。公正的比赛,公开的场地,把最新颖的桂冠戴给赢得它们的人!然而,上天为每一个造物保留了一种平等的机会。每一个人直到把自己个人的光辉射向那凹面的天体,看见他的才能达到崇高的绝顶,他才会安心。

一时的英雄只有相对地伟大,成长也比较快;或者说,他们是这样一种人:在成功的时刻,当时所需要的一种品质是成熟的。其他的日子将会要求其他的品质。某些光辉逃过了一般观察者的眼睛,要求一只非常适应的慧眼。问问伟大人物是不是再没有更加伟大的人了。他的伙伴们就是;不是稍逊伟大,而是更加伟大,只是社会看不见他们而已。大自然每给这个星球上打发来一个伟人,就一定把秘密吐露给另外一个灵魂。

从这些研究中出现了一个令人愉快的事实——我们的爱真的在上升。19世纪的荣耀有一天会被引用来证明它的野蛮。人类的天才是真正的题材,他的传记写进了我们的编年史。我们必须作很多推断,并且填补记载中的许多空白。宇宙的历史是征兆性的,而生活则是记忆性的。在古往今来的一连串名人中,没有一个人是理性,是说明,或者是我们寻求的那种本质;不过在某个方面倒是种种新的可能性的一种展示。但愿我们有一天能完成这些至为明显的点所构成的巨图!对许多个人的研究使我们进入一个基本领域,在那里个人被湮没了,或者在那里群峰并峙。思想和感情,在那里迸发出来,任何个性的樊篱都关不住。这是最伟大的人物的能力的关键——他们的精神会自行扩散。心灵的一种新品质从它的起源开始,在一个个同心圆里日夜旅行,以种种未知的方法表露自己,所有心灵的联合显得非常亲密,获准进入一个心灵的东西,无法拒之于别的心灵门外,在任何方面哪怕获得一丁点真理或能力,也对灵魂的联邦有莫大的好处。如果才能和地位的差异消失了,当个人就在必须完成各自前程的那一段时间内被看到时,貌似的不公正甚至消失得更快,那时候我们便上升到所有个人的中心同一,并且知道他们是由注定和创造作用的物质构成的。

人类的天才就是历史的正确观点。品质常存;表现出这些品质的人时而占有得多,时而占有得少,然后就消失了;而那些品质仍然留在另一个人的额头上。再没有更加熟悉的经验了。一旦你看见了凤凰,它们就不见了;世界并不因此被解除了魔力。你在上面看到神圣符号的器皿原来是普通的陶器;然而那些图画的意义却是神圣的,你仍然可以看到转移到世界的墙壁上的那些图画。有一段时间,我们的老师亲自为我们服务,就像前进的计量器或里程碑一样。一旦他们成了知识天使,他们的身材就顶天立地。我们一走近,就看见了他们的手段、文化和范围,于是他们把他们的位置让给别的天才。幸运的是如果少数几个名字仍然高高在上,这样我们走近了反而无法看见,时代和比较没有抹去它们的一丝光辉。然而,最后,我们将要停下来在人们身上寻求完善,将会对他们的社会和代表品质感到满意。敬重个人的一切都是暂时的,前瞻性的,就像个人本身一样,他正在超越自己的局限,进入一种普遍的存在。我们从来没有得到任何天才真正的最好的利益,只要我们相信他是一个原动力。一旦他停止作为一种起因帮助我们,他就开始作为一个结果更多地帮助我们。到那时,他就作为一个更加博大的心灵和意志的讲解者出现。那不透明的自我,有了"初始起因"的光,就变成透明的了。

然而,在人类教育和代理的范围之内,我们可以说,伟人之所以存在,就为了有更加伟大的人物出现。有机的大自然的命运是改进,谁能说清它的范围呢？人应当制服混沌;在每一个方面,只要他活着,就要播撒科学和诗歌的种子,这样,气候、谷物、动物、人,就可以温和一点,爱和利益的胚芽就可以大量增殖。

谈诗人

那些被尊为审美专家的人往往是对受人推崇的绘画或雕刻具备一些知识,对任何优美的东西具有一种爱好的人;但是,你若要问他们的灵魂是否美丽,他们自己的行为是否也优美如画,你得到的答案却是他们既自私,又好色。他们的修养是局部的,就好比你能在一截干木头上的一块地方摩擦起火,其余的地方依旧冰凉。他们的美术知识无非是学习了一些框框条条,或者对于色彩或形体做一些有限的评价,他们这样做不是为了消遣,就是为了炫耀。形体迫切地依赖灵魂,对此人们似乎已经失去觉察,这就证明我们的业余爱好者头脑里装的美学是何等肤浅。我们的哲学里没有形体学。就像火被纳入一口锅一样,我们被纳入自己的身体,被带来带去;然而精神和器官之间并没有精确的调整,更不能说后者萌生了前者。至于其他的形体,有识之士并不相信物质世界本质上依赖思想和意志。神学家们认为谈论一艘船或一片云、一座城市和一项契约的精神意义,那无异于一座美丽的空中阁楼,他们宁肯回到历史证据的坚实的土地上来。就连诗人也满足于一种文明而循规蹈矩的生活方式,同切身体验保持适当的距离,靠幻想来写诗。但世界上最崇高的心灵从来没有停止过探索每一种感性事实的双重含义,或者我要说四重含义,百重含义,或者更多更多的含义。俄耳甫斯、恩培多克勒、赫拉克利特、柏拉图、普鲁塔克、但丁、斯维登堡,以及许多雕刻、绘画、诗歌的巨匠都莫不如此。因为我们不是平底锅,不是手推车,甚至也不是运火者和举火把者,而是火的孩子,是用火造成的,只不过是同一种变了质的神性,相隔两三代,在我们对此几乎一无所知的时候就离开了。这条时间之川及其造物从中流出的那些源泉本质上是完美的,这一隐藏的真理引导我们去考虑诗人或者美的发现者的本性和功能，引导我们去接近他运用的手段和材料，引导我们去认识当前艺术的概况。

这个问题所涉及的面非常广，因为诗人具有代表性。他在局部的人中间代表着完整的人，他提供给我们的不是他的财富，而是全民的财富。年轻人对天才崇敬之至，因为，说实话，天才比年轻人更像年轻人。天才们接受灵魂的启示，年轻人也接受，但天才们接受得更多。在钟爱者的心目中，大自然把自己装扮得更美，因为他们相信诗人这时也在欣赏她的炫耀。由于追求真理，献身艺术，诗人在同时代人中间落落寡合，然而追求的同时也得到一种安慰：他的追求迟早要把众人都吸引过来。因为所有的人都靠真理生活，并且需要表现。在爱情、艺术、贪婪、政治、劳动、娱乐之中，我们力图说出我们痛苦的秘密。人只是他自己的一半，另一半就是他的表现。

尽管有这种宣泄的必要，但恰当的表现仍然难得。我不知道这到底是怎么回事，我们还需要一名翻译；但是绝大多数人似乎都很幼稚，还没有掌握自己的表现方式，或者好像是哑巴，无法传达他们跟大自然进行过的谈话。人人都预见太阳、星辰、大地、流水有一种超感觉的效用。它们垂手而立，等着为我们效劳。然而我们自身却有某种障碍，或者我们的性格过度冷漠，不允许它们发挥应有的作用。大自然给我们留下的印象太微弱了，因此我们成不了艺术家。每一次接触都应当产生激动。每个人在某种程度上都应当是一位艺术家，能够在谈话中传达他所遇到的事情。实际上在我们的经验中，光线或强大的活动力都有足够的力量到达感官，但是还到达不了感觉的要害，不能在语言中强行再现自己。诗人就是这些力量在他身上都得到平衡的一个人，就是一个没有障碍的人，能看见，能处理别人梦想到的一切，跨越经验的整个范围，由于是接受和给予的最强大的力量，所以他是人的代表。

因为宇宙有三个孩子，他们同时出生，在不同的思想体系中用不同的名字再现，不管他们被叫作原因、经过和结果；还是在诗歌里被叫作乔武、普路托、涅普顿；或者在神学上被叫作圣父、圣灵和圣子,而我们这里仍然称他们为"知者"、"行者"、"言者"。他们分别代表对真、善、美的热爱。这三者完全平等。他们每一个有自己的本质,所以就不能超越他,分析他。每一个身上又具有潜藏在自己身上的另外两个的力量,当然还有他自己世不二出的特点。

诗人是言者,是命名者,他代表美。他是一位君王,身居中心。世界并没有被刻意粉饰,而是从一开始就是美的;上帝也没有刻意制造美丽的事物,而美本身就是宇宙的创造者。因此诗人不是什么仰人鼻息的傀儡君主,而是一位独立自主、名副其实的皇帝。批评充斥着物质至上的谰言,说什么体力技能、体力活动是人类的首要优点,进而贬低言而不行的作风,因为它忽略了这样一种事实:有些人,也就是诗人,他们是天生的言者,他们来到这个世界上的目的就是为了表达,因此它把这些人同以行动为本分但又放弃行动去效颦言者的人混为一谈。然而荷马的话之于荷马,正如阿伽门农的胜利之于阿伽门农,都是同样的可贵可佩。诗人并不等待英雄或圣人,然而,正如英雄主要去行动,圣人主要去思想那样,诗人主要是把愿意说并非说不可的话写出来,其他人虽各有所长,但在他的心目中,都是次要角色和仆人;他把他们仅仅看成画家画室里的模特儿,或者给建筑师送材料的帮手。

因为诗歌全是提前写成的,每当我们有了灵敏精巧的器官,从而能够深入到空气就是音乐的那种境界,我们便听到了原始的颤音,便企图把它记录下来,但我们不时地丢掉一个字或一句话,所以只好用我们自己的去顶替,这样写出来的诗就走了样。耳力比较敏锐的人记录这些曲调就比较忠实,这些摹本虽然不是尽善尽美,但仍然变成了民族之歌。因为大自然不仅善,不仅合理,而且也美,所以也一定按人们必须研究或认识的那个样子出现。语言和行动并不是截然不同的两种神圣的力量。语言也是行动,行动也是一种语言。

诗人的标志和证明就是他能宣布人们未曾预见到的事。他是真正的唯一的导师;他博识善言;他是消息的唯一讲述者,因为他目睹并参与了他所描述的景象。他能看到思想,并能说出必然和偶然。因为我们现在谈的不是有一定诗才的人,也不是精通音律的人,而是真正的诗人。不久前我跟人交谈,谈到最近的一位抒情诗作者,他思路敏捷,他的头脑俨然是一个音韵优美的八音盒。他的技巧和驾驭语言的能力怎么赞美也不过分。然而如果要问他是否不仅是一名抒情诗作者,而且是一位诗人,我们就不得不承认他显然只属于当代,而不属于永恒。他没有从我们低劣的局限中脱颖而出,也就是说,不像赤道下面的钦博拉索山①,从热带平原拔地而起,穿越了地球上所有的气候区,在它色彩斑斓的高坡上具有每一个纬度的植物带;然而这位天才是一座摩登住宅的景致,装饰着喷泉和雕像,文质彬彬的绅士淑女们在小径上和平台上或立或坐。我们从千变万化的音乐中听到了因循守旧的生活基调。我们的诗人只不过是会唱歌的才子,而不是音乐之子。主题是次要的,诗句的涂饰反而成了主要的。

因为造就一首诗的不是音韵,而是那造就音韵的主题——是一种热烈奔放、生气勃勃的思想,好像动植物的精神,具有自己的结构,用一种全新的东西装点自然。按时间顺序,思想和形式是同等的,但根据起源的顺序,思想则先于形式。诗人有一种崭新的思想,他有一套全新的经验要展现;他将告诉我们:他的感受如何,而且所有的人都会用他的财富发财致富。因为每个新时代的经验都需要一种新的表白,所以世界似乎永远在等待着它的诗人。我记得小时候,有一天早晨,我听说靠近我坐在桌子旁边的一个青年身上出现过天才时,我是多么激动。他曾经撇下自己的工作,四处漫游,无人知道他的行踪,他已经写下了数百行的诗,却说不清心里的东西是否已经写在纸上,他只能说出一切已经改变——人、兽、天、地和海洋。我们听得如痴如醉,全都信以为真!社会似乎已经妥协了。旭日东升,众星消隐,我们就坐在那万道霞光里。波士顿似乎比前一天夜里远了一倍,或者更远更远。罗马——罗马又算什么?普鲁塔克和莎士比亚湮没在黄叶中,荷马再也听不到了。

---

① 指赤道附近厄瓜多尔的最高峰。

知道诗就在今天,就在这屋子里,就在你身旁已经写了出来,这可是件非同小可的事。什么!那神奇的精神还没有断气!这些岩石似的时刻还是充满着勃勃生机!我本来认为神谕已经沉寂,大自然奄奄一息,可是看啊!一个通宵,从每一个毛孔里源源不断地流出了这些美丽的曙光。每个人都对诗人的到来甚感兴趣,可是谁也不知道这跟他自己有什么关系。我们都知道这个世界高深莫测,可是谁或者什么会成为我们的解释者,我们还不得而知。一次山间的漫步,一张风格迥异的脸,一个新人,也许会把钥匙递到我们手中。当然,天才对我们的价值就在于它的报道的真实性。才能也许会打哈哈,变戏法;天才却要实现,增添。人类由于严肃认真,在了解自身和自己的工作中,已经获益匪浅,所以站在山巅的最重要的瞭望者宣布了他的消息。那是古往今来说过的最真实的话,对于那个时代来说,措词将会最恰当,音律将会最动听,而且将是准确无误的世界之音。

我们称之为圣史的一切记载证明:一个诗人的诞生是历史上的重要事件。人无论怎样常常上当,但现在还是翘首盼望一个兄弟的到来,因为这位兄弟能使他牢牢把握一个真理,直到他把它改造成自己的真理为止。我开始读一首我相信是一种灵感的诗的时候,我是多么地高兴!现在,我的锁链将被砸碎;我要超越我生活在其中的乌云和不透明的空气——似乎透明,实则不透明。从真理的天国我将看清并理解我的关系。那将使我安于人生,恢复天性,从而能看清被一种倾向所激励的琐事,知道我在做些什么。人生将不再是一种喧嚣;现在我将看见男男女女,并且知道把他们和傻瓜、恶魔区别开来的标志。这一天一定比我的生日还要美好,昔日我变成了一头动物,现在我应邀进入实在的科学中。那就是希望,但它的实现却姗姗来迟。这样的情况更是屡屡发生:这个长着翅膀要把我带进天堂的人,却将我卷进云雾中,然后带着我欢蹦雀跃,仿佛在云朵之间飞腾,仍然一口咬定他正在向天堂飞升;而我呢,由于初出茅庐,一时还看不出他根本就不认识去天堂的路,一时看不出他只不过一心要我赞赏他的飞腾技术,他就像一只家禽和一条飞鱼,真能离开地面和水面一点儿距离;却一点也离不开那人永远也不会居住的、无孔不入、哺育万物、肉眼可见的天堂的空气。不久,我又一个筋斗跌进我的老窝里,跟过去一样过着浮夸的生活,并且不再相信会有什么向导能把我领到我想去的那个地方。

然而,撇开这些虚荣的受害者不谈,让我们怀着新的希望来观察大自然是怎样通过一种更高尚的冲动,也就是通过事物的美,来保证诗人忠于他的宣告和证实这一职守的。那种事物的美一经表现出来,就成为一种新的、更为高尚的美。大自然把她的一切造物都作为一种图画语言奉献给诗人。由于被用做一种象征,物体中就出现了一种神奇的第二价值,远远胜过它原有的价值,如同木匠手中拉长的线,假如你贴近耳朵谛听,它在微风中就像音乐般悦耳动听。扬布里柯①说:"比每一个意象都生动的事物是通过意象表现出来的。"事物允许被作为象征来使用,因为不管从总体上说,还是从局部看,大自然本身就是一个象征。我们在沙地上面的每一条线都有所表示;没有精神的躯体是不存在的。所有的形态都是性格的表现;所有的状况都是生命特性的表现;所有的和谐都是健康的表现;(正因为如此,一种美感只有对善才应当是契合的,或适当的)美是建立在必要这个基础之上的。灵魂创造躯体,睿智的斯宾塞说得好:

> 每一个精神由于最纯洁无瑕,
> 并具有更加丰富的圣神光芒,
> 所以获得的躯体外表绝佳,
> 它寓于其中,把自己装扮得更加辉煌,
> 有翩翩的风度,悦目的形象。
> 因为躯体采用了灵魂的形式,
> 灵魂是形式,又塑造了躯体。②

在这里,我们突然发现自己不是在批判的思辨之中,而是到了一块

---

① 扬布里柯:4世纪叙利亚哲学家,新柏拉图主义的倡导者。
② 见《美的赞歌》第19节。

圣地,应当蹑手蹑脚、毕恭毕敬地行走。我们站在世界的秘密前,那里本质变成了表象,统一变成了多样。

宇宙是灵魂的外在表现。哪里有生命,灵魂就在生命周围突然出现。我们的科学是感性的,因此也是肤浅的。地球、天体、物理、化学,我们只凭感官来对待,好像它们是自行存在似的;然而这些都是我们所具有的那种存在的伴随。普洛克洛①说:"无垠的天空在它的形变中显示了灵敏的清晰的辉煌形象;在随着灵性的隐隐周期一起运转。"因此,科学总是和人的升华齐步前进的,与宗教和玄学并驾齐驱;或者科学的水平就是我们自我认识的标志。既然天地万物都与一种道德力量相呼应,如果还有什么现象显得蛮横、蒙昧,那是因为观察者相关的官能还不够灵敏。

如果这些水如此之深,我们满怀敬畏之情对着它徘徊,也就不足为奇了。寓言的美向诗人和其他人证实了感觉的重要;或者不妨说,在感受大自然的这些魅力方面人人都是诗人,因为人人都有一些宇宙为之赞颂的思想。我发现魅力就寓于象征之中。谁热爱自然?谁不热爱?难道只有诗人,有闲情逸致、有教养的人才跟她一起生活?不,还有猎人、农民、马夫和屠夫,尽管他们用选择生命而不是选择词句来表达他们的感情。作家想知道马车夫、猎人在驾车中,在马和狗身上所看重的是什么。那不会是表面的品质。当你和他谈话时,他跟你一样把它们不当一回事。他的崇拜富有同情心;他没有什么界定,但在自然界,他受他感受到的生命力的支配。对这些事物的模仿或玩弄都不会使他满意;他爱的是北风、雨水、岩石、木头和钢铁的认真。一种不可言传的美比我们一目了然的美更为可贵。他以粗放而诚挚的仪式所崇拜的是作为象征的自然,是在证明超自然的自然,是生气勃勃的躯体。

这种依恋的灵性和神秘促使各个阶层的人都运用起象征来。各派的诗人和哲学家对象征的陶醉不见得比平民大众深。在我们的政党中,估计一下徽章和标志的力量。瞧瞧他们从巴尔的摩滚

---

① 普洛克洛(410?—485):希腊哲学家,新柏拉图主义者。

到邦克山的大球吧。①在政治游行中,洛厄尔的标志是织机,林恩的标志是鞋,萨勒姆的标志是船。看一看那苹果酒桶,小木房子,山核桃手杖,矮棕榈,②以及所有的党派标志。再看看国徽的力量。星星、百合花、豹子、新月、狮子、鹰,还有别的图案,它们画在一块破旗上,在边塞上迎风招展,天知道怎么赢得了信誉,它们竟然能使在最粗鲁、最守旧的外表下的热血沸腾起来。人们认为他们讨厌诗歌,实际上他们都是诗人和神秘主义者!

除了象征语言的这种普遍性,我们还熟悉对于事物的这种妙用的神圣性,世界因而成了一座寺庙,墙上画满了神的标志、图画和戒律,因为自然界没有一种事实不带有自然的全部意义的;当自然被用作一个象征时,我们在万象森罗中所见的高低差别、真假差别就化为乌有了。思想使一切都变得实用。一个无所不知的人的词汇包括了文质彬彬的谈话所不容的词语和意象。对于淫秽之辈来说,荒淫无耻的东西用一种新的联想说出来,反而变成冠冕堂皇的了。希伯来预言家的虔敬净化了他们的粗俗。割礼就是一个例子,证明诗具有把低级可憎的东西加以升华的力量。渺小卑微之物同样可用作伟大的象征。表现一项法则的典型越低劣,它就显得越尖刻,在人们的记忆中保留的时间就越长,就像我们挑选一个能装下任何必需品的最小的箱子一样。对于一个富于想象力的活跃的头脑来说,空空洞洞的词汇表会引起联想;据说查塔姆勋爵准备在议会讲话时习惯查贝利词典③。为了达到表达思想的目的,最贫乏的经历也显得非常富足。为什么还妄想知道新的事实呢?五光十色的商务和景观固然于我们有用,白昼黑夜,房舍花园,几本书,几件事,也一样对我们有益。对于我们使用的屈指可数的象

---

① 为庆祝威廉·亨利·哈里森在1840年获得总统竞选提名,辉格党人特地喊出口号:"让球继续滚动下去。"

② 苹果酒桶和小木房子是哈里森的支持者使用的政治标志,山核桃手杖象征安德鲁·杰克逊,他外号"老山核桃",被"棕榈州"南卡罗来纳认为是一个土生子。

③ 《大学英语词源词典》(1721),贝利(?—1742)编。

征,其意味我们还远远没有咀嚼透。我们能够逐渐利用它,但仍失之简陋。诗不一定要长。每一个词曾经就是一首诗。每一种新的关联就是一个新词。我们还利用缺陷和畸形以达到神圣的目的,这样表现我们的感受,以致世界上的邪恶仅仅是邪恶的眼睛中的产物。神话学家注意到,古代神话总是在神性中添一些美中不足之处,如伏尔甘是瘸子,丘比特是瞎子,等等,以此来显示丰富多彩。

正因为跟上帝的生命离轨跑辙使事物变得丑恶,诗人便把事物重新归并于自然和整体——借助于一种更深刻的洞见,甚至把人工和违背自然的东西重新归并于自然——所以他就轻而易举地处理那些最惹人讨厌的事实。读诗的人看到诗里也工厂林立,铁路纵横,就以为这些东西大煞风景;因为这些人工之物尚未在他们的阅读中被尊为圣物,但诗人认为它们进入了伟大的"秩序",并不比蜂巢和周正的蛛网逊色。大自然很快就把它们纳入她的生命圈内,滑行的列车她也像自己的宝贝一样喜爱。何况,在一个全神贯注的心灵里,你展示多少机械发明都毫无意义。哪怕你增加千千万万,无论怎样令人惊异,但是机械的事实连一颗谷粒的重量也没有。无论具体情况是多还是少,精神事实仍然不可更改;就像多高的山也划不破地球的弧线一样。一个机灵的乡下孩子初次进城,自命不凡的城里人见他并不怎么大惊小怪,心里很不是滋味。这并不是说他现在没有看见那些漂亮的房子,并不是说他不知道他从前没有看见过那样的房子,而是像诗人为铁路找到一席之地那样,他把它们轻而易举地应付过去了。新事实的主要价值在于它能增加生命的伟大而永恒的事实,它使每一种环境都相形见绌,对它来说,贝壳串和美国的商业并无区别。

世界被置于下意识中寻找动词和名词,诗人就是能够把它明确表达出来的那种人。因为尽管生命是伟大的,令人神往的——尽管人们对用来给生命命名的象征心领神会——然而他们还是不能做到匠心独运。我们就是象征,并且占据着象征;工人、工作、工具、词与物、生与死,统统都是标志;然而我们仍然赞同象征,由于我们昏头昏脑地迷恋事物的经济用途,却不知道它们就是思想。诗人通过一种秘而不宣的智力知觉,赋予事物一种力量,使它们原来的用途被人遗忘,使喑哑的无生物变得眼明嘴巧。他发现思想独立于象征,看到了思想的稳固性,象征的偶然性与短暂性。据说林扣斯①的眼睛能看穿地球,同样,诗人能把地球变成玻璃球,向我们展示处在自己适当的序列中的万物。因为通过那种更好的知觉,他就向事物靠近了一步,看见了流动或变形;发现思想是多种多样的;每一种造物的形态里都有一种力量,迫使这种造物升入更高一级的形态;生命追随着诗人的目光,利用表现那种生命的形态,因此他的言谈也随着自然的流动而流动。肉体结构、性、营养、孕育、出生、成长,这一切事实都是世界通向人的灵魂的象征,为的是在那里产生一种变化,并且再现一种新的更高级的事实。诗人运用形式,依据的是生命,而不是形式本身。这才是真正的科学。唯独诗人懂得天文学、化学、植物和勃勃的生机,因为他不是停留在这些事实面前,而是把它们当作标志来使用。他知道为什么空间的平原或草地点缀着我们称之为日月星辰的花朵;为什么大海装点着动物、人和神;因为在他说出的每一句话里,他把这一切都当作思想的骏马来驾驭。

凭借这种科学,诗人便成为"命名者",或者"语言创造者"。他为事物命名,有时依照事物的表象,有时则根据它们的本质,一物一名,相异无混,因而使喜爱超脱或乐于界定的智能如获至宝。诗人们创造了所有的词汇,所以语言现在便成了历史档案,而且,如果非说不可的话,它还是诗神们的一种坟墓。因为,尽管我们大多数词汇的来源已被人遗忘,但是每个词最初都是天才的一闪,它之所以得以通用,是因为对第一个说出它和听见它的人而言,它当时就是世界的象征。词源学家发现,即便是久已废弃的词汇,也曾经是一幅灿烂的图画。语言就是变成化石的诗歌。如同大陆上的石灰岩是由无数堆小动物的甲壳构成一样,语言是由意象或比喻形

---

① 希腊神话中寻取羊毛的英雄乘的阿耳戈船的舵手,外号"锐眼者"。

成的,而现在,在它们的次要用法中,早就不再使我们想起它们富有诗意的来源了。然而诗人之所以给事物命名,是因为他看见了它,或者比别人更接近事物一步。这种表现或命名,并不是技艺,而是第二自然,那是由第一自然脱胎出来的,就像一片树叶是从树上生长出来的一样。我们所谓的自然,就是一种自我调解的运动,或者变化;而自然是亲自动手创造万物的,她不让他人为她施洗礼,而是自己为自己施洗礼;而这又是通过变形完成的。我记得有一位诗人①对我作过如下描述:

> 天才是补救事物衰败的活动,不管是一种完全有形有限的事物还是一种部分有形有限的事物。大自然通过她的各个王国保全自己。没有人喜欢种植可怜的真菌,于是她就从一个伞菌的菌褶里抖下来无数的孢子,任何一个孢子,由于已经保存下来,来日便会遗传千千万万个新的孢子。此时此刻的新伞菌具有一种老伞菌不曾有过的机会。这粒微小的种子被撒到一个新的地方,不容易受到毁掉两杆之外的亲本的那些事故的侵害。她创造出一个人;由于已经把他抚养到成熟的年龄,她就不愿再冒一下子失去这个奇迹的危险,而是从他身上分离出一个新的自我,这样,即便个体易遭意外,种属则安然无恙。同样的道理,当诗人的灵魂达到了思想的成熟时,她就把诗歌从灵魂中分离出来,散播出去,那是一种无畏的、不眠的、永生的后代,不会受那令人厌倦的时间王国的事故的危害,那无所畏惧、生机勃勃的子孙插上翅膀(那就是生出它们的灵魂的德行),带着诗歌迅速地飞向远方,并最终将它根植在人们的心里。这对翅膀正是诗人灵魂的美。这些诗歌从它们终有一死的母体中飞出来,获得了永生,却成了众矢之的,尽管矢如飞蝗,沸反盈天,大有吞没诗歌之势;但它们没有翅膀,因此没有蹦多远,便纷纷落地,化为尘埃,因为它们没有从产生它们的灵魂那里得到美丽的翅膀。然而诗人美妙的咏唱

---

① 其实就是爱默生自己。下面一段话实际上是作者对柏拉图观点的整理。

却升腾雀跃,穿入无限的时间的深处。

　　这位诗人用他那比较自由的言语把我这样开导了一番。然而在新的个体的产生中,大自然有一个比保全还要高尚的目标,那就是升华,或者灵魂向更高的形式过渡。比较年轻的时候,我认识一位雕刻家,他就是竖立在公园里的那尊青年雕像的作者。据我记忆所及,他无法直截了当地讲什么使他高兴,什么使他不高兴,可是通过神奇的拐弯抹角的办法却能把道理说出来。有一天,他按照自己的习惯在黎明前起床,看见了破晓的景象,就像产生晨光的永恒一般壮丽。几天以后,他努力表现这种宁静,看啊!他的凿子在大理石上雕出了启明星,一个英俊青年的形象,他的相貌是那样迷人,据说,所有的人一看到他都沉默下来。诗人也服从自己的心境,那种使他躁动不安的思想只不过是以一种全新的方式表现成"完全相同的另一个实体"罢了。这种表现是有机的,或者就是事物获得解放以后本身所表现出的那种新的形态。在太阳下,物体在眼睛的视网膜上勾画出自己的形象,同样,它们由于具有整个宇宙的宏图,就容易在诗人的心灵上描绘出它们本质的精美得多的摹本。事物转化为诗歌正像它们转变为更高级的有机形式一样。每一种事物之上都存在着自己的精灵或灵魂,如同事物的形式被眼睛反映出来一样,事物的灵魂则被乐曲反映出来。海洋,山脉,尼亚加拉瀑布,以及每个花坛都预先存在,或超常存在于预言咒语之中,这种咒语像香气一样在空中飘悠,任何一个听力灵敏的人走过,都会听到它们,并会努力记下每个音符,既不淡化,也不败坏。这里就有了人们所信仰的批评的合法性:诗歌是自然中某种原文的讹本,它们应当跟原文完全吻合。我们的一首十四行诗的韵律应当跟海贝的重复的节纹或一束鲜花的似同实异的现象一样令人欣喜。鸟儿成双配对就是一首田园诗,却不像我们的田园诗那么乏味;一场狂风暴雨是一支粗犷的颂歌,却毫无虚妄或张狂之气。一个具有播种、收割、贮藏的收获的夏天就是一首史诗,使多少奏得令人叫绝的乐章都相形见绌。为什么协调这一切的和谐与真实不应当悄悄进入我们的情绪?为什么我们不应当分享大自然的发明？

这种洞见借助于所谓的"想象力"表现自己，它是一种非常高明的眼光，通过研习是得不到的，它只能靠位于某处的智能及所见来获得，靠通过某些形式来共用事物的轨道或线路，从而使这些事物对别的事物显得容易了解来获得。事物的轨道是沉默的，事物会允许一个说话的人跟它们并肩同行吗？你要是一个密探，请止步；你要是一位有情人，一位诗人，它们倒乐意奉陪，因为有情人或诗人是它们的天性的超然存在。就诗人而言，真正命名的条件就是他服从通过形式而呼吸的神圣气息，并跟它互伴相随。

有一个秘密，每一个知识分子很快就会了然，那就是：除了他那冷静的自觉的智能，他还能通过顺应事物的本性掌握一种新的能力（好像一种智能翻了一番）；除了他作为一个个人的隐蔽的力量，还有一种他可以利用的巨大的、公众的力量，利用的办法是，无论冒什么风险，敞开他人间的大门，让天国的潮水涌进他的心田，并在他周身循环，到那时，他就被卷入了宇宙的生命，他的言语就是惊雷，他的思想就是法则，他的话就像动植物一样可以普遍了解。诗人知道，说话时只有带上几分癫狂，或者"捧着心灵之花"，才能把话说得恰到好处；话要说得恰如其分，就不能依赖被当作一种器官来使用的智能，而要依赖解除了工作负担可以从天国生活接受指示的智能；或者就像惯于表达自己的古人那样，不仅是光靠智能，而且靠为美酒所陶醉的智能。如同迷途的旅客把缰绳扔到了马颈上，依赖马的本能把路找到一样，我们也要如此对待这匹驮着我们周游世界的神马。如果用某种方式我们能刺激这种本能，进入自然的新的通道就为我们打开，思想就涌入坚硬无比、高深莫测的事物之中，变形就才有可能。

正因为如此，诗人们嗜好葡萄酒、蜂蜜酒、麻醉剂、咖啡、茶、鸦片、檀香和烟草的烟气，或者其他种种能使肉体兴奋的东西。所有的人都尽可能地利用这些方式，以便给他们正常的能力再增加这种非凡的能力；为了达到这一目的，他们重视会话、音乐、绘画、雕刻、舞蹈、戏剧、旅行、战争、暴民、火、赌博、政治、爱情、科学，或者肉体的陶醉,凡此种种,或粗或细,都是真正的神酒的半机械式的替代品,而真正的神酒由于更接近事实,才能使智能陶醉。这一切都助长了一个人的离心倾向,帮助他进入自由空间,帮助他逃脱肉体对他的羁绊;逃脱个人关系对他的禁锢。因此,像画家、诗人、音乐家、演员这样一些人数众多的"美"的专业表现者比别人更习惯于过一种行乐放纵的生活;只有少数几个饮过真正的美酒的人除外,因为这只是一种获得自由的虚假方式,这是一种解放,但进不了天堂,而只能进入更加污秽的自由境界,因此反而为自己获得的好处受到了惩罚,那就是放荡和堕落。耍手腕不能从自然中捞到任何好处。世界的精神,伟大而安详的造物主,是不会光顾瘾君子或酒鬼的。那种崇高的景象只会进入一个贞洁的肉体里的纯朴的灵魂。麻醉剂给我们的不是灵感,而只是某种虚假的兴奋和狂怒。弥尔顿说,抒情诗人尚可对酒当歌,过豪放的生活,而史诗诗人因为要歌唱诸神,还有他们莅临人间的事迹,因此只能用木碗喝水。因为诗歌不是"魔鬼的迷魂汤",而是上帝的甘醇。这种情况跟玩具的情况相仿。我们把各色各样的玩偶、小鼓、小马塞满了孩子们的双手和育儿室,却使他们的眼睛离开了大自然朴实的面貌和令人满意的实物,如太阳、月亮、动物、流水、岩石,而这些才应当是他们的玩具。因此诗人的生活习惯的基调应当放低一些,放朴实一些,这样一来普普通通的影响都可以使他心旷神怡。他的欢欣应当是阳光的恩赐;空气应当满足他的灵感,他应当饮水而心醉。那种满足了平静的心的需要的精神,那种似乎从每一座枯草丛生的干土冈上来的,似乎从3月苍白无力的阳光照耀下的每一截松树桩和半埋半露的岩石上出来的精神,来到了贫寒饥饿和情趣单纯的人们的心田。如果你的头脑里充斥着波士顿和纽约,时尚和贪婪,而且你有意用醇酒和法国咖啡刺激你那疲惫的感官,你就不会在那片幽静的松林里发现智慧之光。

如果想象使诗人心醉神迷,对其他人也不会不起作用。变形在目击者心中激起了一种快乐的情绪。运用象征对于所有的人都有一种解放和振奋的力量。一根魔杖似乎在拨弄我们,我们像孩子一样雀跃起舞。我们就像从洞穴或地窖里来到露天下的人们。这就是比喻、寓言、神谕和种种诗歌形式对我们的影响。这样说来,诗人就是解救万物的诸神。人们真的获得了一种新的意识,在他们的世界上发现了另外一个世界,或者一系列世界;因为一旦发现了变形,我们就推测它永远不会停止。我现在不愿意考虑这在多大程度上造成了代数和数学的魅力。代数和数学也有自己的比喻,不过它们的魅力在各个定义中才能感觉出来;如亚里士多德给空间下的定义是"一个静止不动的、包容万物的容器";柏拉图给线下的定义就是"流动的点";图形的定义是"立体的范围",如此等等。不懂一点解剖学的建筑师是造不好房子的,当维特鲁威①宣布了美术家的这种老观点时,我们体味到一种多么快乐的自由感啊。苏格拉底在《卡尔米德篇》中告诉我们:灵魂的病痛可以被某种咒符来祛除,这些咒符就是美丽的理性,灵魂里的节制就由此而来;柏拉图把世界称之为一个动物,蒂迈欧断言植物也是动物;或者断言人就是一棵神圣的树,靠他的根向上长,这根就是他的脑袋;乔治·查普曼步他的后尘写道:

  人是一棵树,他的健壮的根

  从顶部长出来;②

俄耳甫斯把白发苍苍说成"标志耄耋之年的白花";普洛克洛把宇宙叫作智能的雕像。乔叟在赞扬"文雅"时,把逆境中的高贵血统比作火,虽然把它带到这里和高加索山之间的最黑暗的房子里,它仍然尽其天职,熊熊燃烧,火光烛天,仿佛万人在共睹似的。约翰在《启示录》中通过邪恶看到了世界的毁灭,看到了天上的星辰坠落到地上,如同无花果树被大风摇动落下未熟的果子一样。伊索通过飞禽走兽的伪装揭露了全盘的普通的日常关系。当他们那样做的时候,我们得到了令人欣喜的暗示:我们的本质及其多变的习

---

  ① 维特鲁威:公元前1世纪罗马建筑师,所著《建筑十书》为古典建筑的经典。

  ② 摘自乔治·查普曼为其翻译的《荷马史诗》所题的献词,第1612—1615行。

惯和逃路是不朽的,正如吉普赛人说的那样:"把他们往死绞也是枉费心机,他们是死不了的。"

所以诗人就是解救万物的诸神。古代英国诗人以"天下自由人"自诩。他们自由,他们又使一切获得自由。我们最初读一本充满想象的书,由于它用比喻激发我们,使我们获益匪浅,后来我们完全理解了作者的用意,倒反而有意兴阑珊之感。依我所见,一本书贵在超验非凡,此外一无可取。如果一个人为他的思想所激发而不能自持,竟然到了忘记作者忘记读者的境地,只是痴迷于这一个梦想,被它搞得神魂颠倒,那么,让我读他的文章,而你就可以把所有的辩论、历史、批评获得。毕达哥拉斯、帕拉切尔苏斯[1]、科内利乌斯·阿格里帕[2]、卡登[3]、开普勒、斯维登堡、谢林、奥肯[4],或者其他把诸如天使、魔鬼、魔法、占星术、手相术、催眠术等等有争议的事实引进自己的宇宙进化论的人所具有的价值正是我们同日常事务决裂的证明;而且这里就有一个新的证据。那也是交流的最大成功,是自由的魔力,它把世界像一只皮球一样,交到我们手中。当一种感情把助长天性的力量传达给理智时,甚至自由也好像多么廉价,研习又是多么卑贱,前景又是何等壮观!国家、时代、制度一进去都消失了,就像图案巨大、色形斑斓的织锦里的线;梦幻把我们又交给梦幻,只要沉沉醉意未消,我们就会慷慨地出卖我们的床,我们的哲学,我们的宗教。

我们有充分的理由珍视这种解放。一个可怜的牧羊人,被暴风雪吹瞎了眼,然后迷了路,最后在离他的屋门近在咫尺的一堆积雪中长眠,他的命运就是人的处境的象征。在生命和真理之水的边缘,我们将悲惨地死去。每一种思想除非我们生活在其中,都是可望而不可即,此情此景真是不可思议。倘使你接受它又怎么样呢——你近在咫尺跟远在天边都是一样地遥远。每一种思想也是

---

[1] 帕拉切尔苏斯(1493—1541):瑞士医师、炼金家。
[2] 科内利乌斯·阿格里帕(1486?—1535):德国医师。
[3] 卡登(1501—1576):意大利数学家。
[4] 奥肯(1779—1851):德国博物学家。

一座监狱;每一个天堂又是一座牢房。因而我们热爱诗人这位发明家,因为他无论用任何形式,用一首颂歌还是一种行动,用神情还是用举止,都赋予我们一种新思想。他打开了我们的锁链,指引我们进入新天地。

这种解放对任何人都是可贵的,提供解放的能力就是衡量智能的尺度,因为这种力量必须从更深更广的思想中产生。所以凡是富有想象的书籍才能永久,这些书籍上升到那种真理高度,作家看见自然就在他的脚下,并把它用作自己的表现手段。具有这种优点的每首诗,每句话,都会关照自己的不朽。世界上的各种宗教只不过是几个想象力丰富的人的呐喊。

然而想象的特性是长河奔流,而不是坚冰一池。诗人不会一看到颜色和形体就止步不前,而是要探究它们的含义;他也不会相信这种含义,而是把同样一些物体当作他的新思想的表现手段。诗人跟神秘主义者的区别就在于:后者把一个象征钉死在一种意义上,尽管它在一瞬间是一种真实的意义,但旋即就变得陈腐而虚假。因为所有的象征都流动不息;所有的语言都是运载工具,就像渡船和马匹,善于运输,而不像农庄和房舍宜于安家。神秘主义就在于把一种偶然个别的象征错当成一种普遍的象征。在雅各布·伯麦的眼里,朝霞正好就是那可爱的流星,在他看来,它代表着真理和信仰;而他相信对于每一个读者,它也应当代表同样的实在;然而基本的读者则更喜欢把它看成一位母亲和孩子,或者园丁和他的球茎,或者珠宝匠打磨宝石这样一类象征。不管是其中哪一种,或者千千万万象征中的哪一种,对于觉得它们有意义的那个人来说,它们都是同样美好。只是必须把它们轻轻地抓住,使它们心甘情愿地被人翻译成别人使用的对等词语。必须坚定地告诉神秘主义者:你令人厌烦地使用那种象征说出的话跟不用它时说出的一样真实。让我们学一点代数,而不要这种陈腐的修辞——用一些普遍的象征,而不要这种褊狭的象征——这样,我们双方将都有所得。教阶制度的历史似乎表明:所有的宗教失误就在于使象征过于僵化呆板,它到头来只不过是一种过剩的语言器官罢了。

在近代所有的人当中,斯维登堡出色地将自然翻译成了思想。我不知道历史上竟然有这样一个人:万物在他看来,一律是言词的代表。变形不断地在他眼前展现。他目光所到之处,一切都服从道德天性的冲动。在他的嘴里,无花果变成了葡萄。如果他的天使证实了一个真理,他们手里拿的桂枝也会开花。远远听去,好像是咬牙切齿、捶胸顿足的喧闹,传到耳边,原来是争鸣之声。在他看见的一次幻象中,天光照耀下所看见的人好像是黑暗中的龙,但是他们彼此看起来,大家都是人,当天光照进他们的小屋时,他们抱怨昏天黑地,于是他们不得不把窗户关上,这样或许才可以看见东西。

他具有的这样一种知觉,使人们对诗人或先知深感敬畏,同一个人或同一群人在他们自己和同伴心目中是一副面孔,在高一级的神灵看来,却是一副截然不同的面孔。他描写几个教士在一起高谈阔论,在远处的几个孩子看来,他们好像是几匹死马,这样的类似的错觉比比皆是。于是心灵便提出疑问,这里桥下面的游鱼,那边牧场上的牛群,院子里的那些家犬,永远是鱼、是牛、是犬呢,还是仅仅对我来说是这样,也许它们自己看来就是直立的人;在所有的眼睛里,我是否都是一个人。婆罗门和毕达哥拉斯提出了同样的问题,如果哪位诗人目睹了这种变化,毫无疑问,他会发现这种变化与种种经历完全一致。我们都看到小麦和毛虫的变化是十分显著的。谁若透过飘忽的长袍看见坚定的天性,并且能够表明它,谁就是诗人,肯定会激起我们的爱戴与恐惧。

我徒然地寻找我所描写的诗人。我们评述生活既做不到浅显明白,也做不到博大精深,我们也不敢歌颂我们自己的时代和社会环境。如果我们给时代充满了勇气,我们就应当理直气壮地赞美它。时间和自然给了我们许多礼物,却没有给万物企足而待的顺应时势的人,新的宗教和调解人。但丁之所以受人推崇,是因为他敢于用密码写自传,或者说把自传融入普遍性里。在美国,我们还没有目光如炬的天才:能知道我们无与伦比的素材的价值,能在野蛮作风和唯物主义风行一时的情况下,看到在荷马,而后在中世纪,随后又在加尔文主义中他无限敬仰的众神的又一幕狂欢场面。银行和关税,报纸和会议,卫理公会和一位论教派,对于麻木不仁之辈来说平淡无聊,然而它们的基础跟特洛伊城和得耳福庙的基础一样神奇,而且也会同样迅速地消亡。我们的相互捧场,我们的树桩演说和他们的政治,我们的渔业,我们的黑人和印第安人,我们的吹牛,我们的赖账,无赖的狂怒和诚实人的胆怯,北方的贸易,南方的种植,西部的开垦,俄勒冈和得克萨斯,这一切的一切,仍然未受到歌唱。在我们的心目中,美国就是一首诗;它广阔的幅员使想象眼花缭乱,等不了多久,美国就会被诉之于音律。如果我在国人中还没有发现我所寻求的那种通才,那么我时常阅读查默斯的500年英诗大全也无助于我确定诗人这一概念。这些人与其说是诗人,不如说是才子,尽管其中也有诗人。然而如果我们坚持诗人的理想标准,那弥尔顿和荷马也难以够格。弥尔顿书卷气太浓,荷马则过于拘泥于史实。

然而我的才智还不足以形成一种民族的批评,所以我还要利用一下前人的博大,方能完成我论述从诗神到关心自己艺术的诗人的使命。

艺术是创造者通向他的作品的道路。这些道路或方法是完美的,永恒的,不过看见它们的人寥寥无几,不要说艺术家本人多年看不见,就是一辈子也看不见,除非他进入那种境界。画家、雕刻家、作曲家、史诗作家、演说家,都怀着一个愿望:要把自己表现得淋漓尽致,而不是一鳞半爪。他们要置身于某种境界,就像画家和雕刻家面对某些令人难忘的人物;就像演说家走进大庭广众之中;或者别的人遇到了能激发自己的智能的场面;每一个人顿时会感到一种新的渴望。他听到了一种声音,他看见了谁在招手。随之他得知一群群神灵把他团团围住,便感到无限惊奇。他再也不能处之泰然了;他借用老画家的话说:"天哪,它就在我身上,它非从我心中出去不可。"他追求着一种美,它隐隐约约在他前面飞翔。诗人在寂寞寥落之时诗泉喷涌。毫无疑问,他说的大部分话仍落入俗套;然而过了不久,他就会说出新颖优美的话来。那种东西使他如痴如醉。此外,他再有什么都不肯说。我们总是说,"那是你的,这是我的";然而诗人心里明白,那东西不是他的,无论对于他还是对于你,它都是一样地奇异美丽;他乐意听到类似的详尽雄辩。一旦品尝到这种永葆青春的神水,就永远不会感到餍足,因为在这些智慧中蕴藏着一种令人欣羡的创造力,因此把它们说出来是至关重要的大事。我们知道的东西被说出来的只不过是一星半点!从我们知识的汪洋中舀出水也只是点点滴滴!这么多的秘密沉睡在大自然中,什么风把这些东西刮了出来!因此就有了讲话、歌唱的必要;因此就有了演说家在集会门口的悸动,目的无非是思想可以像"神道"和"圣言"一样脱口而出。

啊,诗人,切勿怀疑,坚持到底。只是说,"它在我心中,一定要出去。"挺住,即便几经挫折、哑口无言、结结巴巴、嘘声不断、遭人轰赶,也要坚持奋争,直到最后,愤怒把那每夜显示你就是你自己的梦幻力量从你身上激发出来;这种力量超越一切限制和隐秘,有了这种力量,人就是整个电流的导体。任何东西如果不反过来在他的面前起立,行动,阐明他的意思,它就不会走动,爬行,生长,生存。如果他拥有这样的力量,他的天才便永远不会枯竭。所有的造物成双成对、成群结伴地拥进他的心灵,就仿佛拥进了诺亚方舟,然后再出来,在一个崭新的世界定居。这就像供我们呼吸或供我们壁炉燃烧的空气,一旦需要,不是几个加仑,而是整个大气层。因此像荷马、乔叟、莎士比亚和拉斐尔这些多产的诗人,显然除了生命有限,作品是没有止境的,就好像一面从大街上拿过去的镜子,随时会反映出每一件造物的形象。

啊,诗人!一种新的高尚是在树林和牧场上授予的,而不再是城堡里或凭借利剑授予的。条件是苛刻的,但是公平的。你将舍弃这个世界,认识的仅仅是诗神。你不再会认识时代、习俗、风度、政治和舆论,而只会从诗神那里取得一切。城市的时间是由丧钟从世界上报的,然而在大自然里,普遍的时刻是由繁衍连续的各族动植物来计算的,是由于不断增生的欢乐来计算的。上帝的旨意也是:你应当放弃一种多重和双重的生活,你应当满足别人替你说话。别人必将是你的幕友,替你描述一切礼遇和尘世生活;别人也会做出伟大的惊天动地的行动。你要与自然蛰藏在一起,不可上国会大厦和证券交易所。世界上充满了弃绝和师从,这就是你的世界,长时间里,你必须被人当成一个傻瓜和粗人。这是潘保护他心爱的花朵的外罩,你只有你自己知道,他们则用最温存的爱来安慰你。你无法在你的诗里重复你的朋友的名字,因为在神圣的理想前早就羞愧难言。而这就是对你的报答:对于你,理想将变成现实,对现实世界的印象必定像夏天的雨水般落下,对于你坚不可摧的实体来说,虽然丰霈,但并不讨厌。你将拥有整个大地当作你的猎苑和庄园,整个海洋供你畅游和航行,无人征税,无人嫉妒;你将拥有森林和河流;你当占有那里的一切,别人在那里只不过是佃户和食客。你是陆海空的真正主宰!哪里大雪纷飞、长河奔流、百鸟飞翔,哪里的昼夜在暮色中相逢,哪里的蓝天上浮动着白云,或者缀满了星斗,哪里的形体玲珑剔透,哪里有进天宇之路,哪里有危险、有敬畏、有爱情,哪里就有美,像雨水一样充沛的美为你飘洒,哪怕你走遍世界,你都会发现万事如意而高尚。

谈大学

英国的大学中,剑桥出的人物最为显赫。现在它都胜过了牛津,因为在校友录上有数目更多的杰出学者。我感到遗憾的是,在那里我只有一天的工夫参观了一下国王学院教堂、各个学院的美丽的草坪和花圃,拜访了少数几名教授。

然而,我多次收到访问牛津的邀请,我利用了这种机会,在那里我被介绍给生物学教授多布尼和钦定神学教授,还有一位受人尊敬的朋友,他是奥列尔学院的研究员,我是在1848年3月的最后一天到那里去的。我是奥列尔学院的我的朋友的客人,住在那所学院附近,受到学院的殷勤款待。

我的一些新朋友领我参观了他们的回廊、博德利图书馆、兰道夫美术馆、默顿学堂,等等。我见到几位为人忠诚、心地高尚的青年,其中有几位有意为心灵的平静作出牺牲——当然是一种话题,对此我无可置评。他们亲切而合群的态度立即使我想到我们剑桥人的习惯,尽管我认为这些英国人在举止的稳健、文雅方面高人一筹。食堂富丽堂皇,装有橡木壁板和天花板。墙上挂着建校元老的画像;桌子上金银餐具闪闪发光。一位青年来到首席旁边念起古式的饭前感恩祷告。我想这是世代相传下来的习俗,Benedictus benedicat; benedicitur, benedicatur。①

这些青年人每天晚上9点钟就被锁起来,每个宿舍的门房必须把允许9点以后回来的学生的名字公布出来,这是英国的习俗或他们善良天性的一个稀奇的证据,更能说明问题的是,这1 200名青年包括了贵族中最富有生气的人,但从来没有出现过决斗

---

① 拉丁文,意为:愿有福之人祈福;他受到祝福,就让他有福吧。

现象。

即便在英国,牛津也是古老的,而且还是保守的。它的创办,可以追溯到阿尔弗烈德,甚至可以追溯到亚瑟,因为据说,督伊德的费利尔特就在这里办过一个神学院。爱德华一世在位时,据称这里有3万学生;19座最高贵的机构就是那时候建成的。乔叟发现它根深蒂固;在英国的史话中,它伟人荟萃,不仅富有本国的学派,而且是英国同欧洲学术界的联系枢纽。1497年,伊拉斯谟欣然来到这里。阿尔贝里库斯·真蒂利斯1580年受到该校的聘任。艾尔伯特·阿拉斯基是一位波兰贵族,锡拉德王子,他访问英国时对伊丽莎白女王的智慧推崇备至,1583年基督堂餐厅演剧款待了他。艾萨克·卡索邦应詹姆斯一世的邀请从法国的亨利卡特勒来,于1613年7月进入基督学院。我参观了阿什莫尔博物馆,伊莱亚斯·阿什莫尔于1682年给那里送去12马车的稀世珍品。这里真就是安东尼·伍德和奥布雷笔下的竞赛和英雄的奥林匹亚,每一英寸土地都有它的光辉。因为伍德的《牛津大学的雅典》或《二百年牛津作家一览》是对英国风俗和成就的生动记录,跟珀切斯的《朝觐者》和《英国国会议事录》同属全国闻名的不朽著作。无论从哪一方面讲,牛津都弥漫着古老和权威。它把现代革新关在门外。罗德大主教的章程现在仍然是治校之本。默顿图书馆的藏书仍然用链条拴在墙上。在这里,1660年8月27日,约翰·弥尔顿的《为英国人民声辩》和《偶像破坏者》被付之一炬。我参观了或者称为四合院的校院,1683年宗教会议把托马斯·霍布斯的《利维坦》当众焚毁。我不知道这个学术堡垒是否听说过《美国独立宣言》,托勒密的天文学是否仍然占据地盘抵抗哥白尼的新奇观点。

有多少儿子,几乎就有多少恩人。一个贵族,其实几乎每一个有钱的学生,离开学院时都要留下一件金银餐具,这已是屡见不鲜的事情;从一所学堂,一笔研究基金,一座图书馆,到一幅画,一只汤匙,价值不等的赠品在一个世纪的过程中不断增加。我的朋友J博士给我讲了下面的一件轶事。托马斯·劳伦斯爵士在伦敦的收藏中有拉斐尔和米开朗琪罗的草图。这种无价之宝要价 7 000 英镑卖给牛津大学。牛津大学接受了这个要价,可是主管此事的委员会先只筹集了 3 000 镑,除了别的朋友,他们又拜访了埃尔登勋爵。使他们大为惊讶的是他签的支票不是 300 镑,而是 3 000 镑。他们告诉他,现在筹集剩余的数目就不难了。"不,"他说,"你们的人也许已经把能捐的都捐了。"他收回了那张 3 000 镑的支票,签了一张 4 000 镑的。我于 1848 年 4 月看到了全部收藏。

在波德利图书馆,班迪尼尔博士让我看了 869 年的柏拉图著作的抄本,那是由克拉克博士从埃及带来的;还有同一个世纪的一部维吉尔著作的抄本;门茨印刷的第一本《圣经》(我相信是 1450 年),还有完全一样的一本复本,末尾短缺了 20 页。可是有一天,他在威尼斯的时候花了 4 000 金路易买了一间房子,里面全是书籍和手稿——包括片纸、残编。他让领事把门锁好封起来。后来,检查他的购买物时,他发现他的门茨版《圣经》缺少的 20 页完完整整地放在那里,他便把这 20 页《圣经》同其他东西一起带到牛津,把那本残缺的《圣经》补全,然而他太敬畏也出现在文献学里的天意,所以不允许把那破镜重圆的部分重新装订。这里最古老的建筑也比克拉克博士从埃及带来的易破的手稿晚 200 年。在波德利图书馆里,从来没有点过蜡烛,没有生过火。它的目录是牛津每一座图书馆书案上的标准目录。在各个学院里,他们用红笔在这个目录上给那个学院图书馆所藏图书的书名下画了线——道理就是波德利图书馆收藏了所有的书籍。这个藏书丰富的图书馆去年(1847 年)光买书就花了 1 668 英镑。

讲究逻辑的英国人培养学者就像培养工程师一样。牛津是一座希腊工厂,就像威尔顿工厂纺织地毯,设菲尔德磨钢一样。他们知道一名指导教师的用途,就像他们知道一匹马的用途一样;他们从两者那里都得到了最大的好处。读书人必须尽可能地用力走路、骑马、饮食定量,在临近考试的前两天,再不学习,只是闲逛,骑骑马、跑跑步,以便在大学的最后审判日精神饱满。从理论上讲,要取得硕士学位必须住校学习 7 年。事实上,长期以来一直是住读3年,再维持4年。这"3年"总共才有21个月左右。①

休厄尔教授说:"牛津普通学院学费的总开支大约是一年16基尼。"不过这种似乎有理的说法只可以骗一名不了解事实的读者。事实上,所依靠的主要教学是私人讲授,而私人讲授的费用据估计一年在50—70英镑之间,或者3年半总共1 000美元。在剑桥,一年750美元就算是节省的了,1 500美元也算不上铺张。②

学生和住校人员的数目,权威的神圣,基金的价值,历史和建筑,全英国对那里所做的事情的众所周知的同情,证明大学生埋头学习是正当的。在美国这种情况是不容易见到的,在美国,一年级新生都有点怀疑,因为跟商业和政治相比这种学院意义不大。牛津本身就是一个小贵族,人数多,威望高,足以跻身名门望族之列;在那里,声誉和长期的晋升是为了学业,方向就是博得所有文明国家的一致尊敬。

当然,这个贵族要弥补自己的损失;位置如有空缺,便由学生填补。牛津的研究奖金有540种,平均一年200英镑,包括在校食宿。如果一个美国青年热爱学习,却为贫困所阻,能在一座学术之宫里给他提供一个住处,一张桌子,活动的场地,和图书馆,而且只要他愿意过独身生活,一年还给他1 000美元,有了这些待遇,他会高兴得手舞足蹈的。然而这些年轻人尽管得到这样好的安置,别人给钱读书,遇到一点挫折还是忍受不了,许多人都准备放弃他们的研究奖金。他们一想到当一个研究员了此一生就不寒而栗。他们把一个瘫痪了的老人指给我看,他正被人扶到宿舍里去。牛津的本科生只有1 200—1 300人,其中许多永远不去竞争,所以拿研究奖金的机会很大。19个学院的收入估计一年是15万英镑。

这种训练的效果就是精通希腊文和拉丁文,精通数学,深谙英国批评的稳健与情趣。不管在这种或那种奖赏中有什么运气,伊顿公学的班长可以用拉丁文写诗,可以把校园指南改写成六音步

---

① 胡伯尔,第2卷,第304页。——作者原注
② 布里斯特德:《在一所英国大学里度过的五年》。——作者原注

诗,当然,一个高年级古典文学专业的学生能够正确无误地背诵《诗歌大全》,精通所有的人文科学,并有判断能力。希腊的学问就在伊西斯河和剑河①上,无论对莫德林学院的学生或"铜鼻子"学院的学生的评价是否适当;空气里满载着希腊学术,整条河已经达到了一定的高度,消灭了杂草的生长,那正是这种诗神的圣水所消灭的。英国人的天性欣然接受了文化。弥尔顿是这么想的。文化陶冶了北欧人的性格。跟希腊人的心灵相通提高了他的情趣标准。他有足够的东西好思索,除非他性格容易冲动,他充实的心灵和新的严肃的情趣使他无意写作,讲话。英国作家不能忽视总是围绕着他的一大群沉默的有教养的希腊人,他们剪裁他的演说,削尖他的笔。因此英国的新闻也讲究文风。这里的人学会了工作的准确、全面、逻辑、流畅或速度。他们吃苦耐劳,雷厉风行。由于生下来就有良好的素质,他们便造就了这些善于消化的学习工厂、铁人、硬骨头,他们的工作能力跟我们的相比,就像蒸汽锤与八音盒相比一样——科克们、曼斯菲尔德们、塞尔登们、本特利们,当一个高超的大脑把一名骑手扶到这匹骏马上时,我们就得到了这些世界大师,他们把处理事务的最高能力与一种至高无上的文化教养结合了起来。

从伊顿、哈罗、拉格比和威斯敏斯特培养出来的人们感到满意的是,每一个学校里的校风都是高尚的,雄健的;在他们的操场上,勇气受到普遍赞赏,卑鄙行径人人蔑视,男子汉的感情和慷慨的品格受到鼓励,一种不成文的荣誉准则把娇气十足的豪门子弟和暴发户的子弟一视同仁,消除了两者的糊涂观念,千方百计把他们培养成绅士。

在大学里,人们极力主张要全力以赴培养英国推崇为民族生命之花的人材——受过良好教育的绅士。德国人胡伯尔在向他的

---

① 流经牛津和剑桥的两条河,往往代表牛津大学和剑桥大学。所以下文有"整条河"之说。随即提到的两所学院是牛津大学的学院。剑桥大学也有莫德林学院。

国人描述英国绅士的特性时,坦白地承认:"在德国,我们没有那样的东西。绅士必须具备一种政治品格,一种独立、为公的立场,或者至少要有采取这种立场的权利。他必须具有一般的富裕,或者是他本人的,或者是他的家族的。他的身体也应当敏捷、有力,那是我们担任公职过案牍生活的人达不到的。英国绅士显得雄健魁伟,别的地方在数目相当的人中间是不会有这种情况的。其他国家不出这种人。就是在英国,他们也在退化。大学是一种对任何人都有利的进行推论的决定性的根据。而大学里的人是如此杰出,只消看一眼一览表,你就会知道:一个人与牛津或剑桥的一所大学院名册上的人结交才算交了世界上最好的朋友。"①

这些学院在为上层阶级完成学业,不是为穷人。实用的东西都被破除了。公学的定义就是"一所排除一切能使人适宜于站柜台的品质的学校"。②

毫无疑问,基金被滥用了。牛津的财富尽管等于好几个欧洲的小国,可是它把"向云集该地的所有人都公开的"讲座关闭了。把赐给"应当最适应进步、贫困和痛苦的"青年人的收入浪费了;徇情现象十分严重;许多教授职位,许多研究职位都成了安乐窝;很有可能,大学将会明白怎样来消除对议会质询的恐惧心理;毫无疑问,他们的知识已经过时了——然而,牛津也有自己的长处,我发现这里也有民族忠诚和彻底精神的证据。他们所珍视的知识他们都具备,他们都传授。不管是正式上课,还是无师自修,不管是通过一个填鸭式的教师,还是通过提供奖励和奖学金的考官,英国概念上的教育是完成了。我看过1848年的卢斯比研究奖金、赫特福德研究奖金、爱尔兰教长研究奖金和大学研究奖金等各种各样的奖学金和研究奖金考试的试卷(试卷由一位希腊文教授惠赐予我),卷面上的答案是许多竞争者的得意之作,我相信对于耶鲁或

---

① 胡伯尔:《英国大学史》,纽曼译。——作者原注
② 参见布里斯特德:《在一所英国大学里度过的五年》,纽约,1852年。——作者原注

哈佛学士学位的考生来说,这些题未免太难了些。总的来讲,这表明他们在指定的方向上研究得更为深入,宣称要传授的知识都传授了。牛津每年送走二三十个才干非凡的人和三四百名受过良好教育的人。

饮食和激烈的锻炼保证了一定的古代北欧人的力量。纨绔子弟也喜欢斗殴,在紧急情况下,也会扮演勇猛的角色。看到这些青年时,我相信我已经看到他们在活力、气色和普通习惯方面胜美国大学的同龄人一筹。毫无疑问,读书人的许多力量和聪明仅仅是保健性的,或者卫生性的。如果养成一种比较能吃苦耐劳的习惯,进行一种果断的体操训练,如果多走5英里,少吃5盎司,如果骑马奔驰20英里,如果举行滑冰和划船比赛,美国人也会搞同样健全的训诂,也有同样快乐的语气。我应当欣然承认这些长处,要得到它并不困难,如果我还没有发现他们阅读、写作都比我们强的话。

英国把钱花在他们的学校和大学训练上,这样就使那些最优秀的作家能够系统地读书,要把他们探讨的问题到底是怎么回事搞个水落石出,而小册子作者和新闻记者读书则为了一次党派争论,或者为了写东西,或者无论如何是为了达到强加在他们身上的附带目的,所以他们读书就难免随随便便,断章取义。查理一世说,他理解英国法律就像一位绅士应当理解的那样充分。

而且他们有机会得到书;如果一个人想到一个学者,一听到一本书就能够立即去查阅,而比因为找不到多年寻觅的好书而读着差劲的书籍的人学得多,学得好的话,就会明白千家万户丰富的藏书给了我国青年得不到的一种好处。

还有,许多有教养的人在一起互相促进,就达到了高标准,经常接触博学广见之人就能学会筛选的艺术。

当然,就像教会和修道院迫害年轻有为的圣徒一样,大学对天才也是怀有敌意的,因为天才有他们自己观察、运用的方法,不相信陈规陋习。然而我们都把自己的子女送到大学读书,哪怕他就是个天才,他也必须抓住自己的机会。大学必须是回顾性的。给所有高塔上的风向标指出方向的狂风是从古代吹来的。牛津是一座图书馆,教授必须是图书馆员。我与其想抱怨教授不赏识拔了欧几里得和亚里士多德的胡子的青年新词创造者,或者抱怨他们没有写出有创见的作品去填补他们书架的空白,还不如抱怨一个门房没有像克尔希或金布恩的司令官那样冲到街上去扩大他的职责。①

对学院吹毛求疵非常容易,而学院呢,如果我们愿意等待,将会有它自己的表演。那儿也有天才,但不会响应下院一个委员会的召唤。天才是罕见的,危险的,古怪的,神秘莫测的。英国是五方杂处、令人惊奇的国土,当你认定大学即将灭亡时,一种富有诗意的影响从牛津的心脏里涌出来,形成城市的舆论,像鸟儿筑巢一样随便建造它们的住宅,给艺术以真实,给人类以魅力,就像吁请道德秩序必须要做的那样。然而除了这种有助于复原的天才,这个时代以古老的形式写出的英国最好的诗都出自剑桥两个毕业生之手。

---

① 爱默生显然是指克里米亚战争中被盟军占领的俄国据点驻军长官所采取的行动。

谈学者

会长先生,诸位先生:

　　正值我们的学年再次开始之际,我向大家表示敬意。我们的周年纪念日是希望的周年纪念日,也许,还够不上是劳作的周年纪念日。我们共聚一堂,并非像古希腊人那样,是为了角力竞技,是为了演剧诵诗;不像吟游诗人那样,是为了会商爱情和诗艺;也不像英国和欧洲大陆各国首都的我们的同时代人那样,是为了促进科学。迄今为止,我们的这个节日仅仅是一个令人愉快的标志,说明在一个终日忙碌、无暇顾及文学的民族里,还存在着文学爱好。它作为一种不可毁灭的本能的标志也是同样弥足珍贵的。也许这样的时候已经到了:我们的节日应当,而且必将另有用意;这个大陆的慵懒的智能将要从它铁一般的眼皮下觑视,并给世界推迟了的期望填进某种比机械技巧的运用更胜一筹的东西。我们仰人鼻息的日子,我们师从别国、长期习艺的学徒期熬到头了。我们周围的百万民众正拥向生活,不能总靠外国收获的残汤剩饭糊口苟延。大事风起,壮举云涌,被讴歌受赞颂在所难免,自我歌颂也将成必然。谁能怀疑诗歌将会恢复生机,独领新一代风骚?正如天琴座中的那颗明星,如今在我们的天顶光焰万丈,但天文学家宣称,终有一天成为一颗光照千年的北极星。

　　依照这一希望,我接受了美国学者这个题目,因为时至今日这不仅是习语,而且是我们学会的性质似乎规定好的。年复一年,我们前来此地,拜读他的传记的又一章。让我们考察一番,看看新的岁月、新的事件给他的性格、他的责任、他的希望投上了什么样的亮光。

　　有这么一则寓言,来自某一段失考的上古时代,它传达了这么一条未经探索的古训,说创世之初,诸神分"人"为"众",以便人可以更好地自助自立;恰如手被分为五指,可以更好地达到自己的目的一样。

这则古老的寓言包含着一个常新而崇高的道理:有一个"全人"——只是部分地,或者通过一种天赋体现在各个具体的人身上;你必须接纳全社会,方能发现这个全人。人不是一个农民,不是一位教授,不是一名工程师,他是全体。人是牧师,是学者,是政治家,是生产者,是士兵。在分工的或者社会性的状态中,这些职能分配给个人,每个个人就要去做这项共同工作中的自己的份额。各干各的,互不干涉。这则寓言的言外之意是,各人要想掌握自己,有时候就必须从自己的劳动中回过身来,把其他的劳动者统统揽入怀中。然而不幸的是,这个原始单位,这个力量的源泉,已经分割成千千万万,而且一分再分,散播开来,结果溅泼成水滴,再也聚不起来。社会是这么一种状态:各个肢体任凭从躯干上截除,于是有了许多行走的怪物招摇过市——一根灵巧的手指头,一截脖子,一副肚肠,一只胳膊肘子,却从来没有一个人。

于是,人蜕变成一件物品,蜕变成许许多多的物品,农夫想到他职务的真正尊严时难得欣喜,因为他只不过是打发到地里去搜集食品的"人"。他看见的只有他的斗和车,目无他物,于是他沦为农夫,而不是农庄上的"人"。商人很少给他的工作赋予理想的价值,而是为他的技艺单调的常务所苦,灵魂受制于金钱。牧师变成了一种形式礼仪;律师变成了一部法规汇编;机械师变成了一台机器;水手变成了一根船缆。

在这种职能的分配中,学者就是被委派的智能。在正常情况下,他是"主动思想的人"。在沦落的情况下,当他成为社会的牺牲品时,他就容易成为一个单纯的随想客,或者,更不像话,成了别人的学舌鹦鹉。

把学者看作"主动思想的人",关于他的职责的全盘理论就包含在这一观点中了。自然在用它所有的恬静的、告诫的画面诱导他:过去在教导他,未来在邀请他。其实,每个人不就是一名学生吗？万事万物不就是为了这名学生的利益而存在的吗？说到底，真正的学者，不就是唯一的老师吗？然而正如那句古训所言，"万物都有两个把儿：当心切勿抓错"。在生活中，学者也常跟人类一起出错，从而丧失了他的特权。让我们看看他在校时的表现，并且就他接受的主要影响将他考量一番。

一、对心灵的诸多影响中最早的、最重要的非自然的影响莫属。每一天，太阳照耀；日落以后，黑夜降临，繁星闪现。风永远在吹，草总是在长。每一天，男男女女在交谈，在观看，也被观看。面临如此壮观的景象，学者应当伫立凝神，遐思悠悠。他必须在自己的心灵里确定景观的价值。对他而言，何谓自然？上帝的这张网绵延不断，不可理喻，无始无终，然而总有循环往复的力量回到自己身上。就此而言，自然绝像学者自己的精神，他永远都找不到它的始，它的终——它是那样浑然一体，那样无边无际。在遥远的地方，当自然辉煌闪耀，星系连着星系，像光芒一样射出，向上，向下，没有中心，没有周边之时——无论以巨大的整体，还是以细小的微粒，它也是急着向心灵表白自己。开始分门别类了。对年轻的心灵，每一件事物都是单个的，独立的。不久，它发现怎样才能把两件事物并到一起，并看出了两件事物，一个性质；然后是3件，再后是3 000件；受到自己的一体化本能的压迫，它继续糅合万物，消除异常，发现在地下的蔓延的根柢，凭什么对立而远离的事物融会聚合，凭什么茎上能长出花朵。它很快得知，从历史的曙光初现之日起，对事实的积累和分类一直在进行。然而何为分类，不就是察觉这些物体不混乱，也不怪异，而是存在着一条也是人类心灵的法则吗？天文学家发现几何学——人类心灵的一种纯粹的抽象，就是对行星运行的测量。化学家发现物质中无处不有比例和纯概念性的章法；科学不过是在最不相干的部分中发现类似，找出同一。雄心勃勃的灵魂在每一个顽固的事实面前坐下；逐一将一切奇异的结构、一切新颖的能量，分出类别，归出法则，并继续借助洞见，激活组织的每根纤维，自然的各个边缘。

这样,对他,对岁月穹隆下的这名学童有了这么一种提示:他和这穹隆是同根所生,一个是叶,一个是花;同脉共振,同气相求。那根为何物?不就是他的灵魂的灵魂吗?——一个过于大胆的思想——一场过于狂野的梦。然而当这种精神的光芒将来揭示了更加凡俗的诸多自然现象的法则之时——当这名学童学会崇拜灵魂、发现时下的自然哲学只不过是灵魂的巨手的初步摸索之时,他将会像盼望一位动人的创造者那样盼望一种不断博大精深的知识。他一定会看到自然是灵魂的对应,两者处处投契。一个是印章,一个是印迹。自然的美就是他自己心灵的美。自然的法则也是他自己心灵的法则。于是自然变成了他量度自己成就的标尺。他对自然多一分无知,就对自己少一分掌握。总而言之,古训"认知自己"与今嘱"研究自然"最终变成了一个箴言。

二、流进学者的精神的下一个重大影响是过去的心灵——无论以心灵被刻印的何种形式,不管是文学的,艺术的,还是体制的。书是过去影响的最好的一种,也许只要考量一下书的价值,我们就会接近真理——更加方便地了解这种影响的总体效果。

书的见地是高尚的。开元时代的学者接纳了周围的世界,在自己身上酝酿,并将自己心灵的新的条理赋予它,然后再将它说出来。进入他的是生活,出自他的是真理;进入他的是短命的行动,出自他的是不朽的思想。进入他的是事务,出自他的是诗歌。原来是死板的事实,现在是灵动的思想。它能站,它能走。它时而隐忍,它时而飞翔,它时而灵感勃发。排放它的心灵有多深,它就能飞多高,它就能唱多久。

或者,我不妨说,它取决于将生活转化为真理的这一进程有多远。蒸馏越彻底,产品的纯度与不朽性就越大。然而,没有尽善尽美。气泵无论如何制造不出一个绝对的真空,同理,任何艺术家也无法完全排除陈规、褊狭,使其作品经久不衰,也写不出一本思想精纯的书,能面面俱到,千秋万代之后仍跟同时代或者第二代时一样不失时效。人们发现,每一个时代必须撰写自己的著作,或者说每一代人必须为下一代人著书立说。古书未必适用于今朝。

可是危害便由此产生。隶属于创造行为——思想行为——的神圣便立即转化为史记。人们觉得吟诗唱歌的诗人就是一位神仙：于是诗歌也成了神品。作家是一个正义而智慧的精神：于是书也被定为极品；恰如对英雄的爱戴蜕变成对他偶像的崇拜一样。一转眼，书成了毒草：指导成了暴君。我们本来寻找的是一个兄弟，看见的却是一位长官。大众慵懒而反常的心灵总是迟迟不肯向理性的涌进开放。但一经开放，一旦接受此书，便死死抱住不放，如果此书遭到贬抑，便声嘶力竭声讨。学府建立在此书的基础之上。根据此书又写出了不计其数的书，作者只是随想客，"而不是主动思想的人"，是些才子，就是那些一起步就错误的人，那些从公认的教条出发的人，而不是从自己的原则观点出发的人。怯生生的年轻人是在图书馆里长大的，相信自己的职责就是接受西塞罗、洛克、培根提出的观点，却忘了西塞罗、洛克和培根写这些书时，就是图书馆里的年轻人。

于是，我们见到的不是"主动思想的人"，而是蛀书虫。因此那些书香阶级因为书而看重书；并不是因为书与自然，与人的本性有关联，而是因为书构成了与世界和灵魂对立的一种"第三等级"①。于是就有了三六九等的补遗专家、校订博士，以及藏书成癖者。

这是坏习气，这实质上比表现出的还坏。使用得当，书是最好的物品；遭到滥用，就是最坏的东西。怎样才算使用得当？千方百计要达到的唯一目的又是什么？书除了赋予灵感，别无目的。我宁肯永远不见一本书，也不愿意被它的引力歪曲，完全离开我自己的轨道，变成一颗卫星，而不是星系。世界上唯一有价值的东西是活跃的灵魂——灵魂，自由自在，君临万物，积极活跃。这是人人有权享有的；这是个个身上包含的，尽管在绝大多数人身上遭到阻碍，尚未出生。活跃的灵魂能看到绝对真理，能说出真理，或者能创造真理。进行这一行动时，它就是天才；不是哪里的一名亲信的

---

① 法国大革命前指平民，民主派用它含有贬义。第一、第二等级分别是僧侣、贵族。

特权,而是每个人的正当资产。就它的本质而言,它是前进的。书籍、学府、艺术流派、种种机构,都因为天才的某句老话而止步。此话甚好,他们说——咱们就坚决照办吧。他们把我盯死了。他们只管顾后,而不瞻前。但天才总是向前看的:人的眼睛是长在头前,不是长在脑后的。人能希望。天才能创造。创造——创造——是一种神圣气质的明证。无论有何种才具,一个人要是不创造,神的清纯的涌泉就不归他所有——余火与烟也许有,但没有火焰。有创造姿态,有创造行动,有创造言论;也就是说,这些姿态,这些行动,这些言论,表明统统不合习俗,不具权威,而仅仅是出自心灵自己的善美感的自发的喷涌。

另一方面,天才非但不做自身的明察者,如果还让它永远从别的心灵那里接受真理,尽管它置身于光的洪流里,没有静心、讯问和自我发现这些阶段,那还是造成了致命的危害。由于影响过大,天才总足以成为天才的敌人。让各国的文学为我做证吧。英国的戏剧诗人现在已经莎士比亚化 200 年了。

毫无疑问,读书是有正道的——那就让它严格受制于人。主动思想的人切不可被自己的工具掌控。书是学者的消闲品。当他能直接阅读上帝时,金贵的光阴就不能浪费到阅读他人读书的转录上了。然而当一段隔一段的黑暗降临时,这在所难免——当灵魂看不见时,当太阳被遮,星星退隐不再闪耀时——我们便求助于被它们的光辉点燃的灯,引导我们的脚步再次走向东方,因为那是曙光初露的地方。我们听,就是为了说。阿拉伯谚语说:"无花果树彼此相望,最后变得果实累累。"

我们从最好的书里得到的那种快乐,其性质非同寻常。这些书总使我们坚信作者与读者天性相同。我们读一位英国大诗人的诗。读乔叟的、马维尔的、德莱顿的,最地道的现代人的喜悦不禁油然而生——我是说,那是一种主要是因为从他们的诗里提炼出了古往今来的精华所引起的快乐。当这位生活在两三百年前的某个以往的世界上的诗人说出了贴近我自己的灵魂的话,说出了我也一度几乎想到、几乎说出的话时,我们惊喜之余不无敬畏。倘若那里没有向凡心灵皆相同这样一种哲学理论提供的证据,我们就应当假定存在着某种前定的和谐,存在着那些将要出现的灵魂的某种先见,存在着为那些灵魂未来需要而贮存的某种准备,就像在昆虫身上观察到的这样一种事实:昆虫在死以前为它们永远也不会见到的幼虫贮存食物。

我不想因热爱体系,因夸大本能而受胁迫,贸然贬损书籍。大家知道人的身体可以靠任何食品滋养,即便是煮熟了的草、皮鞋熬的汤,同理,人的心灵可以被任何知识喂养。古往今来的伟人豪杰,他们几乎只有从印刷品上获取的信息。我只想说,要承受这种吃喝,必须有一个强健的头脑。人要善于读书就必须是一位发明家。有句谚语说得好:"谁想把西印度的财富带回家,谁就必须扛得动西印度的财富。"因此,不仅有创造性的写作,而且要有创造性的阅读。当心灵为劳动和发明振奋时,我们不管读什么书,页页都会含义丰富,光彩熠熠。字字句句意味倍增,感觉作者像世界一样宽广。于是我们看到这么一种颠扑不破的真实情况,在繁忙负重的日月里,洞察者的真知灼见的时刻如昙花一现,同样,将它诉诸笔墨的在他的著作里也是凤毛麟角。慧眼独具之士在柏拉图和莎士比亚的书里读到的也是一星半点——仅仅是神谕中的真言——而其余的他则一概摒弃,哪怕它是柏拉图和莎士比亚书中神谕真言的多少倍。

当然,对于一个智者而言,有一部分阅读是不可或缺的。历史和精确科学他必须苦读方能掌握。同样,学府有自己不可或缺的职责——教授原理。但当它们的目的不是训练,而是创造时,当他们从远方把各种天才的每一束光辉都汇总到自己好客的殿堂里,并用集中起来的火点燃青年学子的心时,大学才能高水平地为我们服务。思想和知识都是天性,设备和排场在那里一无所用。长袍和基金,就算能打造一座座金城,也抵不上半句至理名言。如果忘记这一点,那我们美国的高等学府尽管一年富似一年,但它们的社会地位却一天不如一天。

三、世界上流行着这么一种观念,认为学者应当是一名隐士,一个弱不禁风之人——不宜干任何手工活,从事任何社会劳动,就像铅笔刀不宜当斧头用一样。所谓的"实干家"之所以讥讽空想家,好像是因为后者只会思索、观察,什么实事也干不了。牧师比起其他任何阶层更无一例外地是自己时代的学者,我听说人们跟这类人说话时把他们当作女人对待,以至于他们听不到男人的那种粗犷豪爽的谈话,只能听见一些矫揉造作、淡而无味的言词。他们其实往往被剥夺了公民权;还有人主张让他们一辈子打光棍。如果学识阶级情况真是如此,那是不公正、不明智的,行动对于学者是次要的,但是又是基本的。没有行动,他就不算人,没有行动,思想永远不能成熟为真理。哪怕世界像一朵美的彩云悬在眼前,我们也看不见它美在哪里。不行动就是胆小怕事,没有侠肝义胆就不会有学者。行动是思想的前奏,是思想从无意识到有意识的必由过渡。我一生有多少经历,我就知道多少事情。所以我们立即知道谁的话语饱含生活的积淀,谁的话语空洞浮泛。

世界——这个灵魂的影子,或者另一个我,在周边宽广无边。它的吸引力就是一把把钥匙,能把我的思想的锁打开,使我认识自己。我急切地冲进这片轰鸣动荡之中。我紧紧抓住身边人们的手,在这个角斗场站好自己的位置开始埋头苦干。一种本能教导我:只有这样,喑哑的深渊才会回荡出说话的声音。我捅破它的常规;我驱散它的恐怖;我把它安顿到我不断扩张的生活圈子里。我通过经历对生活了解多少,我征服和垦殖的荒野就有多少,或者我的生命,我的领域就延伸多远。我不明白人怎么为了贪图精神舒坦,为了睡个午觉就能放弃他能参加的一切行动。行动能使他含英咀华,妙语连珠。劳苦、灾难、激愤、贫困是教授口才和智慧的良师。真正的学者舍不得放过到手的每一个机会,认为那无异于丧失权力。

行动是原料,智能用它塑造绚丽的产品。这也是一个奇异的过程,经验借此转化为思想,如同桑叶被转变为绸缎一样。这种制作分秒必争,永远向前。

我们童年和青年时代的行动和事件现在是一些静观的事项。它们像空中美丽的画卷。我们新近的行动——我们现在手头的事务就不是这样。对于这,我们不大有能力推究。我们的感情还在里面流通。我们对它既无感觉,又无知觉,就好像我们对身上的手脚、大脑没有感觉一样。新的作为还是生活的一部分——有一段时间仍然沉浸在我们无意识的生活中。在某一观照的时刻,它像一颗熟透了的果实脱离生活,变成心灵的一个思想。转眼之间它高升,变形;这必朽坏的变成不朽坏的。① 现在它总是一件美的物体,无论它的来历和环境是多么地卑贱。再看看预知这种举动绝无可能。在幼虫状态时,它不会飞,它不发光——它是一只不起眼的幼虫。然而,突然之间,不知不觉,这同一个东西展开了美丽的翅膀,成了一个智慧天使。因此在我们个人的历史中,每一件事实,每一起事件,或迟或早必将失去它附着性的、无自动力的形式,脱离我们的身体飞入云霄,让我们惊愕不止。摇篮与幼年,学校和操场,对顽童、狗和戒尺的惧怕,对小姑娘和草莓的喜爱,还有一度填满整个天空、现在已经烟消云散的另外许许多多的事情;亲朋好友、职业党派、城填乡村、国家世界,也必将远飞高歌。

当然,谁竭尽全力投入正当的行动,谁就会有智慧最丰富的回报。我不愿意将自己关在这种行动的世界之外,把一棵橡树移植进一只花盆,让它在那里挨饿萎谢;也不相信某种单一才能的收益,把思想唯一的矿脉究尽,像萨沃伊②人那样。他们为全欧洲雕刻牧羊人、牧羊女和抽烟的荷兰人,以此谋生,直到有一天他们进山寻找木料,结果发现他们已经把最后一棵松树砍光了。我们有许多作家,他们把自己的矿脉写光了,于是在一种值得称道的深谋远虑推动下,或者远航到希腊或巴勒斯坦,或者跟随猎人进入大草原,或者周游阿尔及尔,以补充他们的货源。

哪怕是仅仅为了语汇,学者也要渴求行动。生活是我们的字

---

① 参见《圣经·新约·哥林多前书》第15章第54节。
② 现在是法国东南部的一个省,当时由法意两国分管。

典。参加农村劳动;在城镇——对工商业深入了解,与男男女女推心置腹地交谈,研究科学,献身艺术,从事这一切,光阴都没有虚度,目的只有一个:掌握一种语言,用它来阐明、体现我们的感知。从一个人言词的贫乏或多彩,我就立即了解到他的生活多深多浅。生活在我们身后,像个采石场,我们从那里为今天的砖石工程找砖瓦,取石头。这就是学习语法的途径。学府和书本只不过是摹仿田间和工场制造出的语言。

然而,行动的最终价值,恰如书本的最终价值,而且胜似书本,就在于它是一种资源。自然中波动起伏的伟大原则在呼气和吸气、在欲求和满足、在海潮的涨落、在日夜的交替、在冷热的更迭中表现出来,而且更深地嵌入每一个原子和每一种流体之中,这一原理在"两极对立"的名称下为我们知晓——牛顿所称的这些"轻松传输与反射的一次次阵发"是自然的法则,因为它们就是精神的法则。

心灵时而思想,时而行动,每次阵发是另一次的复制。当艺术家耗尽他的素材时,当幻想不再绘画时,当思想不再理解、书成了一种厌倦时——他总有生活下去的资源。人格高于智能。思想就是功能。生活就是功能的实施者。流可溯其源。伟大的灵魂不仅是思想的强者,也是生活的强者。难道他缺乏传达真理的器官或手段?他还可以依靠这种实践真理的基本力量嘛。这是一个完整的行动。思想只是部分的行动。让正义的光彩在他的事务中闪亮吧。让爱心的美给他的茅屋送去欢乐吧。那些跟他一起居住和行动的"无名"之辈将在当代的行为与沟通中感受到他的品格的力量,那是任何当众作秀无法衡量的。时光将会教他明白学者不能坐失常人生活的分分秒秒。在这里他展开了他那严加呵护未受影响的本能的神圣胚芽。在表象中失去的又在实力中得到。破旧立新、鼓舞人心的巨人并不出自那些系统的教育将其学养穷尽了的人,而阿尔弗雷德①和莎士比亚最终出自无人问津的野蛮天性,出

---

① 阿尔弗雷德(849—899),最伟大的撒克逊国王,爱国者,立法者,英国散文之父。

自可怕的德鲁伊特①和狂暴武士之中。

劳动对每个公民都有尊严和必要,因此当我听到人们说起这一点时,便感到由衷的高兴。无论对于文化人还是大老粗,锄头与铁铲里都有美德。劳动无处不受人欢迎,我们总是受邀去工作,但务必注视这么一个限度:一个人不可为了更广泛的活动而牺牲主见,去迎合流行的判断和行为模式。

我已经说过了自然、书本和行动对学者的教育。接下来还需要说说他的责任。

他的责任就是要成为"主动思想的人"。他的责任可以统统包含在"自信"两字里。学者的职责在纷纭的表象中向人们展示事实,从而鼓舞、提高和引导他们。他从事的是观察这样一项任务,它见效迟缓,没有名利可言。弗兰斯蒂德②和赫歇耳③在装玻璃的天文台将星体编目分类,可以赢得人们的赞扬,只要结果出色、有用,荣耀必定接踵而来。然而学者在他私人的天文台上编目分类人类心灵模糊如雾的星体这种事情,从来就没有人想到过——有时候一连数日数月地观察,寻找几件事实;纠正他过去的记录——这么做就必须甘于寂寞,不指望一举成名。在漫长的准备阶段,他时时得暴露他对流行艺术的无知无能,遭受能人的白眼,并将他一肩扛开。他一定常常言词木讷:往往厚古薄今。更糟糕的是,他必须安守贫困,甘于寂寞,这是家常便饭!他满可以走老路,接受社会上流行的时尚、教育和宗教,落得个轻松欢乐,但他却自找苦吃,当然,难免有自责,有气馁,有举棋不定,坐失时机,这些总是自立、自引的道路上的荨麻缠藤;还有他似乎要坚定地与社会抗争,尤其是与受过教育的社会抗争中所处的那种实际上敌对的境况。对于

---

① 古代凯尔特人中一批有学识的人,担任祭司、教师、法官,或当巫师、占卜者等。
② 约翰·弗兰斯蒂德(1646—1717),英国天文学家。
③ 威廉·赫歇耳(1738—1882),他妹妹凯罗琳和他儿子约翰·弗雷德里克·威廉都是英国天文学家,在爱默生时代名气很大。

这一切损失和不齿,什么才能补偿呢?他会在行使人性最高的功能时找到安慰。他能超脱种种私人杂念,依靠开诚布公、光辉卓越的思想呼吸,生活。他是世界的眼睛。他是世界的心。他要保存、传播英雄的情感、高尚的业绩、动听的诗歌、历史的结论,从而抵抗总向野蛮状态倒退的庸俗繁荣。在种种紧急关头,在所有庄严时刻,人心无论说出什么圣言作为对行动的世界的评说——他都会接受和传授。无论理性从它神圣不可侵犯的宝座上对今天来去匆匆的人与事宣布什么新的裁定——他都会听取,公布。

由于这些是他的职能,所以感到完全自信、从不听从大众的喧嚣才符合他的身份。他,唯有他,才了解世界。任何时刻的世界充其量只不过是表象。某种重大的标准,对一个政府的某种迷信,某种昙花一现的商贸、战争,或者人,总有一半人褒扬,另一半人贬抑,仿佛一切都取决于这种褒贬。可能这整个问题还抵不上学者在听这场论战中失去的最贫弱的思想。让他不要打消这样一种信念:玩具气枪就是玩具气枪,哪怕世间的年高望重者一口咬定那是世界末日的霹雳。让他默不作声,踏实沉稳,超然物外地坚持自我;一再观察,甘受冷落,任人责难;耐心等待——只要他心满意足,认为今日他真有所发现,那就是莫大的欣喜。成功踩着正确的脚步款款而来。因为促使他把自己的想法告诉他的兄弟的直觉是确信无疑的。他然后得知在进入自己心灵的秘密时,他已经进入了所有心灵的秘密。他得知谁掌握了自己个人思想中的法则,谁就掌握了跟他说同种语言的所有人的思想中的法则,也掌握了说他的语言可以翻译过去的不同语言的所有人思想中的法则。幽居的诗人回想起他自发的思想,将它们诉诸笔墨,人们发现他的记录住在拥挤的城市里的人们也一样觉得真切。演说家起初怀疑他的坦白是否得当——他对自己的听众缺乏了解——到后来他才发现他就是他的听众的补充——他们畅饮着他的言语,因为他替他们完成了他们的天性;他越是潜入自己最私密的预感——使他惊奇的是,他发现这是最受欢迎的,最公开的,放之四海也是真实的。人们闻之欣喜;每个人的良知都感到:这就是我的音乐,这就是我自己。

　　一切美德都包含在自信里。学者应当自由——自由而勇敢。甚至对自由的定义也应当自由,"没有身外之物的羁绊"。勇敢;因为恐惧就是一名学者用职能抛在身后的东西。恐惧总是来自无知。如果在危难时刻,由于他认为,自己像妇女儿童一样属于受保护的阶层,所以镇定自若,或者如果他为了贪图一时安宁,他的思想避开政治或诸多令人头疼的问题,像鸵鸟一样把脑袋埋在花丛里,眼睛往显微镜里窥视,嘴里还在推敲诗韵,像个小孩吹着口哨来壮胆,那就是他的奇耻大辱。这样做,危险依然是危险;这样做,恐惧更加严重。让他像个男子汉回头面对吧。让他正视危险,究其性质,探其根源——看看这只狮子刚生下来时的情况——追溯之路并不太长;于是他会发现自己对它的性质和范围有着完全的理解;他会双臂一伸将它抱住,从此以后就对它颐指气使,不屑一顾了。世界属于能看穿它的虚饰的人。你看见的什么聋聩、什么陋习、什么大错,不都是由于容忍——由于你的容忍而得以存在?如果看出它是谎言,你就已经给了它致命的打击了。

　　不错,我们胆小怕事——我们没有自信。有种居心叵测的论调,说什么我们进入自然晚了,说什么世界早就完事了。世界过去在上帝手中软似面团,动如流水,所以,现在我们带给世界的实际上都符合上帝的属性。对于无知和罪孽,世界就是铁石。他们只能尽量去适应;然而依照一个人身上具有的神圣的东西,苍天在他面前流动,并盖上他的印记,采取他的形式。伟大的不是能改变事态的人,而是能改变我的心态的人。谁能把自己当前思想的色彩赋予一切自然和一切人工,并以自己行事的快乐平静使众人相信:他们做的这件事是千秋百代一直想摘的苹果,现在终于成熟了,并邀请各个民族共享成果,谁就是世界之王。伟人成就伟业。麦克唐纳坐在哪里,哪里就是首席。①林奈把植物学创建为最引人入胜

---

①　这本是一句谚语:"麦克格雷戈坐在哪里,哪里就是首席。"爱默生用一位苏格兰酋长麦克唐纳的名字替换了麦克格雷戈。

的研究,把它从农夫和采药妇手中夺了过来;戴维对化学,居维叶对化石,作出了同样的贡献。谁一天里心平气静,怀着伟大目标工作,这一天就属于谁。谁的心灵充满了真理,人们变化不定的评价便向谁涌去,就像大西洋的层层波浪都追随着月亮一样。

关于这种自信,个中缘由深不可测——暗难以明。我在陈述自己的信仰时,也许未带听众的感情。然而我在谈及"人为一"的理论时已经表明了我的希望的根据。我相信人被错待了;他也错待了自己。他几乎失去了能引领他恢复他的天赋特权的光。人们变得微不足道了。古人今人皆成臭虫鱼卵,被唤作"众生"和"群氓"。过一百年、一千年才出一两个真正的人,也就是说——一两个接近常人正态的人。其余的则在英雄诗人身上看到他们青皮生瓢的生命——成熟了;于是甘拜下风,以便那个人可以长足个头。可怜的族人,可怜的党徒为他的首领的荣耀而欣喜若狂,这给他自己天性的需求提供了多好的证据——伟大而又可怜。贫贱之人在政治上、社会上自认不如,却给自己博大的道德宽容找到了补偿。他们甘愿叫人像苍蝇一样从一位伟大的路上拂开,以便这位伟人能充分发扬所有人殷切企盼着发扬光大的共同天性。他们沐浴着伟人的阳光,觉得这光就是他们自己的元素。他们把人的尊严从遭受践踏的自身扯下来,披到英雄肩上,宁肯舍命也要给那颗伟大的心加一滴血,让它跳动,让巨大的筋肉战斗、征服。伟人为我们而活,我们活在他的身上。

这样的人自然就要求钱谋权,之所以谋权,是因为权其实就是钱——所谓"官俸"者也。何乐而不为呢?因为他们渴求至高无上,而这在他们的梦游中正是他们梦想的至高无上。要是唤醒他们,他们就会抛开这种伪善,跃向真善,把行政管理留给办事员和办公桌。这场革命只有逐渐培养文化理念才能促成。世界追求辉煌,追求远大的主要事业就是树人。这里满地都是材料。一个人的私密生活必须是一个比历史上任何王国都灿烂的君主国——对敌人更凶恶,对朋友更温馨。因为,一个人如果对他有个正确的观察,包容了所有人的个别天性。每位哲学家、每名诗人、每个演员给我做的,就像一个代表做的那样,只不过是有一天我能为自己做的事情。我们一度看得比眼珠还要珍贵的书籍我们已读遍、吃透了。这只不过是说,共同的心灵通过那唯一的文书的眼睛所持的观点,我们已经赶上了;我们曾经是那个人,现在已经前进了。先超过一个,然后又超过一个,我们喝干了所有的水池,由于靠这一切补给逐渐长大,我们渴望一种更好、更丰富的食品。从来没有一个人能够永远喂养我们。人的心灵不能被供奉在一个要在四面八方对这个没有限制,也限制不了的帝国树立壁垒的人身上。时而从埃特纳山嘴里冒出火苗把西西里的海岬照亮,时而又从维苏威的喉咙里喷出,将那不勒斯的高塔和葡萄园映红的,正是那唯一的中心之火。从千万个星体里射出的正是那唯一的光。激活所有人的正是那唯一的灵魂。

不过关于学者的这种抽象道理我也许说得冗长、乏味了。我该不失时机地就这个时代和国家说几句非说不可、更加贴近的话。

从历史上看,人们认为主宰各个连续时代的观念有所不同,而且有资料标明了古典时代、浪漫时代以及现在的反思或哲学时代的天才的情况。由于我已经暗示过人人心灵归一或相同,我不想多说这些不同。其实,我相信人人都经历了上述的3个时代。童年是一种希腊时代,青年是一种浪漫时代,成年是一种反思时代。然而,我并不否认主导观念中的一种革命有明显的踪迹可循。

我们的时代被人哀叹为内省的时代。难道这必定就是坏事吗?好像我们总爱吹毛求疵;我们因遇事再思而尴尬;由于渴望知道快乐的所在,我们无法享受任何事物;我们浑身上下长满了眼睛;我们能用脚看见东西;这个时代染上了哈姆雷特的郁闷——

"蒙上了惨白的一层思想的病容。"[①]
难道情况就如此糟糕?景象是最不需要怜悯的东西。难道我们要做瞎子?难道我们唯恐自己看得比自然、比上帝还远,把真理一饮

---

① 参见莎士比亚《哈姆雷特》第3幕第1场第58行。

而干？我认为文学阶层的不满仅仅是宣告了这样一个事实：他们发现自己所处的心态与父辈迥然不同，又抱憾未来的心态还未经体验，就像一个孩子知道自己能游泳前怕水一样。如果有什么人们渴望生于其中的时代——难道不就是革命的时代吗？因为那时候新旧并存，允许人们两相比较；因为那时候所有人的能量都被恐惧、被希望搜索出来了；因为那时候旧时代的历史辉煌可以被新世纪的丰富可能性加以补偿。这个时代，像所有时代一样，是个非常美好的时代，只要我们知道如何利用它。

我高兴地读出了将来的日子的种种吉兆，它们已经透过诗歌和艺术、透过哲学与科学、透过教会与国家闪烁着微光。

其中一个征兆就是：那种促成国内所谓的最下层阶级的地位提高的运动在文学中有一种非常明显而有利的表现。探讨、入诗的不再是崇高和美的题材，而是贴近的、低下的、平凡的内容。被总是置装备粮、长途跋涉去异国他邦的作家们踩在脚下，不屑一顾的东西，突然被人发现比所有的异域风情更加丰富多彩。穷人的文学，儿童的情感，市井的哲学，家庭生活的意义，成了这个时代的主题。这是迈出的一大步。当肢体活跃起来，当温热的生命的激流涌进手脚时，这是一个征兆，难道不是新的生命力的征兆吗？我不要求大，不要求远，不要求浪漫，不要求意大利或阿拉伯的壮举，不要求希腊艺术或普罗旺斯的吟游诗艺。我拥抱平凡，我探索并拜倒在熟悉、低贱的事物的脚下。如果给我对于今天的真知灼见，你就可以拥有古代和未来的世界。我们真要知道什么东西的意义呢？小木桶里的玉米粉、平底锅里的牛奶、街头巷尾的歌谣、小船的消息、眼睛的顾盼、身体的形状和姿态——给我显示了这些事物的终极因，给我显示最高的精神起因的崇高存在总是潜伏在自然的郊外和尽头；让我看见每一件琐事都充满了立即要将它排列到一条永恒法则上的两极对立；还有商铺、耕犁、账本，都与那光借以波荡、诗人借以歌唱的类似起因有关——有了这一起因，世界不再是阴暗的杂物堆放房，而有了形态和秩序；没有无聊琐事，没有困惑不解；只有一个方案将最高迥的巅峰和最低深的沟壑联为一体，赋予勃勃生机。

这种观念激发了哥尔斯密、彭斯、考珀和新近的歌德、华兹华斯、卡莱尔的天才。他们以不同的方式遵循这一观念,取得了各色各样的成功。与他们的作品相对照,蒲柏、约翰生、吉本的风格看上去冷隽而学究气十足。前一种作品热血澎湃。人们惊奇地发现邻近的事物的美丽神奇不亚于遥远的事物。邻近的可以阐明遥远的。一滴水就是一片小小的海洋。一个人与自然万象紧密关联。这种对凡俗价值的领悟促成了果实累累的发现。歌德在这个问题上是现代人中最现代的,他给我们空前地展示了古人的天才。

有一位天才人物对这种人生哲学作出了不少贡献,但他的文学价值还从未得到公正的评价——我指的是伊曼纽尔·斯威登堡。身为想象力最丰富的人,却以数学家的一丝不苟的作风写作,他努力把一种纯哲学的伦理学嫁接到他那个时代流行的基督教身上。这一尝试难免有哪一个天才都克服不了的困难。然而他看到了,而且显示了自然和灵魂的关爱之间的关系。他看透了这个看得见、听得到、摸得着的世界的象征的或精神的特性。尤其是,他那热爱幽晦的沉思盘旋在自然的下界之上,并且予以诠释;他亮出了把道德邪恶与污秽的物质形式联结起来的纽带,并以种种史诗般的寓言提供了一种关于癫狂、关于野兽、关于不干不净和令人恐惧的事物的理论。

我们时代的另一个征兆,也以一场类似的政治运动为标记,那就是对于单个的人所给的新的重视。事事都趋向将个人隔断——趋向用自然尊敬的壁垒将他围住,这样一来,人人都觉得世界就是他的,人与人的交往无异于主权国家与主权国家的交往——不仅趋向大,而且趋向真正的联合。"我得知,"忧郁的佩斯塔罗齐①说,"普天之下竟无人情愿,无人能够帮别人一把。"帮助必须出自胸臆。学者必须集当代的才能、过去的贡献、未来的憧憬于一身。他必须是一座知识的学府。如果有一个教训比其他教训听起来更如

---

① 佩斯塔罗齐(1746—1827),瑞士教育家。

雷贯耳,那就是,世界等于零,人就是一切;你身上有一切自然的法则,可你却不知道一丝元气如何升起;你身上沉睡着全部的理性;你需要知道一切,你需要敢为一切。会长先生,诸位先生,这种对人的未经探索的力量的信心,根据种种动机,根据一切预言,根据所有准备,都属于美国学者。我们对欧洲娴雅的缪斯们已经听得太久了。美国自由人的精神已经有胆怯、模仿、驯顺之嫌了。公与私的贪婪使我们呼吸的空气变得浑浊黏糊。学者体体面面,懒懒散散,唯唯诺诺。看看这已经有了的悲惨后果吧。这个国家的心灵学会瞄准的是低下的目标,所以只有自我陶醉了。如果不是温文尔雅,唯命是从之辈,就没有工作可干。前程似锦的广大青年,在我们的海岸上开始生活,被山风吹胀,被上帝的星光照亮,却发现下面的土地与这些格格不入——他们为办事准则激发的厌恶情绪所碍,不能行动,不是沦为苦工,就是死于厌恶——有的还自杀身亡。如何根治?他们过去没有看到,而且现在拥向栅栏求职的千千万万同样满怀希望的青年也未看到:如果一个人坚定地扎根于自己的本能,寸步不移,大千世界就会再度向他靠拢。忍耐——忍耐,乘着所有善良和伟大的人的荫凉寻找伙伴;寻找安慰,也就是你自己无限生活的前景;寻找工作,也就是研究与传播准则,使这些本能流行,改变世界。人生在世,如果不能自成一统——如果不算一个有个性的人物——如果不结出每个人天生要结的那种果实,而是被包括在我们所属的党派、部门的总数中,包括在成百人中,成千人中;我们的见解又按地理被预测为不是北派,就是南派,这岂不是天下的奇耻大辱?不能这样,朋友们,兄弟们——感谢上帝,我们的情况决不能这样。我们要靠自己的脚走路,我们要用自己的手工作,我们要说出自己的心声。文学研究应当不再成为一个受怜悯、遭怀疑、供人感官放纵的名称了。怕人、爱人必将分别成为大家周围的一堵防卫的墙,一圈快乐的花环。一个人的国度必将破天荒头一次存在,因为每个人都相信自己受到那激发所有人的神圣灵魂的激发。

谈文学

1000年来,一种根深蒂固、坚不可摧的常识一直是英国思想的特点,它就像新近学会认字读书的水手和士兵们那种刚刚用于思考的蛮力。英国人没有奇思异想,从来不会被人弄得猝不及防,脱口说出一句含沙射影或机智幽默的妙语,而这种语句深得雅典人和意大利人的赏识,不久以后还可以改成一则寓言。英国人喜爱粗犷有力的表达方式,准确无误,粗里粗气,但绘声绘色。有些话尽管为王公贵族所讲,但对贱民百姓也同样合适,可以随便使用。这种朴实无华,这种活灵活现,这种平易的风格不仅表现在现存的最早的作品中,而且也出现在最近的著作中。它把泥土的芬香、牛羊的气息带进了民歌和民谣,就像一名荷兰画家,追求一种家庭的魅力,利用锅碗瓢盆也在所不惜。他们在诗歌中要有切身有用的东西。甘蓝、鲱鱼从来不曾消失。迸发出一阵想象之后,诗人敏捷地回过神来。英国的诗神喜爱农家院落,巷道阡陌和集市。她用史达尔夫人的话说:"他们要逼我直上云霄,我却穿着木鞋踩在泥潭里。"因为英国人具有精确的知觉;能够正确地把握事物,不会有任何闪失。他喜爱斧头、铁锹、船桨、枪炮和蒸汽管;他已经制造了他所使用的机器。他唯物独尊,讲求经济,重视商业。对待他必须真诚实在,请他吃松饼,而不是只给松饼的许诺;他宁肯吃他的热排骨,因为吃起来保险、方便,也不要印在浮雕花纹纸上的最丰盛的法国式菜单上可能吃到的东西。倘若他有学问,是一个诗人或哲学家,他会把同样严格的真理、同样灵敏的机械也带进精神领域。他的思想必须立足于事实。他不会感到迷惘,不会捕风捉影,然而思想必须有一种看得见、摸得着而又凛然不可侵犯的象征。他之所以欣赏但丁,是因为但丁用老虎钳般的执著把一种心灵中的意象摆在眼前,仿佛它是画在盾牌上的盾饰。拜伦"喜欢某种峥嵘之物撞击他的头脑"。英国人的特点就是喜欢平易强烈的语言,被人称之为《圣经》文体。它表现在阿尔弗烈德身上、在《撒克逊编年史》中、在《北欧英雄传》里。拉蒂默朴实无华。霍布斯精于"高尚粗俗的语言"。多恩、班扬、弥尔顿、泰勒、伊夫林、佩皮斯、胡克、科顿和一些翻译家也写的是这种语言。斯威夫特在处理他的题材时多么逼真或实在啊。他似乎在为警察描述他的那些虚构的人物。笛福下笔万无一失,不容选择。《休迪布拉斯》①具有同样严格的精神——对感觉和理智都一样逼真。

这种现象在诗歌中也并不少见。乔叟对坎特伯雷香客们的一丝不苟的描绘使人觉得无可挑剔。莎士比亚、斯宾塞、弥尔顿在他们达到巅峰状态时都有这种对民族的充分理解和严谨的精神。这种精神上的唯物主义在上述几位作家身上,在赫伯特、亨利·莫尔、多恩、托马斯·布朗爵士身上造成了英国超验天才的价值。这种撒克逊的唯物主义和褊狭升华到智力领域,便造就了莎士比亚和弥尔顿的天才。当它进入化境时,它腾云驾雾如履实地。在唯物主义升华时,甚至它的诗歌就是获得灵感的常识,或者白热化了的钢铁。

这两种特点的结合表现在他们的语言中。先以撒克逊词汇作框架或骨架,当追求典雅或华美时,又以罗马词汇来点缀。但不可滥用,全用罗马词汇造成的句子肯定不会铿锵有力,这是一条心照不宣的语言准则。儿童和劳动者使用地道的撒克逊语。纯正的拉丁语则进了学府和议会。混合是英伦三岛的一个秘密,在他们的方言中,阳刚之气来自撒克逊语,而阴柔之美则来自拉丁语;而且两者在每一种讲话中都结合在一起。一个优秀的作家,如果他一度沉溺于罗马的圆润,必然会用英语的单音节词来洗练、振作他的文句。

哥特民族进入欧洲时,发现希伯来和希腊的日月在欧洲争辉。

---

① 17世纪英国作家塞缪尔·巴特勒写的讽刺清教徒的仿英雄史诗。

他们大脑的脾匾由于长期保存在黑暗之中,所以能很好地感知这双重的光辉。面对来自这一双重源泉(基督教和艺术)的这些影像,心灵变得丰富起来,就像由圣灵孵化出来似的。英国人的心灵在各个才能中都开花吐艳。常识感到惊异,又受到激励。两个世纪以来英国的哲学、宗教、诗歌蔚然成风。思想内涵似乎更为广阔;宽敞得像雨库似的记忆,研究的热情和毅力,思想结构的大胆与灵便,他们的幻想、想象和思想的纵横驰骋,对新课题的进取和试探,以及在一般情况下对力量的随意运用,凡此种种,都像"沃里克的盖伊"①的功绩一样使人瞠目结舌。撒克逊的精确和东方的高超合为一体,在莎士比亚身上体现得淋漓尽致,在近两个世纪作家身上也有所表现,只是力有未逮而已。我发现不仅那些令人不可望其项背的大师,就是那个时代的整个作品都充满了一种雄健的力量和奔放不羁的气势。

甚至二三流的作家也有一种健康的纯朴、粗犷的活力,把事情描绘得惟妙惟肖;我认为这都是人们的共同风格,人们在引用的遗嘱、信函、公文、谚语和各式各样的言谈中都可以发现。更加诚挚和浑厚的表达方式正可以说明北欧人的蛮气仍未完全泯灭。他们能动的大脑抛出他们的言词,就像旋转着的石块甩出一粒一粒的沙砾一样。我可以摘引一些 17 世纪的语句,其犀利程度是 19 世纪的语句望尘莫及的。他们的诗人凭借简单的精神力量就跟我们的诗人所积累的科学知识分庭抗礼。乡绅们有一种他们称之为"10 月佳酿"的奶酒或饮料,诗人们似乎从中受到启示,明白了如何把整个季节的精华蒸馏提炼成他们醇熟如秋的诗句,就像大自然一样,为了激发更多的兴趣,有时把畸形丑陋的东西在某个绝代佳人如阿丝帕齐娅②或克娄巴特拉身上塑造成美;希腊艺术创造了许多花瓶和圆柱,其中太长、过软、节疤、凹陷、斑点现在都构成了一

---

① 沃里克的盖伊(Guy of Warwick),英国 14 世纪初期的一部同名通俗诗体传奇的主人公。

② 阿丝帕齐娅(公元前 470—前 410),古希腊雅典的高级妓女,政治家伯里克利的情妇。

种美。同样,这些诗人是如此敏捷而富有活力,可以借卑贱、粗俗之物引人入胜,使人觉得丰富多彩。

人们一定认为那个时代很有教养,富有思想,因为像本·琼生那样气势磅礴、充满英雄气概的假面剧和诗歌都博得了它的青睐。文学史上绝无仅有的事实,即对莎士比亚的不动声色的欢迎——他的发迹证明了他深受欢迎;缺乏同时代人的赞扬证明了对他的冷淡——似乎表明了人民思想的高超。一个民族越伟大,相形之下它的伟人就显得越渺小。当时,我们现代化的工具尚未具备,没有字典,没有语法,没有索引,人们学习希腊文、拉丁文光靠教授讲课再靠自己钻研,这种学习方式需要一种更强的记忆力和各种能力的配合;他们的学者如卡姆登、厄谢尔、塞尔登、米德、加塔克、胡克、泰勒、伯顿、本特利、布赖恩·沃尔顿都具有工程师的可靠与方法。

英国天才的身上都沾染了柏拉图的影响。他们的思想喜欢类比,他们的心灵能认识到相似之处,从而爬上统一的阶梯。那些只看见同一性的人与那些只看见差异性的人之间的冲突古已有之,这一冲突在不列颠又东山再起。诗人们自然是一派,精通世事的人是另一派。然而不列颠有许多柏拉图的门徒——莫尔、胡克、培根、锡德尼、布鲁克勋爵、赫伯特、多恩、布朗、斯宾塞、查普曼、弥尔顿、克拉肖、诺里斯、卡德沃思、贝克莱、杰里米·泰勒。

培根勋爵具有英国式的两重性。他所掌握的几百年对实用科学的观察资料和他的实验我认为毫无价值。富兰克林、瓦特、道尔顿、戴维,或者任何一个有实验才能的人所给的一点暗示就抵得上他一辈子搞的雕虫小技。然而,他从一条更加神圣的小河里饮水,标志着理想主义流入英国。理想主义所到之处就有诗歌、健康和进步。理想主义起源和扩散的规律现在仍鲜为人知。那种知识如果我们有了,就会取代我们所谓的心理学。它似乎是一个关于种类和原子结构化学的问题——关键在于统一意识和寻求相似的本能控制到什么程度。因为,思想无论在哪里迈出一步,它就使自己跟一个更大的种类趋于一致,因此发觉它超越了它早已熟悉的较小的种类,因此便产生了一切诗歌和肯定性的行动。

培根的思想框架中,有类比推理论者、理想主义者或者(按我们通常的说法,用最好的例子命名)柏拉图主义者。谁怀疑类比推理论,而且未经尝试任何理论就要求大堆大堆的事实,谁就没有诗才,谁就不会创作出任何新颖、美丽的东西。洛克无疑是分解与散文的集大成者,就像培根和柏拉图主义者们是生长的汇总者一样。柏拉图主义是诗歌的倾向,所谓的科学则是否定的、有害的。斯宾塞、彭斯、拜伦和华兹华斯无疑将成为柏拉图主义者;而那些沉闷的人则会成为洛克主义者。于是政治和商业将从知识阶层中吸收有才华而无天才的人,正是因为那些人不会进行抵抗。

培根精于观念,忠于目的,所以在他的思想地图上首先需要的是普遍性,或者"基本哲学",这是一个容器,能接纳一切没有落入哲学的任何一个特殊部分的范畴但更加普遍、更为高级的有益的言论和公理。他坚持这一基本要素,从来没有把它忘记。谁忽视它,他决不会宽恕,因为他相信:不可能在平地上作出完美的发现,你必须登上一种更高的科学。"如果有人认为哲学和普通性是无用的学问,他就没有想到一切职业都是从那里提供的,我认为这种想法是阻碍学业长进的一大原因,因为这些基本知识仅仅是在事件中学习的"。他举出各式各样关于概要和普遍法则的稀奇古怪的例子来解释自己的观点,因为每一门科学对那种概要和普遍法则都有自己的例证。他抱怨说:"他发现这一部分学问非常欠缺,那种更为深沉的才子不时打一桶水供自己使用,水源却无人问津。这就是这种烤焦和损害大多数人的水性的干光。"柏拉图的话表明了同样的观点:"凡是伟大的艺术都需要对自然法则进行一种细微的思辨性的探索,因为高超的思想和对于每一学科的纯熟的驾驭似乎都起源于此。伯里克利不仅有一种伟大的天才,而且还具备这种能力。阿那克萨哥拉就是这样一种人,伯里克利和他一见如故,便拜他为师,学到了关于绝对理智的高超的思辨,并且把凡是有用的东西都用到演说中去。"

几种概括总是在世界上传播,对它们的创造者我们并没有一个正确的认识,这几种概括令人惊奇,仿佛是通向广阔的思想王国的大道,而且像哥白尼与牛顿的物理学理论那样,存在于世界的永恒事物中。在英国,这些概括通常可以追溯到莎士比亚、培根、弥尔顿或胡克,甚至追溯到范黑尔蒙特和伯麦那里,而且都是柏拉图等希腊人的嫡传。这一类的概括有以下种种:培根勋爵的名言:"要驾驭自然就要服从自然";他的诗歌理论是:"展示事物要适应精神愿望";琐罗亚斯德的诗歌定义,虽然神秘,却很确切:"明白地描绘不明白的特性";斯宾塞的信条是"灵魂是形式,肉体由此产生";贝克莱的理论是:我们无法肯定物质的存在;塞缪尔·克拉克博士从时空的性质为一神论辩护;哈林顿的政治原则是权力必须建立在国家的基础之上——这一条原则可以随意加以解释;斯维登堡的理论,由于被他自己广泛应用,以致人创造了自己的天堂和地狱;黑格尔把文明史当作观念的冲突和更加深刻的思想的胜利来研究;谢林的同一哲学潜伏在"一切差异都是量的差异"这一论断里。所以万有引力论、开普勒的三大调和定律甚至道尔顿的定比定律的宣布在思想中发现了一种突然的反响,这件事仍然是一种高于经验主义论证的证据。我列举了这些概括,其中有一些是新近才提出的,只不过是为了表示一个类别。不是这些详细情况,而是产生这些情况的思想水平或气氛才是我们笼统地称之为伊丽莎白时代的作者和读者的家乡和环境。伊丽莎白时代在文学史上指1575年到1625年这一个阶段,这一阶段非常之短,几乎足以证明本·琼生对培根勋爵的评论言之有理:"围绕着他那个时代,在他的视野之内,诞生了所有能为国增光或推进学术的才子。"

这种大才济济的局面以前也仅仅出现过一次。这种高度也没有维持下来。正如我们在我们的肥力耗尽的土地上发现了巨树的残干,就接受了古代在沃土上耕作的传统一样,历史推算出了有名的种族智力衰竭的时代。英国天才的命运也是如此。高峰过去以后,随之而来的是一种精神的猥亵和滑坡现象,丧失了翱翔的翅膀,没有高超的思辨能力。对观念的意义并不了解的洛克,成了哲学的样板,而他的"知性"成了世界各国衡量英国智力的标准。他的国人离开了帕那萨斯山的高坡,而他们一度是迈着回声不绝的步子在上面漫步的,他们也割舍了他们一度钟爱的研究;思想的能力逐渐湮没。后世的英国人缺乏柏拉图和亚里士多德的能力,没有通过洞察一般规律把人分成自然类别的能力,因为那种洞察力如此深邃,能从很少几个或者一个对象身上推出通则,其准确性跟从千千万万的生命中推出的不相上下。莎士比亚在这一点上,跟在一切伟大的智力上一样,是出类拔萃的。德国人总结说,英国人无法解释德国人的思想。德国人的科学却了解英国人。英国人畏首畏尾,喜欢堆积如山的事实,这恰恰暴露了他们能力的匮乏,就像一个蹩脚的将军,需要百万大军、千里防线来鼓舞士气、壮大声势一样。

英国人怕概括。"他们没有把眼光放开注意普遍性,或者说他们只是在'基本哲学'的泉水边盛满一桶水供自己使用,却不去探索源头"。说这话的培根在他的同胞中,至少在散文作家中,是唯一具备这一才能的人。弥尔顿是一个将英国天才从莎士比亚的顶峰接引下来的阶梯或高台,他有时候在诗歌中运用了这一特权,在散文里运用的机会则更为罕见。此后很长一个阶段,这种特权就荡然无存。柏克热衷于概括,可是他的概括线路不长,他的思想深度不够,范围也有限。休姆的抽象既无深度,亦欠明智。他只是靠一个敏锐的观察而博得了声望:无论在物理学上还是在思想上,任何因果之间都看不出有什么连结物,因果这一术语只是松散地或毫无道理地运用于我们所知道的连续关系中,却决不适用于因果关系。约翰生博士成文的抽象价值不大,只是抽象的情调构成了它们的主要价值。

哈勒姆先生是一位博学多才、温文尔雅的学者,他写出了300年的欧洲文学史,这表明他的抱负不凡,因为他试图对每一本书都作出评价。然而他的眼光达不到理想的标准;判断全部来自伦敦,所有的新思想都必须铸入旧模子。创造文学的广阔因素都被坚定地否定了。柏拉图及其学派都遭到了抵制。哈勒姆一贯彬彬有礼,但缺乏同情心;他写起文章来果断、慷慨,然而意识不到存在于神秘主义者身上的深刻价值。这种价值作为一种能量的种子和一种革命的源泉比那个时代正统的作家和显赫的名声更可贵。他对那些更加深沉的大师,不是悄悄地放过,就是不屑一顾地加以摒弃,他认为一个喜欢观念的人不仅意气不投,而且难以理解。哈莱姆知识渊博,论述详实,对好书的喜爱是有目共睹的,因此博得了人们的敬仰,然而他恃才傲物,自认最能承认莎士比亚伟大的几乎非他莫属,他欣赏弥尔顿胜过约翰生。然而在哈勒姆身上,或者在麦金托什更加坚定的智力中,人们仍然能够发现同一类型的英国天才。这种天才睿智、富有,但它靠自己的资本过活。它喜欢回顾过去。所以它怎能察觉并欢呼刚刚在地平线上隐隐升起的形式?那巨人般的新思想岂能穿过去的旧衣柜里的行头?

当代的散文、小说和诗歌也具有类似的地方局限性。狄更斯凭他对风俗语言和五花八门的市井生活的超常感悟,以哀婉动人、嬉笑调侃之笔,怀着爱国热情和仍在与日俱增的宽宏大度,描写着伦敦地区。像贺加斯一样,他是个描绘英国生活细节的画家;他具有地方色彩和趋时风格,目标也不够远大。布尔沃是个勤奋的作家,偶尔还露出生花之笔,他把智能当作一件俗物来崇尚,从而声名鹊起,他还能投合学子追名逐利的野心。他的传奇容易为这些低级趣味煽风点火。他们的小说家对感情感到绝望。萨克雷发现上帝在他的宇宙里没有为可怜虫留出余地——他认为更多的却是怜悯——然而这并不能使我们变得更聪明一些:我们必须放弃理想,接受伦敦的现实。

才华横溢的麦考莱表达了当代英国统治阶级的基调,他直言不讳地讲:好就是吃好、穿好,要有物质用品;现代哲学的光荣就在于它对"成果"的说明,就在于生产经济的发明;现代哲学的长处就是避免观念,避免道德。他认为这就是培根哲学的突出优点,因为它战胜了古老的柏拉图哲学,因为它把智能从"万事公正"、"万物皆好"的理论中解脱出来,迫使智能为一名残疾人造一把比较好的专用椅和一种比较好的奶酒——说这话不是冷嘲热讽,而是诚心诚意——他认为他所谓的"实在的好处"由于总指的是感官享受方面的利益,所以才是唯一的好处。天文学的突出的好处就在于它创造出了更好的航海术,能够使水果运输船把柠檬和葡萄酒运到伦敦食品商手中。英国1 000年的文明和宗教到头来竟然否定了道德,把智能贬为一口平底锅,真是一种不可思议的结果。批评家用英国崇尚实用的假话来掩饰他的怀疑主义。要让人信服理性,要触动人的良心,那是罗曼蒂克的装腔作势。美术斯文扫地。美,除了当作一种奢侈品,已不复存在。顺便说一句,如果培根勋爵仅仅是他的批评者所封的享乐主义者,他肯定不会赢得堪称一代宗师的声名。正是因为他有想象力,有闲情逸致,远离英国现代尘嚣,沉思冥想,自得其乐,所以他才对人们的想象力留下了深刻的印象,成为一个不容忽视的大师。戴维·布鲁斯特爵士看到了培根的显赫地位,却没发现牛顿受惠于他,所以认为这样推崇培根是个错误。培根占据这样显赫的地位,依赖的是特有的严肃或轻率,不是他所创立的功业,或者对牛顿等人或多或少的熏陶,而是在后来的胡克、波义耳和哈雷身上表现得更为明显的同一个原因所产生的一种结果。

柯勒律治,博大精深,渴望获得各种观念,他回顾过去,展望未来,寻求最优秀的诗人和贤哲,写出、讲出了他那个时代独树一帜的批评。有人认为英国再也没有能力欣赏这个岛国所出的最罕见的人才,柯勒律治就是使英国免受这种责难的人物之一。然而他一生不幸,他广泛尝试,但实施失当,未能完成任何一部杰作,这似乎标志着一个时代的结束。即便在他身上,传统的英国人的性格太强,所以当不了哲学家,自然也难免落入俗套。正如柏克力图把英国理想化一样,柯勒律治谋求让英国国教的哥特式教规和教义与永恒的观念协调一致,结果反而"变得心胸狭隘"。要不是柯勒律治和行踪诡秘、沉默寡言的少数人在偶尔的批评中、更经常地在私人谈话中表露观点,人们就会说,英国的最杰出的思想在德国和美国才得到应得的尊重。如果婆罗门不再能够阅读或理解婆罗门的哲学,那就是民族衰微的最确实的征兆。

在物质至上所导致的腐败和窒息中,卡莱尔由于厌恶猥亵和虚假,不得不宣扬命运。与这种腐化相比,任何制约,任何清洗,哪怕借助于火,也是求之不得、美丽绝伦的。在那些斗士身上,或者在他们为之奋斗的"事业"中间,卡莱尔看不出多少区别;唯一值得欣慰的是,那种人正在迅速奔向深渊。而他的想象由于并没有在任何创造中发现滋养,便只好歌颂腐朽规律的壮丽,以此进行报复。思想结构的必然把所有的思想硬性分成几种类型,哪里由于不能忍耐人们的诡计使得复仇女神和蔼可亲,并为否定之神建起祭坛,哪里就会对英雄主义或个人豪侠义气产生不可避免的反作用,这种反作用会在意志跟命运势力悬殊的鏖战中给杀戮戴上荣耀的光环。

威尔金森编辑斯维登堡,注释傅立叶,扶持哈恩曼,他对于关系有一种全面的知觉,堪与最高尚的尝试媲美,他有一种像古代无敌骑士的武器一样的修辞手法,所以给形而上学和生理学注入了一种天然的活力。在他的思想活动中有一种缓慢的大西洋洋流的翻滚,这仅仅在最深的水中才有,只是缺乏应当伴随那种力量的一个明显的中心。如果他的思想没有停留在顽固的偏见里,活动范围也许还要更大一些,还不是返回的时候,然而一位大师应当激发出这样一种信念:他会坚持自己的信仰,使他当前的研究永远保持同样高的地位。

要说英国人的思想基调范围有限也不尽然,找出一些例外并不困难,如果还想举出一些风格迥异的优秀例证更是易如反掌,倘若我们跳出教条的框框,步入总体文化的领域,那么就有知识阶层的无穷无尽的优雅、快乐、机智、敏感和博学。然而作为一切英国行为特点的人为的应急手段也在文学中露头,他们的许多艺术产品不是文物古董,就是粗制滥造。而赳赳武夫摇身一变成了文坛名士,他们跟文学的缘分纯属偶然,他们只不过是受到时尚的驱使,才另操新业的。所以就在此时此刻,野心勃勃的青年都在钻研地质,因此,议员、牧师的造就也如出一辙。

英国人对实际技能的偏爱已经对民族心理产生了影响。他们不能当一个无用的废物,甚至在歌曲里都在歌颂五种机械能。他们的现代诗神的声音使人联想到汽笛的长鸣，诗歌创作也只是用来粉饰他们的君主制度，决不会是清晨啼晓的小鸟，由于能充分欣赏新生的事物，把过去的世界完全遗忘。他们很难有理想，他们是一些条件限制得最厉害的人，好像有了最好的条件，他们就不能将它们丧失似的。他们人人都是千岁老人，依靠记忆过活，如果你说这样的话，他们还把它当作赞美欣然接受下来。

书店里进的书不外乎是政治、旅行、统计、制图、工程之类，即使所谓的哲学和文学，也是结构机械呆板，仿佛灵感已经终止，好像远大的希望、宗教、欢歌、智慧、类比已不复存在。学府、学者、文坛都笼罩着这种死气沉沉的气氛。我似乎走在寸草不生的大理石地板上。他们在地下挖掘自己的种种才能，不妨说他们在一种下意识里生活和行动。他们丧失了文学、哲学和科学的一切权威性的观点。一个健全的英国人把他 3/4 的思想封存起来，只用其中的 1/4。他有学问，有良知，有劳动能力，有逻辑，然而现代的英国思想抛弃了阿基米德那样的一种思想法则的信念，抛弃了欧勒和开普勒所相信的经验必须遵循而不是领导思想法则的那样一种信仰，抛弃了胡克、弥尔顿和哈林顿那样对政治理论的奉献精神。

恐怕他们在科学上也犯着同样的毛病，因为他们已经知道怎样使它显得令人反感，怎样剥夺大自然的魅力——尽管也许怨声迭起，毛病与其出在英国物理学家身上，不如说出在其他许多人身上。博物学家的眼光必须像大自然本身一样广阔，对一切印象要特别敏感，他们不仅要观察到创造的逻辑，而且要体味到创造的感情。然而英国科学已把人性拒之门外。它缺乏那种检验天才的联想。科学没有诗意就是伪科学。它把它进行解释的爬行动物或软体动物孤立起来；尽管爬行动物或软体动物只能在体系之中、联系之中生存。而诗人则把科学看成在造物主的道路上不可避免要走的一步。然而在英国，有个隐士发现了这个事实，另一个隐士又发现了那个事实，他们从生到死并不知道这一事实的价值。当然也有重要的例外，如思想家约翰·亨特，也许还有植物学家罗伯特·布朗，还有理查德·欧文，欧文把德国的同源输入英国，并且用他自己的贡献丰富了科学,有时候还把古代大师的预言增加到英国思想的完整的劳动力中。然而大体而言,英国的自然科学跟道德的神圣同盟已经解体,它像转让证书制作一样缺乏想象,缺乏活跃的思维。它跟德国人的天才形成了强烈的对照,德国人是半个希腊人,他们喜欢类比,由于他们高瞻远瞩,所以保留了自己的热情,并且为欧洲着想。

没有希望,没有高明的预见使学子欢欣鼓舞,不能通过实验很有把握地跨向一个预知的定律,而只是像加利福尼亚的矿工那样乱碰一气,这里刨刨,那里挖挖,勘探一个有利可图的"含金的砂矿"。他的眼界只有他撑开的雨伞的直径那么大,周围又是铜墙铁壁,因此他的感知被严严实实地禁锢起来。可悲地满足于陈规陋习,对哲学和宗教的名义加以嘲弄,狭隘地追求蝇头微利的政治,盲目崇拜实用,凡此种种,无一不在暴露生命和精神的衰退。他们为了在欧洲和亚洲再造伦敦和伦敦人,践踏了很多民族,同样,他们害怕敌对的观念、诗歌和宗教——仿佛是一群镇不住的恶鬼——而且,尽管他们力图同化"圣灵"本身,给它穿上英国的绒面呢和松紧鞋,但他们还是坐卧不宁,害怕这里潜藏着一股力量,会把他们的制度推翻。艺术家们说"大自然把他们赶出去了",学者们变得没有理想。他们打哈哈,开玩笑,避免严肃认真的谈话;他们哈哈大笑,使你讲不成话,或者干脆改换话题。他们对酒断言,"事实上,关于自由之类的东西已经一去不复返了"。实用和安逸的东西提出无情的要求,压迫他们,他们几乎没有丝毫的余力搞英雄主义创作诗歌了。诗人不敢在他们的诗歌里低声吟诵美。牧师也不敢暗示有一种不尊敬英国实利的天意。这个岛屿就是一座咆哮的火山,是由命运、实利、关税、清规戒律、饱和的市场和低廉的价格构成的。

由于没有崇高的目标,由于不是真诚地热爱知识,由于没有服从自然,想象力便受到压抑,感官和理智便出现反常的亢奋;我们有了人工,丢了自然;有的是庸俗的消费、享受的艺术以及给作为一名图谋在人与物之间再设置一个障碍的出色的发明家的犒赏。

诗歌也堕落了,沦为一种装潢。蒲柏及其门徒写的诗只配装点花式蛋糕。沃尔特·司各特洋洋洒洒地写了些什么呢?无非是一本押韵的苏格兰旅游指南。他们印刷的汗牛充栋的诗集具有这种伯明翰的特点。我们不知道翻阅多少卷格律讲究的诗歌才能感到充实,有所启迪,有所增进!我们需要的是神奇,需要的是工厂作坊制造不出来的美——不可言喻的美;乔叟和查普曼所洞悉其秘密的美。常规的诗歌都是低级、枯燥的;只是偶尔华兹华斯还写得严肃认真,拜伦写得热情奔放,丁尼生写得矫揉造作。英国有的是指点迷津、安抚众生的名句经典,它们仍然光芒四射,效果非凡,可是我们屈指数数有多少诗人为这些经典作出了贡献呢?——真是凤毛麟角!我能在当前的权威诗人中发现我的珍馐琼浆吗?现代英国诗歌的宏伟构思又在何处呢?英国人已经忘记了这一事实,诗歌之所以存在就是为了表现精神法则,达不到这一条件,什么精彩的描写、丰富的想象,在本质上就谈不上新颖,跳不出散文的框框。因此那些严肃的老诗人,像希腊艺术家一样,重视的是构思,而不大考虑润饰。他们的职责就是把人们领向圣泉,因此这一切的一切,甚至更多更多的东西,都会从那里喷涌出来;如果诗歌里有了这种信仰,它就会使我们有了一定的收获,我们在诗歌中就能够提供某种庄重、冷峻、没有通俗的情调。

华兹华斯的天才则是这一时期出现的例外。他没有名师指点,仅仅是一个在大自然怀抱中成长起来的孤独者。兰多说"他写诗毋需干戈相助"。在一个追名逐利、野心勃勃的时代里,他的诗无疑是心智健全的心声。令人遗憾的是他的气质还不够柔和,对声律还不够精通。他到没有灵感时还在写作。至于其他方面,无人可与他抗衡。

华兹华斯之所短,恰恰是丁尼生之所长。丁尼生听力敏锐,精通音律,无人能出其右。色彩从他的笔端涌现,就像黎明的万道霞光从地平线上冉冉升起,蔚为壮观,所以我们是不会忽略那中心形象的。他通过种种精巧细腻的手法打动广大读者的心——这就是良知和全才的明证,因为他一心要当英国人民的诗人,所以他就得如伦敦一般博大,但并不是跟伦敦一模一样,而是有他自己的特色。然而他缺乏一个主题,并且不能高瞻远瞩地把它的秘密展示给人们。他满足于把英国人描写成他那个样子,再没有提出更好的来。诗分三六九等,我们必须感谢每一种优美的才华。然而做到悦耳动听仅仅是第一个成功。最好的诗人的最好的职能一直是显示他们总的风格是怎样低下,没有灵气,只有一两次他们拨动了绝妙的琴弦。

那种浩瀚正是诗歌的精华,他们却没有。说下面这番话的不是牛津大学的学生,而是哈菲兹,"让我们戴上玫瑰花冠,让我们喝酒吧。将那沉闷古老的天顶一举打碎,改成新的式样吧"。一曲自然之歌牛津学生是无法欣赏的,他也不重视潜心于真理、不带一点附带目标的智力活动的显著的疗效。

根据对立法则,我在英国寻找一种不可抗拒的东方文化热。英国人过的是一种自负、时髦的生活,鸡零狗碎充斥其中,他们迷恋物质文明,厌恶思想观念,对于这种生活,除了用东方的博大来补救外,别无他法。这种情况使英国体统惶惶不安。至少这一次英国响起了前所未闻的惊雷,看见了前所未见的闪电,出现了玩弄时空的力量。我发现像沃伦·黑斯廷斯这样一个英国人对印度作品雄伟的思想风格感触良深,对国人的偏见不敢苟同,便拿出一本《薄伽梵歌》的译本以飨国人,见到这种情况我并不感到惊讶。"我是一个粗人,如果我可以斗胆把批评的范围加以限制,在估计这样一部作品的价值时我就不会考虑古代或现代欧洲文学的一切清规戒律,不会考虑在我们自己的模式中已经对思想和行动变成了礼仪准则的那种情感或举止,同样也不会考虑我们天启的宗教信条和道德责任"。①他进而请求纵情欣赏"不适合我们情趣的光怪陆离的想象和我们的鉴赏习惯觉得难以达到的崇高篇章"。

与此同时,我知道在英吉利民族中有一种拯救力量,它似乎会发出任何可能的反冲作用。换句话说,这个国家任何时候都存在

---

① 《威尔金斯译〈薄伽梵歌〉前言》。——作者原注

着少数思想深沉的人物,他们能意识到每一种昂扬的智力,每一点细微的动向。尽管建设性的才能似乎矮小而浮浅,批评的格调往往极为高尚,它暗示出隐形的诸神的存在。我完全能够相信我常常听到的一种说法:英国有两种国民;不过不是指穷人和富人,也不是诺曼人和撒克逊人,更不是凯尔特人和哥特人。这两种国民总是在相互转化,因为罗伯特·欧文并没有夸大环境的力量。而是两种气质或两种思想——感知派和实用至上派——总是相互平衡,彼此影响;一方寥寥无几,另一方不计其数;一方勤学善思,注重实验,另一方是忘恩负义的学生,饮水弃源,却在利用知识谋利;这两种国民一方是天才,一方是兽力,尽管前者只有寥寥 10 余人,后者有洋洋 2 000 万,但通过他们的矛盾和统一产生了英国的力量。

谈艺术

因为灵魂是前进的,所以它从来不大重复自己,而是在每一个行为中力图推出一种新的更加美好的整体。这一点在实用作品和美术作品中都有所表现,如果我们采用按其目的——或者实用,或者美——所作的通俗分类的话。所以,在我们的美术中,目的不是模仿,而是创造。在风景画里,画家应当提示一种比我们所了解的还要美好的创造。大自然的枝节、平凡,他应当删去,给我们的只应当是精神和壮丽。他应当知道,风景画对他的眼睛具有美,因为它表现了一种对他有益的思想,而这一点,因为通过他的眼睛看的同一种能力在观察,所以在那种景象中就被看出来了;他将会重视这种对自然的表现,而不是自然本身,所以在他的临摹中便拔高了使他满意的那些特征。他将表现阴郁中的阴郁,阳光中的阳光。在一幅肖像画中,他必须刻画性格,而不是五官,而且必须把那个对着他原原本本坐着的人仅仅看成那内在的、有抱负的原型的一幅不完美的画或肖像。

除了本身是创作冲动,我们在一切精神活动中观察到的那种节略和选择又是什么呢?因为它放进了教人用比较简单的象征传达一种较大的意义的那种更高的启发。除了是大自然在自我描述中的一种更好的成功,一个人又是什么呢?除了是比地平线上的形象更美好、更紧凑的一幅风景——大自然的折中主义,一个人又是什么呢?除了是一种更好的成功,他的谈吐,他的热爱绘画、热爱自然又是什么呢?一切令人厌倦的漫长的空间、沉重的形体都被省去了,而它的精神或寓意却被压缩成一句悦耳动听的话,或者巧妙绝伦的笔触。

然而艺术家必须把常用的象征用到他的时代和国家上,对他的同胞传达他那扩大了的含义。这样，艺术总是在推陈出新。"当代的天才"在作品上盖上了他的不可磨灭的印章，赋予它一种想象无法表达的魅力。该时期的精神特征把艺术家征服到什么程度，在他的作品中得到多大程度的表现，它就会在多大程度上维持一种辉煌，它就会在多大程度上向未来的观众表现"未知"、"必然"和"神圣"。谁也不能从他的劳动中排除这种"必然"成分。谁也不能摆脱他的时代和国家，谁也不能制造一种跟他那个时代的教育、宗教、政治、习俗、艺术毫不沾边的模式。虽然他从来没有如此独具匠心，如此异想天开，但是他无法在他的作品中抹去它从中产生的思想的痕迹。逃避恰恰暴露了他所逃避的习俗。超越他的意志，远离他的视线，他所呼吸的空气，他和他的同时代人赖以生存和工作的观念，迫使他沾染上了他的时代的风尚，他却不知道那风尚为何物。他作品中所不可避免的东西具有一种高超的魅力，那是个人才能所无法赋予的，因为艺术家的笔和凿子仿佛被一只巨手抓住，并且指引着在人类历史上画一条线似的。这种情况便赋予埃及象形文字一种价值，赋予印度、中国和墨西哥的偶像一种价值，不管它们多么粗糙，多么不像样子。它们表示了那一时期人类灵魂的高度，非但不异想天开，而且是像世界一样深沉的一种必然性造成的。造型艺术整个现存的作品像历史一样在这里有它最高的价值；也像在这样一种命运的肖像上画的一笔：这种命运完善而美丽，按它的指令，一切生命都要走向他们的至福，我现在能不能说这样的话呢？

这样，用历史的眼光看，教育对美的知觉就是艺术的功能。我们沉浸在美中，然而我们的眼睛却看不清楚。那就需要展示个别的一些特色去帮助和引导那蛰伏的情趣。我们又雕又画，或者作为研究形体秘密的学生，我们观赏雕刻和绘画。艺术的优点就在于超脱，在于把一件物体从目不暇接、纷然杂陈的物体中分离出来。直到一个物体脱离了与诸多物体的联系，才会有喜悦，有观照，可是没有思想。我们的快乐与不快是没有效果的。婴孩喜气洋洋，然而他的个性和他的实际能力却取决于他每天在区分事物和一次处理一件事上所取得的进步。爱和一切激情把一切存在集中到一个形体周围。某些心灵的习惯就是给它们邂逅相逢的物体、思想、语言赋予一种排除一切的充实，使它当时成为世界的代表。这些心灵就是艺术家、演说家和社会领袖。超脱和借助超脱加以放大的能力就是演说家和诗人手中修辞技巧的精华。这种修辞技巧，或者使一件事物暂时处于显赫地位的能力——在柏克、拜伦和卡莱尔身上表现得异常突出——画家和雕刻家是用色彩和石头来表现的。这种能力取决于艺术家对他所观照的那件物体洞察的深度。因为每一件物体都扎根于总的自然中，当然可以给我们表现出来代表世界。因此，每一个天才的作品就是当时的暴君，它把注意力都集中到自己身上。在那一个时期，做这样的事是唯一值得一提的——不管它是一首十四行诗，一出歌剧，一幅风景画，一尊雕像，一场演说，一座庙宇的图样，一场战役的计划，或者一次探险旅行的方案。不久我们就转移到另外某个物体上，它又把自己发展成一个整体，就像头一个做过的那样；譬如说，一座布局完美的花园，好像除了规划花园什么都不值得一做似的。如果我不熟悉气、水和土，我就会以为火是世界上最好的东西。因为在自己得意的时刻成为世界之最是一切自然物体的权利和属性，是一切真正的才能的权利和属性，是一切固有属性的权利和属性。一只松鼠从一个树枝跳到另一个树枝，使整个森林成了它取乐的一棵大树，它引起的注意不下于一头狮子——它美丽而自信，当时当地他就代表着大自然。在我谛听时，一首好听的歌谣吸引了我的耳朵和心，感染力跟以前听过的一部史诗可以媲美。被一个主人，或者一窝猪仔吸引住的一只狗，满足了一种现实，而且就是一种现实，其作用不在米开朗琪罗的壁画之下。从这一连串的杰出物体，我们终于认识到世界的广阔，人性的丰富，它可以从任何方向奔向无限。然而我也认识到在第一件事上使我惊讶和着迷的东西，在第二件事上亦复如是；万物的优点就是一。

绘画和雕刻的功能似乎仅仅是最初的。最优秀的图画可以轻易把自己的最终秘密告诉我们。几个神奇的点，几条神奇的线和几种神奇的颜色,构成了我们在其中生活的变化无穷的"人物风景画",最优秀的画只不过是这样一些点、线和色彩画成的草图。绘画之于眼睛,如同舞蹈之于四肢。当它已经教育躯体掌握了自制、伶俐、优美时,舞蹈大师的舞步就被忘得差不多了;绘画教给我色彩的绚丽和形体的表现,当我看到许多绘画和艺术中的更高天才时,我看到的是画笔的丰富多彩,艺术家随意从可能的形体中选择所表现出的冷漠。如果他什么都能画,那为什么还要画什么呢?随后我的眼睛睁开,看见了大自然在街上画的永恒的图画,来来往往的大人、小孩、乞丐、淑女,有的披红,有的戴绿,有的着蓝,有的穿灰,有的长发披肩,有的鬓毛斑斑,有的面孔白皙,有的皮肤黝黑,有的皱纹满面,有巨人,有侏儒,有的洋洋自得,有的像小鬼一样淘气——一幅顶天立地、海阔天空的画面。

一陈列馆的雕刻把这一教训讲得更加简单明了。绘画讲的是着色,雕刻讲的则是形体解剖。我看过优美的雕像后,后来走进了一个公共会场,才算明白了有人说过的这句话的意思:"当我一直在阅读荷马时,所有的人看上去都像巨人。"我也看到绘画和雕刻是眼睛的体操,训练眼睛掌握它的功能的细微奇妙的特点。没有一尊雕像能像这变化无穷的活人,他比所有尽善尽美的雕像都优越。我这里有个什么样的艺术馆呀!没有一个讲究风格的艺术家能造这样神态各异的群像和千姿百态、匠心独运的独像。在这里,艺术家既严肃,又高兴,对他的石料即席创作。一会儿一个思想触动了他,过会儿又是一个,他时时刻刻都在改变他的人物造型的整个风度、姿态和表情。丢掉你的油彩和画架的胡闹,抛弃你的大理石和凿子的摆弄;除非睁开眼睛看见了永恒艺术的神手,否则它们都是假冒的垃圾。

一切创作最终都与一种原始动力有关,这就解释了一切最高级艺术品共同的特点——它们都能被普遍地理解;它们给我们恢复了最简单的心态;它们都是宗教性的。因为无论其中表现的是什么技巧,那都是原始灵魂的再现,纯光的一种照射,所以它应当对自然物体制造的东西造成一种类似的印象。在快乐的时刻,自然在我们看来是一个具有艺术的自然；艺术是经过完善的艺术——天才的作品。单纯的趣味和对一切伟大的人类影响的敏感性在哪个人身上压倒了一种地方和特殊文化的偶然事件，哪个人就是最优秀的艺术批评家。虽然我们走遍天涯去找美，但是我们必须把它带在身边，否则我们是找不到的。美的精华是一种高超的魅力，那是表面上的、轮廓上的技巧或艺术规则永远教不会的，也就是说，那是一种从人性的艺术品里发出的光芒——通过石头、帆布或音响对我们的天性的最深沉、最单纯的属性的一种神奇表现，因而对那些具备这些属性的灵魂来说，最终是最理解得透彻的。在希腊人的雕刻中，在罗马人的砖石建筑中，在托斯卡纳和威尼斯大师们的绘画中，最高的魅力就是它们说的普通语言。一种道德性的自白，一种纯洁、爱和希望的自白，从它们身上发散出来。我们带给它们的东西，我们原封未动地带回来，只是在记忆中有了更好的说明。旅游者游览梵蒂冈，从一个展室到另一个展室，穿过一个个雕像、花瓶、石棺、枝形烛台的陈列馆，穿过形形色色的美，都用最富丽的材料雕刻出来，这时他就有了这样的危险：有可能忘记造成这一切的原理的单纯性，也可能忘记它们的思想和法则的来源就在他的心胸中。他研究这些神奇遗物的技术规范，却忘记了这些作品并不总是这样群星荟萃；忘记了它们是多少年代、多少国家的贡献；忘记了每一件都出自一个艺术家单独的作坊，此人呕心沥血，也许还不知道有别的雕像的存在，他创作他的作品没有别的样板，只有生活，家庭生活，以及个人关系的甜蜜与苦涩，一起跳动的心和相遇的目光的甜蜜与苦涩，贫穷、困苦、希望、恐惧的甜蜜与苦涩。这些就是他的灵感，这些就是他深入你的心智的影响。艺术家的力量有多大，他在自己的作品中为自己的个性所发现的出口就会有多大。他万万不可受他的材料的局限或妨碍，凭借自我表达的必要，顽石在他的手中也会变成蜡，并且会允许他原原本本、不折不扣地表达他自己。他用不着受一种因袭的自然和文化的牵累，也不必过问罗马或巴黎是什么模式，而在新罕布什尔一家农场角落的灰色的未涂油漆的木头房子里，在边远林区的圆木房里,或者在他忍受过一种城市贫困的拮据与寒酸的那种狭隘的寓所里,已经被贫困和出生的命运变得既可憎又可爱的房屋、天气和生活方式,就会像别的任何状况一样,起一种通过一切满不在乎地倾泻自己的思想的象征作用。

我记得,我年轻的时候就听说过意大利绘画神奇无比,当时我就想着那些伟大的图画看上去一定非常陌生;一定是把色彩和形体惊人地结合在一起,一种异国的奇迹,金镶玉嵌,艳丽绝伦,就像民兵的短矛和旗帜,在小学生的眼睛的想象中显得光怪陆离。我就是要看到并了解这种我不知为何物的东西。我最后到了罗马,亲眼看见了那些画,我发现天才把花里胡哨、荒诞炫耀的东西留给了新手,它自己却直接指向单纯与真实;它显得亲切、真诚,是我在很多形体中已经见到的古老永恒的事实——我活着就是要了解它;它就是我了如指掌的那种简单明白的你和我——早已是家常老话了。我在那不勒斯的一座教堂里已经有过同样的经历。在那里,对我来说,我发现除了地点,什么也没有改变,于是我对自己说:"你这傻孩子,你漂洋过海,走了4 000英里海路,来到这里就为的是要发现你觉得跟家里一模一样的东西吗?"这一事实我在那不勒斯的学术宫的雕刻馆里又看到了,我来到罗马,来到拉斐尔、米开朗琪罗、萨基、提香、达·芬奇的绘画前,又见到了这一事实。"什么,老田鼠,你钻地钻得好快啊!"[1]它陪伴着我旅行,我想着我已经留到波士顿的东西却在梵蒂冈,又在米兰、巴黎,结果使一路的旅行荒唐得像一辆踏车。我现在向所有的绘画提出这样的要求,它们应当使我感到习以为常,而不应当使我眼花缭乱。画切不可画意太浓。使人惊讶的莫过于常识和坦白。一切伟大的行动都是纯朴的,一切伟大的画也是这样。

拉斐尔的《基督显圣容》就是这种独到之处的一个突出例证。整幅画闪耀出一种宁静、慈祥的美,直射人的心扉。他简直在直呼你的姓名。耶稣的甜美崇高的脸叫人叹为观止,然而这对期望富

---

[1] 参见《哈姆雷特》第1幕第5场第162行。

丽堂皇的人无异于冷水浇头！这种熟悉、纯朴、拉家常似的面容如同在迎接一位朋友。画商们的知识自有它的价值，然而当你的心被天才触动时，就别听画商们的评头品足了。画不是为他们画的，而是为你画的；是为长着能够被单纯和高尚的感情所打动的眼睛的那种人画的。

关于艺术我们已经把好话说完，最后我们必须坦白地承认，据我们所知，艺术仅仅是最初的。我们赞叹不已的是它们的目标和许诺，而不是实际的结果。谁相信创造的黄金时代是过去，谁就把人的智谋想得很低。《伊利昂记》或《基督显圣容》的真正价值就在于它们是能力的标志，它们是潮流的大波或细浪，是永远努力创造的象征，灵魂就是在最坏的情况下，也要把它们表露出来。如果艺术不能和世界上最强大的势力齐头并进，如果它既不实用，也不道德，如果它跟良知毫无关联，如果它不能使贫困和无教养的人们觉得它在用一种高尚快乐的声音对他们说话，那说明艺术尚未成熟。艺术工作高于技艺。技艺是一种不完善或卑劣的本能的流产。艺术却是创造的需要；由于它的本质广大而普遍，它无法容忍用残废或捆绑着的手工作；无法容忍残废、畸形，所有的画和雕像都是这样。它的目的决不次于人和自然的创造。一个人应当在艺术中为他的全部精力找一个出口。只要他力所能及，他就可以画画、雕刻。艺术应当使人高兴，应当从四面八方推倒事态的墙，在观赏者心里唤醒作品所显示的艺术家身上那种普遍关系和能力的意识，它的最高效果就是造就新的艺术家。

有些艺术非常古老，有些艺术已经消亡，悠久的历史完全有资格作它们的见证。雕刻艺术早就丧失任何实际功效了。它本来是一种有用的艺术，一种写作方式，一个野蛮人对感激或忠心的记录，在一个对形体有出奇感受的民族中，这种幼稚的雕刻经过提炼，有了最辉煌的效果。然而它是一种粗犷而富有青春活力的民族的游戏，而不是一个聪明而讲究精神的国家的坚韧劳动。在一棵枝繁叶茂、果实累累的橡树下，在一个充满永恒的眼睛的天空下，我站在一条大道上；然而在我们的造型艺术的作品中，尤其在雕刻作品中,创造已被逼得走投无路。毋庸讳言,雕刻中存在着某种微不足道的现象,跟玩具的卑微和剧院的虚饰毫无二致。天性超越了我们的一切思想情绪,它的秘密我们仍然没有发现。然而,美术馆却受我们情绪的支配,有的时刻,它变得十分轻浮。牛顿一贯关注着日月星辰的轨道,竟然不知道彭布罗克伯爵在"石头玩偶"中发现了什么值得赞赏的东西,对此我并不诧异。雕刻可以用来教导学生知道形体的秘密有多深奥,知道精神可以怎样完美地把自己的含义翻译成雄辩的方言。在需要贯穿万物、无法容忍假冒和死气沉沉的事物的那种新活动面前,雕像将会显得冰冷而虚假。绘画和雕刻就是形体的节庆。然而真正的艺术从不固定,而永远在流动。最甜美的音乐不在圣乐中,而在人的声音中,如果它从短暂的生命中说出了温情、真理,或勇气的音调的话。圣乐已经跟清晨、太阳、地球无缘,而那种令人信服的声音跟这一切却非常合拍。所有的艺术品都不应当超脱,而应当是即席表演。一个伟人在每一个姿态和行动上都是一尊新的雕像。一位美人是一幅使所有的观赏者发狂而不失其高尚的画。人生不仅可以是一首诗或一部传奇,而且可以是抒情诗或史诗。

  如果发现有人值得宣布创造的规律,那么这一真正的宣告就会把艺术带进自然王国,消灭它的分离的、异己的存在。在现代社会中,创造和美的源泉几乎枯竭了。一部通俗小说,一座剧院,或者一家舞厅,使我们感到我们都是这个世界的贫民所里的乞丐,没有尊严,没有技巧,没有勤奋。艺术也是同样的贫困、低劣。那古老的悲剧性的"必然"甚至降落到古代的维纳斯们和丘比特们的额头上,并且为那些异常的形象闯入自然而表示唯一的歉意——即这些形象是不可避免的;艺术家沉醉于一种对形体的爱好,这种爱好他是无法抗拒的,它自行涌现在这些奢华之中。这种古老的悲剧性的必然不再使凿或笔具有尊严。然而艺术家和鉴赏家现在却在艺术中寻找他们才能的表现,或者一座脱离人生种种罪恶的避难所。人们对他们在自己的想象中所造的形象并不十分满意,于是就逃向艺术,把他们的良知用一首圣乐、一尊雕像,或一幅画传达出来。艺术作出的努力跟一种感官的成功所做的一样,即把美和用途分离开来,把作用当作不可避免的东西加以修饰,如果憎恨它,便转变为欣赏。这些安慰和补偿,这种美和用途的分离,自然法则是不容许的。美一旦被找到,不是出于宗教和爱,而是为了快乐,它就把寻找者贬低了。高尚的美他是再也不能在帆布、石头、声响或抒情作品中取得,充其量只能形成一种阴柔的、谨慎的、病态的美,实际上不是美,因为手能完成的事永远不会比性格所激发的高。

这样,进行分离的艺术本身首先遭到了分离。艺术决不能是一种肤浅的才能,而必须从人的内心深处开始。现在人们看不出自然是美的,于是他们便去造一尊必定是美的雕像。他们讨厌人,觉得他们乏味、呆笨、顽固不化,于是便用颜料袋和石头块聊以自慰。他们因为生活平淡无奇而加以摒弃,却创造一种他们称之为诗意盎然的死亡。他们急忙了结一天烦人的事务,便飞向桃色的白日梦。他们大吃大喝,好日后实现理想。这样一来艺术就遭到贬斥;名义向心灵传达了它们次要的恶感;它在想象中成了某种拂逆天理的事,从一开始就遭到死亡的袭击。难道从更高尚的地方开始——先为理想服务,再大吃大喝;在大吃大喝时,在呼吸中,在生命的功能中,为理想服务,不是更好一些吗?美必须回到有用的技艺那儿去,必须把美术和实用技艺的区分忘掉。如果把历史讲得真实,如果生活过得高尚,要把两者分开就会既不容易,也不可能。在大自然中,一切都是有用的,一切都是美的。它之所以美,因为它是活的,运动的,有生殖能力;它之所以有用,因为它对称,漂亮。美不会被一个立法机构招之即来,它也不会在英国或美国重复它在希腊的历史。它会一如既往,未经宣布,就在勇敢认真的人们的双脚之间一跃而起。我们要寻找天才去重复古老艺术中的奇迹,那纯属徒劳;在新的必要的事实中,在田野和路边,在商店和工厂,发现美与神圣则是它的本能。它会从一颗虔诚的心里出发,把铁路、保险公司、股份公司、我们的法律、我们的基层议会、我们的商业、电池、电瓶、棱镜、化学家的曲颈瓶,升华到一种神圣的用途,而现在我们只是从中寻求一种经济用途。难道属于我们重大机械工程——属于工厂、铁路、机器——的那种自私甚至残忍的方面,不就是这些工程所服从的金钱冲动的结果吗?当它的使命高尚、适当时,一条轮船跨越大西洋把新老英格兰连接起来,像一颗行星那样准时到达了自己的港口,这就是人跟自然走向和谐的第一步。圣彼得堡的船由磁力吸引着沿着勒拿河航行,不大需要什么使它变得崇高。当科学在爱中被人学习,科学的力量由爱来行使的时候,这些力量就好像是物质创造的补充和继续。

谈自然

在这个气候区,几乎一年四季都会出现这样一些日子:到那个时候,天地万物都达到了尽善尽美的境地;到那个时候,空气、天体、大地齐奏出一种和声,仿佛大自然要纵容自己的孩子似的;到那个时候,在地球上这些荒凉的高纬度地区,渴望了解最快乐的地区,渴望沐浴在佛罗里达和古巴的灿烂阳光下实在算不了什么;到那个时候,一切有生命的东西都流露出满意的神色,就是卧在地上的牛群似乎也有了伟大而安静的思想。那种完美的 10 月天气,我们称之为"小阳春",以显示它的特点,那时候,要寻找这些秋高气爽的日子也许更有把握。难消的永昼沉睡在连绵的小山上和温暖广阔的田野里。度过一整天阳光明媚的时光,简直有长命百岁之感。荒僻的地方似乎并不十分寂寞。在森林的大门口,老于世故的人也惊讶不已,所以不得不放弃城市里的关于伟大与渺小、聪明与愚蠢的估价。他一迈进这些地区,那种习俗的包袱就从背上卸了下来。这里的圣洁使我们的宗教自惭形秽;这里的现实使我们的英雄也张皇失措。在这里,我们发现大自然就是那种使别的一切事实相形见绌的事实,她像一位神灵,审判一切接近她的人。我们从自己狭窄、拥挤的房舍里爬出来,进入了黑夜与白昼,我们看见多么崇高的美每天拥抱着我们。我们多么想逃脱那些有损于美色的障碍,多么想逃脱老于世故和瞻前顾后的作风,听任大自然使我们心醉神迷。森林的柔和的光辉仿佛是一种永恒的清晨,它振奋人心,壮丽雄伟。这些地方古传的魔力逐渐爬上了我们的心头。松树、铁杉和橡树的树干几乎发出钢铁般的光芒照耀着兴奋的眼睛。那无言的树木开始说服我们跟它们一起生活,放弃那种郑重其事的烦琐生活。在这里,历史、教会、国家都不会被添加到神圣的天空和永恒的岁月上。我们多么轻松地走进那不断展开的风景,一幅幅新的画面、纷至沓来的思绪把我们吞并了,到了最后,思家的念头渐渐地被挤出了脑海,一切记忆都被那专横暴虐的现在抹去,大自然洋洋得意地领着我们。

这些魔力具有药物的效力,它们清醒我们的头脑,治愈我们的身体。这都是些平常的欢乐,对我们来说既亲切又自然。我们恢复了本来面目,与物质情同手足,而这正是学校喋喋不休地劝导我们唾弃的做法。我们同物质永不分离;精神热恋着它的老家。我们渴了必须喝水,同样,我们的眼睛、手足离不开岩石、土地。物质是坚定的水,是冰凉的火,常在的健康,永存的魅力!恰似一位老朋友,一位亲爱的朋友和兄弟,正当我们装模作样地同陌生人闲聊时,露出一脸的真诚走来,跟我们直截了当地谈起来,使我们再也不好意思胡言乱语。城市没有给人的感官提供足够的空间。我们昼夜出外极目远眺,以饱眼福,因而需要广阔的眼界,正如我们需要水来沐浴一般。自然的影响程度不一,她既能使人遗世独立,也能给人的想象力和心灵以极珍贵极重大的帮助。人们从泉里可以打一桶凉水,瑟瑟发抖的跋涉者可以奔向那里的柴火以求安全——这里也有秋天与正午的崇高的寓意。我们偎依在大自然的怀抱里,像寄生虫一样靠她的谷物和根茎生存。日月星辰向我们频送秋波,把我们唤至幽静处,给我们预言最遥远的未来。湛蓝的天顶是浪漫与现实的融汇点。我想,假如我们被送到我们梦想的天国,同加百列和乌利尔①交谈,那么天堂就是给我们留下的全部家当。

我们每天都留意过自然景物,因此好像岁月并非完全是不圣洁的。悄然而落的雪花,片片晶莹完美;雨雪纷纷,扫过茫茫的水面和平原;麦田里麦浪滚滚;一望无际的茜草波浪起伏,它们数不清的小花在眼前泛起白蒙蒙的涟漪;树木花草倒映在波平如镜的湖水里;馥郁缠绵的熏风把一棵棵树都吹成了风奏琴;炉火中的铁杉或松木噼啪作响,火光迸射,把起居室的墙壁和方方面面都照得

---

① 加百列和乌利尔是七大天使中的两位,替上帝把好消息报告世人。

通明——凡此种种,都是最古老的宗教的音乐和画面。我的房舍坐落在低地上,视野有限,又在村庄的边缘。然而我和友人来到了我们的小河之滨,船桨一划,便把村里的政治和人物,不错,把那村庄和人物的世界抛在了脑后,进入了温柔的晚霞与月光的王国,这里玉洁冰清,那不干不净的人类不经见习和考验简直无法入内。我们通体都渗透了这难以置信的美;我们把双手浸泡在这如画的境界里,我们的目光沉浸在这缤纷的光与影中。勇敢和美、权力和情趣装点、享受过的一种假日,乡间别墅,宫廷华筵,最盛大最快乐的节日,顿时确立在这儿。晚霞,隐隐闪现的星斗,以它们隐秘的、难以言喻的顾盼,把那种节日表示、奉献出来。我才知道了我们创造力的可怜,都市和宫殿的丑陋。艺术和奢华早就得知它们必须作为这种原始美的升华和延续而工作。我迷途知返,恍然大悟。从今以后我将难以自得其乐。我无法再回去玩耍。我日渐奢侈浮华,远离自然。我的生活再也离不开附庸风雅。然而,我的飨宴官必须是一位乡民。谁最见多识广,谁知道土地、流水、草木、天空有什么甜美和功效,以及如何获取这些魔力,谁就是富贵之人。主宰世界的人物只有把大自然招来作他们的后援,他们才能到达辉煌的峰巅。这便是他们的空中花园、乡间别墅、花园洋房、鸟屿、园林、猎苑的奥妙之所在:用这些强大的附属物来支撑他们不完善的人格。人们对拥有这些危险的附属品的国家的土地发生的兴趣是难以克服的,这对我来说并不足为奇。这些东西有贿赂、招引的力量;能充分表明秘密许诺的不是帝王,不是宫殿,也不是男人,不是女人,而是这些柔情万千、诗意盎然的明星。我们听说过有钱人的话,我们知道他的别墅、他的园林、他的美酒和他的交往,然而招引的刺激和关键则来自这些诱人的明星。在它们温情脉脉的目光中,我看到了人们在凡尔赛、帕福斯①、泰西封②等地力图实现的东

---

① 塞浦路斯西南部古城。
② 古代波斯安息王朝首都,萨珊王朝时代于4世纪重建,以巍峨的王宫著称。

西。的确,它是地平线上的魔光,是当作背景的蓝天,拯救了我们的所有的艺术品,否则这些艺术品只不过是华而不实的小玩意。当富人指责穷人奴颜婢膝时,他们应该考虑到美其名曰"自然之主"的人们在富于想象的心灵里所产生的影响。啊,要是富人都像穷人所想象的那样富有该有多好!一个小孩在夜间的田野里听到军乐队演奏,于是一个个国王、王后和大名鼎鼎的骑士便历历浮现在眼前。他在一个山乡,譬如说诺奇山,听到传来的牛角号的回响,那牛角号把整座山都变成了一架风奏琴。这种超自然的奏鸣声将他带回多利安人的神话和阿波罗及狄安娜等男女猎神的时代。小小的音符确可响彻云霄、优美超凡。对可怜的年轻诗人来说,他的社会画面正是如此富有神话色彩。他忠心耿耿,他敬慕富者;富者因为他的想象而富有;他们若不富有,他的幻想又该是多么贫乏!他们有篱墙高筑的小树林,他们称之为园林;他们的客厅比他所光顾过的都要大,装潢更为讲究。他们仅与名人雅士结伴,乘车去海滨胜地和远方的城市,凡此种种,只不过是他所描摹浪漫状况所用的基础,跟它相比,他们的实际财产只不过是棚屋和马场。缪斯本人背弃了自己的亲生子,她用天空、云彩和路边的森林里射出来的一种光辉来增强那富贵美丽的天赋——那是一种高贵的恩赐,仿佛贵族之神赐予贵族似的,那是自然中的一种贵族,天国的一位王子。

　　轻而易举地创造伊甸园和潭碧谷的道德感情并不常有,而物质的风景则比比皆是。不必游览科莫湖和马德拉群岛,我们就能找到这些魅力。我们对地方风光总用溢美之词。每一风景的惊人之处不外乎是天地相接,而这一景象无论在阿利根尼山的顶峰,还是在头一座小丘上都能见到。夜幕上的星星俯视着褐色简陋之极的公地,洒下的璀璨的灵光跟洒在坎帕尼亚平原或白茫茫的埃及沙漠上的完全一样。舒卷的白云、晨光和夕照为红枫和白杨平添几分姿色。景致与景致间的差异微乎其微,观赏者却千差万别。任何一处风景里没有一样东西能像每一处风景非美不可的必然性那么神奇。穿便衣大自然不会惊讶。美闯进了每一个地方。

然而,在这个学者称之为 natura naturata,或"被动的自然"的话题上,很容易超越读者的共鸣。人们直接讲到它,难免要夸大其词。这就跟在各色人等杂处的场合提出讨论所谓的"宗教问题"一样容易。不对某些细琐的必要性作出辩解,敏感的人是不会使他的情趣沉溺于这一类东西的,如:去看看林地,去瞧瞧庄稼,或从偏远地带采来一种植物和矿石,或者肩扛一支鸟枪,或者手提一根钓竿,等等。我认为这种丢脸的事一定有充分的理由。大自然里浮光掠影的作风既无神益,也无价值。田野中的纨绔子弟同百老汇的花花公子是一丘之貉。人们生来就是猎人,喜欢探究森林知识,我认为,伐木工人和印第安人提供事实的那种地名词典应当在最豪华的客厅里代替书店的"花圈"和"花神的花环";然而在一般情况下,不是我们过于笨拙,不配谈如此精妙的话题,就是出于别的什么原因,人们一写到自然,他们就开始使用绮丽的文体。轻佻是献给潘的最不恰当的礼物,因为他在神话中被描写成众神中最讲节制的。面对时代令人叹服的谨言慎行,我不想轻举妄动,然而我不能放弃常常回到这一古老的话题的权利。许许多多虚假的教会在认可真正的宗教。文学、诗歌、科学是人们对这种高深莫测的奥秘所表示的敬意,对于这种奥秘,任何神智健全的人都不能装出漠不关心或无动于衷的样子。大自然为我们的精华所热爱。它被当作天堂来热爱,尽管,或者更确切地说,因为其中没有居民。落日与它普照之下的任何东西都没有相似之处;它缺的是人。风景里出现了同它一样优美的人的形象之前,自然之美准会显得虚无缥缈。倘若有完美的人,就不会有这种对自然的入迷。假如国王在宫殿里,就没有人环顾四面的墙壁。只有国王离开了,宫中到处是侍从和观望者,我们才能转身背过众人,从绘画和建筑使人联想到的伟人中寻求解脱。有些批评家抱怨自然美与要做的事物截然分离是一种病态,他们必定认为我们对如画的风景的寻觅是同我们对虚假的社会的抗议密不可分的。人类堕落了,自然则挺立着,并且被用作一只差示温度计,检验人类有没有神圣的情操。由于我们迟钝和自私的过失,我们仰慕自然;但是当我们脱胎换骨之后,自然就会仰慕我们。我们凝视着泡沫四溅的溪流,心里内疚:假如我们自己的生命流淌着正义的活力,我们就会使小溪自惭形秽。热诚的溪流闪出真正的火光,而不是反射出来的阳光和月光。人们能够把自然当成商业作唯利是图的研究。对于利己主义者来说,天文学变成了占星术;心理学变成了催眠术(目的是指出我们的调羹哪里去了);解剖学和生理学则变成了骨相术和手相术。

然而如果及时地引以为戒,把关于这个话题的许多内容只字不提,那就让我们不要再忘记对"高效的自然", natura naturans, 灵活的起因表示敬意,因为在它面前,一切形式像风中的雪花一样纷飞,它本身是隐蔽的,而它的成果却在它面前堆积如山(就像古人由牧羊人普洛透斯代表自然一样),纷然杂陈,莫可名状。它把自己显露的造物身上,由微粒、毫刺经过一再的变态达到至高的匀称,没有震天动地之举就日臻化境。一点热量,也就是一点运动,便是地球上那光秃秃、白晃晃、冰霜惨烈的两极同草木芊芊、硕果累累的热带气候区之间的全部差异。一切变革都不用暴力,是因为有无垠的空间和无限的时间这两种基本条件。地质学把自然的世俗特性传授给我们,教我们抛弃古板学校的方法,教我们用摩西和托勒密式的体系交换自然的雄浑风格。由于缺乏眼力,我们什么也不能正确了解。现在我们知道,岩石先形成随后又粉碎,然后最早的地衣把最薄的外层分解成土壤,这就敞开了大门,迎接遥远的植物、动物、谷物和水果女神进来,在此之前,一定有多少个耐心的地质纪循环交替。三叶虫何其遥远!四足动物何其遥远!人类自己也是悠远得不可思议!一切都如期到达,然后到来了一代接一代的人类。从花岗岩到牡蛎,路途迢递,到柏拉图和灵魂不朽说就更加漫长了。然而一切一定要来,就像第一个原子有两面那样确定无疑。

运动或者变化,同一或者静止,是自然的第一和第二秘密:运动和静止。她的全部法典可以誊写到大拇指指甲或一枚戒指的小印章上。河面上回旋的泡沫使我们了解到天空技工的秘密。沙滩上的每一枚贝壳都是打开这种秘密的钥匙。在杯中转动的一点水便解释了简单的贝壳的形成。物质年复一年的增加终于取得了最复杂的形式;然而,尽管身手不凡,大自然依旧那么贫困,从宇宙的开始到终结,她只有一种材料——只有一种可产生两种结果的材料,来供给她所有梦幻般的变化。无论她怎么调配,星星、沙子、火、水、树木、人类,仍旧是一种材料,表现的是同样的一些特性。

自然总是首尾一贯的,尽管她佯装违背自己的法则。她遵守自己的法则,却好像要超越它们。她武装一只动物,找到了自己的位置,生活在泥土里,与此同时,她又武装另一只动物去摧毁它。空间的存在就是为了分离造物;然而给鸟儿的两肋插上几片羽毛,她便赋予它一种小小的无处不在的能力。方向是永远向前的,而艺术家却仍要回头去寻找材料,在最发达的阶段又从最初的元素开始,否则,一切就行将灭亡。如果我们看一看她的工作,就好像瞥见了一个演变着的体系。植物是世上的年轻一代,是充满健康和活力的人;但它们永远向上探索,朝着意识发展;树木是没有发展完善的人,仿佛在悲叹自己遭到禁锢,扎根地下不能自拔。动物是更高级阶段的新手和见习生。人类,尽管年轻,却因从思想之杯里品尝到了第一滴,所以已经放荡了。枫树和蕨草仍然洁身自好;然而毫无疑问,一旦它们产生了意识,它们也会诅咒谩骂的。鲜花绝对地属于青年,所以我们成年人很快就感到:它们的美丽的后代与我们无缘。我们的韶光已逝;现在,让孩子们去迎接他们的吧!鲜花抛弃了我们,我们成了一群老光棍,空有满腔的柔情蜜意,只是显得荒唐可笑。

事物总是息息相关,所以按照眼睛的技能,根据任何一种物体就可以预言另一种物体的作用或性质。如果我们有明察它的双眼,一点取自城墙的石子便可向我们证明人一定存在的必然性,同证明城市存在的必然性一样容易。这种同一性使我们合而为一,把我们惯常的巨大差距化为乌有。我们谈论背离自然的生活的种种偏向,仿佛人为的生活也是不自然的。宫廷风阁里最圆滑的鬈发廷臣具有某种动物的天性,同白熊一样骄横野蛮,为达到自己的目的,无所不用其极,而在香水和情书中间,直接同喜马拉雅山脉和地轴相关。如果我们考虑一下自己有多少属于自然,我们就不必迷信市镇,仿佛那可怕或仁慈的力量在那儿没有找到我们,没有建造城市似的。造就了石匠的大自然,也造出了房子。我们可以轻而易举地听到太多的乡村影响。自然物恬淡的外表招致了我们这些恼怒得脸红脖子粗的造物的羡慕,于是我们认为要是我们露宿野外,以草根为食,也会同它们一样崇高。然而还是让我们做人,而不是要做土拨鼠,橡树和榆树也会心甘情愿地为我们服务,尽管我们坐在丝绸地毯上的象牙椅子上。

这种指导一切的同一性贯穿于事物所有的出人意料和尖锐对比之中,标志了每一条法则的特征。人把世界装进他的脑袋里,天文学和化学悬在一个思想里。由于自然的历史已铭刻在他的头脑中,因此他就成为它的秘密的预言家和发现者。自然科学的每一个已知的事实在得到确证以前,已被某人的预感推测到了。一个人如果没有认清把自然最遥远的地区束缚起来的一些法则,他是不会系他的鞋带的。月亮、植物、气体、晶体都是具体的几何图形和数字。常识认识它自己的东西,在化学实验中一眼就认出了事实。富兰克林、道尔顿、戴维和布莱克的常识就是作出他们现在发现的那些安排的同一种常识。

如果同一性表现了有组织的静止,反作用也就变成了组织。天文学家说:"给我们物质和一点运动,我们就会建造宇宙。我们仅有物质是不够的,我们还必须有一种推动力,一种发动物质、导致离心力与向心力和谐的推力。一旦把球从手中举起,我们就可以显示这一切巨大的秩序是如何形成的。"——玄学家说:"一个毫无道理的假定,显然是以假定作论据的狡辩。你们不是肯定能知道投射的起源以及它的继续吗?"与此同时,大自然并没有等待这场辩论结果,而是不管对不对,首先给了这种推动力,球从而滚动起来。那并不是什么惊天动地的事情,仅仅推了一下而已,但是天文学家们重视它是正确的,因为这一行动产生的结果是没有止境的。这著名的原始的一推,通过体系内的一切球体,通过每一球体的每一个原子,通过各种各样的造物,通过个体的历史和表现把自己传播开来。在事物的进程中,难免有夸张。大自然把生物和人送到世界上来,难免要使他的特性超过一点。有了行星,还必须加些推动力;所以自然给每一造物在它特有的轨道上都增加了一点强烈的倾向,那是使它运行的推动力。在每一件事例中,总有些微的慷慨,总有一点儿过量。没有电,空气就要腐败;没有男人和女人所有的这种强烈的倾向,没有顽固分子和狂热分子的情趣,便没有了兴奋和效率。我们取法乎上,失之于中。每一行动都存在某些虚假的夸张。不时地走来某个忧伤的明眼人,他看到了一场比赛进行得太不光明正大,所以就拒绝比赛,而是把底兜了出来——那怎么办呢?鸟儿飞走了吗?啊,不!机警的自然派遣来一批体形更为绰约多姿的新人,一批更为气宇轩昂的青年。稍加过激地引导他们坚持各自的目标;使他们死心塌地地坚持自己最正确的方向,于是这场比赛又增添了新的活力,又要继续一两代人。胡打乱闹、傻里傻气的孩子,看见每一种景象,听见每一个声音就不能自持,没有任何能力比较、权衡自己的感觉。听见一声口哨,看见一张画片、一个领头的骑兵,或者一只好玩的狗就忘乎所以,一切就事论事,什么也无法概括,看见一件新事物就喜不自胜,晚上一躺下便疲惫不堪,这就是一天到晚疯疯癫癫造成的结果。然而大自然正是用这个长着鬈发和酒窝的狂人达到自己的意图的。通过这一切态度和努力,她费尽了心血,保证了身体结构生长的匀称——这是首要的目的,除了她自己无微不至的关心,别人的关心都不堪信任。这种闪光,这种蛋白石般的莹光环绕着每一件玩具的顶部,对着孩子的目光闪烁,以确保对他的忠诚。他受了骗,却得到了自己的好处。生育抚养我们的是同样的手段。让禁欲主义者喜欢怎么说就怎么说吧,我们吃肉并不是为活命着想,而是因为肉味可口,食欲强烈。植物的生命并不满足于从花或树上落下一粒种子,相反它在空中地上撒满了不计其数的种子,假如有数千粒死了,还有数千粒可以把自己种下去,这样,数百粒可能发芽,数十粒可能成熟,那么至少其中一粒会取代母体。万物都表现出同样处心积虑的慷慨。我们噤若寒蝉,极力防护身体,遇冷退缩,看到一条蛇或者听到突如其来的声响便心惊肉跳,通过无数次虚惊,这种草木皆兵的心理最终保护我们避开一次真正的危险。情人在婚姻中寻找个人的幸福完美,并没有预期的目的;而自然则把她的目的潜藏在他的幸福里,那就是传宗接代,延绵不断。

但是这种用以创造世界的手腕也渗透到人们的思想和性格中。人的心智都不十分健全;每个人的气质中都有一点傻气,头脑有点发热,这就肯定把他固定到大自然所关注的某一点上。伟大的事业从未受到对它们是非曲直的考验;然而事业被化为细节来适应党人的尺寸,斗争在小事上总是最激烈的。每个人总是过分相信自己要做的事、要说的话的重要性,这种现象也同样引人注目。诗人、预言家对自己的话比哪一个听话的人都要重视,因此才把它讲了出来。刚愎自用的路德明白无误地郑重声明:"没有聪明人,上帝也没法办。"雅各布·伯麦和乔治·福克斯在论战文章里各执一词,暴露了他们的自高自大。詹姆斯·内勒一度让人把他当基督崇拜。每一位先知很快就把自己同自己的思想等量齐观,进而把自己的帽子和鞋奉为圣物。不管这样做会怎样使这些人在有识之士面前名誉扫地,但它还是帮助他们赢得了民心,因为给他们的话赋予了热情、辛辣和知名度。类似的经历在个人生活中也屡见不鲜。每一位热血青年都写日记,每当祈祷忏悔的时刻来临时,他便在里面铭刻下自己的灵魂。这样写出来的文字在他看来热烈而芬芳:他摆在膝间,夜半读,黎明也读。他的泪水浸湿了一页页日记。它们是圣洁的,是这个世界上再好不过的东西,简直对至亲好友都不能出示。这是灵魂生的儿子,大自然的生命依然在这婴孩身上循环。脐带还没有剪掉。过了一段时间,他才肯允许朋友进入这种神圣的经历,几经犹豫之后,才坚定地把日记摆在他的眼前。那火热的字句会不会烧伤他的眼睛?那位朋友冷冰冰地翻了翻,不费什么周折就把那日记放在一边谈起话来,这使对方又惊又恼。他不会怀疑日记本身。日日夜夜激情满怀的生活,日日夜夜同黑暗与光明天使的交流已经把它们朦胧的文字镌刻在那泪痕斑斑的本子上。他对那位朋友的心智产生了怀疑。难道说不存在什么朋友？他还不能相信人会有终生难忘的经历,也许还不知道如何把他的隐私转化成文学；智慧在我们之外还有代言人,尽管我们保持缄默,但真理照样被表达出来。如果发现了这一点,就会遏制我们热情的火焰。只要一个人不觉得自己的言语片面或唐突,他就会说个没完。他的言语确是片面的,但他说的时候却没有这么想。一旦他摆脱了本能和个别的东西,看到了它的片面性,他便产生了羞恶之心,闭口无言了。谁要是不认为自己所写的在当时来说就是世界历史,谁就写不出任何东西。谁要是不认为自己的工作十分重要,谁就做不好任何事情。我的工作可能是一钱不值,但是我不能认为它一钱不值,否则我便不会无忧无虑地工作。

同样,自然里总有某种嘲弄人的东西。它引导我们向前再向前,可是哪儿也到不了,对我们毫不守信。许诺多而履行少。我们生活在一种近似的体系中。每一个目的都展现了别的某个目的,但别的目的也是暂时的,哪儿都没有完满、终极的成功。我们是在自然中野营而不是安家。饥渴不停地引导我们吃喝；然而面包和酒,任你怎样烹调,酒足饭饱之后,仍然使我们又饥又渴。我们所有的艺术和表演都是这样。我们的音乐、我们的诗歌、我们的语言本身并不是满足,而是一些提示。对财富的渴望把地球化为一座花园,所以愚弄了热切的追求者。追求的目的究竟是什么？显然是要达到良知和美的目的,免受各种丑恶、庸俗的东西的侵扰。然而这是多么费事的方法！为了保证一点交流算尽了多少机关！这座砖石修成的宫殿,这些仆人,这间厨房,这些马厩、马匹和马车,这银行股票及抵押契据；世界贸易、乡村庄园和水滨别墅都是为了高尚清楚、有灵性的一点交流！难道大路上的乞丐就不能一样得到它吗？不,这一切东西都是这些行乞者持之以恒努力消除生命之轮的摩擦并提供机会取得的。交谈、声望是众所周知的目的。财富满足了兽欲,修好了冒烟的壁炉,使门不再嘎吱作响,使亲朋好友在温暖安静的房间里共聚,把孩子们和餐桌安置在另外的房间里,这时候,财富是有益的。思想、美德和美从前都是目的；然而人们知道有思想、有德行的人在冬日房间转暖的时候有时候会头疼,会湿脚或者浪费大好时光。不幸的是,在消除这些不便之处所做的必要的努力上,主要的注意力已经转向这个目标;原来的目的被忽视了,而消除摩擦则变成了目的。这便是对富人的揶揄,而波士顿、伦敦、维也纳以及世界上现存的政府是富人的城市和政府,群众不是人,而仅仅是穷人,也就是说,可能变富的人;这是对上层阶级的揶揄,他们苦心经营,拼死拼活却一事无成;一切都做了,却毫无价值。他们就像一位打断众人的谈话要发表自己的言论的人,却忘掉了准备说的话。在一个没有目的的社会,在一些没有目的的国家,这种现象到处都非常触目。难道自然的目的真的这么伟大而令人信服,需要这样大批牺牲人吗?

同生活中的欺诈如出一辙,可以想到,大自然的外貌对眼睛产生了类似的效果。森林、流水有某种诱惑、谄媚之态,却又不能提供目前的满足。每一处风景中都能感到这种失望。我见过夏天轻柔美丽的云彩像羽毛似的在头上飘动,似乎在享受它们运动的高度和特权。然而,它们与其像此时此地的锦绣,不如说展望着远处喜庆的亭台花园。那是一种古怪的妒忌;但是诗人发现自己并没有十分贴近他的目标。他面前的松树、河流,那一排鲜花,似乎并不是自然。自然仍在别的什么地方。这只是刚才逝去的胜利的尾声,遥远的反映与回响,现在正处于辉煌鼎盛的时期,它可能是在邻近的田野里,要是你站在田野里,它又在毗邻的森林里。眼前的目标一定给你庆典刚刚过后的这种静谧感。夕阳的距离何其迢迢,它里面隐含着多少不可言喻的雄伟和美丽!然而谁能到它们所在的地方去,或者在那里插手或驻足呢?它们永远离开了这球形的世界。在寂静的林间同在人类中间都是一样的;永远都是一种人们所认为的存在,一种不在,从来就不是临场和满足。难道美是永远都把握不住的吗?难道它在人间,在风景中都是同样不可接近的吗?订了婚的情人在他的恋人应允他的时候便失去了她那最狂放的魅力。在他像追求星星一样追求她的时候,她是天仙。倘使她屈从于他那样的一个人,她就不会是天仙了。

对于这无所不在的第一推动力的出现,对于那么多善意的造物的恭维和妨碍,我们能说些什么呢?难道我们不可以设想宇宙的什么地方存在着些许叛逆和嘲弄吗?难道我们没有对自己遭到的这种耍弄感到极大的愤慨吗?难道我们是自然的玩物和小丑吗?看一看天地的面目,一腔的暴躁就会平息,我们就会得到劝慰,服从更加明智的道理。在有识之士看来,自然把自己化为一个无边的许诺,是不会被人们草草率率解释清楚的。她的秘密从未透露。一个又一个俄狄浦斯接踵而至:他的头脑中装满了全部的秘密。啊呀!他们的绝技竟被同一种巫术破坏了;他们连一个字也说不出来。她那宏伟的轨道呈现为拱形,就像伸入大海的崭新的彩虹,然而天使长的翅膀也无力沿着这个轨道飞翔,所以就无法汇报这条曲线的回路。但是也看得出,我们的行动受到支持,得到安排,从而取得比我们所预期的还要重大的结局。我们处处都有精神力量卫护,度过一生。一种慈善的目的埋伏着等候我们。我们不能跟自然产生口角,也不能像跟人交往那样同自然打交道。如果我们用个人的力量同她的力量较量,我们就很容易感到我们成了一种无法超脱的命运的玩物。然而,如果我们不把自己等同于工作,而是感到工人的灵魂在我们身上奔流,那么我们就会发现清晨的宁静首先在我们的心中落户,而万有引力和化学的高深莫测的力量以及凌驾于这些力量之上的生命的力量,都以它们的最高形式预先存在于我们的身上。

我们认为原因的链条束缚着我们,使我们寸步难行,这种思想给我们带来的不安,是由于对自然的一种状态,即运动,过于关注而造成的。阻力永远不会从车轮上消除。哪里的推动力一超过,哪里的"静止"或"同一"就巧妙地注入了补偿。在辽阔的田野上,到处都长着夏枯草之类的药草。每过愚蠢的一天,我们总要睡一觉,把一天每时每刻的激愤与狂怒消除掉。尽管我们总是忙于具体事务,并经常成为这些事务的奴隶,我们还是把固有的普遍法则带到每一次实验中去。这一切,尽管作为观念存在于头脑中,但是它们在自然界永远体现在我们周围,作为一种目前的健全心智揭露并治愈人类的癫狂。由于我们是事务的奴隶,所以又易受蒙骗产生许多愚蠢的期望。因为火车头或氢气球的发明,我们期待着一个新纪元;新机器带来的还是旧牵制。据说,当你正在烤鸡准备开饭时,采用电磁,你的色拉就会从菜籽里长出来:这是我们的现代目标与努力的一个象征——我们压缩、加速物体的一个象征;然而并无所获,大自然不会受骗:人的寿命只不过有70个色拉长,不管这些色拉长得快还是长得慢。然而,我们在这些制约和不可能中找到的好处并不比在促进中发现的少。胜利愿意降临在哪里,就让它降临到哪里,我们则在那一边。我们知道我们从大自然的中心到两极,跨越了整个生存的领域,并在每一种可能中都下点赌注,这种认识把那一崇高的光彩借给了死亡,哲学和宗教过于表面地、刻板地努力把这种光彩表现在通行的灵魂不朽说里。现实比传言更加精彩。这儿没有毁灭,没有间断,没有泄了气的球。那神圣的循环永不停息,也不逗留。自然是一个思想的化身,然后又变为一种思想,就像冰变成水和气一样。世界是沉淀了的精神,它那容易挥发的精华永远不停地再次流入自由思想的状态。因此产生了有机的或无机的自然物对思想的有效的或刺激性的影响。被禁锢了的人,定了形的人,植物人,向具有人格的人说话。那种不尊重数量,那种把整体和微粒都造成它的同等渠道的力量,把自己的笑靥授予晨曦,把自己的精华蒸馏成滴滴雨水。每个时刻、每件物体都有启迪作用:因为每一种形式里都注入了智慧。它已化为血液倾注进我们的躯体,它化为痛楚使我们抽搐;它化为欢乐溜进我们的生命:它把我们裹在单调凄凉的岁月或快乐劳作的日子里,直到很长时间以后,我们才能猜透它的本质。

谈政治

论及国家时,我们应该牢记,它的一切制度尽管在我们出世以前业已存在,然而,它们并不是原始固有的;它们决不会凌驾于公民之上,相反,它们之中的条条款款曾经都是某一个人的行为表现;各种法律和习俗都是人们在应付某种情况时的权宜之计;它们都是可以模仿,可以更改的;我们能够使之日臻完美,也能够使之锦上添花。在青年公民的心目中,社会是一个幻象。它僵卧在他们的面前,具有某些名称、人物和制度,犹如一棵棵橡树,它们把根都扎向中心,将自己在四周排列得井然有序。然而,老政治家明白,社会是流动易变的;没有什么根与中心可言;然而,任何微粒都有可能突然变成运动的中心,进而驱动整个体系围绕它旋转。庇西特拉图、克伦威尔等意志坚强的人物这样做过一个时期;而柏拉图、保罗等拥有真理的人,永远都在这样做。政治依赖于必要的基础,不可对它轻举妄动。共和国有许多青年公民,他们相信:是法律创造了城市;他们相信:政策和生活方式的重大改变,以及居民的职业、贸易、教育和宗教都可以通过投票决定取舍;他们相信:任何措施,尽管荒唐可笑,只要能够获得足够的赞同使之成为法律,都可以强加在一个民族头上。然而,只有贤者懂得:愚蠢的立法不过是一条沙结的绳,拧一下就会荡然无存;国家必须遵循而不是领导公民的性格和进步;再强悍的僭主都会遽然倒台;唯有那些依赖理念的人才会永立不败之地。盛行的政府形式就是能够接受它的公民们的修养的表现。法律无非是一本备忘录。我们是迷信的,我们尊崇法律,它在人们的性格中所具有的那种勃勃生气就是它的威力。法律站在那里说:昨天,我们是如何如何地协调一致,而今天,你们对这条法规有何感受?我们的法律是一种货币,上面拓印着我们的肖像,它很快就变得无法辨认,久而久之,我们又得将它送回造币厂。天性不讲民主,也不赞成君主立宪,只主张独断专行。她的权威不允许她那鲁莽透顶的儿子进行丝毫的愚弄或削弱。公众的思想一旦表现得更为明智,法典的残暴和木讷就会昭然若揭。法典把话讲不清楚,所以人必须叫它讲清楚。与此同时,对一般思想的教育从来没有停止过。纯真质朴的人们的幻想有预言的作用。稚嫩而富有诗才的青年今日所梦想、所祈求、所描绘,但又避开高谈阔论之讥的一切,必定很快成为公众团体的决议,随即,就被作为冤情和人权法案贯穿于冲突和战争的始终;继而,必将成为成功的法律和机构而百年不衰,直至它反过来又被新的祈愿和蓝图取而代之。国家的历史勾勒着思想进步的轮廓;国家的历史远远追随着微妙的文化和志向。

政治理论控制了人们的思想,人们已经在他们的法律和革命中把它作了尽可能完美的表达。政治理论的要旨在于,政府存在的目的有两个:一是保护人身;二是保护财产。关于人,人人都有平等的权利,因为天性相同。当然,这种权益会竭尽所能要求一种民主。然而,尽管人的一切权利都是平等的,但由于接近理性的途径不同,他们的财产所有权就大相径庭。有的人只拥有自己的几件衣服,有的人则拥有一个县。这种意外主要取决于每个人手段的高低和德行的优劣;其次,还取决于遗产,所以,这种意外的出现就不会平等,当然,所得的权利也就有天壤之别。个人权利一般来讲是相同的,因此就需要一个以人口比率为基础建立起来的政府,而财产则需要一个以占有者和占有的比率为基础建立起来的政府。拉班牧养着牛羊,他希望他的牧群受到边境官员的关照,以防米甸人把它们赶走,因此,他要纳税。雅各没有牛羊,所以用不着害怕米甸人,当然也用不着向官员纳税。拉班和雅各都拥有同等的权利来选举官员,以保护他们的人身安全,然而,只有拉班,而不是雅各,应当选举保护牛羊的官员,这似乎是顺理成章的。如果出现要不要额外增加官员或建造瞭望台的问题,拉班、以撒以及那些必须卖掉部分牛羊来换取对剩余牧群保护的人,对此一定不会比雅各更加赞成,也不认为比雅各拥有更多的权利;因为,后者是一位青年人,是一位旅行者,他口中的面包不是自己的,而是拉班他们的。

在原始社会,所有者创造了自己的财富。在任何公正的社区里,只要财富由所有者亲手获得,财产,就应该制定财产法;人,就应该制定人权法,这样的主张便应运而生。

然而,财产却会通过赠送或继承传给那些不创造财产的人。一方面,赠品使得财产落在新的所有者手中与劳动使它为第一个所有者占有同样无可厚非;另一方面,法律确定了对遗产的所有权。在人人看来,这种所有权都是有效的,因为,根据他们的判断,公众对此颔首默许。

然而,虽说人们乐于接受财产应当制定产权法、人应该制定人权法的原则,但要把它充分体现出来,倒并非一件轻而易举的事情,因为,人和财产在一切交易中掺杂相混。最后,问题似乎这样地得到了解决——根据斯巴达人所谓的"公正的就算平等,平等的不算公正"的原则,有产者应当比无产者享有更多的公民选举权,这就成为正当的区别。

这条原则似乎已不再表现得像从前那样不证自明。部分原因是,人们已经开始怀疑:法律是否过于重视财产,是否在我们的惯例中允许了一种富人剥削穷人,并使穷人永远贫穷的结构;然而,主要原因则是,人们怀着一种本能的意识——不管是怎样朦胧而难以言传——按目前的财产保有权,关于财产的一切法律都十分有害,它对人的影响是败坏性的:事实上,国家应该考虑的唯一的利益是人,财产总是跟随人的;政府的最高目标就是要提高人的文化素养。如果人们能够接受教育,制度就会随着人的改善而改善,而道德情感就会写出国家的法律。

如果很难把这个问题摆公平,那么,当我们注意到自己的自然防卫时,危险就比较少。保卫我们的哨兵要比我们共同选举出的那种地方长官对我们的警戒出色。社会总是主要由青年及愚人组成的。那些年长的人已经看穿了法庭和政客的伪善,他们死后,并没有给子孙后代留下任何智慧。青年人,非常相信自己的报纸,他们的父辈在这个年龄时也是这样。由于大多数公民的无知和轻信,国家不日将趋于崩溃。然而,还存在着一些限制,统治者的愚蠢和野心是无法超越它们的。人有人的法则,物有物的规律,万物都不容小看。财产要受到保护。不播种不施肥,庄稼就不会生长;然而,如果农民没有99%的收获可能,他也不会去播种和锄草。无论采用什么方式,人和财产必将发挥各自合理的影响。他们发挥自己的力量,就像物质产生自己的引力一样坚定。不管你把一磅土包得多么巧妙,然后把它分而又分;再将它溶化成液体;再将它蒸发成气体;它所称的重量还是一磅。这包土也将充分依赖一磅之重吸引和排斥其他物质。一个人的天性、才智以及道德力量会在任何法律或灭绝人性的暴政之下发挥出自己的威力——要么公开,要么隐蔽;要么合法,要么违法;要么依赖公理,要么使用强权。

个人影响的范围是不可能确定的,因为人是道德或超自然力量的工具。一种观念,如公民自由、宗教情感,要是迷住了千千万万人的心灵,那么,在一个观念的支配下,人的力量不再是计算的对象。一个国家万众一心要自由,要征服,就可很容易推翻统计学家的计算,并采取一些他们力所不及的过火行动;就像希腊人、撒拉逊人、瑞士人、美国人、法国人曾经做过的那样。

同样,财产自己的引力属于一点一滴的财产。一分钱,就是一定量的谷物或其他商品的代表。它的价值寓于动物人的必需品之中。它纯粹是温暖,是面包,是水,是土地。法律可以随意处置财产的所有者;法律正义的力量将仍然依附着这一分钱。法律,也许会异想天开,说道:人人将拥有权力,只有财产的所有者除外,他们没有选举权。然而,根据一种更高级的法律,财产将年复一年地写出尊重财产的每一条法令。非所有者将会变成所有者的抄写员。所有者想干什么,财产的一切权力就会照办,或诉诸法律,或无视法律。当然,我说的是所有的财产,不仅仅指大的房地产。当富人获得的选票少(这是司空见惯的事了)时,正说明穷人的共有资金超过了他们的积累。每个人都拥有一点东西,哪怕只是一头牛,一辆小推车,或者自己的一双手,所以,他就有了那种可支配的财产。

因此,就有必要保护人权和财权,防止地方官吏的狠毒或愚行的侵害,这种必要性决定了统治的形式和手段。每个民族及其思维习惯都有自己特有的形式和手段,绝对不能转嫁给其他的社会形态。在这个国家,我们对于我们的政治制度深感自负;它们在这一点上是独一无二的:就今人的记忆所及,它们萌生于民众的性格和状况,它们依旧忠实地反映着民众的性格和状况,因而,我们喜爱它们胜过历史上的别的任何制度,把它们说得天花乱坠。它们并不见得比别的制度优越,只不过对我们更加合适罢了。我们也许善于维护现代民主体制的优势,然而,对于其他社会形态而言,由于那里的宗教尊崇君主体制,方便的则是那一种,而不是这一种。民主倍受我们欢迎,是因为民主与当代的宗教情感更为和谐一致。我们生来就是民主主义者,所以就没有资格评价君主制度。而我们的父辈,生活在君主观念之中,对于他们,相对而言,君主制也是正确的。然而,我们的制度尽管与时代精神合拍,并没有免除那些使其他社会体制失信的实际缺陷。现存的每一个国家都是腐败的。诚实的人切不可过于虔诚地遵从法律。古往今来,"政治"一词表示的就是"奸诈",暗示国家就是一场骗局,所以对政府的什么讽刺能抵得上"政治"这个字眼所传达的严厉责难呢?

每个国家都分成若干党派,充当政府的反对者和拥护者,这些党派也有同样的利弊。党派是凭直觉建立起来的,因此,要达到低级的目标,直觉的指引胜过领袖的睿智。它们的起因中,并没有任何悖理的东西,只是过分地注意实在而持久的关系而已。我们谴责一个政党也许就像谴责东风或寒霜一样没有道理;因为,政党的成员绝大多数都说不清他们的社会地位,只是为保护他们切身的利益而努力奋斗。当他们秉承某个领袖的意旨放弃这个深厚、天然的基础,只是考虑个人利益,全力以赴坚持和维护根本不属于他们的体制的目标时,我们与他们的争吵即告开始。一个党派一直遭受着要人的败坏。尽管我们宽恕了组织的欺诈,对他们的领袖却不能轻饶。他们捞取了他们指挥的群众的驯服和热忱这样的报酬。一般而论,我们的党派只是讲时务的党派,而不是讲原则的党派,种植业的利益同商业利益互相抵触;有资本家的党,有劳动者的党;有道德本质相同的党,也有在支持它们的许多措施时能够轻易互换立场的党。讲原则的党,如像宗教派别,自由贸易党,提倡普选的党,主张废奴的党,鼓吹废除极刑的党,它们都退化成要人了,否则倒能激发出热情。在我们这个国家,主要党派的弊端(这一点可以被当作这些舆论团体的一个样板)就是,它们没有扎根于它们应有的深厚而必要的土地上,而常常在采取对全民毫无用处的局部而暂时的措施时暴跳如雷。现在,两大党几乎分治了整个国家:在我看来,一个具有最伟大的事业,另一个拥有最优秀的人才。哲学家、诗人或宗教人士无疑要与民主党人一道投票支持自由贸易和普选权,赞成废除刑法中的残暴行为,赞成千方百计为青年和贫困者提供致富、掌权的途径。然而,当所谓的人民党把这些人作为自由主义的代表向他们推荐时,他们却难以接受;因为,在那些人的灵魂深处,根本没有那些给"民主"的名义赋予它所包含的希望和美德的目的。我们美国的激进主义精神具有破坏性和盲目性;没有仁爱,没有远大而神圣的目标,只有出于仇恨和自私的破坏性;另一方面,最稳健、最能干、最有涵养的人组成的保守党却胆小怕事,仅以保护财产为己任。它不维护任何权利,不追逐任何实利,不指责任何罪行,不提出任何慷慨的政策,它不创造,不写作,不珍爱艺术,不鼓励宗教,不创办学校,不促进科学,不解放奴隶,不帮助穷人、印第安人和外国移民。无论这两党谁来掌权,世界都不会期望在科学、艺术或人道方面得到与该国资力完全相称的利益。

我不会因为这些缺陷就对我们的共和国丧失信心。我们不会凭任机缘随意摆布。在野蛮的党派之争中,人性总发现自己受到人们的珍视,就像人们发现植物学湾①的罪犯的孩子们像其他孩

---

① 在澳大利亚的新南威尔士。1786 年英国政府将新南威尔士辟为罪犯流放地。1788 年 1 月 700 余名罪犯被送达植物学湾。

子,都具有一种健康的道德情感一样。封建国家的臣民对于我们堕落为无政府状态的民主制度大为惊恐。我们中间的年长者与谨小慎微的人正学着欧洲的样子怀着某种恐惧观望着我们汹涌澎湃的自由。有人说,我们肆意解释宪法,舆论又蛮横无理,所以我们无所依托。一位外国观察家认为,他在我们神圣的婚姻中找到了护身符;另一位则认为,他在我们的加尔文教义中找到了保障。费希尔·艾姆斯将君主制和共和国作了比较,更巧妙地阐述了民众安全的实质。他说:"君主制就像一条一帆风顺的商船,可有时会触礁沉入海底;而共和国则好比一方永不沉没的木排,不过你的脚总是泡在水里。"当我们受到事物法则的眷顾时,任何制度都不会重要到令人感到危险的程度。只要肺部的压力足以承受,无论多少吨的大气压顶,对于我们都无关紧要。只要反作用力和作用力相等,即便质量增大千倍,也无法摧毁我们。极有阴极、阳极之分,力有向心、离心之别,两极和两力无处不在,每一种作用力都会能动地产生自己的反作用力。自由放任会导致铁一般的良心。缺少自由,由于加强了法规和礼仪,就导致了良心的麻木不仁。哪里的领袖人物越是飞扬跋扈,越是唯我独尊,"私刑"才会在哪里盛行。暴徒之所以不能长存,是因为众人的利益不需要它的存在;只有正义才能满足所有人的要求。

我们必须无限依赖光照一切法则的有益的必然。人性用法律表现自己,就像用雕像、歌曲或铁路表现出的一样典型,所以各个国家法典的摘要就会成为共同的良心的一种写照。政府起源于人们的道德同一性。一个政府成立的理由也被看成另一个政府成立的理由,也被看成其他任何一个政府成立的理由。无论党派怎样众多,怎样固执己见,总有一条使各党皆大欢喜的折中路线。每个人在他自己心灵的决定中发现了对他最简单的要求和行为的一种认可;他把这种认可美其名曰"真理"和"神圣"。在这些决定中,全体公民才找到了一种完全的一致,而且只有在这些决定中,而不是在什么好吃,什么好穿,什么好玩,或者每个人有权要求多少土地或社会援助之类的决定中。人们现在力图将这种真理和公正运用到丈量土地、分配工作、保护生命财产等方面。毫无疑问,他们的最初努力是非常笨拙的。然而,首脑就是绝对权力;或者说,所有的政府都是肮脏的神权统治。每个团体试图制定和修改法律的思想依据就是圣贤的意志。事实上,这样的圣贤它根本就无法找到。它千方百计作出了种种笨拙而又认真的努力来维护那位圣贤的政府,如鼓动全民对每项议案发表意见;采用双轨制选举办法选出全民代表,或者挑选最优秀的公民,或者干脆把政府交给一个有权选择自己代理人的人士,以保证办事效率和国内安定。各种政体代表着一个永久的政府,它为朝朝代代所共有;不受人数的限制,在两个人存在的地方无可挑剔,在只有一个人的地方也称心如意。

每个人的天性在他自己看来就是他的同类的性格的一幅充分的广告。我的对与错也就是他们的对与错。当我做适合于我的事,避免不适合我的事时,我和我的邻居经常不谋而合;而且还要为同一目标合作一个时期。然而,每当我发现自制能力不足,又开始越俎代庖时,我就会逾越真理,就会与他形成一种虚假的关系。也许,我的技艺或力量远胜于他,使他无法充分表达自己的错误意识;然而,这不过是一个谎言,一个使我俩都会受到伤害的谎言。爱与本性无法维持这种假装,它必须由一个可行的谎言,即一种暴力来推行。这种包办代替就是像丑怪一样存在于世界各个政府中的大错。这在多人之间和两人之间都是一回事,只不过没有那样露骨而已。我能洞察事必躬亲与差人代理之间的巨大区别;但是,假定世界上有1/4的人告诉我必须做的事,我也许会被这种情况搞得晕头转向,连他们命令的荒谬都看不清楚。所以,一切公共的目的与个人的目的相比,就显得模糊而虚幻。这是因为任何法律,除了人们为自己制定的,都是荒唐可笑的。如果我将自己摆在我孩子的位置上,我们处在同一种思想境界,我们看到事物原来如此这般,那么,那种知觉就是我与他的法律。我们俩同在一处,都在行动。然而,如果我不把他带进那样的思想,只是窥测他的企图,而且,仅仅通过揣摸他的心思就去命令他干这干那,他无论如何是不会服从的。政府的由来正是如此——一个人的行动正好是另一个人的枷锁。一个不可能认识我的人向我征税;当他在远处看着我的时候,就命令我把一部分劳动去满足这种或那种古怪的目的,它不是我想到的,而是他想到的。且看结果如何,在所有的债务中,人们最不情愿的就是纳税。这是对政府何等辛辣的讽刺!人们认为,除去这些税款,他们把钱花在哪里都值得。

因此,我们进行的统治越少越好——统治越少,法律就会越少,私人授权也越少。要消除合法政府的这种弊端,只有依赖个性的影响和个人的发展,依赖主事人出面替换代理人,依赖圣贤的出现;必须承认,现存政府只不过是对圣贤的蹩脚的模仿而已。世间万物所衍生,以及自由、修养、交流、革命所形成和提供的正是个性;自然的目的,就是给她的国王完成这种加冕。国家之所以存在,就是为了培养圣贤。圣贤一出现,国家就随即消亡。有了个性,国家便没有必要。圣贤就是国家。圣贤无须陆军、海军和城堡,因为他爱民至深;圣贤无须用贿赂、宴席、宫殿去笼络好友;圣贤无须凭借地利、天时;圣贤无须藏书,因为他从来就不用思考;圣贤无须教堂,因为他就是先知;圣贤无须法典,因为法律由他制定;圣贤无须金钱,因为他就是价值;圣贤无须道路,因为他以四海为家;圣贤无须经验,因为造物主借其身而生,借其目而视;圣贤无须私交,因为他具有吸引全人类祈祷和虔诚的魔力,就无须栽培几个人与他分享优越而充满诗意的生活。圣贤与常人之间建立起一种天使般的关系;对他们来说,他的记忆就像没药,而他的存在则是乳香和花朵。

我们认为,我们的文明将近如日中天,然而,我们却依然处在鸡鸣晨星时分。在我们野蛮的社会中,个性的影响仍处在幼年时期。作为一种政治力量,作为一个要把一切统治者都从宝座上拉下来的合法君主,它的存在简直还没有被猜疑到。马尔萨斯和李嘉图把它忽略了;《年鉴》上对它只字不提;《会话词典》中没有把它收入;总统咨文和女王演说对它不赞一词,然而,这并不等于它决不存在。天才和虔诚投进世界的每一种思想都在改变世界。竞技场上的格斗士透过实力和虚套的披风感受到价值的存在。在我看来,贸易的竞争和野心的较量正是这种神性的表白。在这些领域的成功无非是一些可怜的补偿;也就是羞赧的灵魂试图遮掩自己的裸体所用的无花果树叶。我处处都会发现这般勉强的忠心。正因为我们懂得了我们应当付出多少,所以我们就急欲展示一种小才以代替价值。这种伟大个性权利的良心时时萦绕在我们的心头,然而,我们辜负了这种良心。我们人人都有一点才气,都能干出一些有益的、优美的、艰巨的、有趣的或者赚钱的事情。我们那样做,就等于对别人和自己表示歉意;因为没有达到一种美好而平等的生活的标准。尽管我们极力使这点才气引起同伴的注意,但它并不能使我们满意。它可能迷惑他们的眼睛,然而,却不会舒展我们的眉头,在我们出外漫步时,也不能给我们以强者的安宁。我们一边行走,一边在忏悔。我们的才能就是一种赎罪。我们会情不自禁、含垢忍辱地思考我们辉煌的一瞬,认为它好得有点过分,而不认为它是许多行动中的一次行动,是我们永久能力的一次合理表现。大多数有才干的人在社会上都会感受到一种无言的呼吁。每个人好像都在说:"我并不是全心全意的。"总统和参议员历尽千辛万苦爬到如此高的位置,不是因为他们认为这个位置特别惬意,而是为了借此表明自身的真正价值,并要在我们眼前证明他们的男子气概。这把引人注目的交椅是由于具有了可怜、冷漠、坚强的本性而给他们的补偿。他们必须不遗余力地做力所能及的一切。这就像森林中的某类动物一样,它们除了一条善于卷缠的尾巴一无所有,它们必须攀缘或爬行。如果有谁发现自己的天性如此丰富多彩,能与最杰出的人物建立起牢固的关系,并能借助自己行为的庄严和优美将他周围的生活创造得和谐宁静,难道他就能避开组委会和报界的欢心,就能觊觎政客的那种华而不实的关系?毫无疑问,能够诚实的人是不会当一个骗子的。

时代的倾向偏爱自治观念,尽管有法规,还是让个人听命他自己的组织的奖惩。这种奖惩发挥的作用大得简直使我们难以置信,而我们却在依赖人为的约束。这种动向在现代史上一直非常显著。它在很大程度上是盲目和可耻的。然而,革命的性质没有受到起义者罪恶的影响,因为这是一种纯粹的道德力量。它在历史上从未被任何党派所采用,也不可能被采用。它将个人从整个党派中分化出来,同时,又把他跟民族联合起来。它答应要承认比个人自由或财产安全更高的权利。一个人有被雇佣、被信任、被热爱、被尊重的权利。仁爱的力量,作为立国之本,还未曾得到人们的尝试。如果不强迫所有棘手的抗议者参与某项社会公约,我们一定想象不到一切会陷入如此混乱的境地;当暴力统治末日临头的时候,我们也不会为修筑公路、传送信件、保障劳动成果等提心吊胆。难道我们现行的办法竟是如此优越,以至于一切竞争都会归于枉然吗?难道就没有一个充满友爱的国家能够设计出更为理想办法吗?另一方面,不要让最保守、最胆小怕事的人因为过早地交出刺刀和暴力制度而感到恐惧;因为,根据不以我们的意志为转移的自然法则,情况只能如此:哪里的人自私自利,哪里总会有暴力政府存在;然而,一旦他们非常纯洁,足以郑重抛弃这种暴力法典,他们就会十分聪明,能够看清邮局、公路、商业、财产交换、博物馆、图书馆、科学艺术机构等公共目标是怎样得到满足的。

我们生活在一个低劣的国家里,我们还要违心地为暴力政府大唱赞歌。在宗教色彩最浓、文明程度最高的国家中,在最虔诚、最有教养的人中间,就没有对道德情感的依赖,没有对事物统一的充分信仰使他们相信:没有人为的条条框框,社会也能维持得像太阳系一样好;没有监狱和私产充公的暗示,平民百姓也会通情达理,成为一个称心如意的好邻居。令人奇怪的是,任何人身上也从来没有过对正直力量的充分信任去激发他一展宏图,要根据公正和仁爱的原则复兴国家。所有自称有这种蓝图的人算不上地道的改革家,他们在某种程度上承认了腐败国家的霸权。在我的记忆中,我无法找出一个这样的人——他单凭自己的道德天性就坚决地否认法律的权威。那种宏图,虽然饱含着天才和命运,仅仅被公认为是一些空中楼阁。如果有人把他们展现出来,悍然认为它们切实可行,那么,他会使学者牧师都深恶痛绝。才子淑女也无法掩饰他们的蔑视。然而大自然依旧继续把这种热情的细流注入年轻人的心窝。现在有些人——如果我可以用"一些"这个说法的话——不过,更确切地说,我只是和一个人在交谈。在他看来,任何逆境的压力一刻也不能阻碍千千万万的人像朋友、情侣那样相互传达最高尚、最纯朴的感情。

谈种族

一位机灵的解剖学家写了一本书[1],论证种族不灭,而国家则是柔顺的政治结构,容易改变,容易消亡。然而这位作者并没有把他假定的种族建立在任何必要的规律之上来揭示这些种族概念上的或玄学上的必然性;另一方面,他也没有准确地统计现存的种族,没有划清真正的界限;没有解决不容易决断的疑点,也没有对那种理论进行为一般人所接受的检验。在一个种族歧异的两极的个人就像狼和叭儿狗那样不同。然而,每一个种族渐变到另一个种族很难察觉,你无法画一条线标明一个种族在什么地方开始,在什么地方终止。因此统计也就因人而异。布鲁门巴哈认为有五大种族,洪堡认为有三大种族,最近在我们的探险队里工作的皮克林先生认为他看到了地球上可能存在的各色人种,它们分为十一大种族。

据统计,英帝国有 222 000 000 人口——也许占全球总人口的 1/5,领土面积 500 万平方英里。迄今为止,英国人一直居统治地位。也许在这 2 亿多人中 4 000 万是英国种族。加上美利坚合众国,不算奴隶,它有 2 000 万人,领土面积 300 万平方英里,其中外来成分尽管十分可观,但被迅速同化。这样,英裔和英语人口达 6 000 万,统治着 245 000 000 人口。

英国人口普查本身统计英国本土有 2 750 万人,使这一统计数字十分重要的则是构成这一数字的单位质量。他们都是自由强劲的人,居住在一个生活安定而且生活价值最高的国家里。他们给了当代一种倾向性,不是靠偶然,不是靠人多势众,而是靠他们的

---

[1] 《论种族,一个片断》,罗伯特·诺克斯著,伦敦,1850 年。——作者原注

性格,是靠他们中间具有个人才能的众多的个人。人们否认英国人有天才。不管怎么说,他们的国土上,一直有智力高超的人出生,他们有最重要的发明创造,并且能一一加以应用。他们有健全的体格,在战争和劳动中具有超绝的忍耐力。这个种族的繁殖能力能满足在世界大部分地区殖民的需要;然而他们能否使数百万人成功地离开大不列颠,1852年宣布每日在千人以上,人们仍拭目以待。他们具有同化能力,因为他们的海外属民莫不仿效他们。他们仍然富于进取,善于宣传,在扩大他们的技艺和自由领域。他们的法律十分宽大,根据他们的法律,奴隶制是不存在的,靠压迫维持的东西只是偶然的、暂时的;他们的成功不是突然的、侥幸的,但是他们世世代代维持着稳定和平等。

这种力量归功于他们的种族还是某种别的原因?人们乐于听到血统或种族的力量。人人都希望知道他们的优点不能归功于空气、土壤、海洋或者地方财富,诸如矿山、石场之类,不能归功于法律和传统,也不能归功于运气,而只能归功于优越的大脑,因为它使赞誉对他们更加切身。

我们在种族论中预见到某种类似生理学法则的东西,也就是说,无论什么样的骨骼、肌肉或者基本器官在一个健康的个体身上发现,同样的部分或器官也可以在它的同类身上的同一个部位或者附近发现;我们希望在子孙身上发现祖先身上存在过的每一种心理和道德品质。在种族方面,产生优势的不是宽阔的肩膀、柔软的肌肉或身材的高低,而是一种深入到智慧中的匀称。然后才有奇迹和声誉。首先我们喜欢查谱系,然后注意把教养抄下来——他们吃什么样的食物、受什么样的护理、上什么样的学校、进行什么样的锻炼,才造成了这种天生的智力、细微的思想和健全的智慧。像阿尔弗烈德大王、罗杰·培根、威克姆的威廉、沃尔特·罗利、菲利普·锡德尼、艾萨克·牛顿、威廉·莎士比亚、乔治·查普曼、弗兰西斯·培根、乔治·赫伯特、亨利·韦因这一类人怎么来到这里生活的?什么造就了这些灵敏的天性?是不是空气?是不是海洋?是不是出身?因为毫无疑问,这些人是他们同时代人的范例。听话的耳朵总是接近说话的舌头,没有一个天才能够长期或经常说他周围的人不想听、不爱听的话。

难道不是种族把几亿印度人置于一个遥远的北欧岛屿的统治之下?据说所有的凯尔特人都是天主教徒,所有的撒克逊人都是新教徒,凯尔特人热爱权力统一,撒克逊人热爱代表性的原则,如果此话不假,种族就起着很大的作用。种族是犹太人中间的一种控制力量,2000年来尽管饱经沧桑,犹太人把同样的性格和职业保存了下来。种族在黑人中间也有惊人的重要性。加拿大的法国人割断了与母国人民的一切交流,但仍然保持着他们的民族特色。不久以前,我在密苏里州,在伊利诺伊州的心脏地带碰巧读塔西佗的《论日耳曼人的习俗》,我发现赫西尼亚森林的日耳曼人跟美国森林中我们的胡日人、萨克人、巴结人①何其相似。

然而,尽管种族无休止地发挥作用,力图保全自己,它仍然受到其他种种力量的抵抗。文明是一种试剂,把一切古老的特性都侵蚀掉了。今天的阿拉伯人还是法老时代的阿拉伯人,而今天的布立吞人跟卡西贝劳努斯和奥西安时代的却截然不同。每一个宗教派别都有它的相术。卫理公会教徒有一副面孔;贵格会教徒有一副面孔;尼姑有一副面孔,一个英国人会根据一个人的仪态认出一个不信奉国教者。职业也在面孔和体形上刻下了自己的线条。英国生活的某些情况效果也同样显著,如个人自由、丰富的食物、优质啤酒和羊肉,自由市场,每一种劳动工资优厚,高价罗致人才,海岛生活,锋芒毕露而使用不当的才能仍有千千万万的机会和出路;乐于结合起来从事政治和商业;罢工;建立在劳动和战争的胜利习惯上的优越感;对助长起来的优越性的嗜好。

给种族加上一些反作用力并不难。信任是一种主要的因素。据说,任何一种民族所持的自然观决定了他们的一切制度。凡是对精神或道德才能增加的影响,都要把人从民族中剔出来,就像从其他状况下剔出来一样,并使民族生活成为一种该受责备的妥协。

---

① 分别是印第安纳人、伊利诺伊人、威斯康星人的俗称。

这一可怕的种族学说的种种局限表明:势将损害这一学说的别的学说根据还不够充分。我们看到的种族的固定性或不可转换性只是一个支持这些脆弱的界限的永恒性的软弱的论据,因为我们所有的历史时期对于大自然在其中工作的永久来说,只不过是一个点。我们的博物学中的任何最微小、最孤立的事实,如水果和动物种类的改进之类,在地质阶段的机会中具有一种力量的价值。况且,尽管我们用纯种族的传说满足人民和国族的自负,我们所有的经历却是种族渐变的经历,奇异的相似随处可见。当我们在人身上看到老虎和狒狒发育未全的器官,知道种族的界线并不是如此确定,只不过是洪荒时代的大海里溅到我们身上的一点水花的话,那么马来人和巴布亚人、凯尔特人和罗马人、撒克逊人和鞑靼人互相混合,我们就不必大惊小怪了。

低级的组织是最简单的,仅仅是一张嘴,一个胶状物,或者一条直线虫。随着级别升高,组织就变复杂了。我们对纯种兴趣盎然,而大自然却喜欢嫁接。一个孩子的面孔融合了父母双方的面孔和挂在墙上的肖像的每一个祖先的某种特点。最优秀的国族就是关联最广泛的国族;而航海,由于引起了世界性的融合,所以是国族中最有力的促进者。

英国人的混合的性格暴露了一种混合的起源。具有英国特色的每一件事都是久远的对抗成分的融合。语言是混合的;人的姓名也是不同国家的——三种语言,三四种国族——思潮也是对立的;观照和实际操作技巧;活跃的智力和僵死的保守主义;全球性的企业和专门的惯例;进取的自由和宽大的法律,还有严厉的阶级法规;一个被战争和事务撒满全球的民族和对一个人的思念;一个两极分化的国家——公爵和宪章派人士,达勒姆主教和赤身裸体的不信教的煤矿工人——如果不谴责例外,这个国家里什么也不能受赞扬,如果没有阵阵热烈的赞扬,什么也不能被指责。

这个民族似乎也不是从一个族系传下来的,而综合起来,它就是一个比它原来的任何种族都优秀的种族。要追根溯源也不是一件容易事。谁能够正确无误地指出不列颠有哪些种族?谁能追溯它们的历史渊源？谁能从解剖学或玄学的观点把它们加以区分？

由于对种族的历史问题不可能有一种满意的答案，而且——无论出自哪一个可争议的祖先——无可争议的英国人就在我面前，他的特征非常显著，别的地方都找不出来——我想我还是暂不考虑选择一个部落当他的直系祖先。笛福愤怒地说，"英国人是所有种族的泥巴"。我倒倾向于相信：就像水、石灰和沙子合成灰泥一样，一些气质也能很好的结合，而且借助于处理得当的对立因素，发展成了像英国人那样一种激烈的性格。总的看来，与其说它像从一个地方来的遗传相同的撒克逊人、朱特人或弗里西亚人的一个部落或几个部落的一部历史，还不如说它是它们全体气质的一个选集。某些气质很适合英国的天空和土地，譬如说有10来种或20种吧，就像100棵梨树中有10棵适合一座果园的土壤一样，这一些气质就兴旺发达，而别的一切不适合的气质便荡然无存了。

英国人从一系列的民族那里获得了他们的谱系，所以需要自由行动的空间去展示各种才华和性格。也许海洋可以用作一个伽伐尼电池，一个电极分布酸、另一个电极分布碱。同样，英国倾向于在美国收集她的自由派人士，在伦敦收集她的保守派人士。她的种族里的斯堪的纳维亚人每个时代仍然听见他们的母亲——海洋——的絮语；血统里的布立吞人则死守着家宅不放。

好像又要强化那些并不属于种族的影响一样，当我们谈到英国特色时，我们所想到的东西真的把自己局限到一块狭小的地区。它不包括爱尔兰、苏格兰和威尔士，最后仅仅拘囿于伦敦，也就是说，拘囿于在那里往来的人。伦敦的学院展览会墙上悬挂的肖像，《笨拙》杂志里画的知名人士或俱乐部里的画像，商店橱窗里陈列的图片，都具有典型的英国特色，没有美国特色，也没有苏格兰特色和爱尔兰特色，这是一种严格限制的民族。如果你向北走进入工业和农业区，到了从来不出门旅行的居民那里，譬如说你走进了约克郡，你进入了苏格兰，世界上的英国人就再也找不见了。在苏格兰，威严的仪态顿时丧失殆尽，随之而来的却是一种土里土气的热切和敏锐；该地区的贫困一目了然，人的举止粗鲁；知识分子中间则流传着一种糊涂的辩证法。爱尔兰的气候土壤跟英格兰的一模一样,可是食品较少,又跟大陆没有正常的关系,政治上处于从属地位,居民多是一些小佃户,这是一个低劣或安置不当的种族。

这些关于祖先和血统的探询倒是完全允许的,因为好像没有任何一种成功比英国的成功更加依赖人的种类了。只有一个果敢、聪明的民族才能使这块小小的领土变成泱泱大国。我们说,在划船比赛或快艇比赛中,如果赛船到处不相上下,决定胜负的就是人。把最优秀的赛艇驾驶员派到哪一艘赛船中,他都会稳操胜券。

种种传说尽管含混,并且湮没在寓言之中,但它们毕竟是完整的,面对这些完整的传说,我们进行推测仍有好处。这些传说站稳了脚跟,不愿被人动摇。厨房里的时钟比根据恒星测定的时间更为方便。我们必须使用通行的种类,就像我们按照林耐的分类法所做的那样,只是为了方便,并不认为它准确无误,不可更改。否则,当一个种族完全固定的特色被某个新的人种学家说成敌对部落的特点时,我们当下就摸不着头脑了。

我发现不少明显的英国类型,白里透红、丰满的面色,健壮的男子,面部轮廓分明,好像一只骰子,一种强烈的海岛口音;一种诺曼人的类型,还带有属于那种性格的自满。另外一些类型,就表现在他们的肤色或体形的特征上而言,他们也许是美国人,他们讲话没有显著的特色,他们的思想束缚要少得多。我们愿意称他们为撒克逊人。还有,罗马人把他们黝黑的肤色也渗入三位一体或四位一体的血统中。

一、传说获得的他们的种族的来源主要有三个。首先,他们具有世界上最古老的血统——凯尔特人的血统。有些民族是暂时的,或昙花一现的。希腊人现在何处?伊特鲁里亚人现在何处?罗马人又在哪里?然而凯尔特人或西顿尼德人是一个古老的民族,它的起源现在已不可考了。它的终结可能在更加遥远的未来;因为他们有耐力,有生产力。他们建立了不列颠,给海洋、高山取了本身就是诗而且模仿纯粹的天籁的名字。他们在欧洲最古老的记录中留下了良好的记忆。他们不曾有过强烈的封建土地制度,而是由农民拥有土地。他们曾有过字母表、天文学、僧侣文化和一种崇高的信条。他们现在有一种隐藏的、不确定的天才。他们在梅林之歌中创作了中世纪最受欢迎的文学和温情脉脉、趣味盎然的亚瑟神话。

二、英国人主要来自日耳曼人,在210年里,罗马人发现很难征服这个种族——也就是说,不可能征服——如果一个人记住那漫长的结局的话;关于这个民族,那古老的帝国有这样的传说,没有一个干预他们而不后悔的。

三、查理曼有一天在纳博纳的高卢的一个城镇里停留,看见一个船队的北欧人在地中海游弋。他们甚至进了他所在的城镇的港口,于是引起了莫大的惊恐,他的舰船便立即做好战斗准备。当他们又航行出海时,那位皇帝对他们凝神良久,泪水盈眶。他说:"当我预见到他们要给我的后代带来灾难时,我忧心如焚。"这种薛西斯式的眼泪决不是无缘无故的。那些已经造好了一艘船,已经发明了帆装——索具、帆、罗盘和水泵——的人在港口里出出进进,得到的要比一艘船多得多。现在如果把他们武装起来,每一个海岸都会由他们支配。如果在抛锚的地方他们寡不敌众,他们只消航行一两英里就会取得优势。波拿巴的战争艺术,即在进攻点上兵力集中的艺术,一定也是他们的战争艺术,因为他们在选择战场。当然,他们是从一个比陆地民族还要高的势力范围进入战斗的,并且能够在岸上跟敌人作战,撤退时也带着胜利的好处。一旦海岸人口稠密,使海盗行径不能得逞时,同样的技巧和勇气已经准备好去从事贸易了。

斯诺里·斯图鲁逊辑录的《海姆斯克林拉》或《挪威列王纪》,是英国历史的《伊利昂纪》和《奥德修纪》。它的描写像荷马的描写一样,高度个性化了。《列王纪》描写了一个斯巴达那样的君主共和国。由于重视公民,政府便黯然失色。在挪威,要提高一位国王的权力,并不要波斯的大军拼个你死我活,起作用的只是立约人或地主。作为国王的朋友和同伴,他们每一个人都有名字,本人和家世都一一加以描写。由于人口稀少,所以每个人都受到高度的重视。个人往往被描绘成非常英俊的人物,这种特色仅仅使故事更加接近英国种族。还有,坚实的物质利益居支配地位,对此英国人非常赏识,他们认为把荣誉和土地联系起来是合乎逻辑的。《列王纪》里的英雄们不是南欧的骑士。法兰西和西班牙的汗漫之言腐蚀不了他们。他们是殷实的农民,艰难的时世迫使他们保卫他们的财产。他们有用坚决手段使用的武器,决不是为了显示骑士风度,而是为了他们的田产,他们是一些先进的务农能手,像两栖动物一样生活在一个艰苦的海岸上,一半食物采自海洋,一半采自陆地。他们有成群的奶牛,有麦芽酒、小麦、咸肉、黄油、奶酪。他们在峡湾里捕鱼,他们也打鹿。一个生活在这些农民中间的国王权力不等,有时候权限不会超过一个行政司法官员。供养国王的情况有些像我们农村地区安置冬季教师的情况,这里住一个星期,那里住一个星期,又在下一个农庄住两个星期——轮流在所有的农民家里住宿。国王还美其名曰进宾馆。在一个穷国家,一个带着很多扈从的穷国王,离开自己的农庄走遍全国征税,只有这样做,才能活命。

　　这些北欧人基本上都是一些杰出的人物,具有良知,坚定沉着,谈吐聪明,行动果断。然而他们嗜杀成性,他们做人的主要目的就是杀人,或者被杀。船桨、镰刀、渔叉、撬杠、泥灰刀、草叉,都是他们特别器重的工具,因为用来杀人十分得心应手。两个国王酒足饭饱后的余兴活动就是用自己的剑刺穿对方的身体,英弗和阿尔夫就是这样做的。另外两个国王一早骑马出游,发现手头没有武器,宁肯从马嘴里卸下马嚼子,用它们砸烂对方的脑袋,阿尔里克和埃里克就是例证。看见一条帐篷索或斗篷绳就起了绞死某人的念头,不管是老婆还是丈夫,最好是个国王。如果一个农民有草叉这样的东西,他就戳进一个达格国王的身体。英亚尔王发现把五六个国王灌醉以后,把他们统统烧死在一个大厅里太过瘾了。从来没有一个穷绅士像北欧人那样活得不耐烦、那样迫不及待地想了此一生。如果他挑不起别的争端,他倒愿意舒舒服服让一头公牛用角把自己牴死,就像埃伊尔王那样,或者像农业国王奥农德那样被山崩压死。奥丁善终于瑞典,然而寿终正寝表示失意潦倒,这是人所共知的。瑞典的黑克王只要能站起来就在战场上砍杀,然后他命令把他的战舰装上他的阵亡的战士和他们的武器,装好船,扬起帆,驶往外海,远离他人之后,他便点燃涂满焦油的木头,心满意足地躺在甲板上。船被风吹得远远地离开了大陆,船在熊熊的火焰中飞驰,穿过小岛,进入茫茫大海,那就是黑克王的正当结局。

早期的《列王纪》写的都是血淋淋的海盗行径,晚期的就有了一种高尚的格调。历史很少给我们提供比征战者西古德王和他的兄弟埃斯泰因王两人争功更加精彩的篇章,一个是士兵,另一个则是和平手段的爱好者。

然而,凡是读诺曼人历史的人必须抓紧起源于血气的遥远的补偿来锻炼自己。古老的化石世界显示:减少混乱的最初步骤是托付给蜥蜴和别的一些可怕的巨型动物采取的,同样,新的文明的基础是由最野蛮的人们奠定的。

诺曼人从法国进入英国,比 160 年前进入法国时更为低劣。他们丧失了自己的语言,学会了高卢人的罗曼语或粗野的拉丁语,而且跟语言一道养成了那种语言能叫出名字的一切恶行。这次征服在历史上得到了"哀悲的记忆"的恶名。2 万名贼寇在黑斯廷斯登陆。上议院的这些创建者都是些贪婪凶残的暴徒、贪婪凶残的海盗的子孙。他们都是一丘之貉,把能拿的都拿走,他们烧、杀、奸淫、掳掠,最后使具有英国特色的每一样东西都濒于毁灭。然而,古代和财富的错觉是如此大,以致现在的正派尊严之辈竟然以当这些卑鄙的贼寇的后裔而自豪,而这些贼寇则冒用分别与他们相似的猪、羊、豺、豹、狼、蛇来作为他们的象征,从而对自己的功绩表示出公正得当的判决。

英格兰在 10 和 11 世纪屈服于丹麦人和挪威人的统治,成了一种容器,让那种奋发的居民的全部勇气都倾注进去。挪威、瑞典和丹麦的精华由于不断地拖进这些海盗式的远征,这些国家便耗尽了精力,就像一棵年轻时就果实累累的树,从此以后它们就成了二流国家。种族的力量迁走了,挪威便空空如也。奥拉夫王说"父王哈罗德西征英国的时候挪威的优秀人物都随他而去,挪威却变得空无所有,从此以后举国上下再也找不到那样的人物,尤其找不到哈罗德王那样智勇双全的领袖了"。

这些入侵有一种迟来的反冲:1801年,英国政府派纳尔逊炮击松德海峡的丹麦要塞;1807年丹麦舰队正在哥本哈根港内停泊,卡思卡特勋爵将它全部俘获,并夺取了军火库的一切装备,统统运往英国。挪威、瑞典、丹麦国王过去经常进行会晤的孔海尔镇现在出租给一个英国平民绅士当猎场。

经过了多少代才把北欧海盗第一艘船上的货修剪、梳理、熏香为皇族显贵和最高贵的嘉德骑士,但是每一点装饰都要追溯到那艘北欧船。将来还有的是时间使这种力量成熟为文明和宗教。盲人的孩子能够看见,罪犯的子孙有健康的良心,这是一种医学事实。许多卑怯、下流的孩子在青春期被改造成严肃、慷慨的青年。

后世的和平并没有抹去奥丁的这些特色,因为,据说在老虎身上发育成熟了的一种基本构造发现在高加索人身上仍未得到同化。这个民族有一种粗犷、泼辣的动物天性,多少世纪的教化仍未使它变温顺。阿尔菲爱里说,"意大利的罪恶就是这个种族优越的证据";关于英国,人们可以这样说,这块表在硬石碴上转动。未开化的英国人是一个粗暴的民族。记在他们的历书上的罪恶在冷酷狠毒方面达到了无以复加的地步。英国人心爱的就是一种光明正大的格斗。下层阶级习俗的残暴在拳击、纵犬斗熊、斗鸡、喜爱处决中可见一斑,动辄在街头斗殴,各个阶层的英国人都乐此不疲。伦敦街头叫卖水果、蔬菜的小贩对胆怯深恶痛绝——"我们必须好好地使使拳头;我们都善于使用拳头"。人们指责寄宿中学成了斗兽场,正因为如此它深受人们的喜爱。役使低年级学生也是性质相同的一种特点。梅德温在《雪莱传》里说,在一个军事学校里,他们把一个年轻人滚在一个雪球里,然后就把他扔在他的房间里,而别的学员都去做礼拜去了——这样便造成了此人终生的残废。他们仍保留着强迫征兵、甲板鞭笞、军中鞭笞、学校鞭笞。军队的纪律是那样残酷，以致被判鞭笞的士兵有时候竟乞求减判为死刑。鞭笞在西欧的军队里已经被废除了，在威灵顿公爵的支持下这里仍在继续。丈夫卖妻子的权利一直维持至今。犹太人一直是皇家和百姓进行迫害的最受人喜爱的牺牲品。亨利三世把该国的所有犹太人抵押给他的兄弟康沃尔伯爵作为借钱的担保。拷打犯人、刑讯逼供证词才被慢慢地废弃。关于刑法，塞缪尔·罗米利爵士这样说："我考查了世界各国的法典，数我们的最恶劣，把它用到食人肉者身上才合适。"上次议会开会时，下院就听取了监狱施行鞭笞拷打的细节。

这块土地的地理环境已经讲述清楚，它一引进一个勇敢的民族，他们就身不由己变成全球的水手和代理商。从童年起，他们就在玩水，他们能像鱼一样游泳，他们的玩具就是船。至于造船税，法官们把它定为法律："由于英国是一个岛，中部诸郡一律按沿海对待。"富勒补充说："甚至内陆诸郡的天才也用沿海的灵巧驾驭本地人。"早在诺曼征服时期，在解释英国的财富时，人们说它的商人在所有的国家经商。

今天的英国人具有极大的体力和耐力。和他们一比，其他国家的人就显得瘦弱矮小，一个个好像病夫。他们比美国人身材高大，我想，从街上随便抽100个英国人，都要比同样数目的美国人重1/4。可是，我听说，他们的骨架并不比美国人大。他们长得丰满、红润、漂亮，至少整个胸部造型十分优美，有一种向粗壮有力的体格发展的趋势。我第一次在利物浦上岸，就注意到这种健壮：搬运工、运货马车车夫、公共马车车夫、卫兵——都有结实、体面、威严的身材，装束和风度又是那么得体。美国人一到那古老的宅第，就发现自己置身于叔伯、阿姨和祖父中间。他的育儿室里的壁炉台上的照片就是这样一些人的照片。在这里，他们的装束神气都一模一样，使他为之心醉。

他们体型的缺陷就是他们一个个长得粗壮，妇女也有那种缺点——很少见高大、苗条、飘逸的体形，大多是些矮小臃肿的人。法国人说，英国妇女极其笨拙。然而，无论在哪个时代，他们都是一个英俊的种族。伦敦坦普尔教堂的十字军青铜纪念像跷起腿躺着,那些在伍斯特和索尔兹伯里大教堂的纪念像已经有700年历史了,跟现在英国最优秀的、朝气勃勃的男子的头颅是一个类型——用同一种性质的美,用一种和蔼、英勇、优雅、浑然一体的表情,主要还是用一种充满阳刚之气的面孔上的那种清新的朝气讨人喜欢,而这在伦敦的街头每日可见。

斯堪的纳维亚族的两支都以美闻名于世。600年,圣格列高利在罗马发现的英俊的俘虏的轶事,与500年后诺曼史家们的证据有异曲同工之妙,那些历史家对年轻的英国战俘的美和飘逸的长发惊叹不已。同时,《海姆斯克林拉》屡屡谈到它的英雄们的仪表之美。当人们考虑到这个金发碧眼、皮肤白皙的种族的特点表示了什么样人性、什么样无穷无尽的精神和道德力量时——它形成一个帝国就标志着一个更加美好的新时代,到那时古老的矿物力量最终也会被人性征服,从此以后在它自己的犁沟里耕耘。那不是一个终极的种族,一旦是蟹子,永远是蟹子,而是一个具有未来的种族。

在英国人的脸上,果断沉着和白皙的皮肤、蓝色的眼睛、开阔、红润的面容合成一体。因此就具有了热爱真理的品质,因此就具有了感受性,细致入微的知觉,诗意盎然的结构。皮肤白皙的撒克逊人,前额开阔,用意真诚,追求天伦之乐,温情脉脉,并不是造就吃人生番、审讯官或杀手的料,他是为法律、合法的贸易、文明、婚姻、教养子女,为学府、教堂、慈善机关和殖民地铸造的。

他们与其说好战,不如说刚毅。战争一结束,面具便落下来,露出那温情脉脉、追求天伦之乐的情趣,正是这种情趣使他们成为仁慈的妇女。这种多种品质的统一作为寓言写进了他们的《美人与野兽》这一民族传说中。或者更早以前,在希腊传说《两性人》就已经存在。这两种性别在英国人的心灵里共存着。不列颠妮亚是海洋和殖民地的女王,我把她最近的一个小说家描写他的女主人公的话用到她身上:"她既温柔,又勇敢,既勇敢,又温柔。"英国人喜欢在一个人身上把勇敢与温柔两个极端结合起来的这种对立。

纳尔逊在特拉法加临终时,捎话问候科林伍德勋爵,就像一个去睡觉的天真的小学生,说道:"亲亲我,哈代。"然后就转身长眠了。他的战友科林伍德勋爵具有一种最多情、最讲究天伦之乐的性格。罗德尼海军上将的身体简直有一点弱不禁风的样子,他表示非常容易产生恐惧心理,这种心理状态他只有在考虑到荣誉和公共职责的情况下才能克服。克拉伦登说,白金汉公爵非常谦逊、温和,因此有些廷臣企图当众羞辱他,后来他们才发现这种谦逊和柔弱只不过是他斩钉截铁的果断的伪装。不久前有一天,詹姆斯·帕里爵士①谈到约翰·富兰克林爵士时说:"如果他发现威灵顿海峡冰没有封,他就要进行考察,因为他决不是一个知难而退的人。可是他又是那样的温柔,连一只蚊子也不忍赶走。"就是他们的绿林大盗据称也有同样的美德,罗宾汉又被描写成 mitissimus prado-mum,即"最温柔的盗贼"。但是他们知道他们的斗犬卧在何处。克伦威尔、布莱克、马尔伯勒、查塔姆、纳尔逊、威灵顿都不可等闲视之。潜藏在社会底层的残暴势力、码头和斗鸡场上的野兽般的凶残,肖尔迪奇、塞文戴尔、斯皮特尔菲尔兹的叫卖小贩的横行霸道,他们知道怎样唤起。

他们有一种健壮的体魄,进入中年,年富力强,进入老年,老当益壮。老头儿们红润得好像玫瑰,仍不失当年的英俊。冰肌花容、明眸皓齿在全岛随处可见。他们的饮食丰富而讲究营养,工人不能靠吃水田芥过活。牛肉、羊肉、小麦面包、麦芽酒在一流工人中司空见惯。凡夫俗子认为吃好喝好是民族骄傲的主要表现,在漫画中,他们把法国人画成一种囊空如洗、食不果腹的身体。奇怪的是塔西佗发现德国人已经在享用英国啤酒了。"他们从大麦或小麦中做一种腐蚀成类似于葡萄酒的饮料"。亨利六世时代的大法官福蒂斯丘勋爵说,"英国居民不喝水,除非有的时候出于一种宗教原因当作苦修时才喝"。好像极端的贫困和禁欲苦修在英国从来没有达到喝凉水的程度。古物专家伍德在描写一个英国的耶稣

---

① 第二次印刷时改为爱德华·帕里爵士。

会会员莱西神父的贫穷和枯瘦时,也没有说他没有啤酒喝。他说,"他的床在一顶茅屋下,要爬上一个梯子才能上床;他的饭食很粗,他喝的东西一加仑仅值一便士"。

他们的体力比别的任何民族都强。他们和亨利·夸特尔有相同的见解,认为果敢的锻炼是使一种天性超过另一种天性的那种心灵昂扬的基础;或者他们跟阿拉伯人有一致的观点,在追求中度过的日子不能算在寿命之内。他们拳击、奔跑、射击、骑马、划船、从北极向南极航行。他们吃吃喝喝,高高兴兴地在露天生活,天黑以后踏踏实实睡一觉。他们步行、骑马,尽力把速度放快,头向前倾,仿佛有什么急事催促似的。法国人说,在街上,英国人总是像疯狗似地在他们面前照直走着。男男女女走起路来,如醉如痴。他们一学会打枪,打猎就成了每个有地位的英国人的艺术。他们是古往今来生活过的最贪吃肉食的民族。每个季节都把贵族赶向农村,赶去射猎或捕鱼。精力更加旺盛的则离开本岛,奔赴欧洲、美洲、亚洲、非洲、澳洲,用枪、用陷阱、用渔叉、用套索,带着狗,骑着马、大象或骆驼,恣意捕杀自然界的一切猎物。像霍克、斯克罗普、默里、赫伯特、马克斯韦尔、卡明这样一些人和一大批旅行家写下了世界各国的猎物志。守在家里的人迷上了拳击、跑、跳、划船等比赛。

我认为,狗和马看到人的肌肉几乎跟它们自己的一样粗壮柔软一定会要怪它们自己。如果在每一个能干的人身上首先有一种高级动物,那么在英吉利种族身上就有最优秀的品种,一种富裕、有力、胸脯宽阔的动物,沉浸在麦酒和欢乐中,显得过胖了一点。具有兽性的人,像动物一样,依赖他们的本能。英国人跟狗和马非常亲近。他对马的依恋,来自驾驭马所需要的勇敢和灵巧。马能发现谁害怕它,从不掩饰它的想法。他们血气方刚的年轻职员和朝气蓬勃的大学生宁肯与马作伴,也不愿同教授们为伍。我认为马对他们来说是更好的伙伴。马的用途比布丰注意到的还多。如果你走到街上,公共马车或运货马车里的每一个车夫都是一个恶霸,如果我需要一支良好的军队,我应当在赛马饲养训练人员中招募。在这些驭者的活泼上再增加某种程度的优雅,你就会得到一种使上流社会的绅士淑女们望而生畏的品质。

他们以亨斯特与霍萨①为他们的撒克逊创始人,从而名正言顺地获得了他们的骑术。他们种族的另一支是鞑靼游牧部落的人。马就是他们所有的财富。喂孩子们用的是马奶。北欧人在宗教性的节庆上有吃马肉的积习,它仍然使人想起鞑靼人的牧场。在丹麦人入侵时,掳掠者一上岸就夺取马匹,并立即变成了一批老练的骑士。

这种技艺似乎一度有所衰微。200年前,英国马在海外从来没有表现出任何突出的作用;人们提出的理由是,英国人的天才总是更倾向于脚功,认为那是地地道道的人力,不掺杂任何东西,而在马背上取得的胜利中,荣誉应当由人和马平分秋色。然而,在近200年内,又产生了一番变化。现在,他们扬言他们比世界上别的任何民族更懂得马,他们的马变成了他们的第二生命。

卡姆登说:"征服者威廉对动物的感情比对人的感情更深,因此谁胆敢糟蹋他的猎物,就要受到重罚。"《撒克逊编年史》上说:"他爱高头大鹿就像爱他父亲。"有钱的英国人便上行下效,从此以后各人量力而行,侵占耕地和公地当他们的猎物保护区。英国有句谚语,打死一个人比打死一只野兔安全。严厉的狩猎法自然表明这个国家过于同情马和猎人。绅士们总是爱骑马,已经使马达到了尽善尽美的境地——英国的赛马是一种人为的品种。经常可以看到一二十个骑马的绅士像人马怪一样从几乎像屋顶一样陡的山坡上奔驰而下。每一座客栈的房间里贴满了马种图片,电报第一个小时都要传达从纽马基特或阿斯科特来的赛马消息,而在"大赛马日"连下院也要休会。

---

① 亨斯特与霍萨(Hengst and Horsa),最早率领撒克逊武士定居英格兰的两个半传奇式的领袖。Horsa 这个词与英语的 horse(马)有关,Hengst 在德语里是未阉割的雄马,尤指种马。

谈历史

对所有的个人来说,存在着一个共同的心灵。每一个人都是一个入口,通向这同一个心灵,以及它的各个方面。一个人一旦获得了理性的权利,他就成为拥有全部财富的自由人。柏拉图思考过的,他也可以思考;圣徒感受到的,他也可以感受;任何时候任何人的遭遇,他都能够理解。谁一旦进入这一普遍的心灵,谁就参与了一切现有的或可行的活动,因为这是独一无二、至高无上的力量。

历史是这一心灵工作的记录。它的精神由整个一连串的岁月来阐明。人只有靠他的全部历史来作出解释。不慌不忙,无止无息,人的精神从一开始出发就把属于它的每一种本领、每一种思想、每一种感情,体现在适当的事件中了。然而思想总是先于事实,所有的历史事实都以规律的形式预先存在于心灵里。反过来,每一条规律又是由起主导作用的环境造成的,而自然的限制只能一次使一个规律发挥作用。一个人是一整部事实的百科全书。1 000座森林的创造包孕在一颗橡实里,而埃及、希腊、罗马、高卢、不列颠、美国,已经蕴藏在第一个人身上了。一个时代又一个时代,野营、王国、帝国、共和国、民主国,仅仅是把一个人多方面的精神应用到这个多方面的世界上罢了。

这个人的心灵写出了历史,这个人的心灵又必须阅读历史。斯芬克司必须解她自己的谜。如果全部历史体现在一个人身上,那么全部历史就需要从个人经历的角度来解释了。我们一生中的时时刻刻与千秋万代都息息相关。我所呼吸的空气是从大自然的仓库里吸取来的,我书上的亮光是从亿万英里之遥的星球上发出来的,我身体的均衡依赖于离心力和向心力的平衡,同样的道理,时刻应当受时代的指导,时代应当被时刻来说明。所以每一个个人是普遍心灵的又一个化身。它的所有特点都表现在他身上。他个人经历中的每一件新鲜事情都闪现着千千万万人的所作所为,而他生活中的危机又与民族危机休戚相关。每一场革命最初都是一个人心灵里的一种思想,一旦同一种思想在另一个人的心灵里出现,那对于这个时代就至关重要了。每一次改革原先只是一种个人的见解,一旦它又成为一种个人的见解,它就会解决那个时代的问题。别人叙述过的事实必须符合我身上的某种情况,才显得可信,可以理解。在读书的时候,我们必须变成希腊人、罗马人、土耳其人、教士和国王、殉道者和刽子手,必须把这些形象拴到我们秘密经历中的某种实体上,否则我们就不能正确地学到任何东西。哈斯德鲁巴①或恺撒·波吉亚的遭遇跟我们的遭遇一样,都是关于这心灵的能力和堕落的一种例证。每一种新的法律和政治运动对你来说都是有意义的。你就站在它的每一个旗号前说:"在这个面具下面隐藏着我的普洛透斯式的性格。"这就纠正了我们太接近自己的这一毛病。这就使我们的行为客观逼真地展现出来:螃蟹、山羊、蝎子、秤、水壶,用做黄道十二宫的标志时,一下子成了非同小可的东西,同样的道理,在所罗门、亚西比德②、喀提林③这样一些古人身上,我能够冷静地看到我自己的罪恶。

正是这种普遍的性质给特殊的人和物赋予了价值,由于包含了这种普遍的性质,人生就显得神秘莫测,不可侵犯,我们还用种种刑法来加以卫护。所有的法律从而取得了它们的根本理由,一个个都或多或少地表明它掌握着这种至高无上、无穷无尽的精髓。财产也把持了灵魂,包容了重大的精神事实,因此出于本能,我们一开始就用刀剑和法律,用广泛复杂的联合机构来卫护它。对这一事实哪怕有一点模糊的认识,就等于我们的整个白昼有了光明,

---

① 哈斯德鲁巴,迦太基将军和西班牙总督,活跃于公元3世纪。
② 亚西比德(公元前450—前404年),古希腊雅典政客和将领。
③ 喀提林(公元前108—前62年),罗马共和国贵族。

就等于提出了最重要的权利,就等于发出了受教育、行正义、施慈善的要求,就等于奠定了友谊和爱情的基础,奠定了属于自助行为的英雄主义与丰功伟业的基础。我们总是不自觉地以高人一等的态度来读书,这是很值得注意的。通史、诗人、传奇作家,在他们所描绘的最壮丽的场面里——在僧侣、帝王的宫殿里,在意志或天才的成就中——从来没有使我们失去注意和同情,从来没有使我们有冒昧闯入和高不可攀的感觉;一睹他们雄浑阔大的笔触,我们反而觉得安闲自得。莎士比亚所说的有关国王的话,那边坐在角落里读书的柔弱的小孩读起来觉得对他也一样适用。我们对伟大的历史时刻、伟大的发现、伟大的抗争、人类的繁荣昌盛,都产生共鸣——因为在那里,为我们制定了法律,探索了海洋,发现了陆地,实施了打击,就像我们自己在那种场合也会那样做,那样欢呼一样。

我们对形势和性格也有同样的兴趣。我们尊敬富人,因为他们外表上具有自由、权力与风度,我们感到这些都是人类所固有的,我们所固有的。因此斯多葛、东方或现代作家所讲的关于智者的话,在每个读者看来,都描写了他自己的思想,描写了他尚未达到然而可以达到的自我。一切文学都描写了智者的性格。书籍、纪念碑、图画、会话,都是一幅幅画像,每一位读者都可以从中发现他正在形成的容貌。沉默者和雄辩者都赞扬他,跟他攀谈,他无论到哪里都受到激励,好像他本人被暗暗提及似的。因此,一个有真正进取心的人绝对用不着追求在语言中针对个人的赞扬。在人们说的关于性格问题的每一句话中,甚至在每一个事实与环境中——在哗哗的河水和沙沙的谷田里,他都听到了赞语,不是赞美他自己,而是赞美他所追求的性格,但听起来比赞美自己更加甜蜜。从寂静的大自然、从崇山峻岭、从日月星辰的光辉中,暗示出了赞美,表达出了敬意,流露出了爱恋。

这些仿佛在睡眠和黑夜里留下的暗示,让我们在光天化日之下来利用。学者阅读历史应当持积极的态度,而不是消极的态度。他应当把自己的生活视为正文,把书籍看作注解。这样一来,历史的缪斯就不得不发出神谕,而对不尊重自己的人从来是不这样做的。如果有人认为声名远扬的人物在古代做过的事就比他今天正在做的事意义深远,我不指望他会正确地阅读历史。

这个世界之所以存在,就是为了教育每一个人。历史上没有一个时代,没有一个社会形态,没有一个行为方式,不跟每个人的生活有某种相符之处的。每一件事物都倾向于用奇妙的方式缩略自己,并把自己的优点贡献给每一个人。他应当看到他可以亲身体验历史。他必须足不出户,免受国王、帝国欺凌之苦,却知道他比世界上的一切地理、一切政府都要伟大;他必须把普通读史的观点从罗马、雅典和伦敦转移到自己身上,他必须确信他就是法庭,如果英国或埃及有话要对他说,他就要审判这个案件;如果没有,就让它们永远保持沉默。他必须养成并保持那种高尚的见地,事实从此透露出它们秘密的含义,诗歌与编年史也会如此。在我们利用重大的历史记载的时候,心灵的本能、自然的目的就会暴露无遗。时间把事实峥嵘的棱角化为闪光的以太。没有一个铁锚,没有一个巨缆,没有一个篱笆会使一个事实永远也是一个事实。巴比伦、特洛伊、推罗、巴勒斯坦,甚至早期的罗马,都已经快成为虚构的故事了。伊甸园,日头停在基遍,①后来已成为世界各国的诗歌了。当我们已经把事实制成一个星座挂在天空,当成一个不朽的标志时,谁还管什么事实呢?伦敦、巴黎、纽约必须走同一条路。"历史是什么?"拿破仑说,"不过是约定俗成的一则寓言罢了。"我们的生活四周点缀着埃及、希腊、高卢、英国、战争、殖民化、教会、法庭、商业,就像点缀着许多花朵和杂乱无章的装饰品,有的严肃,有的轻佻。对于这些,我无意再作更多的标榜。我相信永恒。我能够在自己的心灵里发现希腊、亚洲、意大利、西班牙和英伦三岛——每个时代和所有时代的天才和创造原理。

我们总是在我们私人的经历中提出引人注目的历史事实,并

---

① 《圣经·旧约·约书亚记》第10章第12节记载:以色列先知约书亚向上帝祷告,"日头啊,你要停在基遍……"

且就地加以证实。这样,一切历史都变成主观的了。换句话说,严格地讲,没有历史,只有传记。每一个心灵必须亲自吸取全部教训——必须重温全部课题。凡是它没有看见的,凡是它没有经历过的,它就不会知道。为了便于掌握,以前的时代已经把一些东西概括为一个公式或一条法则,可是那条法则被一堵墙阻隔着,每个心灵就没有机会亲自加以检验,从中得到裨益。在某种场合,某个时候,心灵将会要求补偿这一损失,并且会得到补偿,办法就是亲手干一干这项工作。弗格森所发现的许多天文学上的东西都是人们早已熟知的。然而他本人从发现中得益匪浅。

历史必须如此,否则它就不值一提。国家制定的每一条法律都表明了人性中的一件事实,如此而已。我们必须在自己身上看到每一件事实必不可缺的理由——看出它能够怎样,必须怎样。就这样来对待每一件公事和私事,对待柏克的一篇演说,对待拿破仑的一次胜利,对待托巴斯·莫尔爵士、锡德尼、马默杜克·罗宾逊①的殉难,对待法国大革命的恐怖时期,对待萨勒姆绞死女巫的事件,对待一种狂热的宗教复兴,对待巴黎或普罗维登斯的动物催眠术。我们假定我们在同样的影响下应当受到同样的感染,应当取得同样的成就;我们的目的是在智力上把握好脚步,然后达到我们的同伙也就是我们的代表所攀上的高峰或所堕入的深渊。

一切对于古代的探索——对金字塔,对发掘出的城市,对"悬石坛",对"俄亥俄圆圈",对墨西哥,对孟菲斯的一切好奇心——都是一种欲望,要结束这种野蛮、荒谬的"彼地"或"彼时",用"此地"和"此时"取而代之。贝尔佐尼在底比斯的木乃伊坑和金字塔里又是挖掘,又是测量,到了后来,他竟然发现那种怪异的工程跟他自己没有什么区别了。最后,他使自己彻底地相信:这项工程的建造者也是他这样的一个人,装备相同,动机相同,就连目的也是他自

---

① 锡德尼……罗宾逊:此处可能是指阿尔杰农·锡德尼(1622—1683),即审判查理一世的法官之一,后被查理二世以叛国罪处死。而在"马默杜克·罗宾逊"这个名字上,爱默生似乎是把1659年被清教徒处死的两个贵格教徒的名字——马默杜克·斯蒂文逊与威廉·罗宾逊——混为一个人了。

己应该努力达到的目的。这时候,问题就迎刃而解了。他的思想跟一座座庙宇,一尊尊狮身人面像,一处处地下墓穴紧紧联系在一起,并且心满意足地在它们中间游历了一番,对他的心灵来说,它们又复活了,或者成了"此时"。

一座哥特式教堂确认它是我们建造的,又不是我们建造的。当然它是由人建造的,然而我们并没有在我们的人身上发现它。可是我们却潜心研究它的建造史。我们把自己摆在建造者的地位与状况上。我们回忆起森林里的居民、最初的寺庙,然后坚持最初的造型,后来,伴随着国家财富的增加而加上了装饰。木头一经雕刻就身价百倍,于是对一座教堂堆积如山的石头也加以雕琢。我们把这一过程考察过后,再加上天主教会、它的十字架、它的音乐、它的仪式队列、它的圣徒纪念日和偶像崇拜,这样一来,我们就可以说是建造那座大教堂的人了;我们已经看出了它能够怎样,必须怎样。我们有了充分的理由。

人与人之间之所以千差万别,就在于他们奉行的联系原则大相径庭。有的人对物品分类,根据的是颜色、大小和外形上的其他一些附带属性;有的人分类,根据的则是内在的相似之处,或者是因果关系。智力越进步,就把原因看得越清晰,并不注意表面上的差异。在诗人、哲学家、圣徒的心目中,万物都是友好的、神圣的,万事都是有益的,天天都是圣日,人人都是圣人。因为他们的目光紧盯在生活上,所以对境遇就不甚重视。每一种化学物质,每一个植物,每一个动物,都在发展变化之中,它们教会了我们内因的一致性和外表的多样性。

这创造万物的大自然像云朵和空气一样柔软、流动,既然我们被她支持着,被她包围着,为什么我们还要做那种顽固的学究,一味把寥寥几种形式加以夸大呢?为什么我们该注重时间,注重大小,注重外形呢?灵魂不了解这些,而天才由于遵守自身的规律,才知道怎样玩弄它们,就像一个小孩跟白胡子老头儿们戏耍,在教堂里游玩一样。天才对漫不经心的思想都要研究,而且深入到事物的胚胎时期,他看见光线怎样从一个天体上发出,在普照大地以前是怎样射向四面八方的。天才透过形形色色的伪装注视着单原子元素,因为它促使自然界轮回转生。天才透过苍蝇,透过毛虫,透过蛴螬,透过卵,发现那永恒不变的个体;透过无数的个体,看到了固定的种;透过许多种,看到了属;透过所有的属,看到了固定不移的类型;透过所有的有机生命界,看到了永恒的统一。自然是一朵多变的云,始终相同,而又永远不同。她把同一个思想铸成许许多多的形式,就像一个诗人用一个寓意写成许多则寓言一样。由于物质的粗野和坚韧,一个敏锐的精神可以把万物随心所欲地扭曲。坚硬的东西在它面前化为柔软而又明确的形状,可是就在我看它的时候,它的轮廓和结构又改变了。没有任何东西像形式那样转瞬即逝,然而它决不完全否定自己。在人身上,我们仍然可以觉察到种种迹象,我们认为这是低等族类奴性十足的标志。在人身上,这些东西反而增强了他的高贵与优雅。就像埃斯库罗斯作品中的伊娥变成了一头母牛,简直不可思议,可是作为埃及的伊西斯女神,她遇见了奥西里斯主神,于是又成了一个绝色丽人,不留一丝变形的痕迹,只有一对新月形的角成了她眉毛上的绝妙的装饰,①真是变幻莫测!

　　历史的同一性都是内在的,多样性都是明显的。表面上有层出不穷的事物,核心里却只有简单明了的原因。一个人的行为何其多,但我们从中认出的却是同一种性格!看一看我们有关希腊天才的信息来源吧。我们有希罗多德、修昔底德、色诺芬和普鲁塔克所撰写的那个民族的文明史,详尽地描述了他们是什么样的人,做过什么样的事。我们看到同一民族心灵又一次表现在他们的文学里,也就是史诗、抒情诗、戏剧和哲学里,这是一套非常完备的形式;我们发现这种心灵又一次反映在他们的建筑里,它本身就是一种有节制的美,局限于直线和方块——一种建造组合成的几何图

---

　　① 伊娥是赫拉的一位女祭司。宙斯爱上了她,为瞒过自己妻子,便把她变作一头母牛。经过长期漫游,她在埃及恢复了原形。伊西斯又名哈索,为一牛头美女之神。

形;我们发现它又一次表现在雕刻里,那是"欲言又止的舌头",丰富多彩的形态,自由奔放的动作,而又不触犯那理想的宁静,犹如善男信女们在诸神面前表演某种宗教舞蹈,虽然疼痛得直发痉挛,或者在殊死地拼搏,决不敢在他们舞蹈的造型和礼仪上出现破格行为。这样,关于一个杰出的民族的天才,我们有一种四重的表现:对于感官来说,还有什么能比一首品达的颂歌、一尊大理石半人半马怪兽、帕台农神庙的石柱和福西翁①临终的行为更风马牛不相及的呢?

每一个人一定观察过一些面孔与形体,它们虽然没有相似的特征,却给观察者留下一种相同的印象。某一幅画或一本诗集,即便它没有唤起一连串的形象,也会添加一种山野漫步之类的情趣,虽然对我们的感官来说,这种相似之处绝不明显,但它是玄妙莫测,不可思议的。大自然只是对寥寥几种法则无休无止地加以组合和重复。她哼着那支古老的名曲,只是调子变化无穷而已。

大自然的全部作品充满了一种崇高的家庭类似;她喜欢在最出人意料的地方表现出一种相似,使我们惊讶不已。我看见过森林里的一位老酋长的头,它立即使我想起一座光秃秃的山顶,额上的一条条皱纹使人联想到一层层的岩层。有些人的仪态具有一种本质上的华贵,就像帕台农神庙中楣上简朴而又使人肃然起敬的雕像和最古老的希腊艺术的遗迹。各个时代的书籍中都可以发现同样格调的作品。圭多的壁画《曙光女神》②只不过是一个清晨的遐想,就像画里的骏马只不过是清晨的一朵云霞一样。如果有人不怕麻烦,愿意观察他在某种心情中乐意做和不愿做的种种活动,他就会看到这条近似链有多么粗厚。

一位画家告诉我谁若不多多少少变成一棵树,谁就画不了树。谁仅仅研究小孩的体形轮廓,谁也画不了小孩,而只有花一段时间

---

① 福西翁(公元前 402—前 318),雅典政治家,将军。
② 意大利 17 世纪画家圭多·雷尼的作品《曙光女神》之复制品,作为托马斯·卡莱尔的礼物,悬挂在爱默生的客厅里。

去观察他的动作和游戏,等画家进入了他的性格,才能挥洒自如,把他的各种形态画出来。所以就有罗斯"进入一只羊的性格深处"之说。我认识一个制图员,被雇来做一种公共测量工作,他发现只有把岩石的地质结构给他讲清楚,他才能画那些岩石的草图。各种各样的工作都起源于某一种思想状态。相同的是精神,而不是事实。艺术家之所以有把他人的灵魂唤醒去参与某种活动的力量,他靠的是一种更加深沉的领悟,主要的倒不是辛辛苦苦地去练就种种手艺。

有人说:"普通的灵魂靠干活带来收益,高尚的灵魂靠他们自身赢得好处。"这是为什么?因为一个深沉的性格以它的行动和语言,以它的容貌和神态,在我们的心中唤起的力与美等于一陈列馆的雕像或绘画所提供的。

文明史和自然史、艺术史和文学史,都必须从个人历史的角度来解释,否则就必然是空话。没有一样东西不跟我们发生关系,没有一样东西不使我们产生兴趣——王国、大学、树、马,甚至蹄铁;人是万物产生的根源。圣克罗齐教堂、圣彼得大教堂的圆顶只不过是对一个神圣的原型所做的蹩脚的仿造。斯特拉斯堡大教堂则是施泰因巴赫人埃尔文灵魂的体现。真正的诗歌就是诗人的心灵;真正的船就是造船人。如果我们可以把人剖开,我们就会在他身上看出他作品最后一些笔路产生的理由,犹如海贝的每一根壳针,每一种色彩,都预先存在于水生动物的分泌器官里一样。全部的纹章学和骑士制度都寓于礼仪之中。一个彬彬有礼的人会把你的名字念得珠圆玉润,就是贵族头衔也难以产生这样的效果。

每天的琐碎经验总是在向我们证实某个古老的预言,并把我们听而不闻的语言和视而不见的迹象化为实物。一位女士跟我一块儿在森林里骑马时对我说,她总觉得森林在等待着,仿佛里面住的神灵暂停了他们的活动,等着行人通过似的。这一种思想已经有诗歌在描绘仙女们的舞蹈时加以歌颂:人的脚步一临近,舞蹈就中止了。谁若在午夜看见月亮升起冲破云围,谁就等于像天使长一样亲眼目睹了创造光明、创造世界的情景。我记得在一个夏日的田野里,我的同伴把一块宽阔的云彩指给我看,它跟地平线平行,可能延伸了1/4英里宽,绝像教堂里画的小天使的样子:中央有一个圆块,很容易添上眼睛与嘴巴,把它点缀得活灵活现,两边又有一双展开的对称的翅膀支持着。什么东西只要在空中出现一次,就可能经常出现,毫无疑问,它就是那种人们非常熟悉的装饰品的原型。我在夏日的天空里看见过一连串的闪电,它立即向我显示:希腊人所画的天神手中的雷电,得之于大自然。我看见过石墙两边的积雪,它显然使人想到紧贴在一座塔上的普通建筑上用的漩涡饰。

只要置身于原来的环境中,我们就会把建筑上的式样和装饰重新一一发明出来,因为我们看到每一种民族是怎样仅仅装饰自己的原始住所的。陶立克式的神庙保存着陶立斯人所住的小木房子的遗风。中国的宝塔显然是鞑靼人的帐篷。印度和埃及的神庙仍然流露出他们祖先的坟墩和地下住房的痕迹。"在用天然岩石建房造墓的习惯,"黑伦在他的《埃塞俄比亚人研究》中说,"自然而然地决定了努比亚的埃及建筑的主要特色,就是造型宏大。在这些自然形成的洞穴里,眼睛看惯了巨大的形体,因此,一旦艺术前来帮衬自然,它如果不想自轻自贱,就不能搞得小里小气。那些厅堂宏大无比,只有巨人才配坐在前面当看守人,或者靠在里面的柱子上,而一般尺寸的雕像,整齐划一的门廊和侧厅,与那些庞然大物联系在一起,会成什么样子呢?"

把森林里枝杈交错的树木因陋就简加以改造,形成一个喜庆或庄严的连拱廊,这显然就是哥特式教堂的起源,因为那些裂开的柱子上的箍带依然暗示出捆扎它们的绿色坚韧的枝条。凡是在穿过松林的路上走过的人,没有一个不觉得这座树林具有建筑物的外貌,尤其在冬天,别的树木光秃秃的形象更加突出了撒克逊人这种低矮的拱门。在树林里,一个冬天的下午,一个人从那里交错的秃枝之间眺望西天的色彩,就很容易从中看出装饰哥特式教堂的五彩玻璃的起因。凡是爱好大自然的人,一走进牛津古老高大的建筑群和英格兰的大教堂,没有一个不感到森林征服了建筑师的心灵,他的凿子、他的锯子、他的刨子,仍然在再现森林的蕨草、森林的穗状的花朵、森林的刺槐、榆树、橡树、松树、枞树和云杉。

人无餍地要求着和谐,哥特式教堂就是被这种要求所征服了的石头开了花。一座花岗岩的石山绽开成一朵永不凋谢的花朵,不但有植物美所具备的比例匀称、浓淡有致的特点,而且也具备了它的轻盈、优雅的神韵。

同样,公共的事情应当个性化,个人的事情应当一般化。所以,历史既要变动,又要真实;传记既要深沉,又要崇高。波斯人的建筑具有纤细的柱身和柱头,这显然是仿效莲花与棕榈的茎和花的结果;同样的道理,波斯的宫廷在它辉煌的年代一放弃野蛮部落的游牧生活,就离开他们度春的埃克巴坦拿,旅行到苏萨消夏,然后,再转移到巴比伦过冬。

在亚洲和非洲的早期历史中,游牧和农耕是两种敌对的事实。亚洲和非洲的地理迫使人们过一种游牧生活。然而对那种受土地或市场之利的引诱建立了城镇的人来说,游牧民族就显得十分可怕了。所以农业就成了一种宗教性指令,因为游牧生活危害国家。在英国和美国这些近代的文明国家里,这些倾向仍然在国家和个人身上打着从前的老仗。非洲的游牧民族由于牛虻的袭击,不能无所顾忌地到处漫游,因为牛虻把牛群叮咬得发狂,所以迫使该部落在雨季迁徙,将牛群赶到多沙的高原地区。亚洲的游牧民族,月月都在追随牧草。美国和欧洲的游牧生活则出于贸易与好奇。从阿斯塔波拉斯河①的牛虻到波士顿湾的英国狂和意大利狂,肯定是一种进步。有一些圣城必须定期朝觐,严法厉俗有意加强民族联系,这对古代的漫游者就是一种约束;而久居一地的累积价值则是对当前巡游的遏制。这两种倾向的对抗在个人身上也同样活跃,有时爱冒险,有时爱休息,就看哪一种倾向恰好居支配地位了。一个体质健壮、精神饱满的人具有迅速适应环境的能力,他坐在自己的车里,走南闯北,就像卡尔梅克人一样容易。在海上,在森林里,

---

① 即阿特巴拉河,从埃塞俄比亚流入尼罗河。

在雪地里,他照样睡得暖,吃得香,交往得愉快,就像在自家的壁炉边一样。要不,也许他的机敏更深地藏在范围更广的观察能力中,他的眼睛不论看到什么新鲜事物,这种能力会使他产生多方面的兴趣。畜牧民族贫困、饥饿到走投无路的程度;而这种精神上的游牧生活发展过度,就会把精力消耗在杂七杂八的东西上,导致心灵的崩溃。另一方面,那种足不出户的机智倒是一种节制或满足,因为它在自己的土地上发现了生命的一切元素;如果不从外地输入一些新东西加以刺激,它就有日趋单调和蜕化变质的危险。

个人在他身外所看到的每一件事物都符合他的心态,而当他的先进思想把他引进那件事实或一系列事实所属的真理时,对他来说,每一件事物反而都是可以理解的了。

原始世界——德国人所谓的"史前世界"——我可以在自己身上加以潜心研究,就像我可以用探索的手指在地下墓穴里、在图书馆里、在别墅遗址的破碎浮雕和裸体躯干雕像上摸索它一样。

人人都对希腊各个时期的历史、文学、艺术、诗歌感兴趣,从"英雄时代"或"荷马时代"到四五百年后的雅典人或斯巴达人的家庭生活,这种兴趣的根据是什么呢?还不是因为每个人都亲自经历了一番希腊时期。希腊阶段是肉体性的时代,是感官完善的时代——是在与肉体的完全统一中扩展开来的精神性的时代。在这个时代里生存的人的体形给雕刻家提供了雕刻赫拉克勒斯、菲玻斯和朱庇特的原型。这些体形不像充斥于现代都市里的那种面容模糊不清的体形,而是具有纯洁高尚、轮廓分明、端正匀称的五官的体形,眼窝的构造也不同于现在,所以眼睛不能斜视,不能鬼鬼祟祟地左顾右盼,眼睛要朝哪边看,必须把整个脑袋转过来。那个时期的仪态讲究豪爽、泼辣,人们崇高的个人品质是勇气、谈吐、自制、正义、力量、敏捷、嗓音洪亮、胸膛宽阔。奢侈、风雅不知为何物。人口稀少,生活贫困,因此每个人就是自己的仆从、厨师、屠夫和士兵,自给自足的习惯锻炼了身体,使它有神奇的表现。荷马史诗中的阿伽门农和狄俄墨得斯就是如此。色诺芬在《万人军退兵记》中对自己和同胞的描绘也相差无几。"部队过了亚美尼亚的忒里鲍斯河后,雪下得很大,队伍悲惨地躺在雪地上,可是色诺芬光着身子爬起来拿起一把斧子,开始劈柴;于是别人也都爬起来,干起了同样的活"。在他的军队里,上上下下言论极为自由。他们为战利品争吵,每下达一个新的命令,他们就要和将军们口角,色诺芬口齿极为伶俐,比大多数人还要伶俐。因此受到责难后也决不饶人。棒小伙子们总是既讲荣誉准则,又要纪律松弛,谁还看不出这就是一帮那样的棒小伙子呢?

　　古代悲剧的宝贵魅力,其实所有古代文学的魅力,就在于剧中人物说话朴实——说起话来,就像一些有真知灼见的人,自己并不觉得,那时候反思尚未成为心灵的主要习惯。我们尚古,并不是崇尚古老,而是崇尚自然。希腊人不善于反思,可是他们的感官和身体却完美无缺,具有世界上最优秀的体质结构。成人的行为具有儿童的单纯和优美。他们造花瓶,写悲剧,雕石像,都按健康的感官应当做的那样去做——也就是说,趣味高雅。那样的东西各个时代都在继续制作,现在也还在制作,哪里有健全的体魄,哪里就会有这些东西;可是作为一种类别,从它们的高超的结构来看,它们是出类拔萃的。它们把成年的精力与童年的浑朴融为一体,这些风格之所以魅力无穷,就在于它们就是人所具备的风格,人人皆知,因为每个人原先都是小孩。况且,古往今来,总有一些个人保持着这种本色。一个具有孩童般的天才和天生就有的精力的人仍然是一个希腊人,他重新激起了我们对希腊女神的爱情。我赞赏菲罗克忒忒斯①对大自然的爱恋。在阅读那些对睡眠、星辰、岩石、山脉、波涛的精彩话语时,我感到时间像一片退潮的海水似的流走了。我感到了人的永恒,人的思想的一致。好像希腊人的伙伴也是我的伙伴。日月、水火,跟他心心相印,也跟我心心相印。这样一来,人们所宣扬的希腊人和英国人的差异,古典派与浪漫派的分歧,就成了迂阔之论了。当柏拉图的一个思想成为我的一个思想——当点燃品达灵魂的真理也点燃了我的灵魂时,时间就不复

---

①　古希腊戏剧家索福克勒斯同名悲剧里的主人公。

存在了。当我感到我们俩的感知不谋而合,我们俩的灵魂色彩一致,而且真可以说合二而一了时,为什么我还要测量纬度?为什么我还要计算埃及的年代呢?

学生用他自己的骑士时代来解释骑士时代,也用他自己类似的小小经历来解释海上冒险和环球航行的年代。对于世界宗教史,他也有同样的一把钥匙。当远古时代的一位先知的声音仅仅对他重复着他幼年的一种情绪、他青年的一种祈祷的时候,他就戳穿所有混乱的传统、滑稽的体制,接触到真理了。

罕见而放肆的一些精灵屡屡前来造访我们,给我们揭示大自然的新的事实。我知道圣徒们常常在人间行走,使普通听众的心灵感知他们的使命。由此可见,三脚祭坛、男女祭司都是受了神的感召的。

耶稣使贪图感官享受的人们感到惊奇,敬畏不已。他们无法把耶稣跟历史统一到一起,也无法把他同他们自己协调一致。到他们开始尊重他们的直感、渴望一种神圣的生活时,他们自己的虔诚就把每一件事、每一句话解释明白了。

对于摩西,对于琐罗亚斯德,对于摩奴①,对于苏格拉底的古老的崇拜多么容易地占据了人们的心灵,我在这些崇拜中找不到任何古老之处。这些崇拜,既是他们的崇拜,也是我的崇拜。

我没有漂洋过海,跨越年代,却看到了最古老的宗教祭司。某个个人不止一次地出现在我面前。他工作时敷衍塞责,却全神贯注地做默祷,成了一个旁若无人的受俸牧师,以上帝的名义乞求,好像要对 19 世纪证明诸如柱头修士西门、忒拜英雄和第一批卡普秦修士一样。

东西方的教士谋略,比如麻葛、婆罗门、督伊德和印加教士的谋略,在个人私生活里得到了解释。一个顽固的形式主义者对一个小孩产生的钳制性影响,压制了他的精神和勇气,瘫痪了他的理解能力,并没有激起愤慨,仅仅造成了恐惧和服从,甚至对这种专

---

① 或称"蛮奴",印度神梵天之子,他曾口述过一部法典。

制的同情——这是一个人们熟悉的事实。等小孩长大成人以后就明白过来,因为他看出小时候压迫他的人自己也是一个孩子,受到这些名目、字眼和形式的摧残,对这个小孩来说,那人也只不过是这种种影响的喉舌而已。事实叫他明白巴力①神是怎样受崇拜的,金字塔是怎样建成的,就连商博良②发现所有工匠的姓名和每一片瓦的造价也比不上事实的教育作用。他发现亚述和乔鲁拉家群就在他的门口,而他本人就是制定方案的人。

再说,第一个深思熟虑的人在对他那个时代的迷信所提出的抗议中,却亦步亦趋地追随着古代的改革家的某些做法,他在追求真理时像他们一样发现德行又有沦丧的危险。他又发现需要多强的道德力量来取代迷信的束缚。改革一出现,放荡就接踵而来。各个时代的路德都悲叹自己家里虔诚败坏,这种情况在世界历史上出现过多少次啊!"博士,"马丁·路德的妻子有一天对他说,"我们受教皇统治的时候,祈祷的次数那么多,热情又那么高,而现在我们祈祷起来总是冷冰冰的,次数又这样少,这是怎么回事呀?"

进步的人发现他在文学——不仅所有的历史,还有所有的寓言——中有一笔多么深厚的财富呀。他发现诗人决不是描写怪诞不经之事的怪人,而是用他的笔写出人人适用的内心自白的普通人。他在字里行间发现的他的秘密传记,对他来说明白得出奇,虽然那是在他出世以前就匆匆写下来的。他在个人的历险中一一体验着伊索、荷马、哈菲兹、阿里奥斯托、乔叟和司各特的每一篇寓言故事,并用自己的头脑和双手来验证它们。

希腊人美丽的寓言,因为是想象力的正当创作,不是想入非非的产物,所以是普遍真理。普罗米修斯的故事寓意多么广阔,又是那样永远符合实际!它是欧洲历史的第一章(这个神话用一层薄薄的面纱掩盖了真正的事实、机械工艺的发明和殖民地的移民),除了这一主要价值外,它也是宗教史,因为比较接近后世的信仰。

---

① 原文为 Belus,可能是指迦南教的丰产神巴力(Baal)。
② 商博良(1790—1832),法国埃及学家和语言学家。

普罗米修斯是古代神话中的耶稣。他是人的朋友,挺立在永恒的天父的不公正的"正义"与人类之间,乐意为人类忍受一切痛苦。可是有的地方这个神话跟加尔文新教有出入,它把普罗米修斯表现成乔武的挑战者,在这种情况下,它表现的是一种心态。哪里用一种粗鲁、客观的方式宣讲有神论,哪里就容易出现这种心态,它仿佛是人的一种自卫,对这样一种谎言的抵制,也就是对存在着一个上帝这样一个为人们所相信的事实表现出的一种不满,而且也是这样的一种感觉,即敬神的义务实在麻烦。如果有可能,这种心态就要偷造物主的火,跟他分道扬镳,独立生活。《被缚的普罗米修斯》是怀疑主义的传奇。就连那庄严的寓言中的每个细节对任何时代都一样适用。诗人说,阿波罗曾经为阿德墨托斯牧羊。当诸神来到人间的时候,他们是没有人知道的。耶稣没有人知道,苏格拉底和莎士比亚没有人知道。安泰俄斯是被赫拉克勒斯掐死的,要不然他每跟他的大地母亲接触一次,他就又恢复了力量。人就是那个被制服了的巨人,尽管软弱,可是他有与大自然交流的习性,从而使他的身心健壮起来。音乐的解脱力量,诗歌的解脱力量,好像对坚实的大自然拍着翅膀,解开了俄耳甫斯的谜。哲学通过无穷的形式变化,发现了同一性,这就使人认识了普洛透斯。昨天我笑了或者哭了,昨天夜里我睡得像死人一样,今天早上站起来又跑了,这个我还会是什么呢?我举目四望,看见的除了普洛透斯的种种转生形式还有什么呢?我可以借用任何生物的名称,任何事实的名称来象征我的思想,因为每一个生物都是行动或受苦的人。坦塔罗斯在你我看来只不过是一个名字。坦塔罗斯的意思是不可能喝到思想的水,虽然它总是在灵魂的视线内波光闪闪。灵魂的转生决不是寓言。我倒希望它就是;可是男人和女人仅仅是半个人。庄院里的、田野里的、森林里的、地里的、地下水里的每一个动物,都想方设法在这些身体直立、面朝苍天的说话者中间的某一个身上找到一个立足点,并留下它的特征和形态的印记。啊,兄弟,阻止你灵魂的衰退——它正在朝那种形式衰退,而你多年来已经不知不觉地沾染了那种形式的习惯。关于斯芬克司的那个古老寓言对我们又接近又适合。据说斯芬克司坐在路边叫每个过往的行人猜谜。如果哪个人猜不出来,她就活活把他吞下肚去。要是他猜中了,斯芬克司就当场毙命。我们的生命除了是长着翅膀的事实或事件的永恒的飞翔,还会是什么呢!这些变化千姿百态,它们来时都要向人的精神提出种种问题。谁不能以高超的智慧回答时间的那些事实或问题,谁就必须为它们服务。事实拖累着他们,压迫着他们,把墨守成规的人变成依赖感觉的人,这种人对事实服服帖帖,这就熄灭了人之所以为人所依赖的光明的每一星火花。可是人如果忠实于他更加优越的本能或情感,拒绝接受事实的支配,就像一个来自高级种族的人,紧贴灵魂,看清原则,那么事实就会垮台,乖乖儿地各就其位;它们认识了自己的主人,哪怕其中最卑微的也会给他增光添彩。

每个词都应当是一件事物,请看看歌德的《海伦后》中所表现的这一种同样的愿望吧。他常常说,这些形象,这喀我们、格里芬们、福耳库阿斯、海伦和勒达都是重要人物,而且的确对心灵产生了一种特定的效果。当时他们就是永恒的实体,在今天看来就像在首次奥林匹亚竞技会上的出现一样真实。由于经过反复推敲,所以他笔意纵横,幽默风趣,按他自己的想象把他们写得有血有肉。尽管那首诗像梦一样朦胧、离奇,可是它比同一作者更加正规的戏剧篇什迷人得多,原因是它使心灵神奇地摆脱了那些司空见惯、平淡无奇的形象——用自由奔放的构思,用连续不断的、惊喜交集的场面唤起了读者的创造力和想象力。

对于诗人的卑微性来说,普遍性未免太强大了,它骑在诗人的脖子上,假诗人之手写作,所以诗人有时候似乎要倾泻一种单纯的随想曲和狂放的浪漫史,出来以后,却成了地地道道的寓言故事。所以柏拉图说:"诗人说出来的至理名言,连他们自己也不明白。"中世纪的所有虚构故事都自我表白说,它们只是把当时的心灵严肃认真、孜孜以求的东西用一种隐喻、嬉戏的方式表现出来罢了。魔术以及人们认为它所具有的一切神通实则是对科学力量的一种深刻的预感。飞鞋、利剑,能战天斗地,能利用矿物的秘密功效,能通鸟语禽言,凡此种种,都是心灵朝正确方向作出的朦胧的努力。英雄的神威,永葆青春的天赋,诸如此类的事都是人的精神"使事物的外观服从心灵的愿望"的努力。

在《穿林》和《高卢的阿马狄斯》中,花环和玫瑰在忠贞不渝的女性头上就会开花,在水性杨花的女人额上就会凋谢。在《男孩和斗篷》这个故事里,就是一个老练的读者对温柔的吉尼拉斯的胜利也会感到惊讶,并表现出由衷的高兴;的确,精灵史上的种种假设——那些仙女不愿别人叫她们的名字呀;她们的天性就是反复无常,不堪信任呀;寻财探宝的人决不能说话呀,诸如此类,不一而足——我发现在康科德完全适用,不管在康沃尔或布列塔尼情况如何。

最近的传奇中难道情况有所改变?我读过《拉马摩尔的新娘》。威廉·阿什顿爵士就是庸俗的诱惑的一个面具,雷文斯伍德·卡斯尔则是清高的贫穷的一个美名,国家的对外使命仅仅是诚实企业的一个班扬式的伪装。也许我们大家都会射杀一头要扰乱善与美的野牛,办法是克服那些不义和淫荡的东西。露西·阿什顿是忠诚的别名,忠诚永远美丽,可是在这个世界上总是容易遭难。

然而同人的文明和玄学史一道,另外一种历史也在天天向前迈进——那就是外部世界的历史,人也同样严格地卷了进去。人是时间的纲领,他也是大自然的相知。他有力量,就因为他有众多姻亲,就因为他的生命跟有机物和无机物的整个链条纠结在一起。在古罗马,从首都广场开始的官道向东南西北辐射出去,通向帝国每个行省的中心,使首都的士兵可以直达波斯、西班牙、不列颠的每一个市镇。同样的道理,也有公路从人的心里延伸出来,通向自然界每一个物体的心里,迫使它屈服于人的统治。一个人就是一捆关系、一团根蒂,从这儿开出的花,结出的果,就是世界。他的各种本领与他身外的种种自然现象都有关联,并且预告了他将要居住的世界,如同鱼的鳍预示着水的存在,蛋里雏鹰的翅膀预料到空气的存在一样。没有世界,人就无法生活。把拿破仑投进一座孤岛监狱里,使他的本领找不到人去施展,找不到阿尔卑斯山去爬,找不到赌注去下,他就只好去捕风捉影,显得愚不可及了。如果把他送到泱泱大国,人口稠密、利害关系复杂、势力相互敌对的环境中,你就会看到拿破仑其人,也就是说,被那样一种外形轮廓所框定的并不是实际上的拿破仑。那只不过是塔尔博的影子。

> 他的实体并不在这里:
> 你所见的仅仅是
> 人的一星半点儿痕迹;
> 如果整个身躯都在这里,
> 那就未免太高太大,
> 只怕贵府容它不下。
>
> 《亨利六世》

哥伦布需要一个星球来决定他的航程。牛顿和拉普拉斯需要千年万代和星球密布的天宇。你不妨说一个有引力作用的太阳系已经在牛顿心灵的性质里预见到了。戴维或盖-吕萨克从小就探索粒子的吸引和排斥,他们的大脑同样预见到了组织的规律。胎儿的眼睛难道预告不了光明?韩德尔的耳朵难道预告不了和声的魅力?瓦特、富尔敦、惠特莫尔、阿克莱的建设性的手指难道就预告不了金属可熔、坚硬、可锻炼的本质,预告不了岩石、水和木头的性质?幼女可爱的特性难道就预告不了文明社会的文雅与装饰?在这里我们也联想到人与人的作用。一个心灵苦思冥想多少年代,所得到的自我认识还比不上爱的激情一天的启迪。一个人如果没有对暴行感到过义愤填膺,没有听见过口若悬河的讲话,没有与千千万万人分享举国欢腾和人心惶惶的激动,他能了解自己吗?没有一个人能够事先写出他的经历,猜出一种新事物会揭示什么样的能力和感情,就像他今天画不出明天才要初次见到的一个人的脸相一样。

现在我不愿进一步斟酌这笼统的陈述以探讨这种一致的理由。总而言之,历史怎么读、怎么写,都要根据这两种事实,也就是说,心灵为"一",自然是它的伴随物。掌握这一点也就够了。

这样,灵魂便千方百计为每一个学生浓缩、再现它的宝藏。学生也应当体验经历的整个过程。他应该把自然的光芒集中到一个焦点上。历史不再是一本沉闷的书。它将体现在每一个明智的人身上。你用不着一一告诉我你读过什么书,用什么语言写的,书名是什么。你应该让我感觉到你经历过哪些历史时期。一个人应当是名人殿。他应当像诗人们所描写的那个女神一样,穿着一件画满了神奇的事件与经历的长袍走来走去——他自己的体形和面目由于具有高超的智力,就应当是那种五彩斑斓的内衣。我将在他身上发现"史前世界",在他的童年中看到"黄金时代"、"知识的苹果"、"阿耳戈英雄的远征"、亚伯拉罕的天命、圣殿的修建、"耶稣的降临"、"黑暗时代"、"文艺复兴"、"宗教改革"、新大陆的发现、新科学和人身上的新领域的开发。人应当是潘的祭司,应当把晓星的祝福和天上地下一切有记载的福利带进寒舍。

这种要求是不是有点过分自负?那我就把我所写的全都抛弃算了,因为假装知道我们并不知道的事有什么用处呢?可是我们修辞学的毛病就是:我们强调一个事实就好像难免要使人误解另一个。我们把自己的实际知识看得一钱不值。听听墙里的老鼠,看看篱笆上的蜥蜴,脚下的真菌,圆木上的地衣。对于这些生物界的随便哪一种生命,无论从感情上讲,还是从道德上讲,我知道些什么呢?这些动物像高加索人种一样古老——也许更加古老,它们在人旁边对自己的意见秘而不宣,它们彼此传递过什么语言,有过什么暗示,从来没有记载。书上指出五六十种化学元素和各个历史时代有什么关系?况且,历史对人的玄学史作了些什么记载呢?历史对我们藏在死亡和不朽名义下的神秘世界投射了什么光芒呢?然而,有一种智慧推测了我们姻亲关系的范围,曾经把事实看成象征。写任何一种历史都应当具备这种智慧。我们所谓的"历史"只不过是一种肤浅的乡村故事,看到这种东西真叫人汗颜无地自容。我们为什么一定要把罗马、巴黎和君士坦丁堡挂在嘴上呢?罗马对老鼠和蜥蜴有什么了解?奥林匹亚竞技会与法国政府对这些邻近的生物体系来说又算什么呢？况且，它们对猎海豹的爱斯基摩人，对乘独木舟的卡纳卡人，对渔夫，对码头装卸工人，对搬运工来说，它们有什么食物、有什么经验、有什么援助好提供呢？

　　我们必须把我们的历史写得更加博大精深——从一种伦理改革出发，从灌输一种万古常新、疗效无穷的良心开始——如果我们要更加真实地表现我们关系广泛的中心性格，而不是表现我们着眼过久的这个记录自私与骄傲的陈旧年表的话。对我们来说，那一天已经存在，它的光辉照耀着我们，只是我们不知不觉罢了。然而科学与文学之路并不是进入自然的途径。与解剖学家或文物工作者相比，白痴、印第安人、儿童、未上过学的农家子弟，倒是站得离那借以阅读大自然的光照更近些。

谈宗教

现在,没有一个民族是能够被他们的国教解释清楚的。他们对国教没有责任感,国教也与他们相距甚远。他们对真理的忠诚,他们的劳动和消费都依赖一些实在的基础,而不是依赖一种国教。显而易见,英国人的生活,不是从亚大纳西信经、"三十九条信纲"①或圣体中产生出来的。宗教的情况恰似婚姻的情况。一个青年匆促之中结了婚,后来,他的心灵豁然开朗,明白了生活行为的道理。有人问他,他对婚姻制度,对正当的两性关系有何看法?他也许会回答:"如果这个问题仍容许争论,我就有很多话好说,可是现在我有老婆孩子,一切问题对我来说已成定论。"在一个民族的野蛮时代,形成或输入了某种"崇拜";建立了祭坛,交了什一税,任命了教士。国家的教育和消费就朝那个方向发展;当财富、文雅、伟人、跟世界的关系随之而来之后,一些谨言慎行的人就说,为什么要跟命运作对,或者取消这些堆积如山的荒谬呢?在这座石山中间找一个宗教时代已经挖出、刻好的壁龛或缝隙,把你自己安顿下来,总比试图干一些移山之类的力所不及的荒唐而又危险的事情强。

看到古老的城堡和教堂,就像今天站在这座有800年历史的丹迪教堂塔楼前一样,我有时会说,"这是比今天观望它的任何种族都要优越的另外一个种族修建的"。显而易见,这个岛上有伟大的感情力量在发挥作用,这些建筑物就是证据,就像火山玄武岩显示了已经熄灭了千年万代的火的成绩一样。英国感受到了骚动欧

---

① 亚大纳西信经(Athanasian creed),基督教古老信经之一。传系希腊教父亚大纳西(Athanasius,约293—373)所写。"三十九条信纲"则为早年英国国教会的信仰纲领。

洲的基督教的全部热量，它像火的化学作用一样，在野蛮和文明之间画了一条严格的界线。宗教感情的力量结束了把人当祭品的现象，遏制了欲望，激发了改革运动，激发了对暴君的反抗，唤起了自尊，限制了农奴制和奴隶制，建立了自由，创造了宗教建筑——约克、纽斯特德、威斯敏斯特、方廷教堂、里彭、贝弗利和丹迪——这些工程的秘诀连同创造这些工程的感情一起消失了；还促成了英语《圣经》、祈祷文、僧侣传、《迪韦齐斯的理查的编年史》①。教士把拉丁文《圣经》翻译过来，把古老的圣徒言行录的神圣的内容转化成英国本土上的英国美德。它是高加索人种的某种肯定的或富有进取心的状态。人沉睡了多年，一觉醒来便精神百倍。北方蛮子的暴力把基督教激化成权力。它依靠人民的热爱而生存。威尔弗里德主教解放了 250 名农奴。牧师使农奴在安息日和教会节庆日暂停劳动。"哪个地主强迫他的农奴在星期六日落后到星期天日落前劳动，哪个地主的财产就被全部没收"。教士出身于平民，因此就同情他自己的阶级。在欧洲，教会就是调停人、制止人和民主原则。拉蒂默、威克利夫、阿伦德尔、科巴姆、安东尼·帕森斯、哈里·韦因爵士、乔治·福克斯、佩恩、班扬等人，不仅是他们那个时代的圣徒，而且还是民主主义者。天主教会依靠这些勤劳严肃的人物，在 14 个世纪里已经形成了一个庞大的体制，非常吻合该国的风俗和国情，既符合家庭，又符合国家。在这漫长的时期，它把天上地下的每一件事物都糅合起来。它穿过飨宴和斋戒的周期，给一年的每一天、每一个城镇、市场、岬角、遗迹都命了名，并且跟历书合为一体，没有教会的许可，法院不能开庭，土地不能耕种，马匹不能钉掌。一切深谋远虑的准则或者商店或者农庄都由教会确定。因此它在农耕地区也有势力。把土地分配给教区就是坚持教会对每一种公民特权的认可；教士的等级——富人当高级教士，穷人当助理牧师——跟牧师保证要受古典教育这一事实一起，使他

---

① 一部记载着狮心王理查在巴勒斯坦功绩的编年史（流行于 12 世纪后半叶）。

们成为"把与世隔绝的农民同时代的思想进步联结起来的链条"。①

英国教会有许多好展示的证明,它谦恭而有效的服务使人们变得仁慈博爱,使人们得到鼓舞、陶冶,使吃饭、医疗、教育问题得到解决。它有殉教者和忏悔者的印记,有最高尚的著作,有一种崇高的建筑,有一种具有同样的世俗优点的仪式,没有廉价、可买的东西。

从这种发展缓慢的教会产生了重要的反作用,大大有利于文化,大大有利于指导今天民族的感情和意志。精雕彩绘的小教堂——它的整个外观生气勃勃,富于形象和象征——使教区教堂在人们的心目中成了一种书本和《圣经》。

所以,当撒克逊本能获得了一种使用本国语言的礼拜式时,它就成了人民的导师和大学。在约克大教堂,新任大主教就职的那一天,我听到了唱诗班诵唱的晚祷仪式。听见远古时代利百加和以撒订婚的美妙牧歌,1848年1月13日在约克大教堂被隆重地诵读给刚刚读过《泰晤士报》、参加过酒会的、讲究礼仪的英国听众,他们却满怀一种民族自豪在倾听,真有点不可思议。这是一种有意义的新老结合。崇敬《圣经》就是文明的一种因素,正因为如此,世界历史保存下来了,而且还在继续保存。在英国这里,每天都有一章《创世记》,有一篇《泰晤士报》的社论。

这种场合的同一种仪式的另外一个部分,也不是毫无意义的。卡米奇博士在风琴上以崇高的效果演奏了韩德尔的加冕典礼颂歌《主佑吾王》。大教堂和音乐相辅相成。作为一台政治机器,教会也起着一种小小的作用。从孩提时代起,每个英国人就习惯于听指名为女王、皇族和议会做的日常祈祷,对这些人物的这种终生的奉献不能不影响英国人的见解。

大学也是教会体系中的一部分,它们的首要计划就是培养牧师。这样,1 000年来,牧师一直就是这个国家的学者。

---

① 语出华兹华斯。——作者原注

民族气质由衷地欣赏它的教会的未曾中断过的秩序和传统；祈祷文、典礼、建筑、严肃的谢饭祈祷、良朋好友、跟王权的关系、跟历史的关系，因为这一切也为民族气质增光添彩。尽管民族气质深得讲情趣胜于讲活动的人的喜爱，英国民族的稳定得到它热情的支持，因为它跟公共秩序的事业、跟政治、跟资金都有难分难解的关系。

好教堂不是由坏人建立的，至少社会的某些地方必须要有忠诚和热情。这些大教堂不是由无神论者修建的，他们也不会到那里去。没有一个教会有过更为博学、勤奋或忠诚的人士，许多"执事和主教，毕业于大学，不会翻脸不认人的"。①他们的建筑仍然闪烁着坚信永生的光辉。热烈和温和的时代出现在历史上，要不，我们可不可以说，由于神性的多次显现，所以在人的精神上形成了高潮，于是大德大才便应运而生，如 11、12、13 世纪，后来又在 16、17 世纪，那时候全国都充满了天才和虔敬。

然而威克利夫们、科巴姆们、阿伦德尔们、贝克特们的时代，拉蒂默们、莫尔们、克兰默们的时代，泰勒们、莱顿们、赫伯特们的时代，舍洛克们、巴特勒们的时代，已一去不复返了。不声不响的观点革命已经使这一类人不可能再回来，在他们一度神圣的职位上再找到一席之地。曾经主宰这个教会的精神已经悄悄溜走，激励别的活动去了；而那些来到古老的神龛上的人发现猴子和玩耍的人把古装弄得窸窸窣窣。

英国的宗教是良好教养的一部分。当你在大陆上看见衣冠楚楚的英国人走进他们大使的小教堂，为了默默祈祷把脸用他那刷得非常光滑的帽子捂住时，你不禁感到有多少的民族自豪感在跟他一起祈祷，在跟一位绅士的宗教一起祈祷。他给祷告词远远没有附加任何意义，所以他相信他几乎已经干了那件宽宏大量的事，而且向上帝祈祷对他来说是非常屈尊俯就的。一位伟大的公爵在取得一次胜利时在上院说，他认为全能的上帝没有被他们很好地

---

① 语出富勒。——作者原注

利用,在取得如此伟大的成功后,接受命令要表示适当的感谢那就是他们的慷慨之举。那是贵族的教堂,不是穷人的教堂。工人没有教堂。最近,绅士们在下院证实,他们一辈子也没有在教堂里看见一个穿着破破烂烂的穷人。

站在生气勃勃的英国理性宗教一边的麻木表现出机智和愚蠢,在一个脑子里在多大程度上可以一致。他们的宗教是一句语录,他们的教堂是一个玩偶,任何检查都以恐惧的尖叫禁止了。在亲朋好友中,你原以为他们会嘲笑庸俗之辈的盲信,其实不然,因为他们就是庸俗之辈。

在19世纪,也许跟基督教世界毫无二致的英国人并不尊重能力,仅仅尊重表现,也仅仅由于一项经济成果才尊重思想。威灵顿之所以看重一个圣徒,仅仅是因为这个圣徒可以当一名随军牧师——"布里斯科尔先生以他令人钦佩的品行和良知战胜了卫理公会的教义,这种教义曾经在士兵中间出现,一度还出现在官军中间"。他们尊重哲学家就像尊重带来树皮和一服药剂的药剂师一样;灵感仅仅是某种吹管或一种更为精密的辅助机械。

我疑心英国人的大脑里有一个随便可以关闭的阀,就像一位工程师把蒸汽关上一样。最有见识的人所具备的思考能力仅仅局限在宗教中的主教和政治中的财政大臣那样的范围之内。他们谈起话来有胆识,有逻辑,给你显示出非凡的效果,可是使自由贸易和地质学达到目前地位的同样一些人,一旦谈话涉及英国教会,他们就神情严肃而崇高,就把他们的阀关上了。随后你就等于跟一只乌龟谈话。

大学的行动无论在教学上,还是在地方精神上,都受到启示:注重培养英国绅士胜于培养圣徒或心理学家。它培育成熟一名主教,就挤走一名哲学家,我不知道英国圣公会比别的教会有更多的神秘教义,但是英国圣公会牧师跟贵族倒是一回事。他们在这里说,如果你跟一位牧师谈话,你肯定会发现他很有教养,见多识广,心地坦白。他同情并赞赏你的想法或你的计划。可是如果又有一名牧师走进来,这种同情就终止了,因为两个人在一起就接近不了你的思想,而每当思想付诸行动时,牧师总是站在他的教会一边。

英国圣公会的特点就是优雅和讲究形式,它的牧师也具有雄健的文雅。它所宣讲的信条就是:"汝等为情趣所拯救。"它把古老的建筑物不断修葺,把不计其数的钱花在音乐和建筑上;花在购买皮然①和建筑文献上。它有一个温文尔雅的美名。在正常情况下,它不是一个喜欢迫害的教会,它也不喜欢审问,甚至不喜欢探询,而是极有教养,在所有的正规场合都能视若无睹。如果你不干涉它,它也不干涉你。然而它的本能敌视一切政治、文学和社交艺术的变革。教会不是伦敦大学的创建者,也不是习艺所、慈善学校的创建者,甚至也不是任何旨在传播知识的机构的创建者。牛津的柏拉图主义者像托马斯·泰勒一样是这种异端邪说的死对头。

《旧约》的教义就是英国的宗教。《新约》的第一页不曾被翻开。它相信一个不轻易花一英镑钱的上帝。他们既不是超验主义者,也不是基督教徒。他也不做苏格拉底式的祈祷,更不要说为女王的心灵做圣徒式的祈祷了。他们既不要求灵光,也不要求正义,而是直截了当地说:"让她健康、富有、长寿。"在一切英国秘史中,人们都会发现这种犹太式祈祷的痕迹,从《迪韦齐斯的理查的编年史》中的理查王的祈祷文到塞缪尔·罗米利和画家海登的日记中的祈祷文。佩皮斯虔诚地写道:"跟妻子外出,我第一次坐自己的马车,这的确使我心情欢畅,赞美上帝,并祈求他保佑我有这种心境,并且继续保持下去。"犹太人入籍方案(1753)引起全国各地投书反对,伦敦市也不例外,谴责这个方案,说它"导致了基督教的奇耻大辱,对全国的利益和商业极其有害,对伦敦市的利益和商业尤其有害"。

然而他们不能用议会的法令把人性冻结。"天旋地转,永不停息",而艺术、战争、发现、观点,仍然按自己的步伐前进。新时代有新的渴望、新的敌人、新的贸易、新的慈善事业,用新的眼光阅读《圣经》。法国政治的饶舌、汽笛的长鸣、工厂的轰隆、上船的移民

---

① 奥古斯特·夏尔·皮然(1762—1832),法国建筑史家。

的吵闹,把大多数古老的传说都置于脑后;因此,当你把祈祷文读给一个现代的听众时,那简直格格不入到荒谬的程度,甚至有一种古装假面舞会的味道。

没有一个化学家因企图把一种宗教明朗化而发财致富。就像皮肤和其他有生命力的器官一样,宗教是内生的。每天都有一个新的说法。先知和使徒知道这一点,非国教徒援引他们必须承认的经文来驳倒国教徒。宗教的解释者需要宗教,这是一种宗教的状况。先知和使徒只能被先知和使徒正确理解。政治家知道宗教成分不能少,就像纤维素和乳糜的供应不可缺一样。然而宗教就其性质来说是建设性的,它将会构成它所需要的那样一个教会。聪明的议员愿意把钱花在寺院、学校、图书馆和大学上,却避免让教士们发财。如果他能采取什么办法把教士的选举和酬金交给老百姓,他会做得很好。像贵格教徒一样,他也许会抵制一个教士阶级的分离,并在社会上创造机会和期望,竭力在这一类事情上使人尽其才。然而,当一个牧师职位、主教职位或教区长的职位的财富在自然增长时,它就需要有钱人当它的保管,因为这种人会给它另指方向,而不至于走到当时的神秘主义者那里去。当然,钱会按自己的性质行事,将会干些实事把接受钱的人变得俗气,逐出教会。肯定不能担任高职的那个阶级是笃信宗教的——却被赶向其他的教会——那个阶级就是"自然治疗力"。

助理牧师薪金太低,高级教士报酬过高。这种弊病就把豪门子弟和其他不称职的人引入教会,因为这种人感兴趣的是消费。这样一来,主教就只不过是一个穿白色法衣的商人。我能透过他的上等细麻布,看见那店主外衣的亮晶晶的纽扣在闪光。像德拉姆那样的一笔财富简直可以助长犯罪行为。布鲁厄姆在下院的一次关于爱尔兰公民权的演说中说:"上院可敬的主教们在上帝面前庄严宣告:当他们被传唤来接受一种也许是每年4 000英镑的俸禄时,他们立即受到圣灵促使,没有别的任何理由,就接受了它的职务和管理,他们怎么会表达他们对假誓罪应有的憎恶呢?"入会的方式比海关宣誓更加有害。女王送给这些先生们一种 congé d'élire，或"选举许可令"，但也把该当选的人的姓名给了他们。他们走进大教堂，唱诗，祈祷，并恳求圣灵帮助他们选举；经过这样一些祈求以后，他们总是发现圣灵的命令跟女王的推荐是一致的。

然而你必须吃服从的亏。只要你跟国教徒一致，就会万事亨通。可是你既然在别的事务上是个诚实的人，所以就知道在某个地方也有一个人，他的诚实也达到这一标准，所以他是绝对不会跪拜伪神的，而在你遇见他的那一天，你却沦为骗子阶层。况且，这种屈从受到严厉的惩罚。如果你接受一个谎言，你必须接受属于谎言的一切。英国接受了这种经过粉饰的国教，它就使接受者的眼睛蒙翳，肌肉肿胀，嗓音呼噜，理性昏暗。

英国教会由于被德国批评所损害，除了传统，一切都荡然无存了，于是便合乎逻辑地返回罗马天主教教义上去。然而那只是头脑发热的人能够吸收的一种元素；考虑到受过教育的阶级，一般来说，面对太阳并不是一件事实；那样的人便完全彻底脱离了教会。

大自然肯定有她的补救办法。宗教人士从英国教会赶出来分成宗派，宗派立即赢得了信誉。并对国教产生了制约。大自然也有更加激烈的补救措施。英国人由于厌恶万事万物的变革，由于最厌恶宗教事务中的变革，便只好抱残守缺，弄虚作假。英国人（我希望它只局限于英国人，可是它玷污了两个半球的盎格鲁-撒克逊血统），英国人和美国人弄虚作假是其他各国所望尘莫及的。法国人把勤奋都让给了他们。在我们的书籍和报纸上有什么能像斯文人的膜拜上帝那样令人作呕呢？大众报刊在不折不扣的伪善方面令人发指，当代的宗教就是一座戏剧性的西奈山，那里的雷声是由有产者提供的。盲信和伪善创造了讽刺。《笨拙》找到了一种无穷无尽的素材。狄更斯根据埃塞特会堂的仁慈写了许多小说。萨克雷揭露了无情的上流生活。大自然通过下层阶级的野蛮作风进行更加即时的报复。沙夫茨伯里勋爵把穷小偷们召集到一起，给他们念布道文，而他们把这叫"废话"。乔治·博罗把吉卜赛人召集起来听他的关于希伯来人在埃及的讲演，并且给他们念《吉卜赛语使徒信条》。"当我念完的时候，"他说，"我环顾四周，与会者的面目都扭曲了,大家的眼睛都斜视着我,非常可怕,在场的人没有一个不斜视的;斯文的佩帕、和蔼的契查诺娜、科斯达米,都斜视着,那吉卜赛马贩子斜视得最厉害。"

此时此刻的教会实在令人可怜。她除了占有权外,一无所剩。如果一位主教遇见了一位聪明人,在他的眼睛里看出了致命的疑问,他没有别的办法,只有跟他相互祝酒。虚假的地位给牧师带来了假话、伪证、买卖圣职以及低级的思想和性格。当教界组织害怕科学和教育、害怕虔诚、害怕传统、害怕神学时,别无出路,只好退出一个已不成为教会的教会。

然而英国的宗教——它是英国国教吗?不是。它是各种宗派吗?也不是。这些宗派只不过是某个私人永久的异议而已,它们对于英国国教就像出租马车对于公共马车一样,更便宜,更方便,其实都是一回事。宗教住在哪里呢?首先告诉我,电、运动、思想或姿势住在哪里。他们根本不居住,也不逗留。伦敦大火纪念塔或伦敦塔能够被箍紧,用胶泥结合,最后完工,这样你就会知道在哪儿去找到它,把它固定下来,就像英国人永远对待他们的东西一样;可是电却不是这样,它是转瞬即逝的,有示意动作的,它是一个旅行者,一种新奇,一种秘密,使他们困惑,使他们心神不宁。然而,如果宗教就是行所有的善,而且为了自身的缘故忍受一切的恶,Souffrir de tout le monde et ne faire souffrir personne①,在英国,那种神圣的秘密从阿尔弗烈德时代一直存在到罗米利、克拉克森、南丁格尔的时代,而且存在于千千万万不知名的人心里。

---

① 法语:"要么让世人都遭受痛苦,要么不要让任何人受苦。"

谈超灵

人生的每时每刻在他们的影响和后果方面各不相同。我们的信念突发于瞬间,我们的邪恶却习与性成。然而在这些短暂的瞬间里有一种深度,它迫使我们认为瞬间形成的真实比其他一切经历形成的真实还要多。正因为如此,随时出来迫使那些对人类抱有奢望的人保持沉默,即诉诸经验的论调,是永远软弱无力、徒劳无功的。我们把过去交给反对者,而我们却怀着希望。反对者必须对这种希望做出解释。我们承认人生是渺小的,然而我们怎么知道它是渺小的呢?我们的这种不安,这种古老的不满,有什么根据呢?除了灵魂赖以提出巨大要求的巧妙影射外,那种普遍的匮乏和无知感又是什么呢?为什么人们感到人的自然史一写出来,他总要把你对他的评说置于脑后,历史就变得陈旧不堪,玄学书籍也显得毫无价值?6 000 年的哲学还没有摸清灵魂的旮旮旯旯。在它的实验中,归根结底,总有一种它无法分解的残留物质。人是一股源头不明的溪流。我们的存在不知道从什么地方降临到我们身上。神机妙算之士也预见不到某种难以预测的东西随即可能继续前进。我每时每刻都被迫承认事件有一种比我称之为我的意志还要高的起源。

对事件如此,对思想亦然。我凝视着那条奔腾的河流,它从我看不见的地域出来,一会儿就把它的一股股流水注入我的心中,这时我看见我是一个仰人鼻息的人,不是一个起因,而是一个对这种缥缈的流水感到惊讶的观望者。我满怀热望,翘首瞻仰,摆出一副欢迎的架势,然而那些景象却从某个相反的力量那儿出现。

古往今来,对错误的最高批评家,对必然出现的事物的唯一预言家,就是那大自然,我们在其中休息,就像大地躺在大气柔软的怀抱里一样；就是那"统一"，那"超灵"，每个人独特的存在包含在其中，并且跟别人的化为一体；就是那共同的心，一切诚挚的交谈就是对它的膜拜，一些正当的反应就是对它的服从；就是那压倒一切的现实，它驳倒我们的谋略才干，迫使每个人表露真情，迫使每个人用他的性格而不是用他的舌头说话，它始终倾向于进入我们的思想和手，变成智慧、德行、能力和美。我们连续地生活，分散地生活，部分地生活，点点滴滴地生活。同时，人身上却有着整体的灵魂，有着明智的沉默，有着普遍的美，每一点每一滴都跟它保持着平等的关系，有着永恒的"一"。我们赖以生存的这种深沉的力量由于它的至福我们大家都能享受，所以不仅每时每刻自足而完美，而且观察的行为和观察到的事物、观察者和景象、主体与客体，都合二为一。我们一点一点地看世界，如看见太阳、月亮、动物、树木；然而，这一切都是整体中触目的部分，整体却是灵魂。只有依赖那种"智慧"的眼光，千秋万代的占星术才能读懂，只有求助于我们更高超的思想，只有屈从于每个人内心固有的预言精神，我们才能知道它说的是什么。每个人的话，由于他是按照那一种生活讲出来的，所以那些思想基点不同的人听起来就空洞无益。我不敢替它辩解。我的话没有它的庄严意义，我的话说出来简短而冷淡。只有它本身才能激发它愿意激发的人，看啊！他们的言词一定会像刮起的风一样悦耳动听，响彻千家万户。然而如果我不可以用神圣的言词，我甚至想以渎神的言词指出这尊神的天堂，报告我从"最高法则"超绝的单纯和力量中搜集到了些什么暗示。

在会话中，在幻想中，在悔恨中，在激情澎湃中，在惊讶中，在梦的指示中，我们常常看见我们穿着伪装——仅仅是放大、加强一种真实的因素并迫使我们给予它明确注意的古怪离奇的伪装，如果我们考虑一下在这些情况下发生的事情，我们将会捕捉到很多暗示，它们将会扩大、明朗为对天性的秘密的认识。一切的一切都表明人的灵魂不是一种器官，而是在激励、锻炼所有的器官；不是一种像记忆力、计算能力、比较能力那样的功能，而是把这些当作手脚来使用；不是一种官能，而是一种光明；不是智能或意志，而是智能和意志的主宰,是我们存在的背景,智能和意志就在其中——一种不被占有而且不能被占有的无限。从里面,或从后面,一线光明射穿我们,照到事物上面,使我们意识到我们什么都不是,而那光明则是一切。一个人是一座寺庙的外观,一切智慧和一切善都住在里面。我们通常称为人的东西,也就是那吃吃喝喝、栽培、计算的人,并不像我们知道的那样代表他自己,而是在错误地代表着他自己。我们尊敬的并不是他,而是灵魂,他只不过是灵魂的器官。如果他让灵魂通过他的行为显露出来,灵魂就会让我们下跪。当灵魂通过他的智能呼吸时,那就是天才;当灵魂通过他的意志呼吸时,那就是美德;当灵魂通过他的感情流动时,那就是爱。当智能要成为自己的什么时,它的盲目就开始了。当个人要成为自己的什么时,意志的软弱就开始了。在某一种细节上,一切改革的目标就是让灵魂穿过我们,换句话说,就是保证我们服从。

关于这种纯洁的天性,每个人有时候是可以觉察的。语言无法以他的色彩描绘它。它太微妙了。它难以确定,无法测量,然而我们知道它渗透我们全身,包容着我们。我们知道所有的精神存在都在人身上。古语说得好:"上帝不敲钟就来看我们。"那就是说,我们的头和无垠的天之间没有屏幕,没有顶篷,同样,在灵魂那里没有栅栏,没有墙壁,在灵魂那里,人这个果停止了,上帝这个因开始了。墙就被拆除了。我们躺着,身体的一侧向着灵性的大海,向着上帝的属性。正义我们看到并且了解,爱、自由、权力也是这样。这些天理没有人能够超越,它们却凌驾于我们之上,每当我们的利害引诱我们去伤害它们时,这种情况就最为突出。

我们阐述的这种天性的至高无上的权威,由于它独立在各个方面约束我们的局限而闻名。灵魂制约着万物。我已经说过,它同一切经验有矛盾。同样,它也废除了时间与空间。在大多数人中间,感官的影响在很大程度上战胜了头脑,因此时空的墙开始显得实在而不可逾越;带着这些局限的轻率说话,终归是一种精神失常的征兆。然而时间与空间只不过是灵魂力量的反测。精神玩弄着时间——

能够把永恒挤进一小时,

或者把一小时延展为永恒。①

我们往往身不由己地感觉到:除了从我们自然出生的那一年计算的年龄,还有另外一种青春和老年。某些思想总让我们年轻,并使我们青春永驻。那种思想就是对普遍和永恒的美的热爱。每个人放弃那种观照时,总觉得它与其属于人生,不如说属于各个时代。在某种程度上,智能的最微小的活动把我们从时间的限制中解救了出来。在疾病中,在郁闷中,如果给我们一首诗,或一个深沉的语句,我们便精神焕发;或者给一卷柏拉图或莎士比亚的著作,或者使我们想起他们的名字,我们便顿时产生了一种长生不老的感觉。看看这种深刻神圣的思想怎样把百千万年缩短,使它自己永世长存。难道基督的教义现在不像他当初开口传道时那么灵验?在我们的思想里,事与人的重要性与时间毫无关系。所以,灵魂的尺度永远是一个,感觉和理解的尺度则是另一个。在灵魂显露以前,时间、空间和自然都退缩开了。在日常谈话中,我们把万物都归咎于时间,就像我们习惯把相距极远的星星归入一个凹面天体一样。于是我们说世界末日远还是近,说千禧年临近了,说某些政治的、道德的、社会的改革日子即将到来,诸如此类,不一而足。我们这么说的意思是:在事物的性质上,我们所观照的一个事实是外在的、短暂的,而另外一个事实则是永恒的,与灵魂同时开始存在的。我们现在认为固定的事物就像成熟了的水果,必定一个个要从我们的经验上脱落。没有人知道风从何处来,就把它们刮掉了。风景、人物、波士顿、伦敦,都像过去的体制,或者像一缕烟雾一样,是短暂的事实,社会如此,世界亦然。灵魂坚定地向前看,在她前面创造一个世界,在她身后留下了许多世界。她没有日期,没有仪式,没有容貌,没有特点,没有人。灵魂只认识灵魂。事件的网就是她穿的飘动的长袍。

灵魂的前进速度是遵照它自己的法则,而不是用算术来计算

---

① 参见拜伦《该隐》第1幕第1场,536—537行。

的。灵魂的进步不是由那种能够以直线运动为代表的循序渐进形成的;而是由那种能够以变态为代表的状态升华造成的——由卵到蛹,再由蛹到蝇。天才的成长具有某种完整的特征,它并不让选中的个人先超过约翰,再超过亚当,再超过理查,使每个人自惭形秽,痛苦不堪,而是通过一阵阵生长的剧痛,人在他工作的地方扩张,随着一次次脉动超越人们的各个阶级、群体。随着每一次神圣的冲动,心灵撕破可见与有限事物的薄皮,出来走进永恒,便呼吸起它的空气来。它跟世界上人们常说的真理交谈,逐渐意识到对芝诺和阿里安①有一种比对安居家中的人们还要深切的同情。

这就是道德法则和精神增进的法则。仿佛通过特定的轻率,单纯的人们不是升入某一个德行,而是升入所有德行的领域。他们便置身于包含所有德行的精神里。灵魂需要纯洁,但纯洁并不是灵魂;灵魂需要正义,但正义也不是灵魂;灵魂需要慈善,但它是某种更好的东西;这样,当我们暂时不谈道德天性,而去促进它所责令的一种德行时,就有一种低就的感觉。对于出身高贵的孩子来说,一切美德都是天生的,不是辛辛苦苦学来的。向人的心说话,人立刻就变成有德行的人。

智能生长的幼芽也在同一种情操里,它也服从同一个法则。那些能谦恭待人、能伸张正义、能爱、有抱负的人已经站在一个俯视科学与艺术、演说和诗歌、行为和风度的高台上。因为谁享受到这种道德的至福,谁就已经预见到人们高度珍视的那些特殊能力。情郎没有才能,没有本领,在他钟爱的女郎眼里,那都算不了什么,不管她相关的才能是多么少;而把自己委托给最高精神的心,发现自己与它的一切功绩有关,并且愿意走一条康庄大道去获取某些知识和能力。在回溯这种基本而原始的感情时,我们已经从我们边远的驻地回来,立即进入世界的中心,在那里,就像在上帝的私室里一样,我们看见了种种起因,预见到宇宙,那只不过是一种缓慢的结果。

---

① 芝诺和阿里安分别为公元前3世纪和前2世纪的斯多葛派哲学家。

神圣教导的一种方式就是赋予精神一种像我自己这样的形体——多种形体。我在社会里生活,一起的人符合我内心的思想,或者对我生活所遵循的伟大本能表现出某种服从。我看到他们获得了那种精神。我得到证明存在着一种共性,而这些另外的灵魂,这些分离的自我,吸引着我,这是别的任何东西都做不到的。它们在我的心里激起了我们称之为激情的种种新鲜的感情:爱、恨、恐惧、仰慕、怜悯;由此便产生了会话、竞争、规劝、城市和战争。人是灵魂的这种基本教导的补充。年轻时我们对人们着了迷。童年和青年在人们身上看见了整个世界。然而人的更广阔的经验发现同一个天性贯穿于所有的人。人们本身要我们熟悉非人的东西。在两个人之间的一切会话中,两人心照不宣地涉及一种共性,就像涉及第三者一样。那个第三者,或者共性,是不交际的,它是非人的,它就是上帝。在认真的分组辩论中情况也是这样,尤其在辩论高深的问题时,在座的人们逐渐意识到那种思想在所有的胸怀里上升到相同的高度,所有的人跟说话人一样在所说出的话里都占有一份精神财富。他们大家都变得比原先聪明。这种统一的思想,在他们头顶上形成一座庙宇似的穹隆,在那里每一颗心都带着更高尚的权利感和责任感在跳动,带着一种非凡的庄严在思索,在行动。人人都意识到要达到一种更高的自制。它为大家而发光。有一种人类的智慧是最伟大的人同最低贱的人所共有的,那是我们的普通教育往往费尽心机去压制和阻碍的东西。心灵是一个,而最优秀的心灵为真理而爱真理,不大考虑真理当中的财富。他们怀着感激之情到处接受真理,不在上面贴任何人的标签,盖任何人的印章,因为它早在很久很久以前就属于他们了。渊博、勤奋的思想家并不垄断智慧。他们强烈的倾向在某种程度上使他们不能真正思考。我们认为有些人并不太敏锐,也不太深沉,说起话来不费周折,却提出了宝贵的意见,这正是我们长期以来求之不得的东西。有些东西只可意会不可言传,有些事情任何谈话都要说起,灵魂在前一种情况下的活动更为经常。它俯视着每一个社会,人们无意识地在彼此身上寻找着它。我们的认识比实践要强。我们并没有掌握我们自己,我们同时却知道我们要高明得多。我感到在我跟邻居的琐碎谈话中,同一个真理经常出现,我们每个人身上的某种更高超的东西在俯视着这场插曲,在我们每人的身后,天神在向天神点头。

人们都是屈尊相见。他们给世界提供惯常而卑微的服务,因此抛弃了自己固有的高贵,这样,他们就像那些阿拉伯酋长,住在陋室里装出一副穷酸相,好逃避帕夏的强取豪夺,却在戒备森严的内部隐居处炫耀他们的财富。

灵魂显现在所有的人身上,同样也存在于人生的每一个阶段。它在幼儿身上已经成熟。我和自己的孩子打交道时,我的拉丁语和希腊语、我的成就和我的金钱对我毫无用处;然而我所具有的灵魂却大有神益。如果我任性,他就发动他的意志逐一反对我的意志,并且任我堕落到凭自己力气大打出手的程度。然而,如果我放弃了我的意志,替灵魂行动,把灵魂定为我们俩之间的裁判,那么,同一个灵魂就会从他年轻的眼睛里流露出来;他就与我同敬同爱。

灵魂发现真理并揭示真理。我们看见了真理也就认识了真理,让怀疑论者和冷嘲热讽的人信口开河去吧。如果你对蠢人说了他们不愿听的话,他们就要问你:"你怎么知道它是真理,不是你自己的一个谬误?"我们从观点上看到了真理,也就认识了真理,就像我们醒着时,我们知道我们在醒着一样。埃曼努尔·斯维登堡有一句名言,一语道破了人的知觉的伟大:"能够证实一个人喜闻乐见的任何事物,并不是一个人的理解力的证据;然而能够辨明真的就是真的,假的就是假的,这才是知性的标志和特点。"在我所读的书里,好思想把整个灵魂的形象归还给我,就像每一个真理会做的那样。对于我在书中发现的坏思想,同一个灵魂则变成了一柄洞察秋毫、斩断一切的利剑,把它一剑砍掉。我们比我们所知道的聪明。如果我们不愿意干预我们的思想,而愿意完全彻底地行动,或者愿意看看事物怎样存在于上帝身上,我们就知道了那件事,也知道了每件事、每个人。因为万物和人的创造者就站在我们身后,把他令人敬畏的全知通过我们投射到事物上。

然而，除了在个人经验的某些进程中认识它自己，灵魂还揭示真理。在这里，我们应当设法凭借灵魂的在场加强我们自己，并且设法用那种降临的一种更高贵的语气说话。因为灵魂传达真理是自然界至高无上的事件，由于它不是从自己身上给一点东西，而是给它本身，或者进入、或变成它所启迪的那个人；或者根据那人所接受的真理，把他带到它自己那儿去。

我们用"启示"这个词来辨别灵魂的宣告，即它对自己个性的显示。这些总是由崇高的感情伴随着。因为这种交流就是神圣的心灵流进我们的心灵。它是个人的涓涓细流在汹涌澎湃的人生大海前表现的一种退落。对这一中心指令的每一个明确的理解都在人们心里激起敬畏和喜悦。对于接受新的真理，对于一次伟大行动的表现，所有的人都会感到一阵激动，它是从天性的心中流露出来的。在这些交流中，观照能力并没有与行为意志分开，不过洞见来自服从，服从却来自一种快乐的知觉。个人感到受灵魂侵袭的每个时刻都是难以忘怀的。由于我们性情上的需要，个人一意识到那种神圣的存在，某种热情就随之而来。这种热情的特性和持久因个人的情况不同而不同，从一种迷狂、出神和预言的灵感——这是它较为罕见的显露——到美好的感情最微弱的闪光，它用的这种形式，就像我们家里的火一样，温暖着人们所有的亲朋好友，使社交成为可能。某种发狂的倾向总是伴随着人的宗教意识的开始，仿佛人们被"过强的光照懵了"①似的。苏格拉底的出神、普罗提诺的"融合"、波菲利②的梦幻、保罗的皈依、伯麦的曙光、乔治·福克斯和他的贵格教徒的震颤、斯维登堡的启发，都属此类。这些杰出人物所表现出的陶醉在日常生活中也不胜枚举，只不过表现得不那么触目罢了。无论在任何地方，宗教史都暴露出一种热情的倾向。摩拉维亚教派和寂静教派的销魂，新耶路撒冷教会语言

---

① 引自英国诗人托马斯·格雷(1716—1771)的《诗的进步》第3章第2节第7行，此语指的是弥尔顿。

② 波菲利，罗马新柏拉图主义者。

中对《圣经》的内涵的揭示,加尔文教会的"复兴",卫斯理派的"经验",都是个别灵魂与普遍灵魂交融时所带的不同形式的敬畏与喜悦的震颤。

这些启示的性质是相同的,它们都在感知绝对法则。它们在解决灵魂自己的问题。它们不回答理解力提出的问题。灵魂回答问题用的不是言语,而是被询问的事物本身。

启示就是灵魂的显露。对启示的流行看法则是:它是一种算命方式。在灵魂过去的谶语中,理智想找到针对感官问题的答案,并答应根据上帝的口气讲人能存在多久,他们的双手要做些什么,谁将是他们的伙伴,附带说明姓名、日期和地点。然而我们切不可干撬门扭锁的勾当。我们必须制止这种低劣的好奇心理。一种用言语表示的回答是靠不住的,其实它并不是对你提出的问题的回答。别要求对你已经起航去游历的国家加以描述。那种描述并没有向你描述什么,而明天你就会到达那里,一旦住在那里,你就会了解那里的情况。人们提出的问题涉及灵魂的不朽、天国的职业、罪人的情况,等等。他们甚至梦想着耶稣已经留下了这些问题的准确答案。那种崇高的精神绝对不用他们的方言讲话。永恒不变的观念基本上是与真理、正义、爱这些灵魂的属性相关的。耶稣由于在这些道德感情里生活,对感官命运漠不关心,注意的仅仅是这些属性的表现形式,因此从来不把持久的观念和这些属性的本质分开,对灵魂的持久性不置一词。于是,就留待他的门徒把永久性同这些道德因素割裂开来,把灵魂的不朽当成一个教条来教,并用证据来维持它。一旦把不朽这种教条分开讲授,人就已经堕落了。在爱的奔流中,在对谦恭的仰慕中,没有持续的问题。富有灵感的人从来都不问这个问题,也不至于堕落到求助这些证据。因为灵魂是忠于自己的,充溢着灵魂的人,不会离开无限的现在,误入一种有限的未来。

我们渴望问的关于未来的这些问题就是一种对罪孽的表白,上帝无法回答它们。言词的答案无法回答事物的问题,答案不在一种专横的"上帝的旨意"里,而在人的天性里,所以一层面纱掩盖了明天的事实;因为灵魂除了愿意让我们阅读因果的密码,别的任何密码都不让读。借助于这层掩盖事实的面纱,它引导人们的子子孙孙生活在今天。得到这些感官问题答案的唯一办法就是摒弃一些低劣的好奇心,通过接受把我们漂浮进天性秘密中的存在的潮流,工作生活,工作生活,于是出其不意地,一往直前的灵魂已经为它自己建造好一种新状况,问题和答案也就合二为一了。

借助于那同一种熊熊燃烧着直到把万物融入汹涌澎湃的光明的海洋里的祭火和天火,我们彼此见面认识,并了解每个人的精神面貌。谁能说他根据什么了解他的朋友圈子里的几个人的性格特征?没有人能。然而他们的行为和语言没有使他失望。对于那个人,尽管他知道挺不错,却决不信任。而另一个人,虽然他们很少谋面,却有可靠的迹象相通,表明他也许就像一个对他自己的性格感兴趣的人那样可堪信任。我们彼此了如指掌——我们当中哪一个对自己公正,而我们所教、所见的东西仅仅是一种渴望,抑或也是我们真诚的努力。

我们都是精神的识别者。那种判断高高地寓于我们的生命或无意识的能力中。社会交流——它的贸易,它的宗教,它的友谊,它的争执——是对性格的一种广泛、深入的调查。在正式法庭上,在小型委员会上,或者在原告与被告当面对质的场合,人们站出来接受审判。他们违心地暴露出从中可以看出性格的那些决定性的琐事。然而谁来审判呢?审判什么呢?不是我们的理智。我们不是通过学习和技艺了解他们。不,智者的智慧正在于他不审判他们,他让他们自己审判自己。他仅仅宣读一下他们自己的裁决并记录在案。

凭借这种不可避免的天性,个人意志将被征服,并且不顾我们的努力、我们的缺陷,你的天才将会从你的心里讲话,我的则从我的心里讲话。我们将要教导我们的本质,不是自愿的,而是不自愿的。思想进入我们的头脑,用的是我们从来没有任其开放的渠道,思想离开我们的头脑,走的是我们从来没有自愿敞开的路子。性格在我们的头上教导。真正进步的可靠标志就在人使用的语气中发现。他的年龄、他的教养、交游、书籍、行为、才干、甚至这一切的总和,也不能阻止他尊敬一个比他自己还要高尚的精神。如果他没有在上帝那里找到他的家,他的举止、他的言谈形式、他的措词的特点,还有,他所有见解的整体构架,将会不自觉地招供出来,他愿意怎么干,就让他拼命干到底吧。如果他已经找到了他的中心,上帝的光芒就会穿过他,穿过一切无知的伪装,穿过讨厌的脾气的伪装,穿过不利的环境的伪装。寻求的语调是一种,拥有的语调则是另一种。

宗教导师或文学导师之间——赫伯特这样的诗人和蒲柏这样的诗人之间,斯宾诺莎、康德、柯勒律治这样的哲学家和洛克、佩利、麦金托什、斯图尔特这样的哲学家之间,那些被认为能言善辩、阅历丰富的人和随处可见的一种能预言未来、被无穷的思想压得癫狂的神秘主义者之间——的巨大分野就是:一类从内部讲话,或依据经验讲话,是事实的参与者和占有者;另一类从外部讲话,他们仅仅是旁观者;或者也许根据第三者的证据对事实有所了解。从外部对我说教毫无用处。那样的事我自己也能够轻易办到。耶稣总是从内部说话的,用一种超越一切人的身份说话的。那里面就有奇迹。我事先就相信应当如此。所有的人翘首企足期待着那样一个导师的出现。然而,如果一个人不从面纱内讲话——在那里,词语跟它谈及的内容是一个——那就让他低声坦白去吧。

同一种全知流入智能,便造就了我们所谓的天才。世界上的很多智慧其实并不是智慧,最明达的一类人无疑不为文名所囿,而且也不是作家。在不计其数的学者和作者中间,我们并没有感到什么神圣的存在;我们觉察到的是一种技艺,而不是灵感;他们有一种光,却不知道它从何而来,就声称是他们自己的;他们的才能是某种被夸大了的官能,某种发育过度的器官,因此,他们的力量就是一种疾病。在这些例证中,智能上的天赋所造成的并不是善的印象,而几乎是恶的印象,我们反而觉得一个人的才能是他在真理中前进的拦路虎。然而,天才是宗教性的。它更多地吸收了共同的心。它并不反常,而是跟其他的人大同小异。在所有伟大的诗人身上，有一种人性的智慧，比他们运用的任何才能都优越。作家、才子、党人、正人君子，并没有代替人。人性在荷马、乔叟、斯宾塞、莎士比亚、弥尔顿的心中闪光。他们以真理为满足，他们不事雕饰。他们似乎对那些装点着低劣的流行作家的狂乱激情和暴烈色彩的人无动于衷。提供信息的灵魂通过他们的眼睛再次看见了它所创造的事物并给予保佑，他们允许这样的灵魂自由通行，因此他们就是诗人。灵魂比它的知识优越，比它的任何作品聪明。伟大的诗人使我们感到我们自己的财富，于是我们便不大想起他的作品。他跟我们的心灵的最好的交流就是教导我们蔑视他所做的一切。莎士比亚把我们带向那样一种高尚的智力活动，以致提示了一种财富使他自己的也相形见绌；于是我们感到他创作出的光辉著作，在别的时刻我们誉为自在天成的诗歌，对真正的天性的掌握并不比对一个过客投在岩上的影子更牢靠。在哈姆雷特和李尔身上表现自己的灵感也能天天、永远表现各种事物。如同话语从嘴巴里吐露出来一样，哈姆雷特和李尔都是从灵魂里表露出来的，那么，为什么我们看重他们，仿佛我们没有那样一个灵魂似的？

这种活力除完全占有，在任何条件下都不会降临到个人的生活中去。它到谦卑、单纯的人这里来，谁愿意除去洋气、骄气，他就到谁这儿来，它是以洞见的身份来的，它是以宁静和庄严的身份来的。当我们看见它所托身的人时，我们便明白了各种程度的新的伟大。人从哪种灵感回来，说话的语气也随之改变。他跟人们谈话并不管他们的看法。他是在审问他们。灵魂要求我们坦诚。虚荣的游客想引用贵族老爷、王子、伯爵夫人的话来点缀他的生活，因为他们对他就是这么说、这么做的。野心勃勃的平民百姓向你展示他们的汤匙、饰针、戒指，并把给他们的贺卡和贺词保留着。比较有教养的人在讲述他们的经历时，专门挑选那些令人愉快、富有诗意的事情——罗马之行呀，他们看见的天才人物呀，他们结识的卓越的朋友呀；更进一步，也许还会讲到他们昨天欣赏过的壮丽的风景、山中的风光、山中的遐想之类——就这样竭力给他们的生活添上一种浪漫色彩。然而升腾起来崇拜伟大的上帝的灵魂却是朴素真诚的;没有丝毫的玫瑰色,没有漂亮的朋友,没有骑士派头,没有冒险经历;不需要被人赞美;置身于现在的时刻里,置身于平凡岁月的认真的经历中——因为此时此刻和鸡零狗碎的事情对于思想已无孔不入,并且能够吸收那光明的海洋。

如果跟一个极为单纯的心灵交谈,文学看上去就像锤炼字句。最单纯的语言最值得写下来,然而它们又是如此便宜,又都是理所当然的事,所以在灵魂的无穷的财富中,那就像从地上捡起几粒石子,或者像给小瓶里装上一点点空气,而整个地球和整个大气层都是我们的。除了扔掉你的虚饰,与人披肝沥胆、推心置腹、言而有信,别的在那里都不够格,不能使你成为那圈子里的一员。

这样的一些灵魂对待你就像众神对待你一样,就像众神那样周游世界,接受你的机智、你的恩施,甚至你的德行,而不表示丝毫的赞赏之情——而是表明你的职责,因为他们把你的德行溶入他们自己的血液中,像他们自己一样高贵,甚至过分高贵,如同众神之父。他们坦白的友爱姿态,对作家们用来彼此安慰、自我伤害的互相吹捧,表现出多大的谴责!这些灵魂决不奉承。如果这些人去看克伦威尔、克里斯蒂娜女王、查理二世、詹姆士一世和土耳其大头领,我并不感到奇怪。因为从他们自己的高度上讲,他们就是国王的同类,而且必须感受到天下会话中低声下气的语调。他们必定总是对王子们的天赐,因为他们面对着那些王子,就像一个国王面对一个国王,不回避,不退让,给一种高尚的天性,以对抗的振奋和满足、坦白的人性的振奋和满足甚至友谊的振奋和满足,还有新思想的振奋和满足。他们让王子们成为更加聪明、更加优越的人。像这样的灵魂使我们感到:诚挚远远胜过奉承。因此坦白地跟男男女女打交道,从而树立起最大的诚挚,从而打消一切耍弄你的希望。那就是你能表示的最高敬意。他们的"最高赞誉",弥尔顿说:"不是奉承,而他们最坦白的劝告却是一种赞誉。"[1]

在灵魂的每一个行为中都有人和上帝的统一,这是不可言喻

---

[1] 参见弥尔顿《论出版自由》第4段。

的。最单纯的人在真心诚意崇拜上帝时就变成了上帝；然而这种更好的、普遍的自我的流入是万古常新、无法探究的。它激起了敬畏和惊奇。上帝使偏僻之地有了人烟，抹去了我们的错误和失望的疤痕，浮现出上帝这样的形象对人是多么珍贵，是多大的安慰啊！当我们打碎我们传统的神，跟我们高谈阔论的神决裂时，上帝就会莅临人间，把人心照亮。那是心本身的加倍，不，是心的无限扩大，因为有一种生长力促使它向四面八方的一种新的无限扩张。它在人身上激发出一种确实可靠的信任。人并不是相信，而是看见：至善就是真，而且它可以在思想中轻而易举地打消一切特殊的游移和恐惧，静待时间明确的启示，他的私人之谜的解开。他确信他的福利对存在的心极为珍贵。法则面临着他的心灵，他充溢着一种如此普遍的信赖，它把满怀的希望和人间最稳妥的规划都卷入它的洪流里。他相信：他无法脱逃他的善。真正要归你的事物受着你的吸引。你跑着去寻找你的朋友。让你的脚跑吧，你的心灵却不必跑。如果你没有找见他，难道你不肯默认你没有找到他反而最好吗？因为有一种力量，在你身上，同样也在他身上，因此能够很好地把你们牵到一起，如果那样做最好的话。你迫不及待地准备着去做一种你的才能、你的兴趣吸引你去作的贡献，也就是爱人和求名。难道你没有想到你没有权利去，除非你同样愿意受阻不去？啊，你一息尚存，就要相信：那响彻寰宇、你应当听到的每一个声音将会在你的耳际震荡！属于你有意来帮助或安慰你的每一条格言、每一本书、每一句俗话一定会通过敞开或曲折的渠道为你理解。不是你的荒唐的意志，而是你身上的那颗伟大、体贴的心所渴望的每一个朋友将会把你紧紧地搂在他的怀抱里。而且，因为你身上的那颗心就是大家的心；自然界哪里也没有一个阀、一堵墙、一条岔道，而只有一股血液源源不断地通过所有的人无休止地流动循环，就像地球上的水汇成一片海洋，它的潮看上去也是一个。

那就让人把一切天性、一切思想的启示记在心里吧，这也就是说：上帝与他生活在一起，自然的源泉就在他自己的心灵里，如果责任感也在那儿的话。然而,如果他要知道伟大的上帝说些什么,他必须像耶稣说过的那样:"进入他的内室,关上门。"上帝不愿意向懦夫们显灵。他必须倾听他自己的声音,使自己躲开其他人虔敬的腔调。甚至他们的祈祷也对他有害,除非他已经做了自己的祈祷。我们的宗教依赖信徒的人数,这真是庸俗之至。一旦要求——不管怎样转弯抹角——人数,就要发布公告,那样一来,宗教就荡然无存了。谁发现上帝对自己来说是一种甜蜜的包罗万象的思想,谁就绝对不会数他的伙伴的。当我们坐在那种存在中时,谁敢闯进来呢?当我安于谦恭、当我心里燃烧着纯洁的爱时,加尔文或斯维登堡能说些什么呢?

不管是求助于多人还是求助于一人,都没有什么区别。仰仗权威的信仰不是信仰。依赖权威表明了宗教的衰微、灵魂的退隐。很多世纪以来,人们给耶稣的地位是一种权威的地位。这一地位也表明了他们自己的特点。它不能改变永恒的事实。灵魂伟大而又坦白。它不阿谀奉承,它不步人后尘,它决不抛开自己求助于他人,它相信自己。在人的巨大可能性面前,一切单纯的经历,一切过去的传记,不管多么圣洁,都要退避三舍。在我们的预感给我们预示过的那个天国面前,我们不能随便称赞我们看到的或读到的任何生活方式。我们不仅可以确认我们的伟大人物寥寥无几,而且甚至可以绝对地说,我们连一个也没有;而且关于任何生活特点或生活方式,我们没有令人满意的历史记录。历史所崇拜的圣徒和神人,我们被迫有所保留地承认下来。虽然在我们寂寞的时刻,我们从对他们的回忆中吸取了一种新的力量,但是由于他们被重重地压迫在我们的注意力上,就像他们受到那些没有思想和循规蹈矩的人的压迫一样,他们感到疲劳,又在侵犯他人。灵魂纯洁、孤独、有创见,把自己奉献给纯洁、孤独、有创见的人,他在这种情况下也乐意托身于它,引导它并通过它来讲话。于是它就显得快乐、年轻、敏捷。它并不聪明,却能够洞察万物。不能说它是神圣的,但却是天真无邪的。它把光明称为自己的,并且感觉到草木生长、石头落地,都依照一条低于它的天性而又依赖它的天性的法则。它说道:看啊,我被生育到那伟大普遍的心灵里。我尽管不完美,却崇拜我自己的"完美"。不知怎么回事,我易于接受那伟大的灵魂,反而忽略了太阳和星辰,觉得它们完全是一些千变万化、转瞬即逝的偶然事件和印象。永恒的自然的越来越多的波涛涌入我的心田,在我的考虑和行动中,我变得热心公益,关心人类。于是我的生活充满了思想,行动洋溢着活力,这些都是不朽的。由于敬重灵魂,明白了古人说的"它的美是无限的"①,人将会看到世界是灵魂创造的永久的奇迹,对某些具体的奇迹就不那么惊讶了;人将会知道:不存在渎神的历史,所有的历史都是神圣的;宇宙表现在一粒原子之中、一分一秒之中。他不愿再编结一种像百衲衣一样污迹斑斑的生活,②却愿意跟一种神圣的统一生活在一起。他会同他生活中低贱、轻浮的东西决裂,然后随遇而安。他将平静地面对明天,疏忽了那把上帝带在身边的信任,这样,在心底里就已经有了整个未来。

---

① 引自普罗提诺《论美》。
② 参见《哈姆雷特》第 3 幕第 4 场,第 102 行。

图书在版编目(CIP)数据

爱默生思想小品/(美)爱默生著;蒲隆译. —上海:上海社会科学院出版社,2018
 ISBN 978-7-5520-2353-4

Ⅰ.①爱… Ⅱ.①爱… ②蒲… Ⅲ.①爱默生(Emerson, Ralph Waldo 1803-1882)-思想评论 Ⅳ.①B712.41

中国版本图书馆 CIP 数据核字(2018)第 137635 号

爱默生思想小品

著　　者:	[美]拉尔夫·沃尔多·爱默生
编　　者:	脱剑鸣
译　　者:	蒲　隆
责任编辑:	王　勤　张广勇
封面设计:	陆红强
出版发行:	上海社会科学院出版社
	上海顺昌路 622 号　邮编 200025
	电话总机 021-63315900　销售热线 021-53063735
	http://www.sassp.org.cn　E-mail:sassp@sass.org.cn
照　　排:	南京理工出版信息技术有限公司
印　　刷:	上海文艺大一印刷有限公司
开　　本:	890×1240 毫米　1/32 开
印　　张:	10.5
插　　页:	4
字　　数:	276 千字
版　　次:	2018 年 9 月第 1 版　2018 年 9 月第 1 次印刷

ISBN 978-7-5520-2353-4/B·244　　　　定价:59.80 元

版权所有　翻印必究